Ich war die Erste
Bayerische Pionierinnen im Porträt

Allitera Verlag

ADELHEID SCHMIDT-THOMÉ, geboren 1955, studierte in München Geschichte und Germanistik. Spaziergänge auf dem Alten Südlichen Friedhof waren für sie der Anstoß, sich mit Biografien von bekannten und vergessenen Frauen sowie der Geschichte der Frauenbewegung zu beschäftigen. Dazu sind mittlerweile mehrere Bücher erschienen. Mit Vorträgen und Stadtspaziergängen durch München bringt sie außerdem Interessierten Geschichte(n) von Münchnerinnen nahe.

Adelheid
Schmidt-Thomé

ICH WAR DIE ERSTE

Bayerische Pionierinnen im Porträt

Allitera Verlag

Originalausgabe Juni 2022
Allitera Verlag
Ein Verlag der Buch&media GmbH München

Lektorat: Dietlind Pedarnig
Layout, Satz und Umschlaggestaltung: Johanna Conrad
Gesetzt aus der Adobe Garamond, Futura und der Penumbra Flare
Umschlagvorderseite: Fotografie »Frl. Kiessling – T. u. Sp. V. München 1860. Deutsche Meister Läuferin« © Franz und Maria Kießling-Stiftung
Printed in Europe · ISBN 978-3-96233-307-2

Allitera Verlag
Merianstraße 24 · 80637 München
Fon 089 13 92 90 46 · Fax 089 13 92 90 65

Weitere Publikationen aus unserem Programm finden Sie auf www.allitera.de
Kontakt und Bestellungen unter info@allitera.de

INHALT

GELEITWORT

Auf die Plätze – fertig – geschichtslos? Ändern wir das!

In dieser Publikation lernen wir viele Frauen kennen, die als Erste Großartiges oder auch »Alltägliches« vollbracht, entdeckt, entwickelt haben und als Pionierinnen meistens vergessen sind. Bei manchen sind wir erstaunt, vor wie langer Zeit das geschah, bei anderen Themen wundern wir uns – »ach so, erst jetzt?«

Die »erste Frau« – ob in der Kultur, im Sport, in der Politik, in der Wissenschaft –, sie ist zunächst die Ausnahme, eine Exotin. Ab welchem Zeitpunkt lässt sich von »Normalisierung« sprechen, davon, dass Handlungen, Meinungen, Werke, Leistungen von Frauen als selbstverständlich und als relevant für die Allgemeinheit gelten?

Wenn sich Tore und Möglichkeiten eröffnet haben, zeitigt diese positive frauenpolitische Vorwärtsbewegung auch ambivalente Folgen. Sie reichen von der gesellschaftlichen Abwertung derjenigen Bereiche, die nun mehrheitlich von Frauen besetzt sind, bis hin zu Konkurrenz- und Machtkämpfen mit den vorherrschenden Männergruppen.

Um zu verstehen, weshalb es Frauen oft erst so spät gelang, »die Erste« zu werden, und warum es so lange gedauert hat, eine gleichberechtigte Stellung zu erreichen, müssen die geschlechtsspezifischen Hindernisse und Grenzen aufgezeigt werden, die zu dieser Ungleichheit führten, deswegen lohnt sich auch der geschlechtergeschichtliche Blick auf die privilegierten Männer der Gesellschaft.

Und immer gibt es Rückschritte für schon Erreichtes: 1918 erwirkte die erste Frauenbewegung in Deutschland das aktive und passive Wahlrecht, doch bis 1933 verringerte sich der Anteil der Parlamentarierinnen immer weiter. Und heute: »Nach mehr als 100 Jahren Wahlrecht sind die Politikerinnen immer noch nicht bei 50 Prozent der Sitze im Bundestag oder in den Landesparlamenten angekommen.« Eine »Remaskulinisierung«, wie sie in den 1930er-Jahren beobachtet werden konnte, feiert auch aktuell wieder Erfolge, regional, national und international.

Doch es tut sich auch Erfreuliches. Ansätze der Frauen- und Geschlechtergeschichte fanden zunehmend Eingang in Institutionen wie Museen und Universitäten oder sind Teil des kollektiven Bewusstseins geworden.

Und trotzdem: Immer noch ist es notwendig, historische Frauen ins Bewusstsein zu rufen, ihre Leistungen zu zeigen, sie zu würdigen, ihnen Gehör zu verschaffen und sie sichtbar zu machen. Frauengeschichte darf nicht weiter marginalisiert werden, wenn heute etwas bewegt werden soll in allen gesellschaftlichen Bereichen – das ist die wichtige Botschaft dieses Buches.

Adelheid Schmidt-Thomés Geschichte der Pionierinnen und Visionärinnen kann auf vorangegangene Arbeiten aufbauen. Sie greift dieses frauengeschichtliche Erkenntnisinteresse auf, das um immer wieder neue Fragestellungen erweitert wird. Heutige Arbeiten verfolgen einen feministischen, geschlechtergeschichtlich orientierten und dekonstruktivistischen Forschungsansatz. Frauen sind nicht gleich Frauen, sie unterscheiden sich voneinander durch Klasse, Stand, sexuelle Identität, Herkunft und viele andere Kategorien. Die Grenze der Möglichkeiten verlief nicht nur zwischen den Geschlechtern, sondern immer auch zwischen den Klassen.

Es ist an der Zeit, dass dieses Wissen um Frauen in der Vergangenheit endlich traditionsbildend wird, dass fruchtbare Diskussionen über alte und neue Fragestellungen entstehen, damit ein geschlechterdemokratisches Verständnis von Geschichte zum Allgemeingut wird.

Es freut uns besonders, dass wir uns mit diesem Geleitwort einreihen dürfen in einen Kanon dieser regionalen Frauengeschichtsforschung. Wir wünschen dem Buch der Autorin viel Erfolg und weitere Nachfolgeprojekte!

Nadja Bennewitz, M.A., Historikerin
Gaby Franger, »Frauen in der Einen Welt – Zentrum für interkulturelle Frauenalltagsforschung und internationalen Austausch e.V.«

EINLEITUNG

Auf dem Titelbild dieses Buches ist eine Leichtathletin in Startposition zu sehen, vermutlich aufgenommen, kurz bevor ihr eine Leistung gelungen ist, die in ein »Buch der Rekorde« gehört hätte. Es ist die Münchnerin Maria Kießling: 1920 gewann sie bei den Deutschen Leichtathletikmeisterschaften alle Wettbewerbe, die für Frauen ausgeschrieben waren – und lief im Jahr darauf drei inoffizielle Weltrekorde. Sie haben nie von ihr gehört? Ein Sportjournalist hat ihre Geschichte entdeckt und 2020 vor dem endgültigen Vergessen bewahrt.

Gegen das Vergessen anzuschreiben, das war ein Beweggrund für dieses Buch. Wir wollen von willensstarken, mutigen, zielstrebigen Frauen erzählen, die einen Plan hatten, die etwas erreichen wollten gegen alle Widerstände, die ihnen eine patriarchale Gesellschaft entgegengestellte. Eine Gesellschaft, die weibliche Konkurrenz nicht entstehen lassen wollte, die verhindern wollte, dass Frauen den ihnen vermeintlich zustehenden Platz verließen. Wir stellen 74 »Erste« vor, denen das gelungen ist, die als Erste eine bestimmte Lebensleistung vollbracht haben und damit Pionierinnen waren, vielleicht sogar Vorkämpferinnen für ihre Geschlechtsgenossinnen.

Zu diesem Buch

Frauengeschichte kommt nicht aus der Mode. Immer wieder beschäftigen sich Historiker*innen und Schriftsteller*innen mit diesem Thema.

Neu und einzigartig an unserem Buch ist der Blick auf eine bestimmte Gruppe, nämlich auf Frauen aus Bayern. Explizit nur mit ihnen hat sich noch niemand beschäftigt. Nachdem eine lange Kandidatinnenliste erstellt und diskutiert worden ist, war klar, dass das Thema sehr umfangreich ist und es deshalb nötig war, im wahrsten Sinne des Wortes, eine Grenze zu ziehen. Innerhalb der bayerischen Landesgrenze sollte also der Geburtsort der ausgewählten Frauen liegen. Diese bayerische Regionen entsprachen nicht immer den heutigen, Reichsstädte wie Augsburg, Bamberg oder Kaufbeuren waren im 18. Jahrhundert historisch betrachtet nicht »bayerisch«, sondern

»frei«. Und manche Orte in Rheinland-Pfalz, die zwischen 1816 und 1946 zur »Bayerischen Pfalz« gehörten, sind heute nicht mehr bayerisch. Dennoch sind auch deren Töchter wahre Pionierinnen gewesen, die im Buch nicht fehlen dürfen.

Alle Kapitel haben ein Betätigungsfeld zum Thema und folgen einer Art Chronologie der Frauenbewegung: Der Kampf um die sogenannte Mädchenbildung begann um 1850, deshalb beschäftigt sich das erste Kapitel mit »Bildung & Wissenschaft«. Frauen waren immer in irgendeiner Form berufstätig; dass wir ihre Berufe unter »Wirtschaft & Handwerk« einordnen können, ist in etwa demselben Zeitraum festzustellen. Die anderen Bereiche wie Sport, Politik und Kunst folgten dann – grob gesagt – ab etwa 1900.

Die Biografien sind innerhalb der Kapitel sortiert nach dem Geburtsjahr der Frauen, sie reichen vom 18. Jahrhundert bis hin zu engagierten Zeitgenossinnen.

Frauengeschichte ist Kulturgeschichte

Auf Instagram kann man vielen Accounts folgen, die sich mit faszinierenden weiblichen Persönlichkeiten aus der ganzen Welt beschäftigen.[1] Auch in Tageszeitungen lässt sich fast täglich Neues entdecken. Zum Beispiel berichtete die »Süddeutsche Zeitung« im Februar 2022 von der ersten staatlichen Berufsjägerin in der Geschichte Bayerns.[2] Oder: Im Juli 2021 berichtete der NDR: »Oksana Lyniv ist erste Dirigentin bei den Bayreuther Festspielen.« Endlich, wie die Bundeskanzlerin fand, einschränkend erklärte ein Kulturjournalist: »Tatsächlich war gesellschaftlich die Zeit in vielen Ländern der Erde noch nicht richtig reif dafür.«[3] Das trifft allerdings mehr oder weniger auf alle Bereiche des gesellschaftlichen Lebens zu. Ist es zum Beispiel nicht

---

1 Besonders lohnt sich der Account »frauen_geschichte« des Bayerischen Rundfunks: www.instagram.com/frauen_geschichte/?hl=de [abgerufen am 29.3.2022].

2 www.sueddeutsche.de/projekte/artikel/bayern/jagd-erste-berufsjaegerin-in-bayern-e182338/ [abgerufen am 25.4.2022].

3 Peter Jungblut, leitender Kulturredakteur des BR, in einem Interview mit dem NDR: www.ndr.de/kultur/Oksana-Lyniv-ist-erste-Dirigentin-bei-Bayreuther-Festspielen,bayreuth312.html [abgerufen am 30.1.2022].

erstaunlich, dass erst 2014 die ehemalige Paralympics-Sportlerin Verena Bentele (siehe S. 160) Behindertenbeauftragte der Bundesregierung wurde, nach fünf Vorgängern die erste Person, die selbst ein Handicap hat?

Man mag das für Bagatellen halten. Aber solange es eine Sensation ist oder einen Zeitungsartikel wert, wenn Frauen in Berufe oder Positionen vordringen, die ihnen bisher verschlossen waren – so lange ist es eben keine Nebensächlichkeit. Nicht für die Frauen, die sich nicht mit dem Status quo zufriedengeben. Und nicht für die ganze Gesellschaft.

Bildung & Wissenschaft

Mädchenbildung war im 19. Jahrhundert üblicherweise mit dem Besuch der Volks- und danach der Sonntagsschule abgeschlossen.[4] Mädchen, die mehr lernen wollten, konnten eine Klosterschule (siehe S. 28 und S. 46) oder ein privates »Institut für höhere Töchter« besuchen – wenn der Vater zustimmte und das nötige Geld dafür aufbringen konnte. Dort wurden Sprachen, Geografie, Religion, Handarbeiten und Musik unterrichtet – Latein, Geschichte und die naturwissenschaftlichen Fächer ausdrücklich nicht. Besonders privilegierte Frauen wie die Münchnerinnen Therese von Bayern (siehe S. 34) oder Charlotte Blennerhassett hatten dank Bibliotheken und wohlgesonnenen Unterstützern Zugang auch zu diesem Wissen. Ihnen gelang es, mit unbedingtem Leistungswillen und durch Selbststudium eine dekorierte Naturwissenschaftlerin beziehungsweise eine anerkannte Historikerin zu werden. Aber sie waren »Leuchttürme« ihrer Zeit.

Etwa um 1850 begannen Schriftstellerinnen, zum Beispiel Louise Otto-Peters und Hedwig Dohm, in ihren Texten diese Bildungspolitik anzuprangern. Später gründeten Lehrerinnen wie Helene Lange und Frauenrechtlerinnen (Hedwig Kettler, Minna Cauer oder Gertraud Bäumer, um nur die bekanntesten zu nennen) Vereine, deren Netzwerke für Frauen aller gesellschaftlichen Schichten ein Recht auf Bildung und Erwerbstätigkeit sowie Frauenrechte erreichen wollten.

---

[4] Am 23. Dezember 1802 wurde in Bayern die allgemeine Schulpflicht für alle Kinder zwischen 6 und 12 Jahren eingeführt. Für die 12- bis 18-Jährigen war anschließend der Besuch von Sonntagsschulen vorgeschrieben.

Wenn eine Frau das Abitur machen wollte – die Voraussetzung für ein Studium –, musste sie sich in privatem Unterricht den nötigen Fächerkanon erarbeiten und an einem Knabengymnasium als Externe die Prüfung ablegen. Die jungen Männer konnten seit 1800 einen höheren Schulabschluss erlangen.

Berufsmöglichkeiten

Für Frauen aus sogenannten Proletarierfamilien war es nie eine Frage, ob sie arbeiten möchten oder dürfen, sie wurden im Familienbetrieb, in der Fabrik, als Dienstbotin oder Kellnerin gebraucht. Allerdings hat sich die Geschichtsschreibung für diese Frauen bisher viel zu wenig interessiert, es gibt kaum Aufzeichnungen oder Lebensberichte, sodass wir nur über spärliches Wissen verfügen.

Bis ins 18. Jahrhundert haben Frauen aus fast allen Klassen selbstverständlich gearbeitet. Mit der sogenannten bürgerlichen Gesellschaft entstand dann eine wohlhabende Schicht, die es sich leisten konnte, auf ein Mitverdienst der Frau zu verzichten, die es sogar als Statussymbol etablierte, die Frau ins Haus zu verbannen. Spätestens jetzt versorgten die bürgerlichen Familien ihre Töchter in der Ehe (wie es im Adel sowieso üblich war), eine Berufsausbildung gab es für sie bis zum Ende des 19. Jahrhunderts nicht. Das funktionierte deshalb so gut, weil die Frauen mit romantischen Erwartungen an eine Ehe erzogen wurden.[5] Um 1900 schrieb das Bürgerliche Gesetzbuch die später so bezeichnete »Hausfrauenehe« fest: Die Frau wurde verpflichtet, ohne Gegenleistung den Haushalt zu führen. Erst 1977 wurde im Zug einer erneuten Reform des BGB die Regelung abgeschafft, dass Frauen nur dann arbeiten dürfen, wenn sie daneben nicht den Haushalt »vernachlässigen«. Unser kapitalistisches Gesellschaftssystem kann nur deshalb so gut funktionieren, weil viele Frauen die »Care-Arbeit«, also Haushalt, Kinderbetreuung, Pflege, unentgeltlich leisten. Und in Krisensituationen bereitwillig zugunsten der Familie zurücktreten, wie sich während der Pandemie eindrucksvoll herausstellte.

---

5 Evke Rulffes: Die Erfindung der Hausfrau. Geschichte einer Entwertung, Hamburg 2021.

Nach Einführung der Allgemeinen Schulpflicht in Bayern (1802) gab es einen einzigen Beruf, den das Bürgertum für eine Frau vorsah: den der Lehrerin. Für die Lehrerinnen – weltliche oder geistliche – gab es zunächst keine einheitliche Ausbildung. Der Weg zur Zulassung war recht individuell. Erst ab Mitte des 19. Jahrhunderts entstanden in Bayern Lehrerinnenbildungsanstalten für eine fachliche Ausbildung. Unterprivilegiert gegenüber den männlichen Lehrkräften waren Lehrerinnen dennoch, deshalb gründeten engagierte Frauen wie Bertha Kipfmüller (siehe S. 38) Lehrerinnenvereine, die sich für eine bessere rechtliche und finanzielle Stellung der Kolleginnen einsetzten. Was sie nicht abschaffen konnten (vielleicht gar nicht wollten), war das sogenannte Lehrerinnenzölibat. Lehrerinnen sollten sich mit ihrer ganzen Kraft den anvertrauten Kindern widmen, nicht ihrer Familie, deshalb mussten sie nach einer Hochzeit aus dem Beruf ausscheiden. Ein Ruhegeld, also eine Art Rente, gab es nicht. 1919 wurde das Lehrerinnenzölibat abgeschafft, 1923 wieder eingeführt und erst 1957 für verfassungswidrig erklärt. Noch lange wurden Lehrerinnen in Bayern grundsätzlich »Fräulein« genannt.

Abitur und Studium

Ein Universitätsstudium war und ist Voraussetzung für akademische Berufe. Frauen sollten, wie wir gesehen haben, die ihnen angestammte Rolle erfüllen und nicht nach Höherem streben. Aber es gab und gibt immer Menschen, die versuchen, gesellschaftliche Vorgaben zu brechen oder zu umgehen. So beantragte 1869 die Amerikanerin Laura Reusch an der Universität Würzburg die Zulassung zum Medizinstudium und erhielt eine Ablehnung mit der Begründung, dass »[…] die Verleihung der Universitätsmatrikel an die Voraussetzung des männlichen Geschlechts geknüpft ist.«[6] Die Universität sollte also explizit eine männliche Domäne bleiben. Um das wissenschaftlich zu untermauern, verfassten Mediziner Studien, die belegen sollten, dass Frauen für ein akademisches Studium nicht geeignet seien. Da heißt es zum Beispiel 1872 bei dem Medizinprofessor Theodor von Bischoff: »Die Beschäftigung mit dem

---

[6] Hiltrud Häntzschel/Hadumod Bußmann (Hg.): Bedrohlich gescheit. Ein Jahrhundert Frauen und Wissenschaft in Bayern, München 1997, S. 38.

Studium und die Ausübung der Medicin widerstreitet und verletzt die besten und edelsten Seiten der weiblichen Natur, die Sittsamkeit, die Schamhaftigkeit, Mitgefühl und Barmherzigkeit, durch welche sich dieselbe vor der männlichen auszeichnet.«[7] Solche Argumente entblößten, genau betrachtet, überdeutlich die Angst der Herren vor Konkurrenz. Die Frauenrechtlerin Hedwig Dohm (Großmutter von Katja Pringsheim, verheiratete Mann) erwiderte zwei Jahre später mit ihrer Streitschrift »Die wissenschaftliche Emancipation der Frauen«: »Mir erscheinen diese Untersuchungen ebenso müßig, als wolle jemand fragen: Darf der Mensch seine Kräfte entwickeln? Soll er seine Beine zum Gehen gebrauchen?«[8]

Frauen, die studieren wollten, mussten nach Zürich ziehen: Hier konnten sie ab 1840 als Gasthörerinnen Vorlesungen besuchen, 1864 wurden sie zum Medizinstudium zugelassen, ab 1873 in alle Fakultäten aufgenommen. Weitere Schweizer Universitäten folgten. Dass auch hier nicht alles eitel Sonnenschein für die Studentinnen war, kann man sich denken: »Beim ersten Erscheinen im Präpariersaal wurde es unangenehm für die wenigen Studentinnen inmitten der männlichen Übermacht. Geschrei. Gejohle, Pfiffe. Als der Professor erscheint, erwartet die Studenten ein Donnerwetter, dass ihnen der Spott für immer vergeht. Franziska Tiburtius bleiben die folgenden fünf Studienjahre ›hell und leuchtend‹ in Erinnerung.«[9] Rahel Straus, 1900 die erste Medizinstudentin an der Heidelberger Universität, hatte dagegen seitens der Kommilitonen nur Erfreuliches erlebt, lediglich die Professoren gaben ihr zu bedenken, dass die Jahre an der Universität schwer für sie würden.

Die Frauenrechtlerinnen forderten, dass zumindest zukünftige Lehrerinnen (für das höhere Lehramt) und Medizinerinnen studieren können sollten. In Bayern dauerte das bis zum Wintersemester 1903/1904. (Da hatte Marie

---

7 Theodor Ludwig Wilhelm von Bischoff: Das Studium und die Ausübung der Medicin durch Frauen, München 1872, S. 45, in: www.digitale-sammlungen.de/de/view/bsb11011274?page=51&q=Sittsamkeit [abgerufen am 14.4.2022] Nach ihm tat sich 1900 der Neurologe Paul Julius Möbius mit dem Essay »Über den physiologischen Schwachsinn des Weibes« hervor.

8 Häntzschel/Bußmann, S. 35.

9 Barbara Beuys: Die neuen Frauen – Revolution im Kaiserreich 1900–1914, München 2014, S. 32.

Curie den Nobelpreis für Physik erhalten!) Jetzt sollten »Damen, welche das Reifezeugnis eines humanistischen Gymnasiums oder eines deutschen Realgymnasiums besitzen, zur Immatrikulation an den bayerischen Universitäten zugelassen werden.«[10] Absurderweise konnten sich Frauen nun (theoretisch!) immatrikulieren, aber noch kein Abitur an öffentlichen Mädchenschulen ablegen. Ein Reifezeugnis konnten erst einmal nur Frauen aus dem Ausland vorweisen oder Deutsche, die es als Externe an einem Knabengymnasium abgelegt haben. Andernfalls waren sie darauf angewiesen, dass ein Professor sie als Gasthörerin akzeptierte.

Gymnasialkurse wurden erst ab 1911 eingerichtet und so legten, nach Absolvierung von fünfjährigen Kursen, 1916 die ersten jungen Frauen in Regensburg ihr Abitur an einem Mädchengymnasium ab (siehe S. 46). In München wurde 1912 an der Höheren Töchterschule an der Luisenstraße erstmals eine Gymnasialabteilung eingerichtet, die sogar die Möglichkeit eines humanistischen wie eines neusprachlichen Abiturs anbot.

1933 machten die Nationalsozialisten alle Erfolge zunichte. Das »Gesetz gegen die Überfüllung der Hochschulen« schloss alle Nichtarier und 90 Prozent der Frauen vom Studium aus.

Und heute?

Dass Frauen an den Gymnasien und Universitäten mittlerweile in der Überzahl sind, bildet sich in den späteren Karrieren nicht ab. Je weiter oben, desto schwieriger wird das Weiterkommen. Deshalb haben viele Hochschulen Programme zur Frauenförderung aufgestellt, vor allem für Postdoktorandinnen und Habilitierende. Den einzigen naturwissenschaftlichen Nobelpreis, der einer deutschen Frau verliehen wurde, erhielt übrigens 1995 die Biologin Christiane Nüsslein-Volhard (* 1942), die noch immer in Tübingen forscht.

Wirtschaft & Handwerk

In mittelalterlichen Handwerks- und anderen Familienbetrieben haben Frauen selbstverständlich mitgearbeitet und genauso für deren Fortschritt gesorgt wie die Männer. Das können wir an den wenigen Quellen, die dazu

---

10 Häntzschel / Bußmann, S. 53.

existieren, sehen. Die Ausbildung erhielten sie von den Vätern oder Ehemännern – den Betrieb übernehmen durften sie lange Zeit nicht.

Ab etwa Mitte des 19. Jahrhunderts konnten Geschäftsfrauen selbstständiger als bisher agieren, führten Betriebe gemeinsam mit dem Ehemann und gaben sie als Witwe nicht einfach aus der Hand (siehe S. 66). Es entstanden auch neue Berufe wie der des Fotografen, weshalb hier keine einschränkenden Regelungen für Frauen existierten. Diese Marktlücke nutzten in München Anita Augspurg und Sophia Goudstikker (beide allerdings keine Bayerinnen qua Geburt). Sie eröffneten 1887 ein Fotostudio, das »Atelier Elvira«, und führten es äußerst erfolgreich, bis hin zum Titel der Königlich Bayerischen Hoffotografin.

In der Weimarer Republik öffnete sich dann der Arbeitsmarkt für Frauen: Sie konnten Telefonistin, Sekretärin, Verkäuferin et cetera werden – dabei immer benachteiligt gegenüber den Männern, sei es finanziell oder in der sozialen Stellung. Was wir heute unter Führungskräften verstehen, gab es kaum. Um Frauen den Zugang zu diesen Funktionen etwas leichter zu machen, wurde die Quotenregelung für manche Positionen eingeführt. »Die Widerstände gegen das Quotengesetz sind so groß, weil es hier um Macht, Einfluss und Geld für Frauen geht. Davon wollen die Männer, die jetzt fast alle Führungspositionen besetzt halten, nichts abgeben«[11], konstatierte Manuela Schwesig, Ministerpräsidentin von Mecklenburg-Vorpommern. Dass sich dank der Quote etwas bewegen lässt, zeigt die Situation unter den Vorständen der DAX-Unternehmen (siehe S. 81).

Sport & Flug

Beim Sport wurden die Frauen genauso wenig zugelassen wie in allen anderen Bereichen. Vor etwa 1900 fanden Sportveranstaltungen lediglich in einer »Arena der Männlichkeit«[12] statt. Frauensport hielt man für unschicklich. Unverhüllte Körperteile zu zeigen war unsittlich, Hosen absolut unmöglich.

---

11 Manuela Schwesig, »Bild am Sonntag«, 23.11.2014, in: www.bundesregierung.de/bregde/bundeskanzler/kulturwandel-durch-quote-619300 [abgerufen am 30.1.2022].

12 www.hwr-berlin.de/fileadmin/portal/Dokumente/HWR-Berlin/Organisation/Frauenbeauftragte/Politeia-Geschlechtergerechtigkeit-Sport.pdf [abgerufen am 30.1.2022].

Kaum vorstellbar, wie man damals im knöchellangen Rock Ski fuhr oder auf die Berge stieg. Schwimmen – oder eher planschen – war nur in einer Art Hosenanzug oder wallendem Kleid erlaubt, die Damen (und Kinder) mussten dennoch unter sich bleiben, abgeschirmt vor männlichen Blicken.

Ungesund sei Sport für Frauen obendrein, so dachte man. Man befürchtete Schäden durch Überanstrengung, das ging so weit, dass es hieß, nach einem Marathonlauf könne die Gebärmutter aus dem Körper fallen. Anscheinend bezogen die besorgten Fachleute in ihre Überlegungen nicht mit ein, was Frauen seit Menschengedenken während einer Entbindung oder bei schwerer Feld- oder Hausarbeit aushalten können …

Und dann noch die Schönheit und Lieblichkeit der Frau – die durfte durch Mienen, die sich bei Anstrengung verzerrten, auch nicht gestört werden!

Das neue Frauenbild in der Weimarer Republik ermöglichte mehr Freiheiten. Athletinnen durften nun unbedeckte Arme und Beine zeigen, was ihnen neue Sportarten erschloss. Trotzdem blieb der Zugang zum Leistungssport eine Never Ending Story. Bei den Olympischen Spielen zum Beispiel liefen die Frauen im Jahr 1928 über die 800 Meter. Es gewann die Deutsche Lina Radke, zwei Läuferinnen sanken im Ziel erschöpft zu Boden. Eine Zeitung notierte: »Es war ein erbarmungswürdiger Anblick, diese Mädchen nach dem Einlauf wie tote Spatzen zu Boden purzeln zu sehen.«[13] Die Schlussfolgerung: Der Lauf über die Mittelstrecke sei für Frauen zu anstrengend (Mann hatte es ja immer gewusst!), er wurde aus dem Programm gestrichen und erst 1960 wieder aufgenommen. Kathrine Switzer (siehe S. 112) demonstrierte 1967 in einem Marathon zwar, dass Frauen während des Rennens nicht tot zusammenbrachen, aber danach war noch längst nicht alles gut. Erst seit 2012 gibt es keine Sportart mehr, die Frauen nicht offensteht. 2020 trugen zum ersten Mal die nordischen Kombiniererinnen offizielle Wettkämpfe aus. Seit 2021 denkt man konkret darüber nach, eine Vierschanzentournee für die Skispringerinnen einzurichten.

---

[13] So in der Zeitung »De Maasbode«, siehe: www.derstandard.de/story/2000125423642/revolutionwie-frauen-um-die-olympia-teilnahme-kaempften [abgerufen am 30.1.2022].

Olympische Spiele

Pierre de Coubertin, der 1894 die sogenannten Spiele der Moderne begründete, wehrte sich mit Händen und Füßen dagegen, Frauen zu »seinen« Spielen zuzulassen. »Olympische Spiele sind ein Ausbund männlicher Athletik, und der Beifall der Frauen ist deren Lohn«[14], dachte er 1896. 1900 durften Frauen erstmals in »salonfähigen« Sportarten wie Golf, Tennis oder Segeln teilnehmen. Da hielten 1921 rund 100 Athletinnen aus fünf Ländern viel lieber in Monte Carlo ihre »Jeux Olympiques Féminins« ab, die ersten Olympischen Spiele für Frauen. Bis zum 31. März traten Sportlerinnen aus Frankreich, Großbritannien, Italien, Norwegen und Schweden in zehn Leichtathletik-Disziplinen an, außerdem in Basketball, Gymnastik sowie im Pushball, bei dem zwei Teams eine menschengroße Kugel ins gegnerische Feld manövrieren mussten. In diesem Jahr hatte sich die eingangs vorgestellte Maria Kießling (siehe S. 98) schon wieder vom aktiven Sport zurückgezogen. Bis 1934 fanden diese besonderen Spiele mehrere Male statt. Anfangs nannten sie sich »Frauen-Olympiade«, mussten sich aber nach Protesten des Internationalen Olympischen Komitees und des Internationalen Leichtathletikverbands umbenennen.

»Die besondere Förderung von Frauen ist bereits seit 1996 Bestandteil der Olympischen Charta«, sagt Petra Tzschoppe, Sportsoziologin an der Universität Leipzig und Vizepräsidentin des Deutschen Olympischen Sportbunds.[15] Auch um das zu symbolisieren, tragen seit 2020 eine Athletin und ein Athlet gemeinsam die Nationenflaggen bei Eröffnungs- und Schlussfeier.

Fußball

Frauenfußball ist eine junge Sportart. Noch 1955 verbot der »Deutsche Fußball-Bund« ausdrücklich den ihm angeschlossenen Vereinen weibliche Abteilungen sowie Spiele von Damenmannschaften. Zur Begründung hieß es: »Im Kampf um den Ball verschwindet die weibliche Anmut, Körper und

---

14 Zitiert nach dem Magazin »Emma«, 1.7.2008, www.emma.de/artikel/olympia-der-kampf-gebuert-dem-manne-263822 [abgerufen am 30.1.2022].

15 www.domradio.de/artikel/noch-immer-nachholbedarf-sporthistorikerin-tzschoppe-ueber-frauen-bei-olympia [abgerufen am 30.1.2022].

Seele erleiden unweigerlich Schaden und das Zurschaustellen des Körpers verletzt Schicklichkeit und Anstand.«[16] Erst 1970 wurde das Frauenfußballverbot aufgehoben. Das erste offizielle Länderspiel einer deutschen Damennationalmannschaft fand 1982 (!) statt, seit 1986 spielen die Frauen in einer eigenen Bundesliga. Die geringe Wertschätzung ihrer Leistungen zeigt sich in den Prämien: Als die deutschen Frauen 1989 Europameisterinnen wurde, gab es vom DFB – ein Kaffeeservice! Und 2015 nach dem Gewinn der Weltmeisterschaft? 35 000 Euro pro Spielerin. Das ist zugegebenermaßen schon mehr als Tassen und Teller, aber zum Vergleich: 2014 hatte jeder Mann für den gleichen Erfolg 300 000 Euro erhalten.

Die feministische Seite des Sports

Vor Sexismus ist auch der Sport nicht gefeit. Aber die Frauen beginnen, sich zu wehren. 2021 entschieden beispielsweise einzelne Turnerinnen und Leichtathletinnen, nicht mehr die freizügigen, von den Verbänden vorgeschriebenen (!) Trikots zu tragen. Und Beachballspielerinnen wehrten sich gegen die ultraknappen Bikinis, weil sie keine voyeuristischen Fotos von sich in den Medien sehen möchten. Stattdessen traten sie in Ganzkörperanzügen an. »Die Leute sollen es ja nicht gucken, weil wir da in Bikini spielen, sondern weil es ein cooler Sport ist«, erklärte die Beachvolleyballerin Kira Walkenhorst.[17] Als der Weltverband norwegische Beachhandballerinnen bestrafen wollte, weil sie längere Hosen trugen, bot die US-amerikanische Popsängerin Pink an, diese Strafe zu übernehmen. Und die deutsche Weitspringerin Malaika Mihambo argumentierte provokativ: »Natürlich sind unsere Trikots knapper als die von Männern. Da könnte man sich fragen: Warum tragen die Männer nicht auch einfach ein bauchfreies Trikot?«[18]

Weitere frauenspezifische Probleme bringen Sportlerinnen mittlerweile ins

---

16 www.spiegel.de/geschichte/frauenfussball-wie-der-dfb-1955-ein-verbot-aussprach-a-1040435.html [abgerufen am 14.4.2022].

17 www.ndr.de/sport/Knappe-Kleidung-Leute-sollen-gucken-weil-es-cooler-Sport-ist,sportkleidung100.html [abgerufen am 30.1.2022].

18 www.welt.de/sport/article232741605/Sexismus-Skandal-um-Bikini-Hoeschen-Pink-will-Strafe-von-Norwegens-Handballerinnen-zahlen.html [abgerufen am 30.1.2022].

Gespräch: die mangelnde Berücksichtigung der Einschränkungen durch die Periode oder familiäre Verpflichtungen und den Umgang mit Transfrauen beziehungsweise mit Frauen mit ungewöhnlichem Hormonstatus.

Politik & Gesellschaft

Dieses Kapitel steht – ebenso wie die Kunst – nicht ohne Grund am Ende des Buchs. 1850 erging im Rahmen der Sozialistengesetze (gegen die erstarkende Arbeiterbewegung gerichtet) ein Vereinsrecht, das in Preußen, Sachsen und Bayern bis 1908 galt. Es untersagte Frauen, Schülern und Lehrlingen die Mitgliedschaft in politischen Vereinen sowie die Teilnahme an deren Veranstaltungen. Was politisch war, definierte die Polizei. Schon Vereine für Mädchenbildung wurden als politisch eingestuft und aus diesem Grund verboten. Frauenrechtlerinnen entwickelten reichlich Fantasie darin, Vereinsnamen oder Veranstaltungen unter harmlosen Bezeichnungen doch zu ermöglichen.

Im November 1918 verkündeten die Revolutionäre das allgemeine freie und passive Wahlrecht. Obwohl die Beteiligung an den Landtagswahlen in Bayern im Januar 1919 bei Frauen und Männern gleichermaßen bei circa 80 Prozent lag, machten die weiblichen Landtagsabgeordneten in Bayern nur etwas mehr als 4 Prozent aus. Bis 1933 wurden sie immer weniger. Im »Dritten Reich« gab es kein Parlament (und generell keine politische Arbeit) mehr. Nach 1946 nahm der Anteil der Frauen nur ganz langsam zu. Bis 1986 lag er im bayerischen Landtag bei weniger als 10 Prozent, der höchste Stand war 2008 mit 31,6 Prozent erreicht. 2018 ging er wieder zurück auf 26,8 Prozent. Der hohe Anteil der Frauen in den Parteien SPD, Bündnis 90 / Die Grünen und Die Linke zeigt, dass eine Quotierung wirkt; die trotzdem sinkenden Zahlen sind auf den Einzug der Freien Wähler und der AfD in den Landtag zurückzuführen. Auch in der CSU ist noch Luft nach oben.

Nach mehr als 100 Jahren Wahlrecht sind die Politikerinnen immer noch nicht bei 50 Prozent der Sitze im Bundestag oder in den Landesparlamenten angekommen. Das hatte schon Rosa Kempf (siehe S. 122), eine der ersten bayerischen Parlamentarierinnen, 1918 gefordert. Immerhin ist seit dem Herbst 2021 die Bundesregierung paritätisch besetzt.

Wie sieht es in den anderen gesellschaftlichen Bereichen aus? Die erste Richterin, die erste Behördenleiterin? Lange haben sie warten müssen, die

Frauen bei der Feuerwehr bis 1965, bei der uniformierten Polizei bis 1990, bei der Bergwacht bis 1996 … Alle sind in unserem Buch zu finden. Aber es gibt noch viel zu tun!

Kunst & Kultur

Verallgemeinernd lässt sich feststellen, dass erst nach der Revolution 1918 / 1919 die Kunst, zumindest die bildende Kunst, den Frauen offenstand.

Die Königliche Akademie der Bildenden Künste (1808 von Maximilian I. Joseph gegründet) ließ zwischen 1813 und 1839 zwar insgesamt etwa 50 Frauen (das entspricht 2 Prozent) zum Studium zu: Die ersten waren Electrine Stuntz, verheiratete von Freyberg, Marie Ellenrieder und Luise Wolf. Bis 1920 blieb die Akademie dann mit einer Ausnahme den Männern vorbehalten. Nürnberg besaß seit 1662 die älteste Kunstschule im deutschsprachigen Raum. 1820 wurde die Akademie zu einer Kunstgewerbeschule degradiert, zu der Frauen ab 1906 / 1907 Zugang hatten. Eine »Akademie der Bildenden Künste« wurde die Einrichtung wieder nach dem Zweiten Weltkrieg.

Durch die Initiative von Clementine von Braunmühl (siehe S. 30) und ihren Mitstreiterinnen entstand deshalb 1884 in München eine Damen-Akademie, in der die »Malweiber«, darunter später berühmte Künstlerinnen wie Käthe Kollwitz oder Gabriele Münter, eine Ausbildung genossen. Was die Männerwelt davon hielt, konnte man 1901 im »Simplicissimus« lesen: »Sehen Sie, Fräulein, es giebt zwei Arten von Malerinnen: die einen möchten heiraten und die anderen haben auch kein Talent«.[19] Der Polin Zofia Stryjeńska gelang es 1911, sich an der Kunstakademie einzuschreiben. Sie gab sich als ihr Bruder aus und studierte dort ein Jahr lang, bis ihr das Versteckspiel zu anstrengend wurde.

Angelika Kaufmann, die einzige deutsche Malerin des Barock, Münter, Kollwitz und Marianne von Werefkin waren große Ausnahmen; auch heute sind renommierte Künstlerinnen keine Selbstverständlichkeit.

Die Nationalsozialisten radierten viele Karrieren einfach aus, indem sie die Werke als »entartet« oder als jüdisch bezeichneten. So geschah das bei-

---

19 Ab nach München! Künstlerinnen um 1900. Ausstellung im Stadtmuseum München. Ausstellungskatalog, München 2014, S. 121.

spielsweise vielen »Bauhaus-Frauen«, die nicht, anders als Gunta Stölzl (siehe S. 72), rechtzeitig das Land verließen.

Schriftstellerinnen, die anspruchsvollere Literatur verfassten, versteckten sich häufig hinter männlichen Pseudonymen, um nicht polemischer Kritik ausgesetzt zu sein.

Komponistinnen hatten es noch schwerer, bis ins 20. Jahrhundert sind fast keine bekannt. Zu nennen sind da Fanny Hensel, die bis zu ihrem Tod 1847 460 Werke komponierte. Oder Clara Wieck, die etwas später als Pianistin (vor allem aber als Frau des Komponisten Robert Schumann) berühmt wurde. Kompositionen von Frauen werden erst seit den 1960er-Jahren wiederentdeckt, maßgeblich durch Vereine wie »musica femina münchen«, die sich der höheren Sichtbarkeit von Komponistinnen widmen. Zeitgenössischen Musikerinnen ergeht es übrigens genauso wie bildenden Künstlerinnen nicht viel besser als den vergessenen.

Pianistinnen und Sängerinnen konnten schon in früheren Jahrhunderten als Solistinnen auftreten und Karriere machen. In renommierten Orchestern eine Stelle zu finden, war aber lange so gut wie unmöglich. 1960 lag der weibliche Anteil bei 3 Prozent, 2021 bei immerhin fast 40 Prozent. Das klingt nach einem Fortschritt, aber: Sie spielen überwiegend in der Regionalliga, wie es in der Datenerhebung des Musikinformationsrats in Kooperation mit dem deutschen Musikrat heißt.[20] Die Entdeckung der Starviolinistin Anne-Sophie Mutter 1977 durch Herbert von Karajan ist da ein echtes Highlight.

Verbände wie die »Bücherfrauen« begannen vor ein paar Jahren mit dem Projekt »#frauenzählen«, das heißt, sie erstellen eine Statistik, wie viele Frauen zum Beispiel Regie führen, Intendantinnen sind, für Preise nominiert werden et cetera. 2017 initiierte die Schauspielerin Maria Furtwängler mit der Stiftung »MaLisa« (die sie und ihre Tochter Elisabeth 2016 gründeten) eine Studie zur Repräsentation von Frauen und Männern im Film, durchgeführt von der Universität Rostock. Die Ergebnisse solcher Untersuchungen zeigen, wie unterrepräsentiert Frauen in Film, Theater oder der Buchbranche sind.

---

20 www.faz.net/aktuell/feuilleton/buehne-und-konzert/studie-zu-frauen-in-deutschen-orchestern-17223842.html [abgerufen am 30.1.2022].

Eine Frau ist eine Frau – ist sie eine Frau?

Früher, in den vermeintlich »guten alten Zeiten«, da war eine Frau noch eine Frau und ein Mann ein Mann – meistens jedenfalls. Und bestimmt keine »Frau*«. Dann lernten wir, mit den Begriffen »sex« und »gender« Geschlecht zu präzisieren. Als das Wort Sexismus zum ersten Mal 1983 im deutschen Bundestag von der Grünen-Abgeordneten Waltraud Schoppe ausgesprochen wurde, löste das große Heiterkeit unter den Herren (oder Herren*?) aus, weil die wenigsten den Begriff korrekt verstanden.

Inzwischen wird sprechend oder schreibend gegendert, wenn auch gegen Widerstand gewisser Gruppen, und wir können LSBTIQ nicht nur aussprechen, sondern wissen auch, was sich dahinter verbirgt: lesbisch, schwul bisexuell, trans*, intersexuell und queer – dieses Akronym steht für die Vielfalt in unserer Gesellschaft an Geschlechtern und sexuellen Orientierungen.

Diese Vielfalt zeigt sich immer offener, deshalb muss das alte Transsexuellengesetz von 1981 reformiert werden, wie es die Ampel-Koalition auch vorhat – sichtbar geworden in einem Eklat im Januar 2022: Im September 2021 waren zwei offen transidente Frauen der Partei Bündnis 90 / Die Grünen in den Deutschen Bundestag gewählt worden. Tessa Ganserer aus Zwiesel saß seit 2018 im Bayerischen Landtag, ein Jahr lang als Mann, bis sie sich als erste Frau 2019 als transident outete (und ohne Umstände akzeptiert wurde). 2021 erhielt sie das Bundestagsmandat. Sie nimmt das, was das sogenannte Gleichstellungsgesetz plant, vorweg: Sie sagt von sich, sie sei eine Frau, weil sie sich schon sehr lange so fühle – ungeachtet ihres juristischen Status als Mann. Den hat sie nicht ändern lassen, aus Protest gegen den damit verbundenen Verwaltungsakt, den sie für entwürdigend hält, und um damit auf die Notwendigkeit einer Gesetzesänderung hinzuweisen. Dieser Status von Tessa Ganserer war kein Thema im Landtag und zunächst auch nicht im Bundestag, bis im Januar 2022 die Zeitschrift »Emma« zusammen mit der Vereinigung »Geschlecht zählt« zum Angriff blies. Der Vorwurf: Ganserer habe auf einem Listenplatz für Frauen dieses Mandat ungerechtfertigterweise erlangt und nehme einer Frau den Platz weg.[21] Die AfD legte im Februar

---

[21] Zitiert nach »Emma«: www.emma.de/artikel/markus-ganserer-die-quotenfrau-339185 [abgerufen am 30.1.2022].

mit transphoben Äußerungen auf unerträgliche Weise nach. Tessa Ganserer fand aber im Parlament großen Rückhalt. Die Angelegenheit war im Mai 2022 noch offen.

Viele Feministinnen fühlen sich allerdings bedroht durch das geplante Gesetz. Sie befürchten, dass Männer sich als weiblich ausgeben und zum Beispiel die bisher geschützten Frauenräume stürmen könnten.

2020 machte sich Joanne K. Rowling über die Formulierung von Frauen als »menstruierenden Menschen« lustig und erntete dafür viel Häme. Am 19. Februar schrieb die Schriftstellerin Nele Polatschek in der »Süddeutschen Zeitung« den provozierenden Artikel »Schafft die Frauen ab«[22], der fantasiert, wie es wäre, wenn eine Gesellschaft nicht mehr unter den Geschlechtern unterscheiden würde und damit Differenzierung, Benachteiligung und Diskriminierung aus der Welt geschafft wären.

Wobei sich mir allerdings folgende Frage stellt: Warum schaffen wir nicht im Sinne von Frau Polatschek auch die Männer ab? Warum schreibt man jetzt ganz progressiv und jede*n einschließend nicht auch »Männer*«? Wollen wir Frauen päpstlicher als die Päpstin sein?

Ausblick

Dass es noch zahlreiche »erste Positionen« für Frauen in Wartestellung gibt, lässt sich leicht aufzählen, wie etwa die erste Ministerpräsidentin von Bayern oder die erste römisch-katholische Priesterin oder … Aber: Immer wieder gibt es neue Nachrichten über Frauen in einer Position, in der sie die erste ist, so wie kurz vor dem Druck dieses Buches: Die Akademie der Bildenden Künste in München bekommt nach mehr als 200 Jahren ihrer Existenz eine weibliche Präsidentin. Professorin Karen Pontoppidan kommt zwar aus Dänemark, aber sie hat in München studiert – und eine weitere Tür ist damit für Frauen geöffnet.

---

22 www.sueddeutsche.de/kultur/frauenquote-transsexuellengesetz-gender-frau-1.5531816 [abgerufen am 30.1.2022].

BILDUNG
&
WISSEN
SCHAFT

»Kommen wird der Tag, wo sie in
die Tempel der Männer dringen, ihre
Kanzeln besteigen und ein neues
Evangelium predigen wird, die frohe
Botschaft von der Menschwerdung
des Weibes.«

Hedwig Dohm, Schriftstellerin, 1874

» Traut euch groß denken in dem, was ihr wollt. «

KAROLINA GERHARDINGER *(1797–1879)*

gründete den einzigen Orden, der auf bayerischem Boden entstanden ist, und errichtete die erste bayerische Lehrerinnenbildungsanstalt.

Die Tochter eines Schiffsmeisters aus Stadtamhof bei Regensburg war wohl eine aufgeweckte Schülerin, denn auf Anregung des Regensburger Dompfarrers wurden sie und zwei weitere Mädchen zu Hilfslehrerinnen ausgebildet. So konnte Karolina Gerhardinger bereits mit 15 Jahren an einer Mädchenschule unterrichten. Mit 25 entschloss sie sich, Ordensschwester zu werden. Die Wiedereröffnung des Klosters der Augustiner-Chorfrauen de Nôtre Dame in Stadtamhof scheiterte an den finanziellen Mitteln der Stadt. Deshalb plante man die Gründung einer neuen weiblichen Klostergemeinschaft in Neunburg vorm Wald (Oberpfalz). Karolina Gerhardinger zog 1833 mit zwei Gefährtinnen in Gebäude des ehemaligen Klosters und begann ein Gott geweihtes Leben. Sie übernahm die Leitung der Mädchenschule und gründete am 24. Oktober die Kongregation der »Armen Schulschwestern von Unserer Lieben Frau«. Diese ist damit der einzige Orden, der auf bayerischem Boden entstanden ist. Zwei Jahre später, 1835, legte sie in Regensburg das Gelübde ab, nahm den Namen Maria Theresia von Jesu an und wurde Oberin des klösterlichen Instituts.

Schon in Regensburg hatte sie bemerkt, wie dürftig die damaligen Möglichkeiten zur Schulbildung für Mädchen im Allgemeinen, besonders aber für die aus ärmeren Schichten waren. Sr. Maria Theresia übernahm und entwickelte neue Unterrichtsmethoden (setzte zum Beispiel auf Anschauungsunterricht); im Lehrplan standen nun auch hauswirtschaftliche und kaufmännische Fächer, Fremdsprachen, musische Ausbildung und Turnen (sogenannte Realien). Ihre pädagogische Arbeit wurde vorbildhaft für die Mädchenbildung. Sie kümmerte sich auch um die frühkindliche Förderung und schrieb 1850 einen »Leitfaden für Kinderbewahranstalten«.

1839 gründete Sr. Maria Theresia eine Niederlassung in der Münchner Au. 1843 wies König Ludwig I. den »Armen Schulschwestern« in der Stadt die Gebäude des ehemaligen Klarissinnenklosters St. Jakob am Anger als Mutterhaus zu. Hier richteten die Schwestern eine Schule und die erste Lehrerinnenbildungsanstalt in Bayern (heute eine Fachakademie) ein. Auch Münchens erster Hort entstand unter ihrer Ägide am Mariahilfplatz. Sehr bald gab es zahlreiche Filialklöster und Schulen des jungen Ordens. 1847 / 1848 reiste Sr. Maria Theresia sogar mit fünf Schwestern nach Nordamerika und bereitete dort sieben Schulgründungen vor.

32 Jahre lang wurde um die Ordensregeln, die – ein Novum – eine zentrale Leitung durch eine Frau vorsahen, gerungen. Vor allem der Erzbischof von München und Freising lehnte diesen Punkt ab, weil diese Funktion bis dahin nur Männer vorbehalten gewesen war. 1865 erkannte Papst Pius IX. die Regeln an und bestellte Sr. Maria Theresia zur Generaloberin auf Lebenszeit.

Generationen von Mädchen und Frauen haben in ganz Europa und in den USA ihre Schulbildung von den »Armen Schulschwestern« erfahren. Seit dem Zweiten Weltkrieg wirkten mehr als 11 000 Schwestern im Sinne ihrer Gründerin. Im Münchner Kloster der »Armen Schulschwestern« am St.-Jakobs-Platz (dem ältesten noch bestehenden Kloster der Stadt) ruht die Ordensgründerin. Das Mutterhaus befindet sich seit 1957 in Rom.

Am 17. November 1985 wurde Mutter Theresia als »Pionierin der Frauenbildung in Bayern« selig gesprochen. 1998 stellte man in der Walhalla bei Regensburg ihre Porträtbüste auf – nur 13 Frauen werden bislang dort geehrt gegenüber 183 Männern!

CLEMENTINE VON BRAUNMÜHL

(1833–1918) unterrichtete als erste Frau Methodik des Zeichenunterrichts an der Königlichen Kunstgewerbeschule in München.

Im Fuggerschloss von Babenhausen im Unterallgäu lebte die Familie von Braunmühl. Clementine wuchs hier wohlbehütet auf. Ihr Vater war unter anderem für die Erziehung der Fürstensöhne und das Schulwesen im Ort zuständig. Mit seinem Tod änderte sich das Leben der einzigen Tochter schlagartig. Sie, die nie heiraten wollte, musste die Erfahrung machen, wie sehr eine Frau ein Ziel und eine Aufgabe, einen sinngebenden Beruf brauchte. »Ich litt unter geistiger Öde«, schrieb sie später. »Ich saß den ganzen Tag am Stickrahmen, bis ich abends vor Aufregung zitterte.«[1]

Erst als sie mit ihrer kranken, pflegebedürftigen Mutter 1861 nach München zog, wurde das Leben etwas besser, auch weil sie mit dem Kolorieren von Krugdeckeln in der Königlichen Porzellanmanufaktur ein bisschen Geld verdienen konnte. 1868 tat sich endlich eine Perspektive auf, denn Clementine von Braunmühl durfte an der in München neu gegründeten Kunstschule für Mädchen hospitieren. Im gleichen Jahr wurde die Zeichenschule des »Bayerischen Kunstgewerbevereins« zur Königlichen Kunstgewerbeschule er-

» Schaffende Energie besitzt die Durchschnittsfrau so viel wie der Durchschnittsmann. «

hoben und 1872 die oben erwähnte Kunstschule als »weibliche Abteilung« angegliedert. Vorrangig sollten hier Zeichenlehrerinnen ausgebildet werden. Clementine von Braunmühl erhielt – als erste Frau, im Alter von 39 Jahren – eine Stellung als Lehrerin für Ornamentzeichnen und kunstgewerbliches Musterzeichnen. Ab 1891 unterrichtete sie dort als erste Frau auch Methodik des Zeichenunterrichts. Sie erarbeitete sich einen solch guten Ruf, dass die Großherzogin von Baden sie bat, eine Kunstgewerbeschule aufzubauen und zu leiten. Clementine von Braunmühl blieb aber lieber in München.

Hier rief sie 1882 zusammen mit anderen Mitstreiterinnen den »Münchner Künstlerinnen-Verein« ins Leben. 1884 entstand die vereinseigene »Damen-Akademie«, deren Ziel es war, Frauen eine künstlerische, über die pädagogische Laufbahn als Lehrerin hinausgehende Ausbildung zu ermöglichen. Zahlreiche angehende und teilweise später renommierte Künstlerinnen wie etwa Käthe Kollwitz oder Gabriele Münter erhielten dort Unterricht von qualifizierten Lehrer*innen. Die Männerwelt verlachte sie als »Malweiber«[2] und Ferdinand von Miller, der Direktor der Kunstakademie, sah in ihrem Studium nur einen Zeitvertreib, ehe sie unter die Haube kämen.

Clementine von Braunmühl nahm sich auch der Mädchenbildung an. Schon lange prangerten Frauenvereine an, dass Mädchen und junge Frauen von einer höheren Bildung ferngehalten wurden. Im Winter 1893/1894 riefen sie und einige Mitstreiter*innen den »Verein zur Gründung eines Mädchengymnasiums« ins Leben. Frauen sollten endlich mehr leisten dürfen, als im Haus zu wirken oder allenfalls noch als Lehrerin, Erzieherin oder Pflegerin zu arbeiten. Das betrachtete sie als Menschenrecht. Es brauchte lange Jahre des Ringens mit dem Kultusministerium und den Direktoren der Knabengymnasien, bis ab 1912 an der Münchner Städtischen Mädchenschule an der Luisenstraße ein gymnasialer Zweig eingerichtet wurde. Damit konnten die Frauen endlich mit dem Abitur die Voraussetzung für ein Universitätsstudium erlangen.

EMILIE LEHMUS *(1841–1932) war die erste deutsche Studentin in Zürich und die erste niedergelassene Ärztin für Frauen und Kinder in Deutschland.*

Der Fürther Pfarrer Friedrich Lehmus ermöglichte jeder seiner sechs Töchter eine Ausbildung. Das war in jenen Jahren durchaus außergewöhnlich. Emilie Lehmus wurde Lehrerin und unterrichtete am Fürther Marienstift Französisch und Musik. Die Bekanntschaft mit einer Zahnärztin, die in den USA studiert hatte, weckte in ihr wahrscheinlich den Wunsch, Medizin zu studieren. Dafür musste sie das Abitur als Externe an einem Knabengymnasium ablegen und im Vorfeld einige Fächer, zum Beispiel Latein, nachlernen. Das gelang ihr mit Unterstützung des Vaters schon nach einem halben Jahr.

Die Züricher Universität ließ seit 1864 Frauen zum Studium zu – nirgendwo sonst im deutschsprachigen Raum war ihnen das erlaubt. 1870 begann Emilie Lehmus dort als erste deutsche Studentin das Medizinstudium, fünf Jahre später promovierte sie mit »summa cum laude«, was bis dahin nur sechs Männer geschafft hatten. Die anschließenden Volontariate absolvierte sie in Prag und in Dresden bei dem deutschen Gynäkologen Professor Franz von Winckel. Er hielt als einer von wenigen Ärzten sehr viel von Medizinerinnen, unterstützte sie an seinen Kliniken tatkräftig und stellte sie als Assistentinnen ein.

» Eine zierlich gebaute Dame,
mit lebhaften dunklen Augen,
sehr blühender Gesichtsfarbe,
schnellen, geschickten Bewegungen. «

FRANZISKA TIBURTIUS, ÄRZTIN, 1923

1876 eröffnete Emilie Lehmus in Berlin als erste deutsche niedergelassene Ärztin eine Praxis als »Arzt für Frauen und Kinder«[3]. Zusammen mit Franziska Tiburtius[4] richtete sie zudem im Juni 1877 in der Alten Schönhauser Straße die erste »Poliklinik weiblicher Ärzte für Frauen und Kinder« ein. Beide Frauen wurden im Deutschen Reich nie approbiert, sie mussten sich deshalb »Dr. med. in Zürich« nennen und nach dem sogenannten Kurpfuschergesetz[5] praktizieren. Männliche Kollegen und Politiker machten sich über die Ärztinnen lustig. »Am grässlichsten war Virchow«[6], notierte Franziska Tiburtius. Der weltberühmte Arzt und Politiker Dr. Rudolf Virchow war seit 1856 Professor an der Berliner Charité. Frauen gegenüber dachte er chauvinistisch: »Alles, was wir an dem wahren Weibe Weibliches bewundern und verehren, ist nur eine Dependenz des Eierstockes.«[7] Die Patientinnen waren da nicht so engstirnig, sie schätzten Lehmus und Tiburtius umso mehr. Etwa 20 000 Frauen, vor allem Arbeiterinnen, ließen sich behandeln. »Konsultation 10 Pfennige, für Unbemittelte kostenlose Arznei« hieß es am Praxisschild. Die Behandlung bedürftiger Patientinnen ermöglichte der »Berliner Frauenverein«.

Emilie Lehmus zog sich 1900 aus gesundheitlichen Gründen aus der Praxis zurück und ging nach München. Nach 1918 lebte sie bei ihrer jüngsten Schwester in Gräfenberg bei Erlangen. Sie betätigte sich als Pianistin und erlebte noch, wie viele junge Frauen in ihre Fußstapfen als Ärztin traten.[8] Ihrem Wunsch entsprechend wurde Emilie Lehmus in Fürth in einem Armengrab bestattet. Erst 2019 errichtete man für sie eine Gedenkstätte auf dem dortigen Städtischen Friedhof. Die Stadtratsfraktion von Bündnis 90/Die Grünen stellte am 3. März 2022 den Antrag, in Fürth ein geplantes Gymnasium nach Emilie Lehmus zu benennen.

THERESE VON BAYERN *(1850–1925) wurde zum ersten weiblichen Ehrenmitglied der Bayerischen Akademie der Wissenschaften ernannt und erhielt als erste Frau die Ehrendoktorwürde der Ludwig-Maximilians-Universität München für ihre naturwissenschaftlichen Forschungen.*

Prinzessin Therese war die einzige Tochter des Prinzregenten Luitpold von Bayern und seiner Frau Auguste von Toskana. Da ihre Mutter schon 1863 verstorben war, erfüllte sie 48 Jahre lang die repräsentativen Pflichten an der Seite ihres Vaters. Sie notierte rückblickend: »Ich stand mit dreizehn Jahren einer Lebensaufgabe gegenüber, die mich zu erdrücken drohte.«[9] Eine standesgemäße Ehe mochte sie nicht eingehen – die tiefe Zuneigung zu ihrem psychisch kranken Cousin Otto, dem Bruder des Königs Ludwig II., machte jeden Gedanken an einen anderen Mann zunichte.

Die unkonventionelle und eigenwillige Therese von Bayern war bekannt als Leseratte und Tiernärrin, beherrschte zwölf Sprachen und entwickelte sich – im Selbststudium – zu einer anerkannten Naturwissenschaftlerin. Sie unternahm Reisen in Europa, nach Nordafrika, Nordamerika und Mexiko. Von Bedeutung waren vor allem ihre mehrmonatigen Expeditionen 1888 und 1898 durch Südamerika, begleitet nur von ihrer Hofdame, einem Reise-

» Freiheit war es, wonach ich leidenschaftlich lechzte. «

marschall (»Kavalier«) und einem Diener. In umfangreichen Werken dokumentierte sie die Erlebnisse und Ergebnisse dieser Expeditionen. Was sie von dort mitbrachte, liegt in München im Museum Fünf Kontinente sowie in der Zoologischen Staatssammlung. Ihre 11 000 Bücher verwahrt die Bayerische Staatsbibliothek München.

1892 wurde Therese Ehrenmitglied der Geographischen Gesellschaft und der Bayerischen Akademie der Wissenschaften (bis heute die einzige Frau!), fünf Jahre später erhielt sie als erste Frau die Ehrendoktorwürde der Philosophischen Fakultät der Ludwig-Maximilians-Universität München.[10] Vielleicht gab ihr Wissensdurst den Anstoß, dass ihr Vater im Jahr 1903 den Erlass unterzeichnete, der Frauen zum Universitätsstudium in Bayern zuließ.

Nach dem Tod Luitpolds 1912 übernahm seine Tochter Therese soziale Aufgaben. Den Patriotismus im Ersten Weltkrieg konnte die Schwester des letzten bayerischen Königs Ludwig III. nicht teilen, deshalb zog sie sich in die Familienvilla in Lindau zurück, wo sie auch starb.

1997 rief Hadumod Bußmann, damals Frauenbeauftragte der Ludwig-Maximilians-Universität, die »Prinzessin Therese von Bayern-Stiftung« ins Leben. Sie fördert als Zustiftung Habilitationen und Projekte im Rahmen der Erforschung des Geschlechterverhältnisses. Das Ziel ist, Frauen den Karriereschritt von der Promotion zur Habilitation zu erleichtern. »Die Stiftung will durch private Solidarität dort tätig werden, wo staatliche Mittel nicht ausreichen, um Frauen zu ermutigen, ihren Weg in Forschung und Wissenschaft entschlossen zu gehen«[11] – in der Nachfolge von Therese von Bayern, die über alle höfischen Zwänge und gesellschaftlichen Erwartungen hinweg ein selbstbestimmtes, emanzipiertes Leben führte und als Wissenschaftlerin Vorbild ist.

Seit 2009 steht zu Ehren der Wittelsbacher Prinzessin ihre Büste in der Ruhmeshalle hinter der Bavaria.[12]

ELISABETH WINTERHALTER *(1856–1952)*

führte als erste deutsche Chirurgin einen Bauchschnitt durch.

Als jüngstes von 13 Kindern einer angesehenen Münchner Familie wollte Elisabeth Hermine Winterhalter in die Fußstapfen von Urgroßvater, Großvater, Vater und ältestem Bruder treten und auch Medizinerin werden. Aber die Zustimmung eines Vormunds erhielt sie dafür nicht. »Ohne Neigung für diesen Beruf« wurde sie deshalb mit 18 Jahren Lehrerin und unterrichtete an einer Feiertagsschule in München-Schwabing, bis sie von der Ärztin Emilie Lehmus (siehe S. 32) hörte. Elisabeth Winterhalter nahm sich diese zum Vorbild und überwand hartnäckig den Jahre währenden heftigen Widerstand der Mutter gegen ihre lang gehegten Berufspläne. 1884 erhielt sie endlich die Erlaubnis zu studieren und zog zu diesem Zweck nach Zürich. Dort holte die 29-Jährige das Abitur nach und immatrikulierte sich an der Universität. 1889 schloss sie das Medizinstudium mit dem Züricher Staatsexamen ab. Elisabeth Winterhalter hospitierte zur weiteren Ausbildung in gynäkologischen Kliniken in Paris und München, erlernte in Stockholm gynäkologische Massage und promovierte 1890 in Zürich zum Dr. med.

Dort hatte sie während des Studiums die bekannte Schweizer Malerin und

> » Die schöne, zarte und überaus kluge Person besaß eine männliche Eigenschaft, nämlich sie rauchte schwere Zigarren. «
>
> GERHARD HAUPTMANN, SCHRIFTSTELLER

Porträtistin Ottilie Roederstein kennen und lieben gelernt. Die beiden Frauen zogen 1891 nach Frankfurt am Main und bekannten ihre Beziehung öffentlich. Elisabeth Winterhalter eröffnete eine gynäkologische Praxis sowie eine gynäkologische Poliklinik, beides bei der Schwesternschaft Maingau vom Roten Kreuz. Obwohl ihr Schweizer Studienabschluss im Deutschen Reich nicht anerkannt wurde, galt sie bald als eine renommierte Ärztin für Frauenheilkunde und Geburtshilfe. 1895 führte sie als erste deutsche Ärztin einen Bauchschnitt durch. Als 1902 die Frauen zu medizinischen Examina endlich auch in ihrer Heimat zugelassen wurden, absolvierte sie mit 47 Jahren in Heidelberg alle Prüfungen (Physikum, Staatsexamen) noch einmal, um 1904 die Approbation zu erhalten und nicht weiter als »Kurpfuscherin« zu gelten.

Ein sehr großes Anliegen war für Elisabeth Winterhalter – neben dem Frauenstimmrecht – die Frauenbildung. In Frankfurt eröffnete sie 1898 den Ortsverein von »Frauenbildung – Frauenstudium« und wurde zweite Vorsitzende des Gesamtvereins. 1901 konnte der Verein 20 Schülerinnen Realgymnasialkurse anbieten. Diese wurden 1908 in die Schillerschule, das erste, eben gegründete Mädchengymnasium Frankfurts, integriert.

Ab 1911 praktizierte Elisabeth Winterhalter aus gesundheitlichen Gründen nicht mehr, engagierte sich aber nach wie vor karitativ. Sie lebte jetzt mit Ottilie Roederstein in Hofheim im Taunus, wo sie eine Stadtbibliothek und einen Volksbildungsverein gründete. 1917 richteten die beiden Frauen je eine Stiftung für notleidende Malerinnen und Maler sowie für die »Senckenbergische Naturforschende Gesellschaft« ein.

Kurz vor ihrem Tod 1952 ehrte Bundespräsident Theodor Heuss Elisabeth Winterhalter für die Pionierleistung, medizinische Berufe für Frauen geöffnet zu haben. Sie und Ottilie Roederstein erhielten ein gemeinsames Ehrengrab in Hofheim. Und last, but not least: Von keiner Ärztin dürfte es so viele Porträts geben wie von Elisabeth Winterhalter!

BERTHA KIPFMÜLLER *(1861–1948) gründete den ersten berufsständischen Frauenverein Bayerns, außerdem promovierte sie als erste bayerische Frau – und das sogar zweimal.*

»Die Frauenrechtlerin des Frankenlandes« – dieser Ehrentitel zeichnet Bertha Kipfmüller für ihr Lebenswerk aus. Sie ging aus dem mittelfränkischen Pappenheim nach München an die Lehrerinnenbildungsanstalt und unterrichtete ab 1879 in der Region Nürnberg, denn in der Stadt selbst waren nur männliche Volksschullehrer zugelassen. Erst nach ihrem Studium konnte sie ab 1896 an einer höheren Mädchenschule in Nürnberg unterrichten – 30 Jahre lang, unverheiratet und immer für ein erheblich schlechteres Gehalt als die Kollegen. Benachteiligungen solcher Art wollte Bertha Kipfmüller nicht hinnehmen, deshalb rief sie 1886 den »Mittelfränkischen Lehrerinnenverein« ins Leben – den ersten berufsständischen Frauenverein Bayerns. Er kämpfte für eine bessere rechtliche und finanzielle Stellung der Lehrerinnen. Mit einem Zweigverein von »Frauenwohl«[13], den sie 1893 zusammen mit Helene von Forster[14] in Nürnberg initiierte, richtete sie unter anderem das erste Wöchnerinnenheim in Bayern ein sowie ein Blindeninstitut und hielt Abendkurse für Arbeiterinnen mit Tausenden von Teilnehmerinnen.

» Uns Frauen, die wir unter den Unterdrückten die unterdrücktesten waren, uns Frauen hat sie [die Revolution] das Meiste gegeben, das Beste, die Freiheit der Persönlichkeit, unsere volle Rechts- und Handlungsfähigkeit. «

Aber Bertha Kipfmüller hatte eine unersättliche Gier nach Wissen, das alles erfüllte sie nicht. Sie strebte ein Studium an, paukte ab 1894 den Stoff fürs Abitur – das sie aber in Deutschland nicht ablegen konnte. Zwei Jahre später erhielt sie trotzdem von der Universität Heidelberg eine Sondergenehmigung[15], um Germanistik, Sanskrit, vergleichende Sprachwissenschaften, Philosophie, Geschichte und Nationalökonomie zu studieren – allerdings ohne einen Rechtsanspruch auf einen Abschluss. Schon drei Jahre später promovierte sie dennoch, 38 Jahre alt, als erste bayerische Frau, zum Dr. phil. – und unterrichtete weiter.

Seit 1893 war Bertha Kipfmüller Mitglied der gerade gegründeten »Deutschen Friedensgesellschaft« und veröffentlichte 1896 unter einem männlichen Pseudonym die Antikriegsbroschüre »Sedansgedanken«. Die Revolution 1918/1919 begeisterte sie so, dass sie in die SPD eintrat.

Bertha Kipfmüllers unermüdlicher Geist gab nicht Ruhe: Sie lernte im Laufe ihres Lebens zwölf Sprachen, studierte nach der Pensionierung 1926 in Erlangen Jura und wurde drei Jahre später zum zweiten Mal promoviert, dieses Mal zum Dr. jur. beider Rechte. Sie beschäftigte sich mit Religionsphilosophie und begann mit 85 Jahren Russisch zu lernen. Ab 1935 lebte Bertha Kipfmüller wieder in ihrer Heimatstadt Pappenheim, baute dort nach Kriegsende das Kulturreferat auf und wurde 1946 Ehrenbürgerin der Stadt.

ADELE HARTMANN *(1881–1937) habilitierte sich als erste Frau Deutschlands.*

Weil ihr Vater, ein Offizier, nicht zustimmte, durfte Adele Hartmann aus Neu-Ulm zunächst nicht das Abitur machen und studieren, deshalb beendete sie mit 17 Jahren die Schule am Münchner Max-Joseph-Stift mit einem Lehrerinnenabschluss für Französisch. Zwei Jahre als Erzieherin in Großbritannien ermöglichten ihr, auch Englisch zu unterrichten. Erst als sie 1903 volljährig war, besuchte sie private Gymnasialkurse und legte mit 25 Jahren als Externe das Abitur am Münchner Ludwigsgymnasium ab. Da Frauen seit 1903 zum Studium zugelassen waren, konnte sich Adele Hartmann 1906 an der Ludwig-Maximilians-Universität für ihr Wunschfach Medizin einschreiben. 1911 schloss sie mit dem Staatsexamen ab, die Approbation folgte im Jahr darauf. Sie blieb an der Universität und forschte weiter als Assistentin an der Anatomischen Anstalt für Histologie und Embryologie. 1913 promovierte sie mit »summa cum laude«, einer ihrer Lehrer war der Physiker und Nobelpreisträger Wilhelm Conrad Röntgen. Ihre Habilitationsschrift wurde 1918 angenommen und im Dezember des Jahres hielt Dr. med. Adele Hartmann ihre Antrittsvorlesung in der Münchner Poliklinik in der Pettenkoferstraße 8a. Im Februar 1919 wurde sie zur Privatdozentin ernannt. Damit war sie die erste habilitierte Deut-

» Ich bestreite, dass die Revolution die erste Privatdozentin in Deutschland geschaffen hat. «

sche – kurz nachdem Frauen in Deutschland wählen durften und bevor 1920 das preußische Wissenschaftsministerium die Habilitation von Frauen zuließ.

Dass dieser Pionierschritt ausgerechnet in dem Fachbereich geschah, in dem besonders bornierte Herren den Frauen die Befähigung für alles, was deren Karrieren in die Quere kommen könnte, absprachen, ist besonders erstaunlich. Man(n) war auch der Ansicht, Frauen würden durch die Arbeit ihre »Lilienhaftigkeit« verlieren. So heißt es im Antrag auf die Ernennung von Adele Hartmann: »Als Persönlichkeit hat Frl. Dr. Hartmann es immer verstanden, bei ihrer wissenschaftlichen Ausbildung dennoch die feingebildete taktvolle Dame zu bleiben […].«[16] Das SPD-Blatt »Vorwärts« führte ihren Erfolg auf die Gleichberechtigung der Frau durch die Revolution 1918 / 1919 zurück – was Adele Hartmann rigoros verneinte. Sie wollte nicht, dass ihre Leistung geschmälert würde (wieder von Männern, denn im »Vorwärts« arbeiteten keine Frauen). Sie legte Wert darauf, dass ihre Karriere auf den »Jahren intensiver Tätigkeit«[17] basierte.

1924 ernannte die Ludwig-Maximilians-Universität sie zur außerordentlichen Professorin[18] an der Anatomischen Anstalt. Sie lehrte und forschte dort unter anderem, welche Auswirkungen Röntgenstrahlen auf Organismen haben. Als sie an Krebs erkrankte, musste sie ihre Arbeit für fünf Jahre unterbrechen. 1932 wurde sie Konservatorin an der Anatomischen Anstalt, musste sich allerdings – vermutlich wegen der Krankheit – 1935 aus dem Beruf zurückziehen. Adele Hartmann starb im Alter von nur 56 Jahren in München.

Frauen hatten es noch sehr lange schwer, als Dozentinnen an den bayerischen Universitäten unterzukommen. Im Jahr 2018 machten an der Münchner Ludwig-Maximilians-Universität Professorinnen keine 25 Prozent aus, in ganz Bayern waren es noch weniger, obwohl es im Bayerischen Hochschulgesetz heißt, man müsse auf die Beseitigung bestehender Nachteile hinwirken. Deshalb hat die Ludwig-Maximilians-Universität das »Adele-Hartmann-Programm« eingerichtet, mit dem sie ihre Attraktivität bei der Berufung von herausragenden sogenannten W2-Professorinnen (unbefristet verbeamtete Professuren ohne Lehrstuhl) steigern möchte.

AMALIE (EMMY) NOETHER *(1882–1935) war die erste Frau, die in Bayern in Mathematik promovierte und in diesem Fach zur außerordentlichen Professorin ernannt wurde.*

Die Tochter eines jüdischen Mathematikprofessors in Erlangen wurde im Jahr 1900 Lehrerin für Englisch und Französisch. Als dann 1903 in Bayern Frauen der Besuch einer Universität ermöglicht wurde, entschloss sich Emmy Noether, in Göttingen und Erlangen Mathematik zu studieren. Sie promovierte 1907 – als erste Frau in Bayern in diesem Fach – und hatte im Jahr darauf die Ehre, vom »Circolo Matematico di Palermo«, der ältesten mathematischen Gesellschaft Italiens, zum Mitglied ernannt zu werden. Acht Jahre lang forschte und lehrte sie, in Vertretung ihres kranken Vaters, am Mathematischen Institut der Friedrich-Alexander-Universität Erlangen, ohne je ein Gehalt zu bekommen. Aber sie konnte sich so wenigstens mit abstrakter Algebra beschäftigen, was zu revolutionierenden Ergebnissen in diesem Wissenschaftsbereich führen sollte.

1915 wurde Emmy Noether an die Universität in Göttingen, *das* damalige mathematische Zentrum Deutschlands, berufen und begründete dort eine mathematische »Schule«. Ihr Antrag auf Habilitation und die damit verbundene Lehrerlaubnis wurden jedoch wiederholt abgelehnt; man habe

> Ich lese diesen Winter hyperkomplex, was mir und den Zuhörern viel Vergnügen macht.

ja – übliches Argument – keine Erfahrung, ob Frauen dieser Belastung gewachsen seien. Emmy Noether musste daher Vorlesungen unter dem Namen ihres Professors halten. Studierende forderten ihre Zulassung, denn »die Leistungen von Fräulein Noether stehen über dem Durchschnitt des Niveaus der bisher in Göttingen zugelassenen Privatdozenten der Mathematik«[19]. 1919 wurde ihr mit einer Ausnahmegenehmigung endlich die Habilitation erteilt – zwölf Jahre nach ihrer Promotion – und 1922 ernannte man sie zur außerordentlichen, nicht-verbeamteten Professorin. Die als Begründerin der modernen Algebra geltende Emmy Noether war 41 Jahre alt, als sie erstmals ein festes, wenn auch mageres Einkommen bezog.

Uneigennützig teilte sie ihre Forschungsergebnisse mit Dozenten und Studierenden. Internationale Anerkennung fand ihre Arbeit, als sie 1932 als erste Frau einen der Hauptvorträge beim Internationalen Mathematikerkongress in Zürich hielt. Im selben Jahr verlieh man ihr als erster und einziger Frau den Ackermann-Teubner-Gedächtnispreis für ihre wissenschaftlichen Leistungen.

Emmy Noether war Jüdin, Pazifistin und fünf Jahre lang, von 1919 bis 1924, Mitglied der SPD. Aus diesen Gründen entzogen die Nationalsozialisten ihr 1933 die Lehrerlaubnis, sie emigrierte in die USA. Eine Gastprofessur dort konnte sie nur noch kurz ausüben, 1935 verstarb Emmy Noether im Alter von nur 53 Jahren.

Zahlreiche mathematische Strukturen und Sätze sind nach Emmy Noether benannt, unter anderem ein physikalisches Theorem, außerdem ein Asteroid, ein Mondkrater, ein Programm der Deutschen Forschungsgemeinschaft, verschiedene Wissenschaftspreise sowie ein Super-Computer in Göttingen. Seit 2009 leistet ihre Büste in der Münchner Ruhmeshalle drei weiteren Frauen und vielen Herren Gesellschaft und das Göttinger Studentenparlament wünscht sich die Umbenennung der Universität – die Studierenden halten ihr die Treue seit über 100 Jahren!

MARIA OTTO *(1892–1977) erhielt als erste Frau in Deutschland die Zulassung als Rechtsanwältin.*

Die Tochter eines Weidener Direktors einer Porzellanfabrik besuchte nach dem Abschluss der Schule ein Internat für Sprachenlehrerinnen in Regensburg und machte 1912 in Nürnberg das Abitur. Gleich im Anschluss studierte sie Rechtswissenschaften in Würzburg, München, Berlin und Leipzig, obwohl ihr bewusst war, dass sie aufgrund der Rechtslage über das erste Staatsexamen hinaus keinen gültigen Abschluss erreichen würde. Nach der damaligen Auffassung waren Frauen für das Rechtswesen nicht geeignet: Sie würden eine »Neigung zu Aufwallungen des Gefühls, zur Heftigkeit und zu Rechthaberei« besitzen, »zu menschlich« sein und deshalb »dem Mitleiden mehr folgen als dem Gebot der juristischen Logik«.[20]

Nach vier Jahren schloss Maria Otto das Jurastudium ab. Außerdem erlangte sie 1920 an einer Handelsschule ein kaufmännisches Diplom in neueren Sprachen und Handelswissenschaften. Ein jahrelanger Kampf um ihre Zukunft als Juristin begann mit dem »Vorbereitungsdienst«, der Voraussetzung für die zweite Staatsprüfung und damit eine Laufbahn als Richter*in oder Rechtsanwält*in. Laut Prüfungsordnung von 1910 konnten Frauen dazu

» Kein Beruf musste von Frauen so hart erkämpft werden, wie der des weiblichen Anwalts. «

MARGARETHE ERFFA, INGEBORG RICHARZ-SIMONS, JURISTINNEN, 1929

nicht zugelassen werden. Mit diesem Problem wurde Maria Otto nicht alleine konfrontiert.[21]

Sie beantragte eine »informatorische Beschäftigung«, also eine Art Praktikum, was man ihr gestattete – einmalig im Reich. Von 1916 bis 1919 leistete sie diesen »Vorbereitungsdienst« und arbeitete in verschiedenen Behörden sowie bei einem Anwalt. Das alles unentgeltlich und ohne Option auf eine Stellung.

Von 1918 bis 1922 reichte sie wiederholt Anträge und Eingaben für die Zulassung zur zweiten juristischen Staatsprüfung ein, berief sich dabei auf die 1919 in der Verfassung formulierte »grundsätzliche« Gleichberechtigung; jedes Mal wurde der Antrag abgelehnt. Die Promotion 1921 half da auch nicht weiter, das Bayerische Staatsministerium blieb bei seinem Kurs – eine unrühmliche Ausnahme unter den deutschen Ländern. Zu Beginn des Jahres 1922 wurde Maria Otto endlich »ausnahmsweise« und ohne Ansprüche als einzige und erste Frau zu dieser Prüfung zugelassen. Sie bestand im Juni. Kurz darauf wurde die Gesetzeslage geändert und Maria Otto erhielt im Dezember die Zulassung als erste deutsche Rechtsanwältin zu den Landgerichten I und II und zum Oberlandesgericht München.

Den höheren Justizdienst strebte sie nicht mehr an, an, sie eröffnete 1923 in der Münchner Ottostraße 1 eine Kanzlei für Familienrecht. Sie war bald erfolgreich, bekannt als »Mutter der Witwen und Waisen«.

Maria Otto war unverheiratet und selbstständig tätig, deshalb galt das 1933 erlassene »Gesetz zur Wiederherstellung des Berufsbeamtentums« für sie nicht und sie konnte als eine von wenigen Juristinnen im »Dritten Reich« weiterarbeiten. Im Juli 1945 wurde sie als »nicht belastet« eingestuft und führte ihre Kanzlei bis zum Tod weiter.

Der »Deutsche Anwaltverein« zeichnet seit 2010 mit dem Maria-Otto-Preis Anwältinnen aus, die sich besonders für ihre Mitmenschen engagieren.

ELF FRAUEN *(Jahrgänge 1893 bis 1897) legten als Erste in Bayern das Abitur an einer Mädchenschule ab.*

1609 gründete Maria Ward (1585–1645) aus Yorkshire den Frauenorden »Congregatio Jesu«, gemeinhin als »Englische Fräulein« bekannt. Besonderes Anliegen war ihr die Mädchenbildung, dafür rief sie in mehreren europäischen Ländern Schulen ins Leben. Der bayerische Kurfürst Maximilian I. stellte ihr 1627 in München das »Paradeiserhaus« am heutigen Marienhof zur Verfügung und gewährte ihr finanzielle Unterstützung. Hier eröffnete Maria Ward die erste Mädchenschule in Süddeutschland, von dort aus etablierten sich zahlreiche weitere Schulen in Bayern.

1903 kaufte Elise Blume, die Generaloberin der »Englischen Fräulein«, ein Grundstück in Regensburg, um darauf ein Schulhaus für eine sogenannte Höhere Töchterschule[22] bauen zu lassen. Finanzielle Hilfe gaben zum Beispiel das Bischöfliche Ordinariat, die Verlegerfamilie Pustet und Fürst Albert von Thurn und Taxis. Nach einem halben Jahr provisorischen Unterrichts konnte das Gebäude bezogen werden. 1910, ein Jahr vor dem Erlass

> » […] ich hoffe zu Gott, daß man auch in Zukunft Frauen Großes vollbringen sehen wird. «
>
> MARIA WARD, ORDENSSCHWESTER, 1617

der bayerischen Schulordnung, der die Errichtung von Mädchengymnasien ermöglichte, eröffnete Oberin Mater Maria Hohenegg (Abbildung links, in der Mitte sitzend) hier eine Gymnasialklasse für Mädchen.[23]

Nach sechs Jahren Unterricht konnten am 13. Juli 1916 erstmals in Bayern neun junge Frauen an einer eigens für sie eingerichteten Schule die Abiturprüfung ablegen[24], mit ihnen zwei Ordensschwestern als Externe: Emma Löll, Franziska Burger, Mater Mercedes Degen, Oberin Mater Maria Hohenegger, Mater Melchiora Staudinger, Käthe Zaubzer, Helene Kranzfelder (Abbildung links, erste Reihe von links nach rechts), Maria Pfäffl, Josefine Seidlmayer, Maria von Walderdorff und Laura Mayer (Abbildung links, zweite Reihe von links nach rechts). Maria Schmid, als einzige in einem schwarzen Festkleid, steht in der zweiten Reihe (Dritte von rechts).

Alle Schülerinnen bestanden und alle begannen ein Studium, zwei promovierten. Vier von ihnen kehrten als Lehrerinnen an ihre Schule zurück, Maria Schmid, die Tochter eines Gärtners aus Regensburg, wurde 1945 sogar Schulleiterin. Mater Melchiora Staudinger, als Tochter eines Schuhmachers in Deggendorf geboren, machte als Lehrerin an der Schule das Abitur. Sie leitete von 1945 bis 1950 die Schule der »Englischen Fräulein« in München-Nymphenburg.

Nach 1911 entstanden in München, Nürnberg, Augsburg, Ludwigshafen und Würzburg weitere Gymnasialkurse für Mädchen. Ab 1919 durften sie auch Knabengymnasien besuchen.

Übrigens: Seit 1852 bietet die »Stiftung Maximilianeum« den besten Abiturienten (»talentvollen Jünglingen«) aus Bayern Kost und Logis für die Dauer ihres Studiums. Erst 1980 wurde eine zweite, eigene »Wittelsbacher Jubiläumsstiftung« für Frauen gegründet, die seit 1994 ebenfalls im Maximilianeum in München leben.

ELSBETH STEINHEIL *(1893–1955) war die erste deutsche Diplom-Ingenieurin im Fach Maschinenbau.*

Prof. Rudolf Steinheil hatte 1890 die »Optisch-Astronomische Anstalt C.A. Steinheil & Söhne« in München geerbt. Der Physiker war Vater von Elsbeth und vier weiteren Töchtern, deren Bildungsdrang er nicht bremste – außergewöhnlich für diese Zeit. Nicht eine standesgemäße Versorgung der jungen Frauen, sondern vorrangig ihre Ausbildung hatte er im Auge. Das lag vermutlich auch daran, dass der einzige Sohn früh gestorben war und Steinheil sich deshalb beizeiten Gedanken um eine Nachfolge für das Unternehmen machte. Nicht von ungefähr sagte er 1918 in der Hochzeitsrede für Elsbeth: »Wenn heut' zu Tage jemand keinen Sohn hat, aber eine Tochter und einen Beruf, in dem er Hilfe und einen Nachfolger braucht, dann läßt er einfach seine Tochter das Notwendige lernen und alles ist gewonnen.«[25]

Vier der Steinheil-Schwestern besuchten eine Hochschule: Die Älteste, Hedwig, studierte Mathematik und Physik, wurde 1920 in Gießen promoviert und arbeitete in der väterlichen Firma, bis das erste Kind kam. Elsbeth war die Zweitgeborene. Margarete machte 1922 in München ihren Doktor in Chemie. Marianne begann ebenfalls ein Maschinenbaustudium, brach es aber bald ab, um zu heiraten. Und Martha wurde Kunstlehrerin.

» Den Frauen werden immer mehr von jenen Berufen erschlossen, die sonst die ureigenste Domäne des Mannes gewesen sind. «

BERLINER ILLUSTRIERTE ZEITUNG, 1913

Elsbeth Steinheil besuchte ab 1909 private Gymnasialkurse für Damen und legte 1913 als Externe das Abitur am Wittelsbacher (Knaben-)Gymnasium in München ab. Anschließend studierte sie an der Technischen Hochschule München Maschinenbau und arbeitete bereits während des Studiums im Konstruktionsbüro des väterlichen Betriebs. 1917 erwarb sie als erste Frau Deutschlands den »Diplom-Ingenieur« im Fach Maschinenbau. Sie erhielt eine feste Anstellung beim Vater, heiratete aber schon ein Jahr später Ludwig Franz, den Chefingenieur der Firma. Ihre Lebensentscheidung, Gattin und Mutter zu werden, enttäuschte Rudolf Steinheil wohl etwas. Er beklagte diesen »Rückfall in atavistische Neigungen«, gleichzeitig freute er sich über den »Sohn« und (potenziellen) Nachfolger, den er nun bekommen habe – und Elsbeth sei ja zurückgekehrt »zum wahren Beruf des Weibes«.[26] Sie erfüllte diesen Beruf dann auch ordentlich mit vier Kindern und war nie mehr berufstätig.

Gerade Unternehmertöchter waren in Ingenieurberufen erfolgreich. Deren Väter unterstützten sie, vor allem wenn keine Söhne das spätere Erbe antreten konnten. So war es auch bei Ilse Essers (siehe S. 50). Immer noch sind relativ wenige Frauen in technischen Berufen zu finden. Die Gründe dafür liegen sicher im traditionellen Rollenbild: Jungen Frauen wurde lange vermittelt, sie könnten nicht rechnen oder logisch denken oder so ein Männerberuf sei nichts für sie. Solche Ansichten haben sicherlich dazu beigetragen, dass Frauen lange keine Lust verspürten oder nicht den Mut hatten, in diese Männerdomäne vorzudringen. Damit sich das ändert, sprechen die Hochschulen die Mädchen schon in den Schulen an und stellen Förderprogramme für Frauen auf.

ILSE ESSERS *(1898–1994) wurde als erster Frau von der Technischen Hochschule Berlin, Fakultät Maschinenbau, der Doktortitel verliehen.*

Familie Kober zog 1907 von München nach Friedrichshafen. Die Mutter erreichte, dass Ilse dort ein Knabengymnasium besuchen konnte, eine wichtige Voraussetzung für ihre spätere berufliche Laufbahn. Nach der Mittleren Reife 1913 wurde sie Zeichenlehrling in der vom Vater eben gegründeten »Flugzeugbau Friedrichshafen GmbH«.[27] Während des Ersten Weltkriegs durfte sie als technische Beobachterin an Probe- und Abnahmeflügen teilnehmen, bald auch als Flugschülerin. 1918 dann steuerte die 20-Jährige selbst von ihr konstruierte Flugzeuge.

1919 holte Ilse Kober das Abitur nach, anschließend hatte sie eigentlich vor, Maschinenbau mit der Spezialisierung auf Flugzeugbau zu studieren. Doch nach dem Ersten Weltkrieg war in Deutschland der Bau von Flugzeugen von den Siegermächten verboten worden, weshalb sie alternativ ein Studium der Physik und Mathematik an der Ludwig-Maximilians-Universität München begann. Nach einem Semester wechselte Ilse Kober an die Technische Hochschule ins Fach Technische Physik. Die unsicheren Zeiten der Weimarer Republik wirbelten ihr Leben heftig durcheinander. Wegen der Inflation fehlte

» Fliegen war für uns Kober-Kinder der Inbegriff alles Schönen, alles Erstrebenswerten. «

Geld, um fertig zu studieren. Eine Assistentenstelle bekam sie nicht, ihr Professor hielt wohl wenig von ihr, er tat eine von ihr verfasste Studie mit der Bemerkung ab: »Lesen Sie meine Bücher, darin steht alles.«[28] Bis 1926 nahm sie verschiedene Stellungen an: im Buchhandel, als technische Zeichnerin in einer Dreschmaschinenfabrik, als Technikerin bei den »Caspar-Werken« in Travemünde. 1924 wurde Ilse Kober Hilfsassistentin am Aerodynamischen Institut in Aachen, wo sie wieder an der Konstruktion von Flugzeugen mitarbeitete.

Die vier Jahre zuvor in München abgelehnte Studie war jetzt doch gut genug für eine Diplomarbeit, die ihr den Dipl.-Ing. einbrachte. Ilse Kober wechselte nach Berlin als Assistentin in der Abteilung für Aerodynamik bei der »Deutschen Versuchsanstalt für Luftfahrt«. Hier forschte sie über die Verhinderung von Flügelschwingungen, und zwar mit so bahnbrechenden Ergebnissen, dass ihr dafür 1929 von der Technischen Hochschule Berlin, Fakultät Maschinenbau, als erster Frau der Doktortitel verliehen wurde.

Im selben Jahr heiratete sie den Doktor der Ingenieurwissenschaften Ernst Essers, wurde Hausfrau und Mutter von vier Kindern. Ob es ihr schwer fiel, die mühsam erarbeitete Karriere aufzugeben und ins traditionelle Rollenbild zurückzukehren, ist nicht bekannt, etwas anderes wäre damals aber auch kaum möglich gewesen.

Ilse Essers' Ehemann kletterte nach 1945 in Aachen als Professor und Institutsleiter die Karriereleiter nach oben, sie arbeitete und forschte »nebenher«. Später betätigte sie sich als Autorin, schrieb Biografien über zwei Pioniere der Raumfahrt sowie ihren früheren Segelkollegen Prinz Heinrich von Preußen und hielt Vorträge dazu. 1981 half Ilse Essers einem Modellbauer, ein flugfähiges Flugzeug vom Typ FF 33 L (1915 vom Vater entworfen) zu bauen. Dieses gewann 1982 den 1. Preis beim Bodensee-Wasserflugzeugmodell-Wettbewerb und hängt heute im Deutschen Museum in München.

Ilse Essers' Erkenntnisse und Erfindungen sind Grundlagen im Maschinenbau, in der Baukonstruktion und der Luftfahrttechnik. Im Gedenken an sie und ihre Leistungen wurde im Jahr 2004 von der »Zeppelin-Stiftung« der Dr.-Ilse-Essers-Preis ins Leben gerufen.

HANNA LÖV *(1901–1995) war der erste weibliche »Regierungsbaumeister« in Bayern.*

Die Tochter eines Münchner Buchbindermeisters studierte von 1919 bis 1923 Architektur an der Technischen Hochschule München. Ihr Diplom legte Hanna Löv mit der Note »sehr gut« ab. Sofort danach konnte sie unter dem Architekten Robert Vorhoelzer zunächst im Baureferendariat der Münchner Oberpostdirektion arbeiten, dann – als Angestellte von 1924 bis 1940 – in deren Hochbauämtern. Am 30. September 1928 bestand sie als erste Frau die Prüfung für den staatlichen höheren Baudienst. Als Jahrgangsbeste! Damit war sie die erste Regierungsbaumeisterin in Bayern.

Während ihrer beruflichen Karriere war Hanna Löv zwar stets im Staatsdienst angestellt, den Sprung in die nächste Ebene schaffte sie aber nie: »Obgleich der Antrag auf Verbeamtung von mir immer wieder gestellt wurde, wurde sie mir stets – entgegen dem Grundgesetz und den sonst bestehenden Bedingungen – ›aus grundsätzlichen Erwägungen‹ abgelehnt.«[29] Ein Grund dafür war, neben einer generellen Diskriminierung von Frauen, sicher die Rückkehr vieler Männer nach dem Ersten Weltkrieg in alle Berufe, die sich den Frauen geöffnet hatten. Hanna Löv sollte als Studentin und als Architektin in der Weimarer Republik, noch mehr im »Dritten Reich«, immer eine

» Mir wurde der Zutritt zur Beamtenlaufbahn verweigert, weil ich eine Frau bin. «

von ganz wenigen Frauen sein, sogar bis in die 1960er-Jahre.[30] Das beklagte sie selbst häufig in Briefen an Behörden. Aufgrund von Vorurteilen gelang es generell nur wenigen Frauen, als Architektin zu arbeiten, es hieß, sie seien unfähig, ein Budget zu verwalten, dreidimensional zu denken oder eine Baustelle zu leiten.

An der Oberpostdirektion gab es seit 1920 eine eigene, unabhängige Hochbauabteilung: die »Bayerische Postbauschule«. Hier konnten junge bayerische Architekten (teilweise bis zu 176) im Kollektiv arbeiten und in großer Freiheit der Gestaltungsmöglichkeiten unter der Führung von Robert Poeverlein und Robert Vorhoelzer Postgebäude im Stil des »Neuen Bauens« – ähnlich wie das Weimarer Bauhaus – entwickeln. Als bedeutende Vertreter dieser wegweisenden Reformarchitektur sind unter anderem Richard Beblo, Franz Holzhammer, Walther Schmidt, Sep Ruf und Hanna Löv (als einzige Frau unter den Architekten) zu nennen. Neben Postbauten wie zum Beispiel dem in Seeshaupt (1924) entwarf und leitete sie große Siedlungsprojekte in München, so unter anderem die Postversuchssiedlung in der Arnulfstraße (1927) und die Giesinger Stockwerksiedlung Walchenseeplatz (1928), ein heute denkmalgeschütztes Ensemble. Die Entwicklung der berühmten »Münchner Küche« wird unter anderen ihr zugeschrieben.[31] Nebenbei gestaltete Hanna Löv Gebrauchsgrafiken, vermehrt dann während des »Dritten Reichs«.

Unter dem Nachfolger von Vorhoelzer stagnierte ihre Karriere, deshalb wechselte Hanna Löv 1940 an die Baudirektion der Reichsbahn. Hier entwarf sie bis 1945 Verwaltungsgebäude und Güterbahnhöfe. Aufgrund ihrer Mitgliedschaft in nationalsozialistischen Gruppierungen konnte sie recht ungestört arbeiten, nach Kriegsende wurde sie deshalb als »Mitläuferin« eingestuft und mit einer Geldstrafe belegt. Ab Oktober 1946 durfte sie wieder als Architektin arbeiten, erhielt aber ihre alte Anstellung nicht mehr. Deshalb erlernte Hanna Löv das Buchbinderhandwerk, arbeitete als selbstständige Werbegrafikerin und freie Architektin. Von 1950 bis 1958 entwarf sie für das Universitätsbauamt verschiedene Institutsgebäude in München.

Hanna Löv wird für ihre Leistungen auf dem Gebiet der modernen Architektur in Bayern heute immer noch nicht genügend gewürdigt.

PAULA HAHN-WEINHEIMER *(1917–2002) war die erste außerordentliche Professorin einer naturwissenschaftlichen Fakultät der Technischen Universität München.*

Die Eltern der jungen, in Nürnberg geborenen Paula hätten gerne gehabt, dass sie Musikerin würde, und schickten sie schon als Neunjährige auf das Konservatorium. Eine Lehrerin sorgte dafür, dass das begabte Kind das Mädchengymnasium besuchte, so konnte Paula Hahn nach dem Abitur am Nürnberger Ohm-Polytechnikum Chemieingenieurwesen studieren. Anschließend arbeitete sie in Kelheim, Nürnberg und Frankfurt am Main. »Chemie-Ingenieur, das war der Titel meines Abschlusses, doch der galt nur in Bayern, als ich dann nach Frankfurt kam, wurde ich nur als Chemotechnikerin eingestuft. Das hat mich halt doch gewurmt, und darum habe ich weitergemacht.«[32]

1943 promovierte sie an der Goethe-Universität Frankfurt am Main im Fach Organische Chemie. Im selben Jahr trafen sie schwere Schickssalsschläge: Ihr Mann starb nach kurzer Ehe, seine Fabrik und die gemeinsame Wohnung wurden bei einem Bombenangriff zerstört. Paula Hahn-Weinheimer musste von da an mit ihrem kleinen Kind alleine zurechtkommen. An verschiedenen Instituten und Laboren angestellt habilitierte sie sich 1958 in Frankfurt auf dem Gebiet der Geochemie und wurde dort Privatdozentin.

» Man muß sich halt mehr einsetzen, dafür ist man Frau. So ist mein Lebensresumé. «

Ab 1963 arbeitete Paula Hahn-Weinheimer an der Technischen Hochschule München (seit 1970 Technische Universität München). Sie richtete dort die Forschungsstelle für Geochemie am Institut für Mineralogie ein, die sie auch leitete, war sechs Jahre lang wissenschaftliche Rätin, bis sie 1970 – als erste Frau – endlich die lang zugesagte außerordentliche Professur im Fachbereich Chemie, Biologie und Geowissenschaften erhielt. Paula Hahn-Weinheimer führte diese Durststrecke darauf zurück, dass sie eine Frau in einem sehr technischen Fach war. »Daß es schwer war als Frau so weit zu kommen, das ist normal, damit habe ich mich abgefunden.«[33] Während ihrer ganzen Karriere beobachtete sie, wie Frauen im Universitätsbetrieb generell schlechter bezahlt wurden und dazu noch herablassendes Verhalten männlicher Vorgesetzter ertragen mussten. Dabei hat sie sich als Forscherin und Entwicklerin technischer Möglichkeiten wie in der Röntgenfluoreszenzanalyse große Verdienste um die Technische Hochschule München gemacht. Sie verfügte über gute Kontakte, warb Gelder ein, verbreitete den Ruf des Lehrstuhls im Ausland bis hin zur NASA, betreute zahlreiche Doktoranden und verfasste rund 50 Veröffentlichungen.

Die Technische Universität München fördert mit dem Paula-Hahn-Weinheimer-Preis Postdoktorand*innen an ihrer Hochschule.

1905 genehmigte das Königreich Bayern als erster deutscher Einzelstaat die Immatrikulation von Frauen an einer Technischen Hochschule. Sie hatten es aber nach wie vor schwer, die »Phalanx der Männer«[34], vor allem in den höheren Positionen, zu durchbrechen. Der Hessin **Liesel Beckmann** gelang es 1946 als erster Frau, eine außerordentliche Professur (Betriebswirtschaft) zu erhalten. Die Naturwissenschaftlerin Paula Hahn-Weinheimer musste da in ihrem Fachbereich noch einige Jahre länger darauf warten. Erste weibliche Kanzlerin der Technischen Universität München wurde 1971 die Deggendorferin **Angela Molitoris**. 1978 erhielt sie als erste Frau den Titel einer Ehrensenatorin verliehen.

CHRISTINE LOHSE *(*1964) leitet als erste Frau das Gymnasium der weltberühmten »Regensburger Domspatzen«.*

Geboren in Straubing und aufgewachsen in Landshut leitet die Musikpädagogin Christine Lohse seit August 2019 das Gymnasium der »Regensburger Domspatzen«. Sie ist damit die erste Frau an der Spitze dieses renommierten Gymnasiums, das bis September 2022 nur männliche Schüler besuchen können. Die »Domspatzen« sind ein weltberühmter und mit seiner über 1000 Jahre alten Geschichte traditionsreicher Knabenchor. Als Domchor von St. Peter sind sie eng verbunden mit der katholischen Kirche und ein kulturelles Aushängeschild der Stadt Regensburg. Eine Stiftung ist – unterstützt vom »Verein der Freunde des Domchors« und vom Domkapitel – Träger von Schulen, Chören und Internat. Schulen und Chöre sind eine Einheit: Wer mitsingen möchte, muss diese Schulen besuchen, wer das Gymnasium besuchen möchte, muss auch Chorsänger sein.

Christine Lohse studierte ab 1983 an der Münchner Musikhochschule Schulmusik. Sechs Jahre lang unterrichtete sie, unter anderem an der Deutschen Schule in Budapest. Ab 2006 war sie Seminarlehrerin für Musik am Gymnasium München-Moosach; durch diese Aufgabe und als Mitglied in

> » Als Frau an der Spitze und Musikerin bin ich eine neue Farbe an der Schule, und Farbauffrischungen tun im Leben gelegentlich gut. «

Abitur- und Lehrplankommissionen konnte sie Profil und Zielsetzung der Schulmusik an den bayerischen Gymnasien maßgeblich mitgestalten.

»Viele bayerische Gymnasien haben keine Frau an der Spitze«, sagt sie im Gespräch. Auf die Regensburger Stellenausschreibung hat sie sich deshalb, noch dazu als evangelische Frau, ohne große Erwartung auf Erfolg beworben. Obwohl »die Besetzung der Schulleitung der Regensburger Domspatzen mit mir als Frau in der Öffentlichkeit doch mit großem Staunen und als Signal der Beweglichkeit der katholischen Kirche wahrgenommen«[35] wird, sieht sich Christine Lohse nicht als Schulleiterin in der Rolle der Pionierin, sondern – wenn überhaupt – in der Kombination »Frau und Protestantin« an einer traditionsreichen katholischen Knabenschule.

Ab dem Schuljahr 2022/2023 wird es für die Mädchen einen musikalischen Meilenstein geben: Sie können dann auch die Schulen der »Domspatzen« besuchen, einen Mädchenchor bilden und dieselbe elitäre Musik- und Chorausbildung wie bisher die Knaben erhalten. Der Knabenchor »Regensburger Domspatzen« bleibt jedoch zunächst gemäß der Tradition den Jungen vorbehalten. Die Regensburger Dommusik erhält aber eine zusätzliche hochwertige weibliche Facette/Säule. Diese Neuerung hat Christine Lohse als stellvertretende Vorsitzende des Stiftungsvorstands federführend mit angestoßen, sodass eine schon länger existierende Idee nun umgesetzt wird. Den Mädchen bietet sich damit die Chance, unter der renommierten Marke »Regensburger Domspatzen« die noch vergleichsweise junge Tradition der Mädchenchöre ins kulturelle Blickfeld zu rücken.

1 Clementine von Braunmühl: Erinnerungen, in: Frauenleben in München. Lesebuch zur Geschichte des Münchner Alltags. Geschichtswettbewerb 1992, München 1997, S. 214.

2 Vgl. dazu: Katja Behling, Anke Manigold: Die Malweiber. Unerschrockene Künstlerinnen um 1900, Berlin 2013, S. 9ff.

3 Der Titel »Arzt« konnte nur mit einem Staatsexamen erlangt werden, was Abitur und Studium im Deutschen Reich voraussetzte. Die Gewerbeordnung von 1871 gewährte eine sogenannte Kurierfreiheit für Heilberufe, aufgrund derer die Ärztinnen praktizieren konnten. Behandelt werden durften aber nur Frauen und Kinder.

4 Franziska Tiburtius (1843–1927) aus Rügen studierte ebenfalls in Zürich und wurde 1876 promoviert. Sie praktizierte bis 1908 in Berlin.

5 Kurpfuscher*innen durften unter anderem nicht impfen, keine Geburts- und Totenscheine ausstellen und nicht als Geburtshelfer*innen arbeiten.

6 Zitiert aus: www.aerztezeitung.de/Panorama/Wie-Emilie-Lehmus-die-erste-niedergelassene-Aerztin-Deutschlands-wurde-408528.html [abgerufen am 22.2.2022].

7 Ebd.

8 Um 1900 wurden in den einzelnen deutschen Staaten unterschiedliche Zulassungsbedingungen für Mediziner*innen erlassen. So konnte die nächste Generation von deutschen und ausländischen Ärztinnen (wie auch Zahnärztinnen) im Deutschen Reich Praxen eröffnen.

9 Hadumod Bußmann: Ich habe mich vor nichts im Leben gefürchtet. Die ungewöhnliche Geschichte der Therese Prinzessin von Bayern, Berlin 2017, S. 48.

10 Ihre Freundin Charlotte Lady Blennerhassett (1843–1917), eine anerkannte Historikerin, durchlief denselben autodidaktischen Bildungsweg. Die Frauen ermutigten sich stets gegenseitig, nicht aufzugeben. Blennerhassett wurde ein Jahr nach Therese von Bayern Ehrendoktorin.

11 Siehe: www.frauenbeauftragte.uni-muenchen.de/foerdermoegl/lmu/therese/begruendung/index.html [abgerufen am 22.2.2022].

12 Diese »Gedenkstätte für ausgezeichnete Bayern« ist auch heute eine fast reine Herrensache mit 91 ausgestellten marmornen Männerköpfen. Erst vier Bayerinnen haben diese Phalanx durchbrochen: im Jahr 2000 Lena Christ und Clara Ziegler (siehe S. 174) sowie 2009 Emmy Noether (siehe S. 42) und Therese von Bayern.

13 »Frauenwohl« hatte Minna Cauer 1888 in Berlin gegründet. Viele Zweig- und weitere Vereine im Deutschen Reich sollten die Gleichberechtigung der Frauen in allen Bereichen, vor allem Bildung und Erwerbstätigkeit, voranbringen.

14 Die Schriftstellerein Helene von Forster (1859–1923) aus Nürnberg war eine wichtige Vertreterin der gemäßigten bürgerlichen Frauenbewegung und 1919 eine der ersten Stadträtinnen Nürnbergs.

15 Lehrerinnen konnten zu dieser Zeit, als schon über ein Frauenstudium diskutiert wurde, als Gasthörerinnen an Universitäten zugelassen werden.

16 www.lmu.de/de/newsroom/newsuebersicht/news/adele-hartmann-die-erste-privatdozentin-deutschlands.html [abgerufen am 22.2.2022].

17 Ebd.

18 Außerordentliche Professor*innen (Extraordinarius) sind nicht Inhaber eines Lehr-

stuhls, haben wenige oder gar keine Mitarbeiter*innen und wenig oder gar keinen Etat. Außerordentliche Professor*innen verfügen aber über eine besoldete Stelle.

19 Hiltrud Häntzschel, Hadomud Bußmann: Bedrohlich gescheit. Ein Jahrhundert Frauen und Wissenschaft in Bayern, München 1997, S. 89.

20 Sara Jörn: Deutschlands erste Anwältin 1922. Das zähe Ringen von Maria Otto, in: www.anwaltsblatt-datenbank.de/bsab/document/jzs-AnwBl2015120020-000_931 [abgerufen am 23.2.2022].

21 »In dieser Situation offensichtlicher Diskriminierung war die Gründung des Deutschen Juristinnen-Vereins […] im November 1914 kein Zufall. 1919 gehörten 83 Frauen dem Verein an. Sie kamen aus allen Teilen Deutschlands und fast die Hälfte besaß einen Doktortitel.« Zitiert aus: www.dhm.de/lemo/kapitel/weimarer-republik/alltagsleben/juristinnen-in-der-weimarer-republik.html [abgerufen am 23.2.2022].

22 Bis dahin war es eher so, dass »Höheretöchter-Schulen« nicht eine »höhere« Ausbildung vermittelten, sondern sie von »höheren Töchtern«, also von Mädchen und Frauen aus großbürgerlichen Kreisen und aus dem verbürgerlichten Adel besucht wurden. Das sollte sich nun ändern.

23 Heute St.-Marien-Gymnasium.

24 Katia Pringsheim (1905 verheiratet mit Thomas Mann) war wohl die Erste, die das 1901 als Externe in München am Wilhelmsgymnasium tat.

25 Zitiert aus: www.chancengleichheit.tum.de/fileadmin/wooblt/www/Gender_Equality/Frauen_an_der_TUM/Akademische_Bildung_von_Frauen_an_der_TUM.pdf [abgerufen am 22.2.2022].

26 Margot Fuchs: Wie die Väter, so die Töchter. Frauenstudium an der Technischen Hochschule München von 1899–1970, München 1994, S. 68.

27 Theodor Kober war Luftschifffahrtskonstrukteur und erster Mitarbeiter von Ferdinand Graf von Zeppelin. Er baute in seiner Firma während des Ersten Weltkriegs Marine- und Heeresflugzeuge.

28 Ilse Essers, geb. Kober: Technik an meinem Lebensweg. Als Frau und Ingenieurin in der Frühzeit der Luftfahrttechnik, herausgegeben von Peter F. Selinger, Graz 1988, S. 62.

29 Laura Ingianni Altmann: Regierungsbaumeisterin in Deutschland. Die Architektin Hanna Löv (1901–1995), Basel 2021, S. 55.

30 Auf der Suche nach einer Ausbildungsmöglichkeit besuchten einige Frauen Kunstgewerbe- oder Baugewerkschulen, weil diese nicht das Abitur als Voraussetzung verlangten. Bis weit in die 1920er-Jahre hinein nahmen diese und andere Institutionen (so etwa das Bauhaus) Studentinnen zwar auf, rieten ihnen jedoch von einem Architekturstudium ab.

31 Die »Münchner Küche« wurde in den 1920er-Jahren nach ergonomischen Gesichtspunkten geplant und sollte, anders als die »Frankfurter Küche«, nicht von der Wohnung abgetrennt sein – die Mutter konnte so auch während der Arbeit am Familienleben teilhaben. Eine solche Küche existierte zumindest noch 2011 in der Siedlung in der Arnulfstraße. In der Literatur sind zur Beteiligung von Hanna Löv unterschiedliche Aussagen getroffen. Vgl. dazu Laura Ingianni Altmann: Regierungsbaumeisterin in Deutschland. Die Architektin Hanna Löv (1901–1995), Basel 2021, S. 50, und Jean

Molitor/Kaija Voss: Bauhaus in Bayern.Eine fotografische Reise durch die Klassische Moderne, Berlin 2021, S. 30. Außerdem: Otl Aicher: Die Küche zum Kochen. Das Ende einer Architekturdoktrin, Berlin 1994, S. 16.

32 Margot Fuchs: Wie die Väter, so die Töchter. Frauenstudium an der Technischen Hochschule München 1899–1970. Technische Universität München, München 1994, S. 188.

33 Ebd., S. 191.

34 »Ich würde immer wieder Chemie studieren«. Das Interview. Paula Hahn-Weinheimer, in: TUM-Mitteilungen (1983/94), S. 23.

35 Zitiert aus: www.zahlengesichter.de/die-stiftung-regensburger-domspatzen/die-neue-schuldirektorin-christine-lohse [abgerufen am 23.2.2022].

WIRT
SCHAFT
&
HAND
WERK

»Wir wären in einer weitaus besseren Lage, wenn die Hälfte aller Länder und Konzerne von Frauen, die Hälfte aller Haushalte von Männern geführt würde.«

Sheryl Sandberg,
Co-Geschäftsführerin von Meta Platforms, 2018

ANNA MARIA (NANNETTE) STREICHER

(1769–1833) führte als erste Frau eine der bedeutendsten Klavierbaumanufakturen Europas.

Johann Andreas Stein, der renommierte Klavier- und Orgelbauer aus Augsburg, bildete seine Tochter Nannette schon in sehr jungen Jahren als Pianistin und Klavierbauerin aus. Acht Jahre war sie alt, als sie in Wien seinen neuartigen »Vis-à-Vis-Flügel«, eine Kombination aus Cembalo und Hammerklavier, vorführte. Auf jeder Geschäftsreise begleitete sie bald ihren Vater (die Brüder waren zu jung) und wurde zu seiner wichtigsten Mitarbeiterin. Ihr oblag die Endkontrolle jedes Instruments, bevor es den Betrieb verließ. Nach dem Tod von Johann Andreas Stein 1792 führten Nannette und ihr sieben Jahre jüngerer Bruder Matthäus Andreas, den der Vater auch noch angelernt hatte, die Augsburger Fabrik weiter. 1793 erhielten die beiden von Kaiser Franz II. die Konzession für die Niederlassung der Klavierfabrik in Wien. Er hatte ihnen auf eine Anfrage freundlich geantwortet: »Nun, das ist recht schön von Ihnen, daß Sie hier her wollen, da können wir schon helfen, wir haben zwar gute Instrumentenmacher hier, allein berühmt sind sie nicht.«[1]

Mit dieser Perspektive konnten Nannette Stein und der erfolgreiche Pianist und Musikpädagoge Johann Andreas Streicher 1794 heiraten. Das Ehepaar

» Freundin, Engelchöre freüen Deines Flügels sich, und versammeln sich zu Deinem Lied und segnen Dich. «

OBERLIEUTNANT VON STÜCKRAD, 1788

zog mit Nannettes Brüdern Matthäus und Friedrich sowie der ganzen Werkstatt via Ordinari-Floß nach Wien. Dort eröffneten Nannette Streicher und Matthäus Andreas Stein das Unternehmen »Frère et Sœur Stein«. 1802 trennten sich die Geschwister und Nannette Streicher führte ihr eigenes Unternehmen unter dem Namen »Nannette Streicher, née Stein« weiter. Rasch erarbeitete sie sich einen exzellenten Ruf, fertigte Klaviere oder Flügel nicht nur industriell, sondern auch als Einzelstücke nach Wunsch der Auftraggeber, zum Beispiel mit einer größeren Anzahl an Oktaven, einem bestimmten Klang und bestimmter Lautstärke. Sie verstand sich als »Dolmetscherin« der Komponisten. Zu den Freunden und Kunden des Ehepaars Streicher zählten unter anderen Johann Wolfgang von Goethe, Carl Maria von Weber und Ludwig van Beethoven. Für ihn wurde wegen seiner Ertaubung eigens ein vierchöriger Flügel gebaut; er ist leider nicht mehr erhalten. Sie beeinflussten sich so gegenseitig: die Streichers den großen Komponisten mit ihren Instrumenten, er sie mit seinen Ansprüchen. Dass Nannette Streicher Beethoven auch in Fragen zur Haushaltsführung mit Rat und Tat zur Seite stand, wird in der Literatur gerne erwähnt, wobei diesem Freundschaftsdienst gegenüber der Leistung Nannette Streichers als Klavierbauerin ein viel zu hoher Stellenwert eingeräumt wird.

Die Hauskonzerte der Streichers, ab 1812 in ihrem 300 Zuschauern Platz bietenden Konzertsalon, wurden zu tragenden Säulen des Wiener Musiklebens und führten letztlich zur Gründung der »Gesellschaft der Musikfreunde in Wien«. Ihre Instrumente sind heute noch bei Pianisten gefragt, die in historischer Aufführungspraxis spielen. Einen ihrer Hammerflügel besitzt die Sammlung des Instituts für Musikwissenschaft der Ludwig-Maximilians-Universität München.

Nannette und Andreas Streicher starben kurz hintereinander und liegen heute im Ehrengrab des Sohns Johann Baptist[2] am Wiener Zentralfriedhof.

THERESE RANDLKOFER *(1847–1924) ließ an ihrem Delikatessengeschäft die erste elektrische Leuchtreklame Münchens installieren.*

1870 heiratete Therese Schmidbauer aus Wulting, einem Örtchen im Landkreis Cham in der Oberpfalz, den Kolonialwaren- und Feinkosthändler Anton Randlkofer aus Landshut. Er besaß seit 1867 ein gut eingeführtes Geschäft in der Münchner Innenstadt und erwarb 1895 das »Kolonialwarengeschäft Dallmayr« in der Dienerstraße 15 samt dem Namen.[3]
Nur zwei Jahre später starb Anton Randlkofer. Das Ehepaar hatte große und ehrgeizige Ziele gehabt und die Witwe dachte nicht daran, diese auf-, und noch weniger, das Geschäft abzugeben. Ihre sieben Kinder waren noch jung, also führte sie den Laden allein weiter und machte ihn zu dem Delikatessengeschäft von internationalem Ruf für anspruchsvolle Kunden, das es heute noch ist. Für eine Frau in diesen Zeiten war das ungewöhnlich, normalerweise mussten Witwen sich wieder verheiraten, den Betrieb übergeben, verkaufen oder wenigstens einen Gesellen einstellen.

Im »Dallmayr« gab es alles, was das Herz begehrte – und der Geldbeutel hergab. Die Münchner Hautevolee ging ein und aus, der deutsche Kaiserhof sowie 14 weitere europäische Fürsten- und Königshäuser zählten zu sei-

» Die Arbeitszeit beginnt morgens um 7 Uhr und endet abends 8 Uhr. «

nen Kunden. Für das Renommee ihres Geschäfts ließ sich Therese Randlkofer viel einfallen: Im Angebot waren exquisite Lebensmittel wie russischer Perl-Kaviar, Straßburger Gänseleberpasteten, lebende Krebse sowie edle Weine und diverse Punschsorten. Alles wurde ansprechend dekoriert und man präsentierte den Kunden immer wieder Neues wie etwa exotische Bananen, die von den Kanaren kamen. Weiteres geschicktes »Marketing« von Therese wie die Ankündigung solcher Aktionen in der Presse, das für München erstmalige Anbringen einer Leuchtreklame am Geschäft (trotz des vehementen Protestes der Bürgerschaft), aber auch das Sammeln von Hoflieferantentiteln (am Ende waren es stolze 15, wobei die Verleihung des Königlich Bayerischen Hoflieferantentitels[4] 1898 sicherlich der Höhepunkt für sie war) ließen ihr Geschäft weiter expandieren. Inzwischen unterstanden ihr 22 Angestellte und immer wieder hatte die Unternehmerin neue Geschäftsideen. So ließ sie – als eine Art noblen Cateringservice – ihre Waren in einer Kutsche mit goldenen Initialen ausfahren.

1906 kaufte Therese Randlkofer den Goldachhof bei Ismaning, betrieb dort eine Geflügelzucht und ein Wasserkraftwerk, hielt Bienen, baute Gemüse an und elektrifizierte den Hof als ersten in der Gegend. 1912 konnte sie in der Dienerstraße drei Nachbargebäude erwerben und baute das Stammhaus so um, wie man es noch heute kennt.

Der Ausbruch des Ersten Weltkriegs 1914 bedeutete jedoch eine schwere Zäsur für das Unternehmen. »Dallmayr« belieferte zwar das bayerische Heer mit Lebensmitteln, wofür Therese Randlkofer 1916 von König Ludwig III. mit dem König-Ludwig-Kreuz geehrt wurde, aber der Verkauf von Delikatessen war in Kriegszeiten denkbar ungünstig. Münchens Bevölkerung hungerte. Die Monarchie war abgeschafft und Therese Randlkofer überließ jetzt, nach 20 Jahren erfolgreichen Unternehmerinnentums, das Haus ihren Söhnen.

KATHARINA GRUBER *(1875–1962) gründete als erste Frau ein Schreibbüro in München.*

Die älteste Tochter des Münchner Buchbindermeisters Benedikt Gruber war Volksschullehrerin und trat mit etwa 20 Jahren eine Stelle in Rottach an. Hier am Tegernsee lebten die Brüder Emil und Ludwig Ganghofer[5]. Emil (»Emilio«), der Jüngere von beiden, war ein rechter Luftikus. Katharina ließ sich auf eine Beziehung mit dem 14 Jahre älteren Mann ein und wurde von ihm schwanger. Frauenschicksal – Herr Ganghofer distanzierte sich.

Als sich die Schwangerschaft nicht mehr verbergen ließ, verlor Katharina Gruber ihre Stelle. Ledig schwanger, »so eine«, zu sein, wie sie zu hören bekam, war ein Kündigungsgrund. Es blieb der jungen Frau nichts anderes übrig, als zurück zu den Eltern in die Münchner Rosenstraße 10 zu ziehen. Die nahmen sie äußerst ungern auf, auch für sie war die Schande groß. Katharina Gruber musste sich während der Schwangerschaft vor den Nachbarn verstecken. Der Junge, den sie im Januar 1897 zur Welt brachte, kam sofort zu Pflegeeltern nach Markt Schwaben. Erst nach drei Jahren erlaubten die Eltern Gruber seine Aufnahme in die Familie, seine Mutter musste ihm gegenüber zunächst als »Tante« auftreten.

Katharina Gruber wollte unbedingt nicht länger von den Eltern abhängig

»Scheint's, ist doch was hinter ihr.«

BENEDIKT GRUBER, VATER VON KATHARINA, UM 1906

sein und fand 1898 eine Anstellung als »Bürofräulein« bei der Münchner Firma Kurz, Kanalisation und Installation. In Heimarbeit führte sie noch nebenbei – als alleinstehende Frau mit Kind – für drei Vereine die Kasse. Bei dieser Arbeit fühlte sie sich kompetent und frei, begann von ihrem eigenen Unternehmen zu träumen. Sie erkannte, dass großer Bedarf an Schreibbüros in der um 1900 wirtschaftlich boomenden Haupt- und Residenzstadt bestand, dafür lernte sie Schreibmaschine und legte später die Prüfung zum »Geschäftsstenographen« ab. 1905 war Katharina Gruber so weit: Sie mietete ein Zimmer über der Wohnung der Eltern und gründete ihre eigene Firma unter dem Namen »Schreibbureau Graphia«. Bald kamen so viele Aufträge, dass Katharina Gruber sechs Schreibkräfte einstellen und sich in der Salvatorstraße 3 einen Laden und eine Wohnung einrichten konnte. Sogar im Bayerischen Landtag erfuhr man von ihrer schnellen und zuverlässigen Arbeit und beauftragte sie damit, Protokolle des Finanzausschusses in Maschinenschrift zu übertragen.

Katharina Gruber heiratete 1932 den Regierungsrat Paul Greß, zwei Jahre später gab sie ihr erfolgreiches Geschäft auf. Ihr Sohn Benedikt Gruber, der als uneheliches Kind so einen unglücklichen Start ins Leben hatte, wurde Ingenieur, Künstler und ein bekannter Fachbuchautor.

Schreiben (und lesen und rechnen) zu können war sehr lange ein Privileg von wenigen Menschen – Frauen besaßen es noch seltener. Als Bewahrer der Schriftlichkeit gelten im Mittelalter die Klöster. Die einzige namentlich beurkundete Lohnschreiberin, die nicht in einem Kloster lebte, ist die 1430 in Augsburg geborene **Clara Hätzler**. Sie stellte gegen Bezahlung handschriftliche Kopien alter Kodizes her. Berühmt ist das »Liederbuch der Clara Hätzlerin«, eine der wenigen überhaupt erhaltenen, bedeutendsten und umfangreichsten Textsammlungen des Spätmittelalters mit Liebesdichtung. Diese Abschrift fertigte sie im Auftrag der Mitglieder des Augsburger Stadtpatriziats. Clara Hätzler gehörte damit zu den wenigen Steuern zahlenden Frauen in den bayerischen Städten des 15. Jahrhunderts.[6]

MARIA ZACH *(1875–1942) wagte sich als erste Unternehmerin in München an die Männerdomäne »Kino« heran.*

Geboren in einfachen Verhältnissen in Heideck (Bezirk Hilpoltstein in Mittelfranken) arbeitete Maria Meier zunächst als Köchin, unter anderem in Oberammergau. Dort soll sie auch Geschäftsführerin einer Filiale von »Kaisers Kaffee« gewesen sein. 1892 heiratete sie den Malzmeister Georg Zach. 1908 zog die Familie mit drei Kindern nach München. In der Landeshauptstadt hatte zwei Jahre zuvor mit der Eröffnung des »Weltkinematographen« in der Kaufingerstraße die Welt des Kinos Einzug gehalten.

1909 eröffneten die Zachs ihren ersten (so hieß es damals) Kino, das »Komet-Theater« in der Au, Ohlmüllerstraße 1. Im Dezember folgte »Zachs Kinematograph – Thalia-Theater« in der Rosenheimer Straße 64. Es war das älteste Kino Haidhausens und existierte bis 1966. Zunächst fungierte Georg Zach als Geschäftsführer, bald aber trat Maria als erste Frau in diesem Metier als wirkliche Besitzerin auf. Es bedurfte keiner großen finanziellen Anstrengung, ein Kino zu eröffnen: ein Lokal anmieten, ein paar Bänke hineinstellen, eine Leinwand und das Gerät zum Vorführen. Die Räume waren kärglich, entsprechend auch die Eintrittspreise: 1910 zum Beispiel 10 bis

» […] eine der populärsten Erscheinungen in der Münchner Kinowelt. «

MÜNCHNER NEUESTE NACHRICHTEN, 1929

20 Pfennig. Für eine Maß Bier musste man 89 Pfennig hinlegen. In den Jahren zwische 1910 und 1920 etablierte sich der Film als Massenmedium in Konkurrenz zu Theater und Literatur. Eine Million Kinobesucher täglich (!) wurden 1919 deutschlandweit verzeichnet, 1924 war es schon das Doppelte. In München allein fanden im Jahr 1926 14 Kinoneueröffnungen statt.

Dieser cineastische Boom trug auch die Unternehmungen von Maria Zach und sie konnte weitere Kinos eröffnen: am Ostbahnhof – dort eines mit schon stattlichen 800 Plätzen –, in der Au, der Isarvorstadt, im Westend und in Schwabing. Das »Isabella« in der Neureutherstraße, 1919 gegründet, existiert noch heute. 1926 eröffnete Maria Zach das »Capitol« in der Schwabinger Türkenstraße, ein elegantes Kino, das die erste Kinoorgel Münchens besaß und in dem ein vielgerühmtes Orchester spielte. Schnell und mit unternehmerischem Instinkt hatte Maria Zach erkannt, dass ihre Chance in den Vorstädten lag und nicht im Zentrum, wo schon die großen Unternehmer wie Carl Gabriel[7] ihre renommierten Häuser führten. Außer in München besaß Maria Zach in den 1920ern noch drei Kinos in Regensburg, zwei in Straubing und je eines in Tegernsee und Garmisch-Partenkirchen. Bis 1929 zählte das Zach-Imperium 16 Kinos in Bayern.

Parallel gründete sie 1914 einen Filmverleih für Märchenfilme, später nahm sie auch Trickfilme ins Programm. Zudem baute sie in den 1920er-Jahren die Produktionsfirma »Mercedes-Film«[8] auf, die Spielfilme herstellte. Dafür engagierte sie mit Eddie Polo sogar einen amerikanischen Sensationsdarsteller. In drei Filmen spielte ihre Tochter Maria unter verschiedenen Pseudonymen mit.

Das Aufkommen des Tonfilms brachte einen gravierenden Wandel in der Kinoszene, viele kleine Betreiber gaben auf. Auch Marie Zach konnte Verleih und Produktion nicht aufrechterhalten, aber wenigstens die Lichtspieltheater retten. Die übernahmen später ihre Kinder Georg und Maria Gutzeit-Müller. Sie führten die Zach-Tradition teilweise bis in die 1970er-Jahre fort – bis das Fernsehen die Sehgewohnheiten einschneidend veränderte und das Kinosterben weiterging.

GUNTA STÖLZL *(1897–1983) war die erste und einzige Jungmeisterin am Bauhaus, wo sie die Webklasse leitete.*

Die auf den Namen Adelgunde getaufte Münchnerin legte 1913 die Reifeprüfung ab und studierte von 1914 bis 1916 in ihrer Heimatstadt an der Königlichen Kunstgewerbeschule. Im Ersten Weltkrieg diente sie als Rotkreuzschwester an der deutsch-italienischen Front und in Frankreich. Im April 1919 wurde das Bauhaus[9] in Weimar eröffnet. Es meldeten sich 84 Frauen, fünf mehr als Männer, für die dortigen Kurse an. Direktor Walter Gropius, der vorher einen Aufbruch in die Moderne angekündigt hatte, erließ eine »scharfe Aussonderung gleich bei der Aufnahme, vor allem bei dem der Zahl nach zu stark vertretenen weiblichen Geschlecht«[10]. In diversen Klassen wollte man Frauen per se nicht zulassen, sie erhielten daher Aufgaben, die sie nicht zufriedenstellten.

Gunta Stölzl wollte eigentlich Glasmalerei studieren – dafür hatte sie die Kunstgewerbeschule in München kurz vor dem Diplom verlassen. In dem Fach kam sie am Bauhaus nicht voran, deshalb initiierten sie und zwei weitere Studentinnen 1920 die Einrichtung einer »Frauenklasse«, aus der sich dann die Weberei entwickelte. Dort fand sie ihr Metier und legte nach drei Jahren die Gesellenprüfung ab. In der Weberei entwarf und webte Gunta Stölzl farbenprächtige »Wandbilder« (Gobelins) und Teppiche. Sie und der Tisch-

» Wir wollten lebendige Dinge schaffen für unser heutiges Dasein, für eine neue Lebensgestaltung. «

ler Marcel Breuer kreierten 1921 den berühmten »Afrikanischen Stuhl«, ein Schlüsselwerk des frühen Bauhauses. Schon in den ersten Jahren verkauften sich ihre Werke gut; Gunta Stölzl wurde bereits 1924 als Gesellin angestellt – eine große Ausnahme. Die Webklasse war bald eines der finanziell einträglichsten und kreativ-innovativsten Ressorts des Bauhauses – dem »Geniemythos« zum Trotz, dass nur Männer auf eine künstlerische Art genial sein können, während Frauen »fleißig«[11] sind und einfühlsam.

1925 erzwangen rechte Kräfte den Umzug des Bauhauses nach Dessau. Hier, im neuen Haus, änderte man das bisherige System der Lehre durch sogenannte Form- und Werkmeister. Gunta Stölzl wurde die erste und einzige Jungmeisterin (also eine an der Einrichtung ausgebildete Meisterin im Gegensatz zu den von außen berufenen) und übernahm 1927 als erste weibliche Meisterin die Leitung der Webwerkstatt. Sie war für die organisatorische und inhaltliche Arbeit verantwortlich, entwickelte die Lehrpläne, unterrichtete und absolvierte ein großes Arbeitspensum. Mit der Entwicklung von »Gebrauchsstoffen« gingen die Frauen neue Wege hin zum künstlerisch hochwertigen Industriedesign.

Verschiedene Faktoren machten das Arbeiten im Bauhaus zunehmend schwierig: allgemeine Zwistigkeiten, Machtkämpfe unter den Frauen sowie rechte Anfeindungen, die Gunta Stölzl wegen ihrer Ehe mit dem jüdischen Architekten Arieh Sharon besonders trafen. 1929 hatten die beiden geheiratet und eine Tochter bekommen. Drei Studierende, unterstützt von einem Lehrer, intrigierten gegen sie, warfen ihr persönliche, künstlerische und organisatorische Mängel vor. Obwohl die Beschwerdeführer sogar kurzfristig relegiert wurden, kündigte Gunta Stölzl 1931 und emigrierte im November in die Schweiz, ihr Mann nach Israel. In Herrliberg bei Zürich gründete sie 1931 einen erfolgreichen Handwebereibetrieb, die »S-P-H-Stoffe«[12]. Die Auflösung des Bauhauses 1933 durch die Nationalsozialisten konnte sie nun nicht mehr betreffen. Nach ihrer Scheidung heiratete sie 1942 den Schweizer Willy Stadler und bekam mit ihm noch eine Tochter. Ab 1967 arbeitete sie als freischaffende Künstlerin. Erst 1976 richtete das Bauhaus für sie eine Einzelausstellung aus. Viele Werke von Gunta Stölzl sind heute weltweit Bestandteil berühmter Sammlungen und Museen.

MARIE (MARY S.) ROSENBERG *(1900–1992)*
gründete als deutsche Emigrantin in New York die erste Buchhandlung für deutsche Literatur.

Eigentlich wollten die in Fürth geborene Marie Medizin studieren, doch ihr Vater Georg Rosenberg schickte sie – vermutlich aus finanziellen Gründen – nach Halle, wo sie eine Buchhändlerlehre absolvierte. Sie führte die Buchhandlung mit ihrem Vater als seine rechte Hand bis zu seinem Tod. In den 1920er-Jahren baute sie das Geschäft zu einer juristischen Fachbuchhandlung auf. Aus ganz Bayern kamen die Kunden. 1933 verstarb der Vater und die Nationalsozialisten konfiszierten (Marie bezeichnete es als »stehlen«) die Lagerbestände des jüdischen Unternehmens. Marie Rosenberg versuchte, den Laden trotz Repressalien weiter zu erhalten, zuletzt in ihrer Wohnung. Unterstützt wurde sie dabei von dem Verleger Ernst Reinhardt, der Fürther Arbeiterschaft und den Sozialdemokraten, die am 1. April 1933 im Laden standen, zwar nichts kauften, aber Solidarität demonstrierten.

1939 gelang Marie Rosenberg die Emigration über die Schweiz und Spanien nach New York.[13] Nicht um »das deutsche Buch zu retten, sondern weil ich nichts anderes gelernt habe«[14], kaufte sie dort vor allem den Emigranten deutsche Bücher ab und tauschte oder verkaufte sie weiter. Das alles erledigte

» Es ist ja nicht so schwierig, wenn man es erstmal anpackt. «

sie in ihrer New Yorker Wohnung und über Versand. Auch Kontakte zu den Verlegern, die sie noch aus Deutschland kannte, waren hilfreich, so wie die zu den deutschen Abteilungen der Colleges und Universitäten. Mary S. Rosenberg, wie sie sich nun nannte, hatte einen Katalog zusammengestellt, den sie möglichen Interessenten zuschickte. So kam sie ins Geschäft und schon nach wenigen Jahren hatte sie nahezu 20 000 Bücher im Angebot und führte auf diese Weise als deutsche Emigrantin die erste Buchhandlung für deutsche Literatur in New York. Die bekanntesten deutschen Exilschriftsteller kamen zu ihr, um die Bücher wieder zu erwerben, die sie nicht hatten mitnehmen können. So half sie Lion Feuchtwanger, in Pacific Palisades eine Privatbibliothek zusammenzustellen. Bald konnte sie einen Laden in der 72. Straße mieten, 1977 einen am Broadway. »Mary S. Rosenberg German Books« entwickelte sich zu einem großen Erfolg, zu *der* Adresse in New York, die alle aufsuchten, die sich für deutsche Literatur interessierten. Ein bekannter Mathematiker bat sie, sein vergriffenes Standardwerk zu verlegen – das war der Anfang ihres Verlags »Mary S. Rosenberg Publishers«. Ihr Mann Julius Laub, den sie in Fürth bei einem Englischkurs kennengelernt, in New York wiedergetroffen und 1947 geheiratet hatte, eröffnete parallel ein wissenschaftliches Antiquariat.

Seit 1945 besaß Mary S. Rosenberg die amerikanische Staatsbürgerschaft – das von den Nationalsozialisten aufgezwungene »S« für »Sara« hat sie mit einem gewissen Stolz beibehalten. Nach dem Krieg besuchte sie regelmäßig die Frankfurter Buchmesse, nach Fürth zog es sie allerdings nicht zurück. 1966 erhielt Mary S. Rosenberg das Bundesverdienstkreuz, der »Börsenverein des Deutschen Buchhandels« widmete ihr eine Plakette und das Café des Jüdischen Museums in Fürth wurde nach ihr benannt.

ERNA BAUMBAUER *(1919–2010) war die erste deutsche Schauspielagentin.*

Die Münchnerin Erna Baumbauer lernte zunächst Buchhändlerin, betrieb einen Schmalfilmverleih und arbeitete als freie Journalistin, wobei sie sich vor allem mit dem Theater beschäftigte. Aufgrund dieser Tätigkeit hatte sie gute Kontakte zu Mitgliedern der Münchner Kammerspiele und begann, nach 1945 Schauspieler*innen in neue Rollen zu vermitteln. Als »Eine-Frau-Unternehmerin«, daheim im Wohnzimmer, baute sie als erste deutsche Schauspielagentin das »Erna Baumbauer Management« auf und wurde die »Grande Dame« unter den Künstleragenten. Mit ihrer besonderen Art, wie sie mit den Schauspieler*innen umging, sie nicht nur vermittelte, sondern auch beriet, wenn es um Rollenangebote ging, mit ihnen an Konzepten arbeitete, hat sie sich großen Respekt und Zuneigung erworben. Das zeigte sich zum Beispiel an ihrem 90. Geburtstag: All ihre Schützlinge veranstalteten in der Münchner »Kleinen Komödie« ein Bühnenfest und führten ein Stück für sie auf.

Zahlreiche berühmte Schauspieler*innen von Theater und Film, inzwischen vergessene sowie heute namhafte Stars, verdanken ihr ihre Karrieren. Sie empfahl beispielsweise den späteren Hauptdarstellern Sebastian Koch, Ulrich Mühe und Ulrich Tukur das Filmprojekt »Das Leben der An-

» Ich bin ja nur jemand, der anderen Möglichkeiten verschafft. «

deren«, nachdem sie das Drehbuch gelesen hatte. »Man kann ganz klar sagen, dass es diesen Film ohne Erna Baumbauer gar nicht gäbe«[15], sagte der bis dahin weitgehend unbekannte Regisseur und Drehbuchautor Florian Henckel von Donnersmarck.[16]

Im Mai 2006 erhielt Erna Baumbauer beim »Deutschen Filmpreis« den Ehrenpreis für ihr Lebenswerk, für ihre herausragenden Verdienste um den deutschen Film. 20 Schauspieler*innen standen bei der Verleihung auf der Bühne, sprachen und sangen zu ihren Ehren – wobei sie selbst fand, sie habe doch nur ein paar Türen für ihre Schützlinge geöffnet. Ulrich Mühe bezeichnete sie bei der Gelegenheit als »Königin von Bayern«[17]. Im selben Jahr erhielt Erna Baumbauer den Bayerischen Verdienstorden, 2008 wurde ihr das Bundesverdienstkreuz 1. Klasse verliehen. Den Kulturellen Ehrenpreis der Stadt München konnte sie nicht mehr entgegennehmen, Erna Baumbauer starb 2010 in München.

Die Schauspielagentin wird als höchst bescheiden beschrieben. Selbst im Rampenlicht zu stehen, gefiel ihr überhaupt nicht, sie sah sich nur als diejenige, die ihren Klienten Möglichkeiten verschaffte, und wollte am liebsten nicht über sich sprechen. »[F]ragen Sie die Künstler«[18], beschied sie dann gerne Journalist*innen, die ein Gespräch mit ihr suchten. Den Filmpreis persönlich entgegenzunehmen auf einer großen Bühne, dazu musste sie mühsam überredet werden.

Patricia Baumbauer trat in die Fußstapfen ihrer Mutter, ihr Sohn Frank Baumbauer war Regisseur und Intendant der Münchner Kammerspiele. Die Enkelin Francesca Pollak drehte 2014 über ihre Großmutter den Kurzfilm »The Agent« mit Angela Winkler als Hauptdarstellerin.

GERTRAUD GRUBER *(1921–2022) eröffnete die erste »Schönheitsfarm« Europas und war damit Pionierin der Wellnessbewegung in Deutschland.*

Eigentlich wollte die Münchnerin Gertraud Rest Tänzerin werden und besuchte ab 1939 die berühmte Schule für Ausdruckstanz von Elizabeth Duncan in der Kaulbachstraße. Kriegsbedingt änderte sie ihre Pläne und schloss eine Ausbildung als Heilgymnastin ab. Der Reichsarbeitsdienst führte sie in ein Lazarett in Rottach, wo sie verwundete Soldaten, speziell Patienten mit Gesichtslähmung, behandelte.

Nach dem Krieg gab es für Gertraud Rest als Heilgymnastin keine beruflichen Perspektiven und sie besuchte eine Kosmetikschule. Nach der Heirat mit Josef Gruber 1949 zog sie zu ihm nach Rottach und machte sich dort als Kosmetikerin selbstständig. Zunächst radelte sie – mit zum Teil selbst hergestellten Hautcremes im Korb – zu den Kundinnen. Gerne erzählte sie, wie sie diese zu Hause besucht hat, am liebsten wenn der Ehemann unterwegs war. Bald mietete sie Räume in einem Haus, in dem zwei Ärzte praktizierten: So sah man nicht sofort, wen ihre Kundinnen aufsuchten, und die Frauen entgingen dem Vorwurf, sich in diesen schweren Zeiten den Luxus einer kosmetischen Behandlung zu leisten.

» Wenn's drinnen nicht stimmt, nützt die teuerste Creme nichts. «

1955 eröffnete Gertraud Gruber in Rottach-Egern die erste kleine »Schönheitsfarm« Europas – und wurde damit zur Vorreiterin der Wellnessbewegung in Deutschland. Ein Jahr später kauften sie und ihr Mann ein Haus am Berta-Morena-Weg, das heute noch ein kleiner Teil des Instituts ist. Als »Runzelranch« wurde es von den Einheimischen liebevoll verspottet oder netter bezeichnet als »Jungmühle«. Gertraud Gruber erarbeitete sich einen hervorragenden Ruf, prominente »Gästinnen« fanden sich ein. Mit ihrem Wissen und ihren Erfahrungen als Physiotherapeutin, Kosmetikerin und Yogalehrerin entwickelte sie ein ganzheitliches Konzept, das die kosmetische Behandlung, die Ernährung und die Bewegung beinhaltet. Schon sehr früh erkannte sie, dass Yoga und andere Übungen der Achtsamkeit für die geistige Gesundheit und Schönheit eine wesentliche Rolle spielen.

Als Unternehmerin hat Gertraud Gruber Bedeutendes geleistet, mit bis zu 110 Betten und etwa 25 000 Behandlungen jährlich in ihrer »Schönheitsfarm« sowie der Entwicklung einer eigenen Serie von Kosmetikprodukten, heute vertrieben über ein international arbeitendes Unternehmen mit 130 Mitarbeitenden und einem weltweiten Netzwerk von über 1500 Partnerinstituten.

Daneben hat sie Projekte, die dem Gemeinwohl dienen, verwirklicht oder unterstützt, ohne darüber zu reden: zum Beispiel ein Hospiz, eine Kindertagesstätte und einen Gnadenhof. 1999 gründete sie die »Gertraud und Josef Gruber-Stiftung« zum Wohle für Kinder, alte Menschen und Tiere. 2002 erwarb sie den Benediktushof bei Würzburg als Zentrum für christliche Kontemplation, Achtsamkeit und ZEN-Meditation. Sie stellte es dem Benediktinermönch und ZEN-Meister Willigis Jäger, der sie schon lange begleitete, für seine Arbeit zur Verfügung.

Gertraud Gruber erhielt viele Auszeichnungen, unter anderem im Januar 2022 den Bayerischen Verfassungsorden in Gold. Seit 2005 war die »Kosmetik-Pionierin« Ehrenbürgerin von Rottach-Egern. Am 12. März 2022 ist sie im Alter von 100 Jahren verstorben. Ihre Mitarbeiter*innen und Weggefährt*innen verabschiedeten sich in einem Nachruf: »Wir werden sie dankbar in Erinnerung behalten und verbeugen uns vor Gertraud Gruber als großartige Frau und erfolgreiche Unternehmerin.«[19]

CHRISTINE BORTENLÄNGER *(*1966)*

war Deutschlands erste Börsenchefin.

Nach dem Abitur am Tegernseer Gymnasium absolvierte Christine Bortenlänger, die ursprünglich Ärztin oder Landwirtin werden wollte, eine Banklehre und studierte anschließend an der Münchner Ludwig-Maximilians-Universität Betriebswirtschaftslehre. Die Ausbildung finanzierte sie sich mit einem Job als Chauffeurin bei BMW – im Umgang mit prominenten Persönlichkeiten habe sie dabei viel gelernt, betont sie. Während der Arbeit an ihrer Dissertation war sie wissenschaftliche Mitarbeiterin am Institut für Organisation der Ludwig-Maximilians-Universität. 1996 wurde sie mit einer Arbeit über Börsenautomatisierung (Computerhandel) promoviert, zu der Zeit ein wegweisendes Thema.

Nach verantwortlichen Rollen bei der Bayerischen Landesbank und einer Unternehmensberatung wurde Christine Bortenlänger 1998 stellvertretende Geschäftsführerin der Börse München, zwei Jahre später befördert zur Geschäftsführerin und zur Vorständin der Bayerischen Börse AG. Damit war sie Deutschlands erste und zehn Jahre lang auch einzige Börsenchefin.

Seit 2012 leitet Christine Bortenlänger das Deutsche Aktieninstitut in Frankfurt am Main. Das Institut repräsentiert als Stimme des Kapitalmarkts

» Denken muss man doch eh. Warum also nicht gleich positiv? «

die Interessen von börsennotierten Unternehmen und anderen Akteuren des Kapitalmarkts in Deutschland. Christine Bortenlänger ist dort als Geschäftsführende Vorständin verantwortlich für die Führung und strategische Ausrichtung des Instituts – und dessen mediales Gesicht. Außerdem ist sie Mitglied in diversen Aufsichtsräten und ehrenamtlich engagiert in Vorständen einiger Wirtschaftsinstitutionen. An Auszeichnungen erhielt sie unter anderen 2009 das Verdienstkreuz am Bande des Verdienstordens der Bundesrepublik Deutschland und 2019 den Bayerischen Verdienstorden.

Aufgrund ihrer beruflichen und privaten Erfahrungen (sie ist früh Mutter geworden) engagiert Christine Bortenlänger sich vielfältig für die Förderung von Frauen. So trat sie für eine Frauenquote in Aufsichtsräten ein (»Ausreden zur Frauenquote habe ich satt«[20]), bis sich etwas bewegt hatte, wie ein Vergleich zeigt: In den Vorständen der 40 DAX-Unternehmen besteht derzeit ein Frauenanteil von 17,5 Prozent. Lediglich eines weist im Vorstand einen Frauenanteil von über 30 Prozent auf. In den Aufsichtsräten liegt der Anteil der Frauen 2021 hingegen schon bei 34,7 Prozent.

Viel Herzblut investiert Christine Bortenlänger in die Forderung nach einer besseren ökonomischen Bildung in Deutschland. Seit Langem wünscht sie sich ein Schulfach Wirtschaft in allen Bundesländern und die Bildung junger Menschen in Finanzfragen – besonders Mädchen sollen ermutigt werden. Von den 12,1 Millionen Aktienbesitzern in Deutschland ist nur rund ein Drittel weiblich. Der geringere Frauenanteil zieht sich durch alle Altersklassen. »Nach wie vor nutzen zu wenige Frauen die Chancen der Aktienanlage. Reden wir also mehr über Geld – ganz besonders mit unseren Töchtern und Enkelinnen.«[21] Es gibt noch viel zu tun.

» Nah am Himmel sein – das ist schon was Besonderes! «

SILVIA (SILLI) BEYER *(*1965) führt als erste Wirtin in Bayern eine Alpenhütte mit rein vegetarisch-veganem Angebot.*

»Beim Lechad« nennt sich der elterliche Bauernhof in Nesselwang im Ostallgäu, auf dem Silvia Ebentheur als mittlere von drei Schwestern aufwuchs. Die Natur, die Arbeit und der Umgang mit Tieren wurden dort für sie zu prägenden Lebenselementen. Schon mit zwölf Jahren entschied sie sich, auf Fleisch zu verzichten, denn irgendwann war es nicht mehr stimmig, die Kühe und Kälber, die man gepflegt und wie Familienmitglieder behandelt hat, zu essen. »Wild und unerschrocken war die Silli«, sagen die Schwestern, sie habe schon immer »alle Ketten gesprengt«.[22] Kein Wunder, dass sie nach dem Abschluss der Ausbildung zur ländlichen Hauswirtschafterin auf einem Demeter-Hof auf der Schwäbischen Alb als selbst organisiertes Au-Pair-Mädchen in die USA ging und in Idaho auf einer Ranch ein richtiges Lasso schwingendes »Cowgirl« wurde.

Wieder zurück im Allgäu, heiratete sie mit 22 Jahren, hieß fortan Beyer, bekam eine Tochter und drei Söhne und widmete sich über zwei Jahrzehnte ihrer Familie. Nach Auflösung der Ehe 2004 war das große Glück, wieder im Heimathof Platz zu finden für alle, damals mit Hunden, Katz und Pferd.

Von 2009 bis 2011 besuchte sie die Meisterschule, kochte nebenbei tageweise auf einer Alpenhütte – die Liebe für die Arbeit auf dem Berg begann zu wachsen. 2015 – den Abschluss als Hauswirtschaftsmeisterin hatte sie inzwischen längst in der Tasche – ergab sich dann die Möglichkeit, die Hündeleskopfhütte zu pachten. Von der Gemeinde Pfronten bekam sie die Zusage unter vielen Mitbewerbern, wobei sie den Plan, als erste Hütte in Bayern ausschließlich vegetarisch-veganes Essen anzubieten, nie in den Mittelpunkt stellte. »Das wird sich dann schon rumsprechen, dass es jetzt hier keine Riesenschnitzel mehr gibt«, mutmaßte sie. Wer heute zu ihr kommt, erhält neben Klassikern wie handgemachten Allgäuer Kasspatzen den pfiffigen Hüttenwrap oder auch das Vegabrot. Für die glutenfreie, vegane, mit Mandelmus überbackene Zucchinilasagne pilgern manche Leute inzwischen schon mal extra nach oben. Gesund, vollwertig, mit frischen Biolebensmitteln und der Allgäuer Küche als Grundmelodie, so mag sie kochen, sagt Silli Beyer. Und der enorme Erfolg gibt ihr und ihrem Hüttenkonzept – allen anfänglichen Unkenrufen zum Trotz – recht. »Für mich war es gar nicht so mutig, wie viele meinten«, sagt sie rückblickend, »sondern nur konsequent meiner eigenen Ernährungsweise und Lebensphilosophie entsprechend. Kein Trend, sondern eine Entwicklung in die richtige Richtung.« Kinder und Familie unterstützten sie dabei von Anfang an.

Seit sieben Jahren führt sie jetzt dort oben den Gastbetrieb, kocht, kellnert, organisiert, ist der pulsierende, lebensfrohe Mittelpunkt für ihre Gäste und die, die mit ihr zusammenarbeiten. Und das alles in 1180 Meter Höhe, mit grandiosem Blick auf die Allgäuer Alpen und das Zugspitzmassiv. Auf der Nordseite kann der Blick in die Weite gleiten über die Allgäuer Moore hinweg, die für die Hüttenwirtin die Seele dieser Region sind. Das Besondere der Landschaft mit ihren oft zauberhaften Lichtspielen sieht sie täglich neu und schöpft daraus Kraft und Freude für lange, arbeitsreiche Hüttentage.

Und die Ideen gehen Silli Beyer nicht aus: Der Kräutergarten soll ausgebaut und vielleicht noch mehr angepflanzt werden, was in dieser luftigen Höhe wachsen und gedeihen mag. Es gab hier oben schon Jodelkurse und Gottesdienste und auch Musikveranstaltungen auf der eigens errichteten Open-Air-Bühne, von klassisch bis rockig – vielseitig eben, wie das Leben und Arbeiten mit der Natur am Berg.

Gastbeitrag Dietlind Pedarnig

THERESA (RESI) AMREHN *(*1985) ist wohl die erste fränkische Frau (sie als Fränkin fühlt sich nicht als Bayerin), die im 20. Jahrhundert als Gesellin auf die Walz ging. Nicht jede, die so loswanderte, hat das kundgetan – deshalb möge, wer sich hier übersehen fühlt, das verzeihen.*

Geboren wurde Theresa Amrehn in Würzburg, aufgewachsen ist sie in Kleinrinderfeld, einem kleinen Ort im Landkreis Würzburg. Mit 19 Jahren begann sie die Ausbildung zur Kirchenmalerin. Nach dem Abschluss als Gesellin 2007 packte Resi Amrehn das Fernweh, sie wollte raus aus der Provinz und hinein in die Welt, nicht gleich heiraten und Kinder kriegen … Als sie zufällig einen Zimmerer auf der Walz kennenlernte, war die Entscheidung schnell gefällt, ebenfalls loszuziehen.

Handwerksgesellen und -gesellinnen[23] waren seit dem Spätmittelalter auf Wanderschaft; zu der Zeit noch eine Vorschrift der Zünfte, um den Meistertitel zu erhalten. Sie sollten Berufserfahrungen an fremden Orten sammeln[24] und sich darüber hinaus – als mögliche Konkurrenten ihrer Meister – im besten Fall nicht in der Heimat niederlassen. Anfang des 19. Jahrhunderts war die Wanderschaft dann kein generelles Muss der Ausbildung mehr. Ab 1891 bildeten sich Handwerksvereinigungen – die sogenannten Schächte. Sie machten es sich zur Aufgabe, die wandernden Gesellen des Bauhandwerks zu unterstützen und den vorgeschriebenen strengen Ehrenkodex zu überwachen. Weibliche Mitglieder waren in diesen Schächten nicht zugelassen, es dauerte bis in die 1980er-Jahre, ehe zwei neu gegründete Schächte dies gestatteten.[25] Immer mehr im Licht der Öffentlichkeit stehend machen Frauen heute etwa 10 Prozent der geschätzten 400 bis 600 wandernden Gesell*innen aus.[26] Strenge Regeln und Gebräuche[27] legen fest, wie sich die Handwerker*innen unterwegs zu verhalten haben. Ihr Beruf bestimmt die Kleidung[28], im Fall von Resi Amrehn waren das: ein kragenloses weißes Hemd, weiße[29] Weste, rote Cordjoppe, weiße Schlaghose sowie ein schwarzer Hut mit Krempe, der sogenannte Deckel. Die Habseligkeiten kamen traditionell in den »Charlie«, ein Stofftuch, das oft am Wanderstock, dem »Stenz«, getragen wird. Ihre Walz dauerte die vorgeschriebenen drei Jahre und einen Tag, der »Bannkreis« um den Heimatort von 50 Kilometern durfte während dieser langen Zeit nicht betreten werden.

Resi Amrehn begann im November 2007 als erste fränkisch-(bayerische) Handwerkerin ihre Tour, die sie durch Deutschland, England, Spanien, Österreich und die Schweiz führte. Da die Wandernden kein Geld für Fortbewegung und Unterkunft ausgeben sollen, lernte die Kirchenmalerin, lange Strecken möglichst zu Fuß zu bewältigen (zu »tippeln«) – und das bei jedem Wetter – und um das Nötigste zu bitten. Immer wieder ergaben sich Arbeitsgelegenheiten, nicht immer im erlernten Beruf. Mal wanderte Resi Amrehn alleine, mal mit anderen Gesell*innen und oft fanden sich hilfsbereite Menschen, die sie im Auto mitnahmen, ihr Unterkunft oder ein Essen spendierten. Negative Erlebnisse gehörten auch dazu, konnten ihr aber die Freude an dieser Lebensweise nicht verderben.

2011 kehrte die Fränkin in die Heimat zurück. Bald aber rief »Mathilda«, die Landstraße, wieder und sie zog noch einmal los, diesmal ohne Kluft, und arbeitete als selbstständige Kirchenmalerin, wo immer sich ein Auftrag ergab. 2016 schilderte Resi Amrehn die Jahre auf der Walz in ihrem Buch »Königin der Landstraße«, mit dem sie auf Lesetour ging, begann eine Ausbildung als Karosserie- und Fahrzeugbauerin und wurde schließlich doch sesshaft.

SARA NURU *(*1989) wurde als erste Frau mit Migrationshintergrund Siegerin der TV-Castingshow »Germany's Next Topmodel«.*

Geboren und aufgewachsen ist Sara Nuru in Erding. Ihre Mutter floh 1986 mit zwei kleinen Töchtern aus Äthiopien vor Bürgerkrieg und Hungersnot nach Deutschland, sie kamen in einem Ort in der Nähe von Erding unter. Zunächst wurden die drei skeptisch beäugt, fanden aber doch bald Unterstützung. Dazu trug die äthiopische Kaffeezeremonie bei, die Mutter Nuru regelmäßig abhielt und die die Frauen im Dorf neugierig machte. Der Kaffee hat das Ankommen erleichtert – später wird er ein wichtiges Element im Leben von Sara Nuru und ihrer Schwester Sali.

Sie gewann 2009 als erste Frau mit Migrationshintergrund die vierte Staffel der deutschen TV-Castingshow »Germany's Next Topmodel«[30]. Danach änderte sich das Leben der damals 20-Jährigen komplett. Die Sendung wurde zum beruflichen Sprungbrett für Sara Nuru und sie konnte sich eine erfolgreiche, durch die halbe Welt führende Karriere als Model erarbeiten. Doch sie spürte, dass sie nicht nur »Siegerin von …« oder »das schöne Gesicht« sein wollte, sie suchte nach einem Sinn darüber hinaus. Sie wollte ihre Popularität und ihren Erfolg für eine sinnvolle Aufgabe nutzen, mit der sie auch etwas zurückgeben konnte.

» Mut wird am Ende belohnt. «

Der erste Anstoß dazu kam von der Organisation »Menschen für Menschen«, die sie 2009 als ihre Botschafterin für Äthiopien verpflichtete. Sara Nuru reiste mit ihrem Vater in die Heimat ihrer Familie und lernte die harten Lebensbedingungen der Menschen dort kennen. Ein Fernsehbeitrag über diese Reise brachte noch im selben Jahr 500 000 Euro für den Bau von Schulen in Äthiopien ein.

Kaffee ist ein wichtiger wirtschaftlicher Faktor für das Land – und er sollte die Basis der Aufgabe werden, die Sara Nuru hier gefunden hat. 2016 gründete sie mit ihrer Schwester Sali das Social Business »nuruCoffee« für fairen Handel mit Kaffee von ausgewählten äthiopischen Anbauern. 2018 kam der Verein »nuruWomen« dazu. Mit Mitgliedsbeiträgen, Spenden und der Hälfte der Gewinne aus »nuruCoffee« finanziert der Verein über Genossenschaften Mikrokredite, Schulungen und Kurse und ermöglicht damit äthiopischen Frauen ein selbstbestimmtes Leben. »Von der Eröffnung eines kleinen Ladens, eines Friseursalons, bis hin zum Vertrieb von Getreide, wollen wir Frauen in Äthiopien bei der Umsetzung ihrer Geschäftsideen unterstützen.«[31]

Mit ihrer Arbeit möchte Sara Nuru Mädchen und Frauen nicht nur in Äthiopien inspirieren, auf ihre innere Stärke zu vertrauen und einen möglichst selbstbestimmten Weg zu gehen. Seit 2018 ist sie Botschafterin für nachhaltige Entwicklung des Bundesministeriums für wirtschaftliche Zusammenarbeit und Entwicklung und seit 2021 Jurorin beim »Farben-Bekennen-Award« des Berliner Senats, bei dem Kinder und Jugendliche ausgezeichnet werden, die aus ihrer Heimat fliehen mussten und sich in Berlin durch freiwilliges Engagement hervortun.

1 Uta Goebl-Streicher (Hg.): Das Stammbuch der Nannette Stein (1787–1793). Streiflichter und Gesellschaft in Augsburg und Süddeutschland im ausgehenden 18. Jahrhundert, Textband, Tutzing 2001, S. 24.

2 Sohn Johann Baptist Streicher (1796–1871) wurde 1823 Teilhaber im Geschäft der Mutter. Nach ihrem Tod 1833 führte er die Klavierfabrikation unter dem Namen »Johann Baptist Streicher Wien« allein weiter. Er wurde einer der berühmtesten Klavierbauer.

3 Das Haus »Dallmayr« wurde 1770 von Christian Reitter gegründet. Alois Dallmayr übernahm es 1870 und erwarb sich mit exotischen Produkten aus den Kolonien und vor allem mit Kaffee einen guten Ruf in der Stadt, der ihn 1879 sogar zum Königlich Bayerischen Hoflieferanten avancieren ließ. Als das neue Rathaus gebaut wurde, erwarb Dallmayr 1887 das Haus gegenüber in der Dienerstraße 15 und richtete dort sein florierendes Feinkostgeschäft ein.

4 Die erste Hoflieferantin war wohl die Hofseidenputzerin Therese Löhle, wie eine Zeitungsnotiz von 1825 belegt.

5 Ludwig Ganghofer (1855–1920) wurde vor allem mit seinen Heimatromanen zum erfolgreichsten Schriftsteller seiner Zeit. Sein Bruder Emil war Fotograf.

6 Vgl. Marita A. Panzer, Elisabeth Plößl: Bayerns Töchter. Frauenporträts aus fünf Jahrhunderten, München 2015, S. 108f.

7 Carl Gabriel (1857–1931), Sohn eines Zirkusbesitzers, war ein bekannter Schausteller und Kinobegründer. Ab 1892 bereicherte er das Münchner Oktoberfest mit immer neuen Attraktionen, unter anderem brachte er »Völkerschauen« in die Stadt.

8 Mit den beiden von »Mercedes« produzierten Filmen »Der Grenzjäger« und »Wildschütz Jennerwein« hatte Maria Zach auch in der Filmbranche den richtigen unternehmerischen Riecher: Heimatfilme feierten Ende der 1920er-Jahre riesige Publikums- und Presseerfolge.

9 Das Staatliche Bauhaus: Avantgardistische Kunstschule, gegründet 1919 von Walter Gropius in Weimar. Sie gilt heute als Heimstätte der klassischen Moderne.

10 Zitiert aus: www.emma.de/artikel/bauhaus-die-bauhaus-frauen-264076 [abgerufen am 20.1.2022].

11 Bauhaus-Lehrer Paul Klee ringt sich in einem Brief an seine Frau 1927 zu diesen Zeilen über die Weberinnen durch: »[...] es war eminent viel Neues vorgelegt und manches besonders Gute. Außerordentlich fleißig können Frauen sein.« In: Ingrid Radewaldt: Gunta Stölzl. Pionierin der Bauhausweberei, Weimar 2018, S. 107.

12 Zusammen mit den Bauhaus-Absolventen Gertrud Preiswerk und Heinrich Otto Hürlimann. Ab 1937 führt Gunta Stölzl die Handweberei SPH-Stoffe alleine weiter.

13 Auch ihr Bruder konnte sich der Verfolgung durch die Nationalsozialisten entziehen, die ältere Schwester war bereits nach Schweden geflohen. Für ihre Mutter konnte Marie kein Visum in die USA mehr erhalten, sie wurde in das Ghetto Theresienstadt deportiert, überlebte und emigrierte nach dem Krieg ebenfalls.

14 Edda Ziegler: Buchfrauen. Frauen in der Geschichte des deutschen Buchhandels, Göttingen 2014, S. 125.

15 Zitiert aus: www.sueddeutsche.de/kultur/zum-tod-von-erna-baumbauer-dame-im-hintergrund-1.57920 [abgerufen am 24.2.2022].

[16] »Das Leben der Anderen« wurde 2007 mit einem Oscar in der Kategorie »Bester fremdsprachiger Film« ausgezeichnet.

[17] Zitiert aus: www.sueddeutsche.de/kultur/zum-tod-von-erna-baumbauer-dame-im-hintergrund-1.57920 [abgerufen am 24.2.2022].

[18] Zitiert aus: www.welt.de/print-welt/article216251/Mutter-der-Stars.html [abgerufen am 24.2.2022].

[19] https://tegernseerstimme.de/gertraud-gruber-am-tegernsee-verstorben/ [abgerufen am 15.3.2022].

[20] Zitiert aus: www.sueddeutsche.de/geld/reden-wir-ueber-geld-christine-bortenlaenger-ich-stehe-lieber-am-grill-1.995418 [abgerufen am 18.1.2022].

[21] Christine Bortenlänger im Gespräch mit der Autorin, 18.1.2022.

[22] Zitiert aus: www.ardmediathek.de/video/wir-in-bayern/zucchinilasagne-vegan-und-glutenfrei/br-fernsehen/Y3JpZDovL2JyLmRlL3ZpZGVvLzcoYmU2ZjgxLTY1MjMtNDI3Zio4MWQ1LTdjZGEyZDNjMjYxNQ [abgerufen am 12.3.2022]. 2018 drehte der Bayerische Rundfunk diese Dokumentation über Silvia Beyer, in der unter anderem ihre Mutter und die beiden Schwestern zu Wort kamen. Kameramann Tom Wittmann erhielt für seine Arbeit den Deutschen Kamerapreis 2018. Die Laudatio bei der Preisverleihung in Köln hielt Silvia Beyer.

[23] Handwerkerinnen hat es nachweisbar seit dem 12. / 13. Jahrhundert gegeben. Sie waren als Müllerinnen, Metzgerinnen, Brauerinnen, Weberinnen oder im Baugewerbe tätig – als Gesellinnen genauso wie als Meisterinnen mit eigenen Betrieben und sie waren dementsprechend auch auf der Walz. Ihre Biografien sind höchst selten belegt.

[24] Der Ausdruck »bewandert sein« kommt von dieser Möglichkeit, auf der Walz Erfahrung und Wissen zu sammeln.

[25] Darüber hinaus können Männer und Frauen auch als unabhängige »Freireisende« (also nicht zu einem Schacht gehörend) unterwegs sein – so wie Resi Amrehn.

[26] So ging am 1. Februar 2021 unter anderem die fränkische Metzgersgesellin Marlene Madre (* 1991) zusammen mit einer Freundin auf die Walz – trotz Pandemie.

[27] Aufgrund ihrer langen und lebendig gebliebenen Tradition gehört die Walz seit 2014 zum »Immateriellen Kulturerbe« der UNESCO.

[28] Rot tragen die Maler*innen, Vergolder*innen und Kirchenmaler*innen. Die Farbe Schwarz ist den holzverarbeitenden, Blau den metallverarbeitenden Berufen vorbehalten.

[29] Resi Amrehn hat sie später aus optischen Gründen gegen eine rote Weste umgetauscht.

[30] Seit 2006 wird »Germany's Next Topmodel« jährlich mit hohen Zuschauerquoten vom TV-Sender ProSieben ausgestrahlt. Als historischen Vorläufer dieser Reality-Show kann man den ersten europäischen Schönheitswettbewerb nennen, der am 19. September 1888 in Belgien startete. 350 Bewerberinnen traten an, 21 erreichten das Finale, wo sie unter Ausschluss der Öffentlichkeit von einer (natürlich rein männlichen) Jury bewertet wurden. Zur schönsten Frau kürte man die 18-jährige Bertha Soucaret aus Guadeloupe.

[31] Zitiert aus: https://saranuru.com/ [abgerufen am 24.2.2022].

SPORT
&
FLUG

»Ich fühlte mich wie eine
Pilgerin auf dem Weg zum
Schrein, weil ich so hart
trainiert und so lange davon
geträumt hatte.«

Kathrine Switzer,
Marathon-Läuferin, 1967

EMMA KNUẞ *(1863–1954) war die erste preisgekrönte Amateur-Kunstradfahrerin.*

Die Nürnbergerin Maria Margarete Emma Liedl lebte ab 1897 in Fürth, wo sie mit Adolf Knuß verheiratet war. Der frühere Friseur hatte dort 1888 im Hinterhaus einer Wirtschaft das Wilhelmsbad gegründet, eine öffentliche Badeanstalt. In Fürth wurde Emma Knuß zu einer begeisterten Radfahrerin.

Das Fahrrad, wie wir es heute benutzen, wurde um etwa 1884 entwickelt. Sein Vorläufer, das Hochrad, barg eine zu große Unfallgefahr, um für jedermann und -frau geeignet zu sein, obwohl sich in den Anfangszeiten auch Frauen auf ihm versuchten. Mit dem Niederrad, vor allem als es für die Damen den tieferen Einstieg gab, wurde das Radfahren zu einer verbreiteten Fortbewegungsart.

1869 gründeten Münchner Sportsfreunde den »Münchener Velociped-Club e. V.«, einen der ersten Fahrradklubs weltweit; er besaß am Schyrenplatz eine 500 Meter lange Rennstrecke. Ab 1884 gab es den »Velociped-Club Fürth« und ab 1885 die »Allgemeine Radfahrer-Union« in Nürnberg. In beiden war Emma Liedl Mitglied, lernte hier wohl um 1891 das »Bicycle«-Fahren und unternahm damit gerne längere Touren. Sie brachte sich das Kunstradfahren bei, trat häufig und an vielen Orten deutschlandweit auf und erlangte bald Be-

» Das erste, was unbedingt in die Rumpelkammer muss, ist das Korsett. [...] Wie soll der unglückliche Brustkorb sich weiten, wenn er in einem Stahlpanzer steckt! «

AMELIE ROTHER, RADLERIN, 1897

rühmtheit. In einer Ausgabe der Zeitschrift »Die Radlerin. Sportblatt der radfahrenden Damen Deutschlands und Österreich-Ungarns« vom 10. Juli 1897 kann man sie auf Fotografien verschiedene Kunstfiguren ausführen sehen – sogar auf einem Einrad. Sie trägt dabei eine weiße Bluse, einen Pluderhosenrock, den »Bloomer«, und Stiefeletten – diese Bekleidung hat sich rasch als praktisch erwiesen. (Wer salonfähig bleiben wollte, führte einen Rock mit, der sich nach dem Radeln schnell über die Hose ziehen ließ.) Diese Shows machte Emma Knuß nicht für Geld, wie sie in dem Artikel betonte, sondern um das Damenradfahren populär zu machen. Bei welcher Gelegenheit sie zur »ersten preisgekrönten Amateur-Kunstradfahrerin« gekürt wurde, ist leider nicht bekannt.

Emma Knuß nahm auch an Damenradwettfahrten teil, die zum Beispiel auf einer Nürnberger Rennbahn stattfanden. Dort sind am 30. Juni und am 1. Juli 1895 gleich mehrere dokumentiert: Erstfahrten für Damen (also Damen, die bis dahin keinen Preis gewonnen hatten), ein Niederrad-Hauptfahren und – ganz kurios – ein Langsamfahren über 500 Meter. Hier konnte Emma Knuß ihre Kunst, das Fahrrad in Balance und unter Kontrolle zu halten, wirkungsvoll demonstrieren, sie kam nach 9 Minuten und 5 Sekunden als Einzige ins Ziel.

Das Bicycle eroberte die Damenwelt schnell. Von der ersten Radfahrerin Münchens, der Schriftstellerin und Rezensentin **Anny Schäfer**, ist überliefert, dass sie 1892 als erste Münchnerin ein Damenrad von Opel erwarb und auf diesem in den langen Kellergängen der Unionsbrauerei von Josef Schülein übte. Als die Gattin eines Velocipedfabrikanten auf der Maximilianstraße auf dem Fahrrad erschien, erregte sie große Entrüstung, wurde als schamlos, »männiglich« verurteilt – weil man ihre Beine sehen konnte.

Der Film »Das Mädchen Wadjida« (2012 gedreht von der saudi-arabischen Regisseurin Haifaa Al Mansour) zeigt, wie sich eine patriarchale Gesellschaft mit ähnlichen moralischen Bedenken dem Wunsch einer Elfjährigen, ein Fahrrad zu besitzen, auch heute noch entgegenstellt.

ANNA (ANNIE) HÜBLER-HORN *(1885–1976)*
war – zusammen mit ihrem Partner Heinrich Burger – die erste deutsche Olympiasiegerin.

Die Münchnerin Anna Hübler liebte zwei Dinge: Singen und Eislaufen. Beim Schlittschuhlaufen auf dem »Schachterleis«, der ältesten überdachten Kunsteisbahn der Welt an der Galeriestraße, und auf der Theresienwiese lernte sie den Rechtsanwalt Heinrich Burger kennen. Er war Mitglied des »Münchener Eislauf-Verein v. 1883« und als Einzelläufer schon bei internationalen Wettkämpfen angetreten, ebenso als Eisschnellläufer und fragte nun Annie Hübler, ob sie sich vorstellen könne, mit ihm zusammen bei Paarlaufwettbewerben anzutreten. Sie konnte und schnell stellte sich heraus, dass sie talentiert war. Ohne einen Trainer bereiteten sich die beiden daraufhin auf Wettkämpfe vor. 1907 in Altona und 1909 in München gewannen sie die deutsche Meisterschaft. 1908 wurden sie in St. Petersburg die ersten offiziellen Paarlaufweltmeister, 1910 wiederholten sie diesen Sieg. Im Oktober 1908 traten Hübler / Burger bei den Olympischen Sommerspielen in London im Eiskunstlauf der Paare an (Winterspiele gab es damals noch nicht) – und holten Gold! Annie wurde damit die erste deutsche Olympiasiegerin überhaupt und gleichzeitig die erste deutsche Wintersportlerin, die olympisches Gold

» Sport ist eine Erfindung und Entwicklung von Männern für Männer. Also Frauen hatten es am Anfang sehr, sehr schwer, wenn sie Sport treiben wollten. «

GERTRUD PFISTER, SPORTHISTORIKERIN, 2017

gewann. Frauen waren zu den Olympischen Spielen erst seit 1900 zugelassen und das auch nur in wenigen Disziplinen, der Eiskunstlauf der Paare wurde erst 1908 olympisch.[1]

1911 beendete das bayerische Eislaufduo seine sportliche Karriere und ging getrennte Wege.[2] Annie Hübler widmete sich nun ihrer zweiten Leidenschaft: Sie nahm Gesangs- und Schauspielunterricht an der berühmten Otto Falckenberg Schule in München. Drei Jahre lang trat sie als Opernsopranistin in Bremen auf, spielte 1914 auf der Bühne der Münchner Kammerspiele und bestritt als Zitherspielerin erfolgreich Konzerte.

1918 heiratete Annie Hübler den Großkaufmann Ernst Horn, dessen Familie in Oberfranken eine florierende Kolonial- und Eisenwarenhandlung führte. Er besaß Kaufhäuser in Magdeburg und München und betrieb einen Versandhandel. Annie Hübler lernte sich in das gänzlich fremde Metier ein und leitete bald die Personalabteilung der Münchner Kaufhäuser, mit 1000 Angestellten das drittgrößte Unternehmen im Deutschen Reich – ihre dritte Karriere. Das Stammhaus Horn lag in München am Hauptbahnhof, eine Filiale gab es am Karlsplatz / Stachus und eine weitere am Ostbahnhof. Alle drei Gebäude wurden im Zweiten Weltkrieg völlig zerstört. Die Kaufhäuser an Ost- und Hauptbahnhof ließ die Familie wieder aufbauen und man konnte so an den wirtschaftlichen Erfolg der Vorkriegsjahre anknüpfen.

1953 starb Ernst Horn, Annie führte die Geschäfte noch lange allein und erfolgreich weiter. Mitte der 1970er-Jahre verkaufte sie das Kaufhaus am Ostbahnhof. Die Unternehmerin vergaß daneben nicht das Los armer Kinder und alter Menschen. Für dieses soziale Engagement und für ihre unternehmerischen sowie sportlichen Leistungen erhielt Annie Hübler-Horn viele Ehrungen, unter anderem das Bundesverdienstkreuz 1. Klasse.

LILLI VON WEECH *(1888–1983) legte nach eigenen Angaben als erste Frau in Deutschland die Prüfung zur Bergführerin ab.*

Die versierte, in Regensburg unter dem Namen Elisabeth von Grundherr geborene Bergsteigerin kam aus einer wohlhabenden Familie. Sie heiratete zweimal: zuerst den Grafiker Siegmund von Weech, dann Major Adolf Weyrauch. Sie lebte lange in Mittenwald und bis zu ihrem Tod in Garmisch-Partenkirchen. Ihren eigenen Angaben zufolge legte sie als Mitglied der Sektion Garmisch-Partenkirchen des »Deutschen Alpenvereins«[3] im Jahr 1906 die Prüfung zur Bergführerin ab. Damit wäre sie die Erste in Deutschland gewesen.[4] 1919 führte sie eine große, siebenwöchige Skiwanderung in den Lechtaler Alpen und war im selben Jahr zusammen mit Detlof von Schwerin an der Erstbegehung des Heiterwand-Ostgipfels über die Nordwestwand (2461 Meter) beteiligt. 1920 bestieg sie in dieser Region die Hanauerspitze (2553 Meter) und auf Skiern die Feuerspitze (2851 Meter).

Unter dem Pseudonym Lilli von Weech[5] hat sie mehrere Wanderführer und Erzählungen (unter anderem »Kleine Geschichten aus großen Bergen«, 1928) verfasst. Die satirische Zeitschrift »Simplicissimus« druckte 1921 bis 1923 mehrere Texte von ihr ab. Für das »Alpine Handbuch« des »Deutschen und Öster-

> »Zum ernstlichen Bergsteigen gehören: Energie, Mut, Ausdauer.«

reichischen Alpenvereins« schrieb sie 1925 den Artikel »Die Bergsteigerin« und setzte sich darin für die Gleichberechtigung der Frauen im Bergsport ein. Der Text wurde nie gedruckt – vermutlich weil ihre Ausführungen als Angriff auf die herkömmliche Geschlechterordnung verstanden wurden. Dort heißt es: »Zum ernstlichen Bergsteigen gehören: Energie, Mut, Ausdauer. Ferner: Konzentrationsfähigkeit, Geistesgegenwart, kluge Vorsicht, Beobachtungsgabe, Orientierungsvermögen. Diese Eigenschaften sind im einzelnen nicht an das Geschlecht gebunden, sie sind Sache der Veranlagung und Schulung.«[6] Das missfiel den Vereinsfunktionären – ganz im Sinne des Bergjournalisten Kurt Maix, der den Frauen zwar das Bergsteigen empfahl, um Selbstzucht, Gehorsam und Kameradschaft zu lernen, aber doch der Meinung war, das Führen sei Aufgabe des Mannes. Selbst wenn Lilli von Weech nicht die verbriefte erste Bergführerin Deutschlands gewesen sein sollte – ihr Engagement für die Gleichberechtigung der Frauen in den Bergen und am Seil macht sie in jedem Fall zu einer bayerischen Pionierin dieses Sports.

Bis zur ersten staatlich geprüften Berg- und Skiführerin war es ein langer Weg. Die Geretsriederin **Gudrun Weikert**[7] ist die erste Deutsche mit dieser Qualifikation. Sie hat 1988 zugleich mit dem Abschluss des Sportstudiums diese Prüfung an der Technischen Universität München bestanden und bildet seither Bergführer*innen aus. Inzwischen leitet sie auch die Bergführer-Prüfungskommission der Technischen Universität. Es gibt etwa 550 Bergführer*innen in ganz Deutschland, davon waren 2020 genau zwölf weiblich.[8] Am Berg muss Gudrun Weikert immer noch erleben, dass Tourengeher*innen irritiert sind, wenn eine Frau vor ihnen steht. Dagegen musste sie sich ein dickes Fell zulegen. Mit 17 Jahren kam sie zum Bergsport und es war damals gang und gäbe, dass Frauen am Einstieg stehen blieben und warteten … Gudrun Weikert aber wollte mit den Männern klettern. Auch sonst hat sie nie das tradierte weibliche Rollenbild akzeptiert.

MARIA KIEßLING *(1894–1984) gewann als erste und einzige Frau alle ausgerichteten Wettbewerbe einer Leichtathletikmeisterschaft.*

Die Münchnerin Maria Kießling trat am 14. und 15. August 1920 zu den Deutschen Leichtathletikmeisterschaften in Dresden an. Zum ersten Mal nahmen daran Frauen teil, sie bestritten vier Wettbewerbe, die Herren stolze 22. Maria Kießling, die für den »TSV 1860 München« startete, war schon vorher mit hervorragenden Leistungen aufgefallen und die Presse war überzeugt, dass sie gute Ergebnisse bringen würde. Die 26-Jährige erfüllte die Erwartungen: Erste im 100-Meter-Lauf (13,0 Sekunden), Erste im Weitsprung (5,24 Meter), Erste im Kugelstoßen (8,31 Meter) und zusammen mit ihren »Mitläuferinnen« Zenta Bauer, Maria Rädler und Emma Heiß Erste in der 4x100-Meter-Staffel (53,0 Sekunden). Damit gewann Maria Kießling als erste Frau alle ausgerichteten Wettbewerbe einer Meisterschaft. Bis heute und sicher auch in Zukunft wird diese sportliche Leistung von niemandem mehr zu erreichen sein.

Im folgenden Jahr steigerte sich die »Sechzigerin« bei den in Hamburg ausgetragenen Deutschen Meisterschaften in Sprint und Weitsprung sogar noch und erzielte in diesen Disziplinen (Kugelstoßen ließ sie aus) sowie mit der Staf-

»Sie war Weltklasse.«

KARL RAUH, LEICHTATHLETIK-
ABTEILUNGSLEITER DES TSV 1860, 2020

fel drei Weltrekorde. Diese wurden allerdings nie als solche anerkannt. Die Gründe hierfür: Die zuständige Fédération Sportive Féminine Internationale (FSFI), zu deren Aufgaben es auch gehörte, Weltrekorde zu registrieren und dadurch »offiziell« zu machen, wurde erst im Oktober 1921 gegründet und führte die Rekorde daher erst ab 1922. Außerdem wurde Deutschland aufgrund der Bestimmungen nach dem Ersten Weltkrieg erst nach 1926 in diesen Verband aufgenommen.

Maria Kießling gab 1921 den aktiven Sport auf und damit war der Ausnahmesportlerin nie ein olympischer Rekord vergönnt, denn Frauen waren ab 1900 nur in ganz wenigen Disziplinen bei Olympia zugelassen.[9] Auch die 1922 eingeführte Frauen-Ersatz-Olympiade, die sogenannten Frauen-Weltspiele[10], bestritt Maria Kießling nicht mehr. Was hätte sie wohl bei den Olympischen Spielen 1928 in Amsterdam erreicht, bei denen erstmals die Leichtathletinnen antraten?

Maria Kießling heiratete 1925 den Münchner Architekten und späteren Hochschullehrer Hans Döllgast, ihre Ehe blieb kinderlos. Über ihr weiteres Leben weiß man nichts. Sie hat sich aus der Öffentlichkeit völlig zurückgezogen. Auch die Döllgast-Biografen erwähnen seine Frau nicht. Bekannt ist, dass Franz Kießling, ein Neffe von Maria Kießling und Schüler von Professor Döllgast, den Nachlass seiner Tante aufbewahrt hat. Eine Übergabe an deren Heimatverein, den »TSV 1860 München«, scheiterte jedoch, sodass er zu seinem Lebensende vieles weggeworfen hat. Einige Dokumente sind aber in der »Franz und Maria Kießling-Stiftung« verwahrt.

Eine weitere vergessene Sprinterin, die Münchnerin **Rosa Kellner**, gewann bei den Olympischen Spielen 1928 mit der 4x100-Meter-Staffel die Bronzemedaille. Zwei Jahre später, bei den dritten »Frauen-Weltspielen« in Prag, holte sie Gold in dieser Disziplin.

Die ***»ISARNIXEN«*** *waren nach dem Zweiten Weltkrieg Deutschlands erste »Kunst- und Reigenschwimmerinnengruppe«.*

Hervorgegangen sind die »Isarnixen« aus dem »Damen-Schwimm-Verein«, dem zweitältesten Schwimmverein Münchens. Den hatten 16 selbstbewusste Damen am 1. Juli 1903 im »Wittelsbacher Garten« in der Münchner Theresienstraße gegründet, da sie im bis dahin einzigen Münchner, ja bayernweiten, Schwimmverein als Frauen nicht aktiv werden durften. Schwimmen sei schädlich für ihre Gesundheit, hieß es, und unschicklich zumal. Die 16 Damen wollten aber nicht nur in einem abgesperrten Bereich planschen, sondern richtig schwimmen. In einem Verein und zu einer festen Zeit durften sie das jetzt tun – unter Ausschluss männlicher Augen. 1907 führten die Vereinsdamen bei einem öffentlichen Schauschwimmen in Traunstein, in züchtige Schwimmanzüge gehüllt, erstmals Figuren auf dem Wasser vor. Bis dahin war das Figurenschwimmen ein Männersport; die Münchnerinnen waren die ersten Frauen, die das zeigten. Noch im selben Jahr wurde der »Damen-Schwimm-Verein« in den »Deutschen Schwimm-Verband« aufgenommen und erste Wettbewerbserfolge stellten sich ein.

1925 trat **Käthe Jacobi** dem Verein bei und wurde eine der führenden Persönlichkeiten im Münchner Schwimmsport, eine Pionierin des Kunst- und Reigenschwimmens. Von 1939 bis 1974 leitete sie den Verein, war dessen

» Da löst sich alles beim Schwimmen – nicht nur das Gewicht, sondern auch die Probleme. «

MARIE-LUISE JORDAN, »ISARNIXE«, 2020

Frauenwartin, gründete 1946 den »Bayerischen Schwimmverband« mit und trainierte mehr als 40 Jahre lang die Kunstschwimmgruppe. 1968 erhielt sie dafür das Bundesverdienstkreuz.

Nach 1945 waren die Kunstschwimmerinnen des Vereins als erste »Kunst- und Reigenschwimmerinnengruppe« Deutschlands oft zu Auftritten unterwegs und das bald in ganz Europa. Die 1930 geborene, waschechte Haidhauserin **Marie-Luise Jordan**[11] war seit 1948 dabei. Sie hat alle Reisen mitgemacht und auch den Auftritt in Géza von Cziffras Film »Die verschleierte Maja« 1951. Bei der Gelegenheit erhielt die Gruppe ihren poetischen Namen: »Isarnixen«. Absolutes Highlight war vier Jahre später die Reise nach Kanada. Die Münchnerinnen waren als erste deutsche Sportmannschaft nach dem Zweiten Weltkrieg dorthin eingeladen worden, weil ihr »Wasserballett« (Figurenlegen auf dem Wasser) mit zwölf Schwimmerinnen einmalig und sensationell war. In offenen Autos wurden die »Isarnixen« wie die berühmtesten Stars durch die Städte gefahren und vom Bürgermeister Montréals empfangen. Ein unglaubliches Erlebnis für die jungen Frauen aus dem Nachkriegsdeutschland! Aus Kanada brachten sie das dort verbreitete Synchronschwimmen (Schwimmen zu Musik in Form einer Kür) mit.

Nach ihrer aktiven Zeit arbeitete Marie-Luise Jordan viele Jahre mit Kindern und leitete die »Jubiläumsdamen«. Heute ist sie mit ihren 92 Jahren eine der letzten Frauen, die noch das Musterlegen auf dem Wasser beherrschen.

Die »Isarnixen« erschwammen mehr als 100 Deutsche Meistertitel, über 90 Deutsche Jugendmeistertitel, stellten drei Olympiateilnehmerinnen und mit Christine Lang 1982 die Europameisterin im Synchronschwimmen.

Ironie der Geschichte: Seit 1982 muss der »Damen-Schwimm-Verein München v. 1903« auch männliche Mitglieder aufnehmen, da er sonst keine Jugendförderung erhalten würde. International machen beim Synchronschwimmen Herren vereinzelt erst seit 2015 mit.

MARIA ROSALIA (CHRISTL-MARIE) SCHULTES

(1904–1976) war Bayerns erste Fliegerin.

Aus einer wohlhabenden Familie aus Geigant bei Waldmünchen (Oberpfalz) stammend, wuchs Christl-Marie[12] Schultes in der Nähe von Bad Heilbrunn in Oberbayern auf, wo ihr Vater als Forstverwalter arbeitete. Sie war eine passionierte Bergwanderin, Jägerin, Reiterin, Seglerin und Motorradfahrerin. Als sie auch noch Fliegen lernen wollte, reagierte die Familie entsetzt und lehnte das zwei Jahre lang ab. 1928 ging Christl-Marie Schultes nach Berlin – angeblich für einen Kochkurs – und erwarb stattdessen, dickköpfig, wie sie war, heimlich den Sportflugschein A2.[13] Nach einem Alleinflug und einer weiteren Prüfung für den Kunstflugschein trat sie mit einem geliehenen Flugzeug auf Flugschauen auf. Die erste eigene Maschine finanzierten dann die Familie und die Stadt Bad Tölz. Als Gegenleistung sollte Christl-Marie Schultes für den Ort und sein Bad werben. Bei der Namenstaufe des Flugzeugs am 4. August 1929 feierten die Tölzer Bürger die erste bayerische Fliegerin begeistert. Sie trat mit der »Bad Tölz« als Kunstfliegerin auf Flugtagen vor Zehntausenden Zuschauern auf, unter anderem auch zusammen mit dem weltberühmten Ernst Udet. 1929 bewältigte sie erste Langstrecken, nach Barcelona zur Weltausstellung und

» Liebe Eltern, ich komme morgen nachmittag mit dem Flugzeug. «

mit dem französischen Piloten Antoine de Saint-Exupéry übers Mittelmeer nach Casablanca.

1930 legte Christl-Marie Schultes im Fichtelgebirge eine Bruchlandung hin und musste geplante spektakuläre Flüge absagen. Mit einem neuen Flugzeug, das die Eltern fast komplett finanzierten, trat sie weiter auf Shows auf. Am 6. Mai 1931 startete sie als Begleiterin des Piloten Gustav Sackmann im Münchner Norden zu einem Weltflug. Es sollte nach Osten gehen, etwa 17 500 Kilometer weit bis nach Indien, China und Japan und schließlich über den amerikanischen Kontinent nach New York. Die Route hatte sie akribisch geplant. Nur das Wetter konnte sie nicht beeinflussen: In einem schweren Unwetter stürzte die kleine Maschine bei Passau ab, Sackmann und Schultes wurden verletzt, sie so schwer, dass sie das linke Bein verlor. Ihr Pilot und die Öffentlichkeit gaben ihr als Frau und Co-Pilotin (!) die Schuld an dem Absturz, es folgten Prozesse und Urteile gegen die »begnadete Fliegerin«. Das war das Karriereende für Christl-Marie Schultes.

Schmerzhaft musste ihr wohl die Rolle der Frau in diesem Männersport klar geworden sein. Vielleicht gründete sie deshalb die Zeitschrift »Deutsche Flugillustrierte«, in der sie vor allem Frauen im Flugsport würdigen wollte. Im Frühjahr 1933 erschien das erste Heft mit einem patriotischen Vorwort und einem Appell an die Frauen. Ab Dezember hatte die Zeitschrift eine neue Herausgeberin, die Fliegerin Thea Rasche, Mitglied in der NSDAP.

Christl-Marie Schultes emigrierte in die Schweiz, lebte in Spanien, Portugal und Frankreich. Ihre Vita bis 1943 scheint nicht verlässlich darstellbar zu sein und auch über ihre Rückkehr nach Deutschland gibt es verschiedene Versionen. Dass sie 1943 kurz bei Dornier arbeitete, ist bekannt. Wegen »Zersetzung der Wehrkraft«[14] kam sie im März ins Gefängnis in Bad Tölz, dann ins Münchner Zuchthaus Stadelheim. Eine Hinrichtung verhinderte wohl nur der Einmarsch der Amerikaner. Lange kämpfte die erste bayerische Pilotin – vergeblich – um Wiedergutmachung und starb verarmt und in ihrer historischen Leistung vergessen in München.

ANNY MÜLLER *(1908–1991) war die erste deutsche Schützenkönigin mit dem Feuerstutzen.*

Als Tochter eines alteingesessenen Brauers (»Müllerbräu«) und Hopfenbauern in Pfaffenhofen an der Ilm gehörte Anny Müller den reichsten und einflussreichsten Familien der Stadt an. Sie konnte deswegen eine gute Schulbildung genießen, Reisen ins Ausland unternehmen und sie war häufig bei Jagd- und Schießgesellschaften des Herzogs Albrecht von Bayern dabei.

Was lag für die junge Frau daher näher, als Mitglied in der »Königlich Privilegierten Feuerschützengesellschaft Pfaffenhofen« werden zu wollen – trotz ihres Geschlechts? Dass solche weiblichen Ambitionen den Herren gar nicht gefielen, belegt ein Artikel aus der »Deutschen Schützenzeitung« von 1930, in dem die Frage behandelt wird, ob Damen am Deutschen Bundesschießen in Köln teilnehmen dürften. Da heißt es, »daß auf Grund unserer Bundessatzungen *Damen nicht Mitglieder des Deutschen Schützenbundes werden können*, da dieser Punkt der Satzungen § 4 wörtlich lautet: Mitglied des Deutschen Schützenbundes kann werden: ›Jeder unbescholtene *Deutsche* über 18 Jahre‹«[15]. Im Gegensatz zu heute waren offensichtlich Frauen damit also nicht mitgemeint …

Anny ließ sich von solcher Haltung nicht einschüchtern. Ganz im Gegenteil: Das »Fräulein Müller«[16] wurde 1926 nicht nur das erste weibliche Vereinsmitglied der Feuerschützengesellschaft Pfaffenhofen, sondern 1927 mit dem Feuerstutzen[17] auch die erste deutsche Schützenkönigin. 1930 besiegte sie noch einmal ihre männlichen Konkurrenten mit einem sogenannten Martinistutzen auf die Distanz von 130 Metern. Anny Müller trat als eine der ersten Frauen auch dem »Deutschen Schützenbund« bei, gewann über die Jahre zahlreiche Preise und Auszeichnungen, unter anderem wurde sie 1937 Bayerische Mannschaftsmeisterin im Schnellschießen. Bis 1961 blieb sie als Schützin aktiv, ihren letzten offiziellen Schützenwettkampf trat sie mit 53 Jahren beim 22. Deutschen Bundesschießen in München an.

1940 heiratete Anny Müller Max Schmid, der in Memmingen eine Gießerei für technische Geräte betrieb. Während des Zweiten Weltkriegs und danach unterstützte sie Frauen mit Rat und Tat, hielt Vorträge, wie man sich am besten bei Luftangriffen verhalten sollte, und führte später den Umgang mit neuen Haushaltsgeräten, zum Beispiel Waschmaschinen, vor. Die Memminger haben Anny Schmid hoch geachtet.

Die gesammelten Schützenscheiben sowie Dokumente über ihr Leben finden sich im Vereinsheim in Pfaffenhofen. Ihre kostbare Sammlung historischer Trachten sowie einige Schützenutensilien waren früher in einem Museum in Regensburg ausgestellt. Der Plan, sie in einem eigenen »Haus zur Schützenkultur« im schwäbischen Illerbeurener Bauernhausmuseum der Öffentlichkeit zu präsentieren, konnte bislang nicht umgesetzt werden.

Heute haben Schützenvereine deutschlandweit 1,3 Millionen Mitglieder (Frauen machen unter diesen bereits teilweise die Hälfte aus), das Schützenwesen wurde 2015 von der UNESCO zum »Immateriellen Kulturerbe« erklärt. Frauen sind hier meist keine Besonderheit mehr, als Schützenköniginnen marschieren sie bei Umzügen der Vereine in der ersten Reihe mit. Nur bei den älteren traditionsbewussten Gebirgsschützen sind die Frauen zwar engagierte Mitglieder, schießen aber nicht, sondern geben als »Marketenderinnen« eine schöne, repräsentative Kulisse für die Herren ab.

MARIA MEIẞNER *(1911–2008) war die erste geprüfte Fußballschiedsrichterin Bayerns.*

Im niederbayerischen Vilsbiburg geboren, war Maria von Kindheit an glühender Fußballfan.[18] 37 Jahre lange arbeitete sie als Telefonistin am Gärtnerplatztheater in München, ehe sie 1970 in die Telefonzentrale des »FC Bayern München« wechselte, der sie schon viele Jahre zuvor unter der Mitgliedsnummer 543 registriert hat.[19]

Mitte der 1960er-Jahre, nach der Zulassung als Schiedsrichterin – der ersten im bayerischen Fußball –, pfiff Maria Meißner Spiele der Jugendmannschaften und der unteren Amateurklassen, die sie auch sportlich betreute. 1970 bereitete sie zusammen mit Hans Press, dem ersten Abteilungsleiter, die Gründung der Damenfußballabteilung des Vereins maßgeblich mit vor. Die »FC-Bayern«-Damen gewannen zwei Jahre später den erstmals ausgetragenen Bayerischen Meistertitel und danach noch 18-mal (!) in Folge. 1973 stieg Maria Meißner zur Assistentin des Geschäftsführers Walter Fembeck auf. 1976 wurde der erste Deutsche Meistertitel im Frauenfußball gewonnen.[20]

Auch für die männlichen Profis des »FC Bayern« war die »Seele des Vereins« immer da, hatte ein gutes Wort für sie oder gab gar mal einen Zuschuss zum Taschengeld, so etwa dem jungen Franz Beckenbauer oder Gerd Müller.

» Ich war vom Fußball getroffen. «

Torwart Sepp Maier war laut ihrer eigenen Aussage für sie und ihren Mann »wie ein eigener Sohn«[21].

Schon in den 1960er-Jahren fühlte Maria Meißner sich für die Reinigung der Pokale[22] beim »FC Bayern« zuständig. Liebevoll hat sie auch nach ihrer Pensionierung einmal im Jahr die zahlreichen Trophäen des Vereins poliert, die sie als Meilensteine auch in ihrem Leben bezeichnete. »Einer muss sie ja putzen«,[23] sagte Maria Meißner in einem Interview 2001. Sogar ein Werbespot für den »FC Bayern« und dessen Sponsoringpartner Adidas entstand mit ihr über dieses ganz spezielle Ehrenamt – und das im Alter von 84 Jahren! 1999 drehte Wolfgang Ettlich für den Bayerischen Rundfunk den Film »Leben für den FC Bayern«, in dem er neben Maria Meißner noch Sepp Schmid (zuständig für die Spielertrikots und die Pflege der Fußballschuhe) und Rudi Egerer (Busfahrer) als Zeitzeugen des Vereins porträtierte.

Wie traurig, dass man Maria Meißner oft nur als »Mutter der Pokale« oder gar als »die ehemalige Putzfrau des FC Bayern«[24] in Erinnerung behalten hat und ihre sportlichen Leistungen und ihre Pioniertat als erste deutsche Schiedsrichterin in Vergessenheit zu geraten scheinen. Sie hat allerdings in ihrer Bescheidenheit darüber auch nie große Worte verloren …

Als treuer Fan verfolgte sie die Spiele der Champions League bis zum Schluss und reiste, so lange es ging, zu den Auswärtsspielen des »FC Bayern« mit. An ihrem ersten Todestag 2009 erinnerten die Ultras der »Schickeria München« beim Auswärtsspiel in Bremen mit einer Choreografie an sie. Und seit 2018 sorgt die »Kurt Landauer Stiftung e. V.« für Erhalt und Pflege ihres Grabes.

Der Fußballpionierin Maria Meißner ist 2012 **Kathleen Krüger** als Teammanagerin des »FC Bayern« gefolgt – die erste in Deutschland. Und beim »FC Ingolstadt 04« trainiert **Sabrina Wittmann**, als eine von wenigen in der Bundesliga angestellten Frauen, erfolgreich die jungen Männer der U19-Mannschaft.

ROSA (OSSI) REICHERT *(1925–2006) war die erste Olympiasiegerin aus Bayern im Skilaufen.*

Auf einem Berggasthof oberhalb von Sonthofen im Allgäu aufgewachsen besuchte Rosa Reichert – ganz in der Familientradition – eine Hotelfachschule in Heidelberg. Wenn sie Zeit hatte, war sie in den heimischen Bergen Skilaufen und Trainieren. Da blieb es kaum aus, dass sie 1951 bayerische Meisterin im Slalom wurde.

1952 in Oslo durften die Deutschen erstmals nach dem Zweiten Weltkrieg wieder an Olympischen Spielen teilnehmen. Die Mannschaft trat ohne große Hoffnungen an – und Ossi Reichert gewann die Silbermedaille im Slalom! Bronze holte die Ettalerin Annemarie (Mirl) Buchner. Zwei Jahre später gewann Ossi Reichert den Slalom des SDS-Rennens[25] in Grindelwald und 1956 belegte sie überraschend bei den Olympischen Spielen in Cortina d'Ampezzo den ersten Platz im Riesenslalom – die einzige Goldmedaille der deutschen Mannschaft. Außergewöhnlich war die Siegerehrung, denn es wurde für Ossi Reichert nicht die Nationalhymne gespielt, sondern Beethovens »Ode an die Freude«. Da die BRD, die DDR und das Saarland bei diesen Olympischen Spielen als gesamtdeutsche Equipe angetreten waren (wie auch noch 1960 und 1964, dann aber ohne das Saarland), hatte man eine neutrale Me-

» I bin gfohrn wie verruckt. Dreimol ging's grod am Sturz vorbei. «

lodie gewählt. In den folgenden Jahren wurde Ossi Reichert noch dreimal deutsche Meisterin: im Slalom, im Riesenslalom und in der Kombination. In ihrer Heimat sind eine Skiliftanlage und eine Abfahrtsstrecke in der Allgäuer Hörnergruppe nach ihr benannt.

Sich für eine »erste« bayerische Skirennläuferin zu entscheiden, war richtig schwierig. Welche sollte es sein? Die erste Siegerin in einem Skirennen? Da wäre **Lisa Resch** aus Garmisch-Partenkirchen zu nennen, die 1937 in Kitzbühel die Kombination und den Slalom auf dem Hahnenkamm in Kitzbühel gewann, 1938 Abfahrtsweltmeisterin wurde und zwischen 1934 und 1939 acht Medaillen holte. Die erste Sportlerin des Jahres? Das wurde 1952 **Annemarie (Mirl) Buchner-Fischer**. Und die allererste Frau auf Skiern? Das weiß man natürlich nicht so genau. Vielleicht war das **Mathilde Finsterlin**, Tochter eines Kunstmalers aus Augsburg und die Frau des Münchner Verlegers und Buchhändlers August Finsterlin. Er wird als Wintersportpionier bezeichnet, der den Skisport aus Skandinavien 1888 nach Deutschland und 1891 in die bayerischen Berge gebracht haben soll. Die beiden lebten in Fischhausen am Schliersee, führten dort ein Café und später ein Hotel. Mathilde Finsterlin soll als eine der ersten Frauen Skikurse gegeben haben. Fotos von ihr beim Skifahren – im langen Rock – liegen im Freilichtmuseum von Markus Wasmeier in Schliersee.

HANNELORE SCHMATZ *(1940–1979) stand als erste deutsche Frau auf dem Gipfel des Mount Everest.*

Die gebürtige Regensburgerin war eine erfahrene, versierte und besonnene Bergsteigerin. Zusammen mit ihrem Mann Gerhard bestieg Hannelore Schmatz[26] jedes Jahr einen der hohen Berge der Welt, so zum Beispiel 1975 den Tirich Mir, mit 7708 Metern der höchste Berg des Hindukusch in Pakistan. Höher war eine deutsche Frau bis dahin noch nie gekommen. Im nicht-alpinen Leben waren ihr Mann Notar, sie Hausfrau laut Gipfelbuch des Mount Everest.

Für den Herbst 1979, in der Nachmonsunzeit, hatte das Ehepaar eine Expedition zum höchsten Berg der Erde, dem Mount Everest (8848 Meter), vorbereitet – privat, auf eigene Kosten, ohne Unterstützung durch eine Organisation.[27] Sie planten die Besteigung über den Südostgrat von nepalesischer Seite aus, die klassische Süd- oder Hillary-Route. Gerhard Schmatz war der Expeditionsleiter, Hannelore Schmatz hatte »in klassischer Rollenverteilung« zwei Jahre lang die gesamte logistische Vorarbeit geleistet.[28] Sechs weitere Höhenbergsteiger nahmen teil, drei Deutsche, ein Neuseeländer, ein Schweizer und der Amerikaner Raymond Genet. Nach einem Anmarsch von 250 Kilometern, für den man einen Monat benötigte, bauten sie am 4. September das erste Lager auf 5900 Metern Höhe, am 24. September das letzte. Für die letzte Etappe hatte sich die Gruppe

» Du wirst zu einem anderen Mensch, wenn du Achttausender gehst. «

BILLI BIERLING, BERGSTEIGERIN
UND JOURNALISTIN, 2021

geteilt. Gerhard Schmatz stand mit seiner Gruppe am 1. Oktober auf dem Gipfel. Am Tag danach stieg Hannelore Schmatz mit der nächsten Mannschaft auf und erreichte das »Dach der Welt«, obwohl sie das ursprünglich nicht vorgehabt hatte. Damit war sie weltweit die vierte Frau, der das gelungen ist. Beim Abstieg mussten sie, Genet und der Sherpa Sundare biwakieren, denn Genet war der künstliche Sauerstoff ausgegangen. Sundare und Hannelore Schmatz blieben bei ihm. Wollte sie sich um ihn kümmern oder war sie auch schon zu erschöpft, um weiterzugehen? In der Nacht, als ein schwerer Höhensturm einsetzte, starb Raymond Genet. Hannelore Schmatz und Sundare versuchten, weiter abzusteigen, aber nach 200 bewältigten Höhenmetern starb auch Hannelore Schmatz an Erschöpfung, Sundare überlebte. Ihr Leichnam »saß« noch jahrelang an der Stelle ihres Todes – 500 Meter unter dem Gipfel. 1984 versuchte eine Expedition der nepalesischen Grenzpolizei, ihren Körper zu bergen, dabei kamen zwei Menschen ums Leben.

Erst 20 Jahre nach Hannelore Schmatz, 1999, bewältigte **Helga Hengge** als erste Deutsche sowohl Auf- als auch Abstieg des Mount Everest, wobei sie die tibetische Nordseitenroute[29] wählte. Die Garmisch-Partenkirchnerin **Barbara (Billi) Bierling** stieg 2009 über die Südroute zum Mount Everest auf – also über denselben Weg wie Hannelore Schmatz – und meisterte als erste deutsche Frau darüber auch den Abstieg. 2010 stand sie als erste deutsche Frau auf dem Gipfel des Manaslu (Nepal, 8163 Meter) und 2011 auf dem Lhotse (Himalaya, 8516 Meter). Im selben Jahr bestieg sie als erste deutsche Bergsteigerin den Manaslu ohne die Unterstützung durch künstlichen Sauerstoff.

»Die Frau ist der Ruin des Alpinismus.« Dieser 1911 geäußerte frauenfeindliche Spruch von einem der bekanntesten Alpinisten Österreichs, Paul Preuß, ist längst überholt, war es eigentlich schon damals. Die Frauen leisten heute am Berg dasselbe wie die Männer, sei es beim Höhenbergsteigen oder beim Klettern. Manche Äußerungen erwecken jedoch den Eindruck, dass der eine oder andere Mann das noch immer nicht wahrhaben möchte.

KATHRINE SWITZER *(* 1947) lief als erste Frau der Welt mit einer offiziellen Startnummer den kompletten Boston-Marathon.*

1947 wurde Kathrine Switzer im oberpfälzischen Amberg als Tochter eines US-amerikanischen Offiziers geboren, der ein Lager für »Displaced Persons« leitete. Als sie zwei Jahre alt war, ging die Familie zurück in die USA. Ihr Vater ermunterte sie von Beginn an, Sport zu treiben. An der Universität begann sie, längere Strecken zu laufen, gewann und »durfte« in einer Männer-Marathongruppe mittrainieren.

1967 meldete sie sich als »K. V. Switzer« für den Boston-Marathon an und erhielt anstandslos die Startnummer 261. Von einem expliziten Startverbot war in den Statuten zwar nicht die Rede, aber Frauen durften allgemein lediglich Wettkämpfe von maximal eineinhalb Meilen (2,4 Kilometer) laufen – wie in vielen Bereichen wurden auch im Sport Gesundheit, Leistungsfähigkeit und die »wahre Bestimmung« der Frauen als hinderliche Argumente ins Feld geführt. Man behauptete sogar ernsthaft, nach solch einer Anstrengung würde sich die Gebärmutter lösen!

Ab dem ersten Lauf in Boston am 19. April 1897, etwa ein Jahr nach dem Marathon bei den Olympischen Spielen 1896 in Griechenland, waren daher nur Männer zu diesem großen Sportereignis zugelassen – 70 Jahre lang. Als

» There is a girl!! «

ZUSCHAUER AM STRASSENRAND,
BOSTON-MARATHON, 1967

erste Frau rüttelte 1966 die Amerikanerin Roberta Gibb an dieser Bastion: Sie hatte sich von unterwegs aus einem Versteck heraus in den Pulk der Läufer gemischt und trug keine Startnummer. So machte sie es auch bei den Marathonläufen in den beiden Folgejahren.

Kathrine Switzer stand also am 19. April 1967 am Start in Boston, mit offizieller Startnummer 261, neben sich ihr Freund und ihr Trainer. Nach ein paar Meilen rief jemand am Straßenrand: »There is a girl!« Einer der Verantwortlichen kam im Begleitfahrzeug und versuchte, ihr die Startnummer vom Trikot zu reißen, Kathrine Switzers Freund knockte ihn aus. Kathrine lief weiter und kam nach 4 Stunden 20 Minuten ins Ziel. Keine herausragende Zeit, aber damit war sie die erste Frau weltweit, die den Boston-Marathon vom Start weg gelaufen war. Das Foto von der Rangelei erschien 2010 im US-»LIFE-Magazin« in der Liste »100 People Who Changed the World« und gilt als eines der wichtigsten Symbole der Frauenbewegung.

Ihr Lauf hat etwas verändert. 1972 wurden Frauen erstmals offiziell zum Boston-Marathon zugelassen, Switzer kam in 3 Stunden 29 Minuten als Dritte ins Ziel – gewinnen sollte sie ihn aber nie. 1972 rief sie einen Straßenlauf nur für Frauen ins Leben, den »Crazylegs Mini Marathon« in New York. Erst 1984 wurde der Marathonlauf für Frauen olympisch. Jetzt akzeptierte die Sportwelt (natürlich untermauert mit wissenschaftlichen Erkenntnissen), dass Frauen genauso leistungsfähig sind wie Männer, im Ausdauersport vielleicht sogar noch mehr.

Kathrine Switzer arbeitet als Journalistin und Autorin, wirbt für die Akzeptanz des Frauenlaufens, läuft Marathon und gründete Laufgruppen in der ganzen Welt (»261 Fearless« – nach ihrer damaligen Startnummer 261). Mit 70 Jahren, 2017, lief sie noch einmal in Boston – zusammen mit etwa 13 000 anderen Frauen – und brauchte nur 25 Minuten länger als 50 Jahre zuvor. Womit sie auch bewiesen hat, dass die langen Strecken ihrer Gesundheit nicht geschadet haben …

EVI HETZMANNSEDER *(*1964) absolvierte als erste Frau aus Bayern die Verkehrsfliegerschule der Lufthansa.*

Schon als kleines Kind wollte Evi Lausmann aus St. Georgen, einem Ortsteil von Traunreut in Oberbayern, fliegen, Stewardess werden und einen Piloten heiraten. Eine Karriere als Pilotin war damals für ein Mädchen nicht vorstellbar. Denn auch in diesem Beruf findet man noch in den 1980er-Jahren die bekannten männlichen Vorbehalte: Die körperliche Beanspruchung der Frau beim Fliegen sei zu hoch und der Beruf ließe sich nicht mit einer Mutterschaft vereinbaren. Die Herren entlarvten sich aus unserer heutigen Perspektive dabei selbst mit Sprüchen wie »Eher wird eine Frau Boxweltmeister im Schwergewicht als Kapitänin bei der Lufthansa«.[30] Dabei hatte die Vorgängerin der Fluggesellschaft, die Luft Hansa, bereits 1927 mit der Berlinerin Marga von Etzdorf[31] eine allererste Co-Pilotin im Personal dabei und Sportfliegerinnen gab es schon lange (siehe S. 102). Andere nationale Fluggesellschaften waren da fortschrittlicher: In Indien gab es schon 1968 Verkehrspilotinnen und in den USA 1973.

Die Wünsche der Abiturientin Evi Lausmann wurden im Lauf der Jahre selbstbewusster, von der Stewardess zum Cockpit: »Da will ich mal vorne drinsitzen.« Dennoch schien ihr das zunächst unrealistisch, denn sie war zierlich, eher klein und dann noch »a Bauerndeandl vom Land«.[32] Deshalb studierte sie erst ein paar Semester Musikerziehung, aber irgendwann orderte sie doch die Bewerbungsunterlagen, mehr als ein Nein könne ja nicht kommen. 1984 flog sie dann nach Hamburg zum Vorstellungsgespräch. Das lief gut, allerdings musste Evi Lausmann noch zwei Jahre warten, bis sich mit Nicola Lunemann (verheiratete Lisy) eine zweite Frau qualifizierte. Die zwei traten gemeinsam, als einzige Frauen neben 15 Männern, den 154. Nachwuchsflugzeugführerlehrgang an, eine gut zweijährige Ausbildung in Bremen und in Phoenix/Arizona. 40 Stunden im Flugsimulator und 170 Flugstunden in kleinen ein- und zweisitzigen Maschinen waren neben unendlichem theoretischen Unterricht zu absolvieren, dem folgten über 200 Flugstunden in den großen Maschinen und ein abschließendes Training in Montreal. Nach einigen Monaten als zweite Offizierin im Cockpit einer Boeing 737-200 war es dann am 23. August 1988 soweit: »Ein Damen-Duo geht in die Luft«[33], verkündete die Airline. Jetzt waren Evi Lausmann und Nicola Lunemann erste Offizierinnen, saßen zwölf Jahre lang als Co-Pilotin rechts vom Kapitän. Ab 1991 flog Evi Lausmann als Co-Pilotin Langstreckenflüge.

Nach zwölf Jahren Berufserfahrung wurde Nicola Lunemann am 31. Januar 2000 die erste Kapitänin der Lufthansa, Evi Hetzmannseder ein paar Tage später. (Diese neue Berufsbezeichnung ließ die Lufthansa übrigens von der »Gesellschaft für deutsche Sprache« absegnen.) Der Spruch von der Kapitänin und der Boxweltmeisterin hatte sich nicht bewahrheitet, letztere triumphierte 1994.

Mit 50, nach 30 Jahren Fliegerei, ging Evi Hetzmannseder in den Ruhestand und genießt es heute, ohne Termindruck in der Welt unterwegs zu sein. Ihre Nachfolgerinnen sind immer noch Ausnahmeerscheinungen: Von mehr als 100 000 Pilot*innen machen sie etwas mehr als 6 Prozent in der Lufthansa-Group aus, 1 Prozent mehr in der Kernmarke – es heißt, der Grund dafür läge in der zu geringen Zahl von Bewerberinnen.[34]

1 Die Britin Florence Madeleine Syers (1881–1917), die 1908 olympisches Gold im Einzelwettbewerb und mit ihrem Ehemann Bronze hinter Hübler / Horn im Paarlauf geholt hatte, war eine Pionierin des Fraueneissports: Es gelang ihr erstmals, als Frau am 13. Februar 1902 in London an der bis dahin rein männlich besetzten Weltmeisterschaft teilzunehmen: im knöchellangen, schweren viktorianischen Rock, mit Satinbluse, Perlenkette und Lederhandschuhen … und wurde Vizeweltmeisterin.

2 Legendäre Nachfolger wurden Marika Kilius (* 1943) und Hans-Jürgen Bäumler (* 1942), die zwischen 1955 und 1964 zahllose nationale und internationale Wettbewerbe gewannen.

3 Die verschiedenen Sektionen des 1869 gegründeten »Deutschen Alpenvereins« behandelten die Mitgliedschaft von Frauen unterschiedlich. In Berlin waren sie bis 1929 nicht zugelassen, die Sektion Garmisch-Partenkirchen hingegen zählte bereits 1889 sieben Frauen bei insgesamt 125 Mitgliedern. Vgl. dazu: www.alpenverein.de/geschichte/blog/frauen-alpinismus-dav-gender/ [abgerufen am 16.3.2022].

4 Ein Dokumentnachweis dafür liegt allerdings bislang nicht vor.

5 Zur Wahl ihres »Schriftstellernamens« siehe https://de1.zetcom-group.de/MpWeb-mpHistorischesAlpenarchiv/attachment/Multimedia/213512/Winterliche%20Erstbegehungen.pdf [abgerufen am 25.4.2022].

6 Zitiert aus: Caroline Fink, Karin Steinbach: Erste am Seil. Pionierinnen in Fels und Eis. Wenn Frauen in den Bergen ihre eigenen Wege gehen, Innsbruck / Wien 2013, S. 84.

7 Vgl.: www.ardaudiothek.de/episode/bergfreundinnen/interview-gudrun-weikert-ueber-die-vielen-rollen-ihres-lebens-als-bergfuehrerin-als-mutter-als-frau-oder-kinder-und-berge-4/bayern-2/84589274/ [abgerufen am 9.2.2022].

8 Die erste Bergführerin der bayerischen Polizei war Ronja Lewandowski (24. September 2016), Polizeistation Fahndung Pfronten, Landkreis Ostallgäu.

9 Sie durften ab da golfen und Tennis spielen, Bogen schießen (1904), Eiskunst laufen (1908) und schwimmen (1912).

10 Im März 1921 fanden in Monte Carlo »Erste Olympische Frauenspiele« mit etwa 100 Leichtathletinnen aus England, Frankreich, Italien und der Schweiz statt. Die FSFI richtete von 1922 bis 1934 viermal »Frauen-Weltspiele« aus, der erste Wettbewerb hieß noch »Frauen-Olympiade«, wurde nach Protesten des Internationalen Olympischen Komitees und des Internationalen Leichtathletik-Verbands aber umbenannt.

11 Der Filmbeitrag des Bayerischen Rundfunks über die »Isarnixen« und Marie-Louise Jordan in der Reihe »Lebenslinien« (Erstsendung 18.11.2021) ist unbedingt sehenswert!

12 In der Literatur finden sich auch die Vornamen Christlmariele oder Christl, wegen ihrer Herkunft kursiert auch »Förster-Christl«.

13 Elisabeth Maria (»Lisl«) Schwab (1900–1967) aus Ingolstadt machte 1926 eine Ausbildung als Fallschirmspringerin, danach erwarb sie wie Schultes den A2-Flugschein und trat ab etwa 1930 ebenfalls auf Flugtagen auf. Schon 1932 trat sie der NSDAP bei und nutzte ihr Flugzeug, mit dem sie Werbung flog, auch für Propaganda für die Nationalsozialisten. Wohl 1939 machte sie den B1 / B2-Schein, mit dem sie für die Luftwaffe fliegen durfte und auch entsprechend beschäftigt wurde. Nach 1945 fristete sie eine spärliche Existenz und starb verarmt. (Näheres bei Zegenhagen, siehe Anmerkung 14)

14 Evelyn Zegenhagen: »Schneidige deutsche Mädel«, Fliegerinnen zwischen 1918 und 1945, herausgegeben vom Deutschen Museum, Göttingen 2007, S. 264–272, hier S. 270.

15 Deutsche Schützenzeitung, 1930.

16 Zitiert aus: https://fsg-pfaffenhofen.de/chronik/ [abgerufen am 10.3.2022].

17 Feuerstutzen sind Gewehre, die ausschließlich zum sportlichen Scheibenschießen verwendet werden. Müller schoss mit Patronen 8,15 x 46,5 R, die in der Regel auf eine Distanz von 175 Metern verwendet wurden.

18 Maria Meißner wurde tatsächlich einmal ganz real vom Fußball »getroffen« (sie bekam als Zuschauerin einen Abschlag des Torwarts an den Kopf), aber im Fall der Fußballbegeisterten kann darüber hinaus durchaus von einer weitreichenderen metaphorischen Bedeutung ausgegangen werden.

19 Die Annalen verzeichnen die in München wohnhafte Margarete Fürst als das erste weibliche (passive) Mitglied, das der »F. A. Bayern im Münchener SC« im Jahr 1910 aufnahm.

20 Gerade ist der »FC Bayern« dabei, seinen Fußball spielenden Frauen ebenfalls einen Platz im Museum einzuräumen: Ihre Historie und die zum Teil unglaublichen sportlichen Leistungen sollen nun adäquat repräsentiert werden.

21 FC Bayern München (Hg.): 100 Jahre FC Bayern München, Berlin 2000, S. 59.

22 Nach dem Einzug des Vereins in die Geschäftsstelle in der Säbener Straße richtete man auch eine Trophäenvitrine ein – heute schon längst ersetzt durch die »Via Triumphalis« im 2012 in der Allianz Arena eröffneten FC Bayern Museum.

23 www.abendzeitung-muenchen.de/sport/fcbayern/bayern-stars-trauern-um-pokalputzerin-sie-war-wie-eine-mutter-art-73379 [abgerufen am 25.2.2022].

24 Die Bildagentur Imago-Images formuliert 2011 so die Beschreibung einer Fotografie zum 100. Geburtstag von Maria Meißner.

25 Seit 1932 organisierte der Schweizerische Damen-Skiclub (SDS) internationale alpine Skirennen für Damen. Sie entwickelten sich zu den bedeutendsten Damenrennen und gingen 1967 im neu geschaffenen Weltcup auf. 1984 löste sich der Skiclub auf, damit gab es auch keine Rennen mehr.

26 Ihr Mädchenname konnte nicht recherchiert werden.

27 Vgl. dazu sowie zur Expedition selbst: Gerhard Schmatz, http://schmatz-online.com/expeditionen/mt_everest/mt_everest.html [abgerufen am 1.3.2022].

28 Vgl. dazu: »Pionierinnen in Fels und Eis. Frauen im Alpinismus«, Sendung des Bayerischen Rundfunks am 3.7.2021, www.br.de/radio/bayern2/sendungen/bayerisches-feuilleton/der-berg-ist-das-ziel100.html [abgerufen am 6.3.2022].

29 Als erste Frau der Welt stand die Japanerin Junko Tabei (1939–2016) am 16. Mai 1975 auf dem Gipfel des Mount Everest.

30 So Alfred Vermaaten, Gründer und Leiter der Lufthansa Flugschule in den 1960ern https://www.stern.de/reise/follow-me/30-jahre-frauen-im-cockpit-der-lufthansa-8216866.html [abgerufen am 2.4.2022].

31 Marga von Etzdorf (1907–1933) flog, nachdem sie die nötigen Flugmeilen gesammelt hatte, auf eigene Faust Shows und Langstrecken.

32 www.youtube.com/watch?v=QdETcpzjiEk [abgerufen am 2.4.2022].

33 www.fnp.de/frankfurt/pilotinnen-start-seit-jahren-fliegen-frauen-lufthansa-10368856.html [abgerufen am 2.4.2022].

34 www.t-online.de/finanzen/boerse/news/id_84319070/geschlechterkampf-im-flugzeug-noch-immer-fehlen-frauen-im-cockpit.html [abgerufen am 2.4.2022].

POLITIK
&
GESELL SCHAFT

»Zu einem 400-Meter-Lauf treten ein Mann und eine Frau an: Der Mann mit 20 Metern Vorsprung und im sportlichen Outfit. Die Frau mit Rucksack, aus dem zwei Kinder gucken, vor ihr mehrere Hürden. Da ist die Frage, wer schneller ist, müßig.«

Regine Hildebrandt, SPD-Politikerin

MATHILDE HITZFELD *(1826–1905) war die erste bayerische Freischärlerin, deren Name bekannt ist.*

Geboren wurde Anna Mathilde Hitzfeld in Kirchheimbolanden (heute im Südosten von Rheinland-Pfalz), das von 1816 bis 1946 zur bayerischen Pfalz gehörte. Im »Pfälzischen Aufstand« (2. Mai bis 19. Juni 1849) verteidigte man die Gültigkeit der neuen Frankfurter Reichsverfassung (die König Maximilian II. Joseph nicht anerkannte) und kämpfte für eine Loslösung von Bayern. Preußen und Bayern verhängten den Kriegszustand, preußische Truppen marschierten ein. Wie anderswo kam es auch in Kirchheimbolanden zu Gefechten.

Ludwig Hitzfeld, Bezirksarzt und Mitglied der »Volksvertretung für die Pfalz«, säte in seine Tochter Mathilde liberales Gedankengut; sie und ihre Mutter beteiligten sich an den Aktivitäten der sogenannten Deutschen Revolution 1848/1849: Sie versorgten die Aufständischen, die im leer stehenden Schloss ihr Hauptquartier hatten, und halfen beim Bau von Barrikaden im Schlosspark. Am 12. Juni 1849 hielt Mathilde Hitzfeld vor der Revolutionstruppe eine Rede. Die Abbildung oben zeigt, wie sie die schwarz-rot-goldene Fahne schwingend die Revolutionäre anfeuerte. Zwei Tage später beobachtete sie vom Kirchturm aus die anrückenden preußischen Truppen, warnte die

» Mein Hass gegen jene Unterdrückung ist stärker als je. «

400 Mann im Ort und rettete damit vielen Freischärlern das Leben. Ob sie in irgendeiner Form aktiv mitgekämpft hat, ist nicht überliefert.

Die Revolution wurde niedergeschlagen, Mathilde Hitzfeld gefangen genommen und wegen revolutionärer Tätigkeit des Hochverrats angeklagt. Man warf ihr vor, »abgesehen von ihrer Aufforderung zum Kampf gegen die preußischen Truppen nicht nur die Tür des Kellers des Weinhändlers Levi dahier aufgebrochen oder wenigstens dabei mitgewirkt [zu haben], sondern zum Barrikadenbau auch Fässer aus dem besagten Keller geholt [zu] haben«.[1] Aufgrund eines Amnestiegesetzes kam sie im Dezember wieder frei. Sie studierte in Heidelberg Medizin, aber ihr liberales Denken machte sie weiterhin verdächtig. Mathilde Hitzfeld wanderte deshalb in die USA aus, heiratete den ebenfalls emigrierten Maler und Freiheitskämpfer Theodor Kaufmann. Bis an ihr Lebensende war die »Begeisterung für Recht und Freiheit«[2] in ihr nicht erloschen. In Rheinland-Pfalz wird sie noch heute verehrt, so tragen neun Schulen den Namen von Mathilde Hitzfeld.

Aus anderen Gründen kämpfte die 1721 in Titting (Landkreis Eichstätt) geborene **Anna Sophia Kettner**. Sie war fasziniert vom Soldatenleben und schmuggelte sich in Männerkleidern als überliefert erste bayerische Frau 1743 in ein oberösterreichisches Infanterieregiment. Sie wurde nicht als solche erkannt, nahm an Schlachten des Österreichischen Erbfolgekriegs teil und wurde 1746 sogar zum Korporal befördert. Nach der Enttarnung ein Jahr darauf würdigte Kaiserin Maria Theresia ihre Leistungen mit einem Gnadengehalt.

Bei der Bundeswehr dienen Frauen seit 1975, die ersten als Ärztinnen. In der kämpfenden Truppe sind weibliche Soldaten seit 2001 dabei. Das hatten Frauen eingeklagt, die nicht nur die soziale Arbeit übernehmen wollten.

ROSA KEMPF *(1874–1948) hielt die erste Rede einer Frau in einem deutschen Parlament.*

Geboren wurde Rosa Kempf als Tochter eines Landarztes in Birnbach / Niederbayern, ihre Mutter arbeitete ehrenamtlich fürs Rote Kreuz. Rosa wurde Hilfslehrerin in ihrer Heimat, arbeitete ab 1900 in München und trat in mehrere Frauenvereine ein. 1904 machte sie ihr Abitur und begann 1905, neben dem Unterrichten, in München Philologie und Staatswissenschaften zu studieren. 1911 wurde Rosa Kempf von Nationalökonom und Sozialreformer Lujo Brentano promoviert – als eine der ersten Frauen in München. Für diese Doktorarbeit arbeitete sie unter falscher Identität einige Wochen lang in verschiedenen Fabriken. Sie untersuchte Familienverhältnisse, Arbeitsplätze, die innerbetriebliche Stellung, Denkweisen und Perspektiven junger Arbeiterinnen. Nach dem Studium war Rosa Kempf als Wissenschaftlerin und Dozentin an sozialen Frauenseminaren in München, Frankfurt und Düsseldorf beschäftigt.

Im Herbst 1918, als sich die revolutionären Veränderungen in den deutschen Staaten schon ankündigten, kehrte sie nach München zurück. Sie wurde nach dem 7. November Mitglied des Provisorischen Nationalrats, einer Art Übergangsparlament bis zu den Landtagswahlen im Januar 1919. Hier hielt Rosa Kempf am 18. Dezember 1918 als Delegierte des »Hauptverbandes Bayerischer

» Es darf in einigen Jahren keine merkwürdige Erscheinung mehr sein, wenn neben dem männlichen Bürgermeister ein weiblicher sitzt. «

Frauenvereine« eine bemerkenswert »moderne« einstündige Rede – es war die erste einer Frau in einem deutschen Parlament. Es heißt, Marie Juchacz, Abgeordnete der SPD in der Weimarer Nationalversammlung und Mitglied des Reichstags bis 1933, habe am 19. Februar 1919 diese erste Rede gehalten, was hier korrigiert werden soll.

Rosa Kempf sprach eine Stunde lang viele Punkte an, die im Hinblick auf die Gleichberechtigung der Frauen zu erfüllen seien, vor allem forderte sie eine Quote: »Wir Frauen brauchen Abgeordnete in der Zahl, wie sie ungefähr der Zahl der weiblichen Wähler entspricht.«[3] Weiter zählte sie auf, was die Frauen von der »neuen Zeit« erwarteten: Sicherung des Wahlrechts, Beteiligung in allen Instanzen der Verwaltung, »Gleichberechtigung des weiblichen Schülers und der weiblichen Lehrkraft mit dem männlichen Schüler und der männlichen Lehrkraft« bis hin zur Öffnung der Knabenschulen für Mädchen, Gleichstellung in der Ehe et cetera.

Am 12. Januar 1919 fand erstmals eine freie und offene Wahl zum bayerischen Landtag statt. Rosa Kempf gehörte ihm für die Deutsche Demokratische Partei (DDP) bis zum 6. Juni 1920 an. In ihren Reden und Schriften kämpfte sie weiter für die Gleichberechtigung der Frauen in Politik und Alltag, ebenso für die Rechte der Kinder. 1920 zog sie nach Frankfurt und arbeitete dort bis 1933 als Dozentin am Frauenseminar. Die Nationalsozialisten stellten sie kalt, Rosa Kempf überlebte den Zweiten Weltkrieg vereinsamt und starb orientierungslos in einem Pflegeheim.

Im Januar 1919 wurden acht Frauen in den Bayerischen Landtag gewählt, das bedeutet etwas mehr als 4 Prozent der Abgeordneten. 2018 waren es in Bayern 26,8 Prozent. Viele Frauen fordern immer noch, wie schon Rosa Kempf, die Quote in der Politik mit dem Ziel, Frauen gleiche Chancen auf einen Sitz in den Parlamenten zu ermöglichen. Heute heißt es »Parité in den Parlamenten«, das Anliegen des Vereins scheitert bisher regelmäßig am Wahlrecht / Parteienrecht.

ANNA STEUERWALD-LANDMANN

(1892–1980) war die erste bei einem deutschen Gericht als Beobachterin zugelassene Sozialpädagogin.

Aus einer wohlhabenden jüdischen Hopfenhändlerfamilie in Fürth stammend verbrachte Anna Landmann nach ihrer Schulzeit ein Haushaltsjahr in der Familie ihres Bruders in Moskau. Dort sah sie bis dahin ungekannte Not – das sensibilisierte sie für soziale und politische Themen. Sie studierte an der Universität Erlangen Sozialwissenschaften und war zwischen 1914 und 1916 ehrenamtlich am Fürther »Königlich Bayerischen Amtsgericht« mit Jugendgerichts-, Vormundschafts- und Nachlasssachen befasst. Ab 1916 folgte eine Ausbildung an der Hochschule für kommunale und soziale Verwaltung in Köln. Ihre erste Stelle erhielt sie im Mai 1919 als Hilfsreferentin am Frauenreferat in Nürnberg. Nach der Auflösung des Referats wurde Anna Landmann im Oktober wissenschaftliche Assistentin beim Wohlfahrtsamt Nürnberg. Sie gab im Rahmen dieser Tätigkeit die »Nürnberger Wohlfahrtsblätter« heraus und verfasste eigene Artikel dafür. Als Sozialpädagogin gründete sie die Jugendgerichtshilfe der Stadt und übernahm 1920 deren Leitung. Im Rahmen von Jugendstrafprozessen wurde sie dabei als erste Sozialpädagogin an einem deutschen Gericht als Beobachterin zugelassen.

» Ich wollte das erreichen, was der Mann kann. Das war mein Stolz. «

Nach der Hochzeit mit dem Pädagogen Dr. Richard Steuerwald 1923 konnte sie als Beamtengattin nicht im Staatsdienst bleiben. So arbeitete Anna Steuerwald-Landmann ab 1927 als Dozentin für die Volkshochschule (VHS), hielt Vorlesungen über Jugend- und Frauenprobleme – und erregte Aufsehen mit ihren Ansichten über Sexualmoral. Dank der Solidarität der VHS-Gemeinschaft gelang es Andersdenkenden nicht, ihr diese Lehrtätigkeit zu verbieten.

1933 erhielt Richard Steuerwald wegen seiner politischen Tätigkeit Berufsverbot und kam für einige Monate in Untersuchungshaft. Vor Kriegsbeginn floh das Ehepaar mit den zwei Kindern nach Chile, wo ein Bruder von Richard Steuerwald Land besaß. Mehr schlecht als recht brachten sie sich durch, zum Beispiel mit der »Wiener Bäckerei«, der ersten von Nordchile, die Anna Steuerwald-Landmann in Ovallo gründete. Ab 1942 lebten sie in Santiago de Chile, wo Richard Steuerwald als Psychologe arbeiten konnte. Anna engagierte sich in der Bewegung »Freies Deutschland« und in der Redaktion der einzigen deutschsprachigen Exilzeitschrift Südamerikas, den »Deutschen Blättern«. Für diese schrieb sie politische Artikel, in denen sie für Völkerverständigung, Frauen-Friedensarbeit und Versöhnung plädierte, für Versöhnung auch mit den in Deutschland Gebliebenen. Ihre »Guttäterliste«, in der sie beschrieb, was sie im »Dritten Reich« an Positivem erlebt hatte, stieß bei den Daheimgebliebenen auf wenig Verständnis.

1947 kehrte die Familie nach Deutschland zurück. Die Themen, zu denen Anna Steuerwald-Landmann als Journalistin, Dozentin, als Mitglied der IG Druck und Papier, des »Bundes für Geistesfreiheit« oder der »Internationalen Frauenliga für Frieden und Freiheit« arbeitete, blieben ihr immer ein Anliegen: Demokratie, Frauenrechte, Gleichberechtigung, alternative Familienmodelle, Pazifismus und Atheismus. Die neuen Modelle der Kindererziehung nach 1968 erlebte sie noch mit und unterstützte die Idee der Kinderläden sowie das Konzept der Erziehung zur Gewaltlosigkeit.

ZITA ZEHNER *(1900–1978) war nach dem Zweiten Weltkrieg das erste weibliche Mitglied im Münchner Stadtrat.*

Eine politische Karriere war Zita Zehner aus Rannungen bei Schweinfurt in Unterfranken nicht in die Wiege gelegt worden. Sie war als achtes Kind auf einem Bauernhof auf die Welt gekommen. Bis 1918 arbeitete sie dort mit, dann absolvierte sie eine Hauswirtschaftsschule und besuchte Lehrerinnenseminare in Bamberg und Landshut. Als Wirtschaftslehrerin hielt sie Kurse für Landfrauen und vertrat Bäuerinnen in den bayerischen Kreisbauernkammern, reiste als Dozentin des »Katholischen Deutschen Frauenbunds« durch Bayern und sprach mit Jungbäuerinnen und »Landmädeln« im Radio über deren Situation. 1928 wurde Zita Zehner Mitglied der Bayerischen Volkspartei. Als Gegnerin der NSDAP erhielt sie 1933 Berufsverbot, kam auch kurz in Haft.

Zita Zehner ließ sich nicht kleinkriegen: Erst verkaufte sie, auf dem Fahrrad und mit einem Hausierschein, Waschmittel. Als ein bisschen Geld in der Kasse war, erwarb sie den Wandergewerbeschein und verlegte sich auf Kolonialwaren. 1938 baute sie in München einen Lebensmittelgroßhandel und eine Teigwarenfabrik auf. So kam sie aus eigener Kraft durch den Krieg.

Der amerikanischen Militärregierung war es wichtig, dass Frauen am ge-

» Alle Fragen, die die Frau und die Familie unmittelbar berühren, [...] dürfen nicht nur von Männern gelöst werden. «

sellschaftlichen Leben teilhaben konnten, so sorgte sie dafür, dass Zita Zehner am 1. August 1945 in den provisorischen Stadtrat Münchens unter Oberbürgermeister Karl Scharnagl (CSU) berufen wurde – als erste und einzige Frau neben 35 Männern. 1946 wurde sie für die CSU (deren Gründungsmitglied sie 1945 war) in den regulären Stadtrat gewählt und im selben Jahr in den Landtag. Aus diesem Anlass gab sie »als erste Frau«, wie es heißt, dem Vorläufer des Bayerischen Rundfunks ein Interview über ihren Lebensweg. »Sie scheint sehr energisch zu sein«, führte der Moderator die Stadträtin ein. Und: »Zuerst, Frau Stadtrat, wenn ich Sie so ansprechen darf [...].«[4]

Bis 1970 war Zita Zehner Abgeordnete im Landtag und in dessen Präsidium vertreten. In ihrer politischen Arbeit setzte sie sich, selbst geprägt durch die Not der Kriegs- und Nachkriegsjahre, vorrangig für die Alltagssorgen der Frauen und Familien, für Bildungsgerechtigkeit sowie eine Zusammenarbeit der evangelischen und katholischen Frauen ein. Von 1951 bis 1968 war sie im Landesvorstand ihrer Partei und wurde Vorsitzende der Landesarbeitsgemeinschaft Frauen. Sie erreichte, dass die CSU 1968 einen dritten, einen weiblich besetzten Posten als Stellvertreterin des Parteivorsitzes einrichtete (heute gibt es fünf Stellvertreter*innen).

1959 wurde Zita Zehner zum nicht-berufsrichterlichen Mitglied des Bayerischen Verfassungsgerichtshofs gewählt und wurde in dieses Amt bis 1974 dreimal wiedergewählt. 1959 erhielt sie den Verdienstorden der Bundesrepublik Deutschland. Privat blieb Zita Zehner unverheiratet, ab den 1960er-Jahren betrieb sie eine kleine Pension in Birkenstein-Fischbachau.

Landtagspräsident Rudolf Hanauer würdigte 1978 in der Gedenkrede für Zita Zehner ihre Verdienste um den Wiederaufbau der parlamentarischen Demokratie in Bayern.

ANTONIE NOPITSCH *(1901–1975) gründete das »Deutsche Müttergenesungswerk« und war dessen erste Geschäftsführerin.*

Antonie Nopitsch, geboren in Traunstein und aufgewachsen in München, lebte ihren evangelischen Glauben schon als junge Frau sehr intensiv. Nach dem Abitur studierte sie ab 1920 an der Ludwig-Maximilians-Universität München Nationalökonomie und folgte nach der Promotion 1925 einer Einladung der Quäker ans Woodbrooke College in Birmingham. Die Quäker (und die Heilsarmee) beeindruckten sie sehr, sie blieb aber doch ihrer Konfession treu.

Ab 1926 unterrichtete Antonie Nopitsch an der neu gegründeten Evangelischen Sozialen Fachschule für Frauen in Nürnberg. Sie wohnte im Arbeiterviertel der Stadt zur Untermiete. Im Alltag dort wurde ihr deutlich, dass die Wohlfahrtspflege immer zu spät kam, immer »wenn das Kind schon im Brunnen lag«. Antonie Nopitsch wollte daher den Fokus der Arbeit mehr auf Prävention richten. Umso mehr, als ihre Mutter 1929 starb, mit 59 Jahren, erschöpft und verzweifelt durch den Verlust von Ehemann und zwei Söhnen. Wenn sie schon für die eigene Mutter nichts mehr tun hatte können, dann wollte sie sich wenigstens um andere Mütter kümmern.

» […] der Mensch ist für den fremden Menschen da, der Ferne wird mein Nächster sein. «

Zu diesem Zweck gründete sie 1933 den »Bayerischen Mütterdienst« (heute »FrauenWerkStein e. V.«) und fand Unterstützer*innen. Sie erbettelte bei unzähligen Pfarrfrauen Spenden und mithilfe der Unterstützung des Pfarrers und des Arbeiterinnenverein in Sulzbürg/Oberpfalz konnte man bald den ersten Müttern, die durch Kindererziehung oder Pflegedienste zermürbt, körperlich und psychisch erschöpft waren, eine Erholungszeit anbieten.[5] Eine »Mütterschule« mit Bildungsangeboten gesellte sich dazu. Die Übernahme des »Mütterdienstes« durch die NS-Frauenschaft ließ sich trotz Verboten und Repressalien einigermaßen abwehren, indem die Frauen ihren Fokus auf die Bibelarbeit legten und so von dem »Mutterthema«, das die Nationalsozialisten vereinnahmten, ablenkten.

Nach 1945 kamen das Engagement für Flüchtlinge zu ihren Aufgaben, ökumenische Belange und der Laetare-Verlag (einer der ersten von Frauen geleiteten Verlage für theologische und pädagogische Literatur). Am 26. Februar 1946 vertrat Antonie Nopitsch die evangelischen Frauen in der Gründungsversammlung des bayerischen Vorparlaments. Als eine der ersten »Experts« wurde sie 1948 vom State Department in die USA eingeladen und reiste zwei Monate durch den Kontinent, vor unzähligen Frauengruppen erzählend von und bettelnd für »ihre« Mütter. 1949 lernte sie Elly Heuss-Knapp[6] kennen; durch deren Initiative konnten sie 1950 gemeinsam das »Deutsche Müttergenesungswerk«, die erste interkonfessionelle Organisation der freien Wohlfahrtspflege, ins Leben rufen. Antonie Nopitsch wurde dessen erste Geschäftsführerin und hatte lange Jahre diese Funktion inne.

KÄTE STROBEL *(1907–1996) war die erste sozialdemokratische Ministerin im deutschen Bundestag.*

Als Tochter eines Schuhmacherehepaars in Nürnberg geboren, wuchs Käte Müller in einer stark sozialdemokratisch orientierten Familie auf. Früh war sie in der Arbeiterjugend der USPD aktiv, ab 1925 in der SPD. Sie arbeitete beim Landesverband für Obst- und Gemüsebau, bis sie 1928 den Schriftsetzer und Sozialdemokraten Hans Strobel heiratete. Er war in einer Widerstandsgruppe aktiv und deshalb von 1934 bis 1937 im Konzentrationslager Dachau interniert. Käte Strobel stand nun mit ihrer vierjährigen Tochter allein da, 1943 dann mit zwei Kindern, als man ihren Mann in einem Strafbataillon an die Front schickte; aus der Kriegsgefangenschaft kehrte er erst 1946 zurück. Ihr schweres Leben hat Käte Strobels Sensibilität für die Nöte der Menschen und damit ihr politisches Handeln grundlegend geprägt.

Nach dem Krieg startete sie politisch durch. Der Einzug in den Bayerischen Landtag gelang ihr zwar nicht, dafür wurde sie 1949 als eine von wenigen Frauen in den Bundestag gewählt (der Frauenanteil lag anfangs bei nur 7 Prozent); diesem gehörte sie bis 1972 an. Die dominanten Männer im Parlament konnten sie nicht kleinkriegen. Ein Beispiel, als es um den Butterpreis ging: Den Anwurf, sie habe von Tuten und Blasen keine Ahnung, konterte sie

» Politik ist eine viel zu ernste Sache, als dass man sie allein den Männern überlassen könnte. «

damit, dass sie als Hausfrau sehr wohl wisse, wie sich Gesetze, zum Beispiel der erhöhte Butterpreis, auf die Familien auswirkten.

1958 erhielt Käte Strobel das Mandat für das Europäische Parlament, dem sie bis 1966 angehörte, ab 1962 als dessen Vizepräsidentin. Zeitgleich rückte sie in den Parteivorstand der SPD vor. Zweimal hatte Willy Brandt sie schon im »Schattenkabinett« vorgesehen, bis 1966 erstmals eine Große Koalition aus CDU und SPD gebildet wurde. Käte Strobel wurde als erste Sozialdemokratin Bundesminister – die damals übliche Bezeichnung auch für Frauen – für das Gesundheitswesen. Damit das möglich wurde, musste allerdings Elisabeth Schwarzhaupt (CDU) ihren Ministerinnenplatz räumen, den sie seit 1961 als erste Frau im rein männlichen Kabinett Konrad Adenauers innegehabt hatte. Gleich zwei Frauen im Bundestag? Nicht durchsetzbar!

In die Amtszeit von Käte Strobel fallen unter anderem die Reform des Lebensmittelrechts, die Gründung der Bundeszentrale für gesundheitliche Aufklärung, die Neuregelung des Kindergelds, der Einsatz für Lernmittelfreiheit und das Berufsausbildungsförderungsgesetz (Bafög) – alles heute noch von Bedeutung. Dank Letzterem »konnten auch junge Leute [und vor allem Mädchen] studieren, die aus einem weniger gut gestellten Elternhaus kamen«.[7] Käte Strobel sorgte auch für die Produktion des ersten Aufklärungsfilms »Helga« (1967), den Sexualkundeatlas für die Schulen (1969) und den Beginn der Reformdebatte über den § 218.

Ab 1972 war Käte Strobel für sechs Jahre Stadträtin in Nürnberg – man hatte sie mit einem Spitzenergebnis gewählt. Im November erhielt sie das Bundesverdienstkreuz mit Stern und Schulterband, 1980 wurde sie – als erste Frau nach 38 Männern – Ehrenbürgerin von Nürnberg.

INGEBORG GEISENDÖRFER *(1907–2006) war die erste protestantische Bundestagsabgeordnete der CSU, außerdem als erste Frau Mitglied der Landessynode der Evangelisch-Lutherischen Kirche in Bayern und die erste Präsidentin der Deutschen UNESCO-Kommission.*

Die Pfarrerstochter Ingeborg Schaudig aus Dillingen an der Donau (Nordschwaben) war Lehrerin, zuerst in Brandenburg als Hauslehrerin bei Carl-Hans von Hardenberg, dann in fester Stellung in München und Rosenheim. 1940 heiratete sie den Pfarrer und Publizisten Robert Geisendörfer.[8]

Bis in die 1960er-Jahre verlangte die evangelische Kirche von einer Pfarrersgattin vollen Einsatz in der Gemeinde und noch bis 1972 schrieb in Bayern ein Paragraf vor, dass der Pfarrer eine Tätigkeit seiner Frau zu melden und zu bewirken habe, dass sie diese aufgab. Das hieß im Klartext: Eine Pfarrersgattin durfte nicht berufstätig sein, sondern sollte ihren Mann im seelsorgerischen Dienst unterstützen. Dem hat sich Ingeborg Geisendörfer nicht unterworfen. Sie unterrichtete weiter als Religionslehrerin, erhielt sogar eine Sondergenehmigung dafür. Außerdem arbeitete sie im Evangelischen Presseverband für Bayern mit und wurde stellvertretende Landesvorsitzende der Frauen-Union sowie des Evangelischen Arbeitskreises.

»Bin beim Regieren.«

Auch von einer politischen Karriere ließ sie sich nicht abhalten: Von 1953 bis 1972 saß Ingeborg Geisendörfer im deutschen Bundestag. Sie war damit die erste protestantische und die zweite weibliche CSU-Abgeordnete in diesem Gremium. Man hatte sie zu einer Kandidatur gedrängt, um die evangelischen Zuckerbauern der Region Ochsenfurt als Wähler für die CSU zu gewinnen. In die Politik wollte sie eigentlich nie und hatte wegen ihres schlechten Listenplatzes nicht mit einem Mandat gerechnet. Aufgeben kam dann aber nicht infrage, denn »wenn nun eine evangelische Frau verzichtet hätte, wäre die Reaktion gewesen: da sieht man's, wenn sie gewählt werden, versagen sie sich«.[9] Ihr Mann war wohl nicht begeistert, von ihm ist überliefert, er habe sie nach der Wahl erinnert: »[…] bleibe ich doch dein Herr und Gebieter.«[10] Ihre lapidare Antwort konnte er auf Zettelnachrichten lesen: »Bin beim Regieren.«

Von 1961 bis 1969 war Ingeborg Geisendörfer stellvertretende Vorsitzende unterschiedlicher Bundestagsausschüsse. Dass sie dann auch noch zur »Glöcknerin des Bundestags« wurde, wirkt wie ein Tüpfelchen auf dem »i«. Irgendwann übernahm sie nämlich im Bundestag die Verantwortung für die »Christliche Morgenfeier«, obwohl mit der katholischen Kirche abgesprochen war, dass keine Frau dieses Amt übernehmen sollte. (Die Glocke, mit der die Feier eingeläutet wird, kommt allerdings vom Band.)

Parallel zur Arbeit im Bundestag wurde sie 1959 als erste Frau in die Landessynode, eines der leitenden Organe der Evangelisch-Lutherischen Kirche in Bayern, entsandt.[11] 1988 / 1989 hatte Ingeborg Geisendörfer als erste weibliche Präsidentin den Sitz der Deutschen UNESCO-Kommission inne, nachdem sie bereits von 1969 bis 1988 deren Vizepräsidentin gewesen war. Hoch geehrt starb Ingeborg Geisendörfer mit fast 100 Jahren.

__SENTA JOSEPHTHAL__ (1912–2007) war die erste deutsche Frau, die der Kibbuz-Bewegung in Israel vorstand, und wohl die erste Deutsche in der Knesset, dem israelischen Parlament.

Aufgewachsen in einer gutbürgerlichen Familie in Fürth, studierte Senta Punfud in Erlangen Jura und Nationalökonomie, bis die Nationalsozialisten sie 1933 als Jüdin von der Universität ausschlossen. Sie engagierte sich daraufhin in der zionistischen Bewegung und wurde vom Hechaluz, dem Dachverband der zionistischen Jugendbünde, 1934 nach Berlin geschickt. Dort bereitete sie jugendliche Juden auf die Auswanderung nach Palästina vor.

Dabei lernte sie Georg (Giora) Josephthal[12] aus Nürnberg kennen. Die beiden heirateten 1936 und wanderten zwei Jahre später nach Haifa in Palästina aus. Das Paar verdiente sich als Landarbeiter mühselig seinen Lebensunterhalt. 1945 gründeten die beiden mit anderen deutschen Emigrant*innen den Kibbuz Gal'ed (»Denkmal«). Hier verbrachte Senta Josephthal den größten Teil ihres Lebens. In einem Film des Nürnberger Videoarchivs[13] erzählt sie, dass sie fünf Jahre lang im Sommer Steine sammelten und im Winter Bäume pflanzten, bis auf dem kargen Land etwas wuchs und Erträge brachte. Erst die Entschädigungszahlungen aus Deutschland ab 1956 erleichterten das Leben.

> »Wir wollten eine bessere Gesellschaft als die, die wir in Deutschland verloren haben.«

Neben ihrer Arbeit in der Kibbuz-Bewegung, der sie als erste Deutsche vorstand, leitete sie eine Abteilung zur Eingliederung von Einwanderern und war jahrzehntelang in der Gewerkschaftsbewegung aktiv. Premierminister David Ben Gurion wollte, dass die Kibbuz-Bewegung eine Frau als Kandidatin für die Knesset aufstellte, und es sollte eine deutsche Einwanderin sein. So wurde Senta Josephthal (in Israel hieß sie Senetta Yoseftal) mehr oder weniger gegen ihren Willen 1955 als erste Deutsche Mitglied des Parlaments, trat aber schon kurz darauf zurück. »Ich bin praktisches Arbeiten gewöhnt und fühlte mich in der Knesset überflüssig. Nur Reden halten, das war nichts für mich.«[14]

1956 schickte sie der israelische Finanzminister nach Deutschland zu den Verhandlungen über Entschädigungszahlungen für Holocaust-Opfer, sie sollte den Deutschen das Modell der Kibbuzim vorstellen. Diese Reise fiel ihr sehr schwer, denn sie wollte eigentlich nie wieder nach Deutschland fahren.

Senta Josephthal war eine Frau der Tat, sie schuftete schwer im Kibbuz, saß in der Leitung der nationalen Wassergesellschaft, war später Vorsitzende der Wirtschaftsabteilung in der Gewerkschaft – das schätzte sie ihr Leben lang mehr als die hohe Politik. Einen erneuten Sitz in der Knesset Mitte der 1970er-Jahre gab sie deshalb ebenso schnell zurück wie den ersten. Sie fühlte sich in ihrem Kibbuz wohler und arbeitete dort 20 Jahre lang in der kollektiven Plastikfabrik, bis sie mit 86 Jahren in den Ruhestand ging. »Im Kibbuz Gal'ed vertreten wir noch die alten Grundsätze von Gleichheit, Vertrauen und gegenseitiger Hilfe«, sagte sie hochbetagt, »und ich glaube, es war ein besonderes Anrecht, dass ich meine eigene Heimat bauen durfte«.[15]

HILDEGUNDE (GUNDI) FEILNER *(1918–2007) war als Diplomatin dreimal die erste Frau Deutschlands: als Botschafterin der BRD in Colombo (Sri Lanka), danach in Singapur und zuletzt in Manila.*

Nach dem Abitur studierte die gebürtige Augsburgerin Hildegunde (Gundi) Feilner an der Technischen Hochschule München Betriebswirtschaft mit Schwerpunkt Volkswirtschaft. Sie hatte 1937 ein Studienfach mit möglichst wenigen Berührungspunkten zur Politik gesucht und man hatte ihr zu Wirtschaftswissenschaften geraten. So konnte sie während des ganzen Studiums der Politik aus dem Weg gehen. Zwar wurden die Erstsemester aufgefordert zu erklären, welchen nationalsozialistischen Studentengruppen sie beitreten wollten, aber: »Da verlangte es etwas Mut aufzustehen und zu sagen: ›In gar keine‹«[16] – wie sie es tat. 1940 schloss Gundi Feilner ihr Studium als Diplomkaufmann ab, promovierte 1941 und arbeitete vier Jahre lang als Assistentin ihres Professors, für den sie einen Teil seiner Seminare hielt.

Nach dem Zweiten Weltkrieg kam ihr zugute, dass sie politisch »sauber« geblieben war, sie erhielt Anstellungen an diversen Behörden und wurde 1948 Referentin im Bayerischen Wirtschaftsministerium. Gundi Feilner räumte rückblickend selbstkritisch ein, an der Technischen Hochschule und in den bayerischen Ämtern durch den kriegs- und nachkriegsbedingten Männer-

» […] der diplomatische Dienst, von einem ernsthaften Mann oder einer klugen Frau betrieben, [hat] seine Vorzüge. «

HANNS SEIDEL,
BAYERISCHER WIRTSCHAFTSMINISTER, 1952

mangel als Frau einen Vorteil gehabt zu haben. Gute Leistungen musste sie trotzdem bringen. 1950 ergab sich die Möglichkeit eines mehrmonatigen Studienaufenthalts in den USA. Sie wurde großzügig dafür beurlaubt und sollte sich rund um das Thema »Frauenorganisationen und Wirtschaftsfragen« fortbilden. Das amerikanische Wirtschaftssystem beindruckte sie sehr, ebenso die Möglichkeiten, die sich den Frauen dort im Gegensatz zu Deutschland in den Frauenvereinigungen boten. Hier entstand eine Frauenbewegung, nachdem die Nationalsozialisten sie gründlich ausgelöscht hatten, ja erst in den 1970er-Jahren wieder.

Reisen, fremde Länder und Kulturen lockten mehr als die Arbeit in einer Behörde, deshalb bewarb sich Gundi Feilner 1951 beim Auswärtigen Amt für den diplomatischen Dienst. Ihre erste Stelle hätte sie in Kairo antreten sollen, was man aber für zu gefährlich für eine Frau hielt. Stattdessen arbeitete sie neun Jahre lang als Legationsrätin an der Botschaft in Paris, danach als Botschaftsrätin im Auswärtigen Amt in Bonn und an der Botschaft in Neu Delhi. 1968 wurde sie Gesandtin an der Ständigen Vertretung der BRD bei den Europäischen Gemeinschaften in Brüssel.

Fünf Jahre später, 1973, wurde die Schwäbin im Alter von 55 Jahren als erste Deutsche Botschafterin in Colombo / Sri Lanka, 1977 wiederum als erste Frau in Singapur und von 1980 bis 1983 vertrat sie die Bundesrepublik in Manila / Philippinen. 1983 zog sie sich vom diplomatischen Parkett in den Ruhestand zurück.

Der Ruhm der allerersten weiblichen Botschafterin der BRD gehört jedoch **Ellinor von Puttkamer**, sie war 1969 Leiterin der Ständigen Vertretung beim Europarat in Straßburg. Die DDR war noch früher dran, sie hatte bereits 1950 mit **Aenne Kundermann** eine Frau als Botschafterin nach Sofia / Bulgarien gesandt.

MATHILDE BERGHOFER-WEICHNER *(1931–2008) war in ihrer politischen Karriere gleich mehrmals »Erste«: als erste Frau stellvertretende Parteivorsitzende der CSU, erstes weibliches Mitglied des bayerischen Kabinetts, erste Ministerin und erste stellvertretende Ministerpräsidentin Bayerns.*

Eigentlich hatte die in München geborene Mathilde Weichner ein großes Interesse für Chemie und Biologie. Da man aber damals mit dieser Fächerwahl nur Lehrerin werden konnte, studierte sie Jura und wurde 1957 promoviert. Zehn Jahre lang arbeitete sie als Staatsanwältin, Landgerichtsrätin und Erste Staatsanwältin in München. Gleichzeitig begann ihre politische Karriere: 1956 trat sie der CSU bei, wurde mit 25 Jahren jüngste Gemeinderätin in Gauting bei München (unter lauter Männern) und blieb in der Lokalpolitik immer aktiv. Schon 1966 arbeitete sie im Kultusministerium. 1968 gelang es ihr, stellvertretende Parteivorsitzende der CSU zu werden – als erste Frau in der Parteigeschichte.[17] Von 1970 bis 1994 saß Mathilde Berghofer-Weichner im Bayerischen Landtag, wurde 1974 Staatssekretärin im Kultusministerium – als erste Frau im bayerischen Kabinett überhaupt und 1986 Justizministerin: die erste Frau auf einem Ministerposten in Bayern. In dieser Funktion setzte sie die Anrede »Frau Ministerin« durch. Auch das Innenministerium hätte Ministerpräsident Franz Josef Strauß ihr zugetraut. »Aber als Chefin der Polizei und dass ich mit dem Hand-

» Aus Frauen mit [...] Ihren geballten Fähigkeiten sollte eigentlich der ganze Bayerische Landtag bestehen. «

BRIEF AN DIE MINISTERIN, 26. SEPTEMBER 1989

tascherl auf dem Arm eine Polizeieinheit abschreite, das konnte er sich nicht vorstellen.«[18] Was sie 1988 dann aber als erste stellvertretende Ministerpräsidentin Bayerns doch öfters tat, beim Empfang von Staatsgästen beispielsweise. Als im Juni 1993 der neue Ministerpräsident Edmund Stoiber nicht mehr sie und auch keine andere Ministerin berief, war sie tief getroffen: »Der Ministerpräsident wird schon wissen, ob das gut ist, wenn er keine Ministerin mehr hat.«[19]

Die Gleichstellung der Frau war Mathilde Berghofer-Weichner immer ein Anliegen. Freundlich, aber deutlich kritisierte sie die Haltung der männlichen Kollegen in der Politik: »Und wenn sie die Frauen ranlassen, dann auf aussichtslose Posten.«[20] Sie forderte, Frauen chancenreiche Listenplätze zu geben. Dass die Gleichberechtigung der Frau (sie fand »Gleichwertigkeit« passender) insgesamt so lange nicht erreicht war, kritisierte sie, betonte aber, dass Frauen ihren Weg durch Leistung machen müssten, nicht durch eine Quote. Nie verlor sie in ihrer politischen Arbeit die Frauen aus dem Blick, setzte sich stets für sie ein, auch als Mitglied der Frauen-Union.

Insgesamt vertrat sie eine eher konservative Politik. Sie konnte dennoch erstaunliche Dinge vorschlagen: als Abtreibungsgegnerin eine Adoptionsgarantie für Frauen, die ungewollt schwanger wurden, oder die Öffnung des Priesteramts für Frauen. Das geänderte Namensrecht ist auch ihrer Arbeit zu verdanken. Als Juristin fuhr sie einen harten Kurs, war als »Eiserne Lady« oder »Schwarze Mathilde« bekannt. Ihre zahlreichen Ehrenämter (Bayerischen Roten Kreuz, Sozialverband VdK Bayern, »Hanns-Seidel-Stiftung«) und Auszeichnungen dürfen nicht unerwähnt bleiben.

»Mathilde Berghofer-Weichner war eine selbstbewusste, starke Frau; nichts an ihr war gekünstelt, sie verstellte sich nicht, sie war echt. Und was sie anpackte, packte sie mit Herz und Verstand an.« So der Nachruf 2008 von Hildegund Holzheid, Präsidentin des Bayerischen Verfassungsgerichtshofs und des Oberlandesgerichts München a. D.

FRIEDEL SCHREYÖGG *(* 1943) war die erste Leiterin einer Gleichstellungsstelle in Bayern.*

Die Diplomsoziologin Friedel Schreyögg aus Mittenwald arbeitete ab 1975 für die Münchner Volkshochschule. Sie sollte deren dezentrales Angebot strukturieren und qualifizieren. Aufgrund ihrer Arbeit konnten Zug um Zug eigenständige Zentren geschaffen werden. Sie selbst war für die Stadtteilzentren München-Nord und -Süd zuständig.

1985 beschloss der Münchner Stadtrat, die »Gleichstellungsstelle« für Frauen einzurichten – gegen den Widerstand der Führungskräfte der Verwaltung. Die erste Leiterin dieser neuen bayerischen Behörde wurde Friedel Schreyögg. Die Reaktion der »Stadtminister« (ausnahmslos männlich) war eindeutig: Brauchen wir nicht, machen wir doch eh. Dass die Frauen sich jetzt überall einmischten, gefiel den Referenten nicht. Wie sich dann rasch herausstellte, traf »machen wir doch eh« nicht zu.

»Geschlechtergleichstellung als Standard im Handeln der Stadtverwaltung zu verankern, die fachliche Vernetzung von Fraueneinrichtungen und Organisationen in München zu unterstützen und zu fördern, ein Bürgerinnenbüro aufzubauen, Frauen- und Gleichstellungsthemen intern und extern zu vertreten«[21], das waren die Aufgaben von Friedel Schreyögg, hier leistete sie vom

» Ziel der Gleichstellung von Frauen und Männern ist nicht, Frauen Männern anzupassen, sondern eine gerechte Verteilung der Chancen. «

ersten Tag an, 22 Jahre lang bis 2008, Pionierarbeit. Sie entwickelte mit ihrem Team Ziele, Konzepte und Methoden, damit zukünftig die Verwaltung dieser großen Stadt die Anliegen und Bedürfnisse der Hälfte der Bevölkerung überhaupt erst mal wahrnahm und das Verwaltungshandeln darauf abstellte: nach außen zum Beispiel in der Kommunikation mit Bürgerinnen und Bürgern, in der Stadtplanung, der Jugendarbeit, der Gesundheitsvorsorge, der Kulturpolitik und vielem mehr. Eines der Schwerpunktthemen war und blieb Gewalt gegen Frauen und Mädchen. Da wurde viel erreicht, aber es bleibt noch genug zu tun. Instrumente waren die Beratung der städtischen Dienststellen, die Schulung städtischer Dienstkräfte, aber auch die Kontrolle der Praxis, von Beschlüssen und Programmen.

Besonders wichtig waren für Friedel Schreyögg transparente Personalauswahlverfahren, eine bessere Vereinbarkeit von Beruf und Familie für Frauen und Männer sowie eine geschlechtergerechte dienstliche Beurteilung der städtischen Beschäftigten. Nach welchen Kriterien wird Leistung beurteilt? Nach männlichen Stereotypen, wie sich herausstellte, nach veralteten Leitbildern wie einem autoritären Führungsstil. Die Münchner Reformen, unterstützt durch Handlungshilfen und theoretisch untermauert, machten Schule in ganz Deutschland.

Frauengerechtigkeit bleibt Friedel Schreyöggs Thema: Sie engagiert sich weiterhin frauenpolitisch, unter anderem für die Umsetzung der UNO-Frauenrechtskonvention (CEDAW). Seit 2008 ist sie als selbstständige Gendertrainerin und seit 2012 als Mentorin in der »Frauenakademie München e. V.« tätig.

RENATE WANNINGER *(*1946) war die erste Frau in Bayern, die eine Damenlöschgruppe der Freiwilligen Feuerwehr gründete.*

1965 war es, als die gerade einmal 19 Jahre alte Renate Wanninger in ihrem Heimatort Runding bei Cham in der Oberpfalz eine rein weibliche Löschgruppe der Freiwilligen Feuerwehr gründete – die erste in Bayern. Sie hatte durch Erzählungen miterlebt, wie faszinierend die Arbeit war, aber auch wie problematisch: Viele Männer pendelten zur Arbeit und standen unter der Woche dann nicht zur Verfügung, sodass das Dorf im Notfall oft ungesichert gewesen wäre. Da kam ihr die Idee, das Problem mit Frauenpower zu lösen. Ein Vorbild hatte sie: Weil nahezu alle Männer an der Front waren, sprangen 1943 ausnahmsweise elf Frauen bei der Feuerwehr ein, um in Notsituationen zu helfen. Wenn sie nun neun Mädchen zusammenbringen würde, meinte der Kommandant, »dann schau ma amoi«. Da klang Skepsis mit, aber Renate Wanninger sagt, er, der Bürgermeister und einige andere hätten sie immer unterstützt. Im Dorf fanden allerdings auch viele, Frauen sollten doch bitte schön heiraten und die Kinder erziehen. Doch Renate Wanninger setzte sich durch und fand genügend Mitstreiterinnen. Obwohl die gesetzliche Grundlage es gar nicht erlaubte, legten sie und acht weitere Frauen 1965 nach drei

> » Den Menschen helfen mit der Feuerwehr, ist doch das Allerschönste, was's gibt auf der Welt. «

Monaten Feuerwehrausbildung das Leistungsabzeichen mit der Note »sehr gut« ab. Auf ihre Urkunden warteten sie allerdings noch zwei Jahre, denn erst musste das bayerische Feuerwehrgesetz geändert und das Wort »Feuerwehrmänner« durch »Feuerwehrleute« ersetzt werden. Erstaunlich, denn normalerweise sind die Frauen ja immer mitgemeint, wenn zum Beispiel vom »Bürger« die Rede ist!

Renate Wanninger ist auch ansonsten immer da, wenn es im übertragenen Sinn im Ort brennt. Deshalb trägt sie nicht nur das Ehrenkreuz in Gold für 40 Jahre Feuerwehrdienst. 2021 wurde sie Ehrenbürgerin – weil sie immer hilft, wo sie kann. Und seit 33 Jahren ist auch ihre Tochter Karola mit von der Partie in der weiblichen Löschtruppe.

Heute kümmern sich rund 32 000 Feuerwehrfrauen in Bayern (das sind 10 Prozent) um den Brandschutz – Tendenz steigend, denn nur mit ihnen kann der (ehrenamtliche) Dienst aufrechterhalten werden. Generell leidet die Feuerwehr unter Nachwuchsmangel. 2015 warb der »Landesfeuerwehrverband Bayern« mit einem Imagefilm um die Frauen.

Auch bei der Berufsfeuerwehr werden heute Frauen ausgebildet. Sie machen etwa 10 Prozent des Personals aus und bekleiden auch führende Positionen. 2020 wurde **Iris Krimm** Leiterin des Amts für Brand- und Katastrophenschutz der Stadt Regensburg und übernahm damit die Führung aller Feuerwehren der Stadt. Sie hatte 1993 als erste Frau überhaupt bei einer bayerischen Berufsfeuerwehr angefangen. Und seit September 2021 ist **Claudia Herzog** als erste Frau in Bayern Stadtbrandrätin in Nürnberg und vertritt (in einem Ehrenamt!) als Kommandantin der größten der elf Freiwilligen Feuerwehren Bayerns in Nürnberg diese gegenüber dem Oberbranddirektor, dem Leiter der Berufsfeuerwehr Nürnberg.

» Für mich war Petra Kelly die erste globale Politikerin und ihrer Zeit weit voraus. «

CHRISTA NICKELS,
POLITIKERIN, 2020

PETRA KELLY *(1947–1992) war die erste Vorsitzende einer deutschen Partei und erhielt als erste Frau den »Alternativen Nobelpreis«.*

In Günzburg im bayerischen Schwaben kam Petra Lehmann zur Welt. Sie verbrachte schwere Kindheitsjahre: Der Vater hatte die Familie verlassen, da war sie sieben; wegen eines Nierenleidens musste sie oft ins Krankenhaus. Da die Mutter berufstätig war, zog die Großmutter das Mädchen auf. Petra besuchte katholische Mädchenschulen, bis ihre Mutter in zweiter Ehe den in Würzburg stationierten US-Offizier John E. Kelly heiratete und die Familie 1959 in die USA nach Georgia übersiedelte. Unter ihrem neuen Namen Kelly besuchte sie die High School – die sie als Beste abschloss – und studierte von 1966 bis 1970 in Washington Politische Wissenschaften und Weltpolitik. Als »Most Outstanding Foreign Women Student« erhielt sie ihren Bachelor of Arts. Schon jetzt begann Petra Kelly die politische Arbeit mit Protesten gegen den Vietnamkrieg sowie gegen Rassendiskriminierung und sie engagierte sich im Wahlkampf um die US-Präsidentschaft 1968 für Senator Robert F. Kennedy. Für Frieden, Ökologie, Abrüstung, soziale Gerechtigkeit und Menschenrechte sollte sie sich ihr ganzes Leben lang vehement einsetzen …

1970 gingen die Eltern mit den beiden Geschwistern zurück nach Deutschland, um in Heidelberg die krebskranke Tochter Grace behandeln zu lassen;

sie starb im selben Jahr. Unter dem Tod der Schwester litt Petra Kelly sehr. 1973 gründete sie eine Initiative für krebskranke Kinder – dieses Engagement führte zu einem ihrer Hauptanliegen, dem Kampf gegen Atomkraft.

Petra Kelly schloss ihr Studium im Herbst 1971 in Amsterdam mit dem »Master's Degree« ab und erhielt eine Anstellung bei der EG-Verwaltung in Brüssel. Ein Jahr später trat sie der SPD bei, inspiriert von der Ostpolitik des damaligen Bundeskanzlers Willy Brandt. Von 1973 bis 1983 arbeitete sie als Verwaltungsrätin für die Europäische Gemeinschaft in Brüssel, in einer Stadt und einem System, in dem sie sich (unter lauter Männern) sehr unwohl fühlte. Ab 1973 wirkte sie aktiv im »Bundesverband Bürgerinitiativen Umweltschutz« mit, engagierte sich weltweit in Friedens-, Antiatomkraft- und Fraueninitiativen.

Bei allen großen Demonstrationen jener Jahre stand Petra Kelly in der ersten Reihe: am 10. Oktober 1981 in Bonn bei der größten Demonstration in Deutschland gegen den NATO-Doppelbeschluss, 1983 wieder in Bonn für den Frieden, gegen atomare Aufrüstung, gegen den Bau von Atomkraftwerken, für Umweltschutz, für den Schutz indigener Völker, für Unterstützung der Oppositionellen in der DDR – die Liste ist lang. Unermüdlich und rastlos kämpfte sie für das, was ihr wichtig war.

1979 verließ sie wegen der Pershing-Debatte die SPD und trat als Spitzenkandidatin eines »grünen« Vorläufers zur Europawahl an. Im März 1980 war Petra Kelly Gründungsmitglied der Partei Die Grünen und als Mitglied des Bundesvorstands die erste weibliche weibliche Vorsitzende einer deutschen Partei. Zwei Jahre später ehrte man sie als erste Frau mit dem Right Livelihood Award (»Alternativer Nobelpreis«) für ihr Friedensengagement.

1983 wurde sie zwar über die bayerische Landesliste Bundestagsabgeordnete, Fraktionssprecherin und Mitglied verschiedener Ausschüsse, aber hier war die an Erfolg Gewöhnte weniger erfolgreich, sie konnte die Abgeordneten nicht in ihren Bann ziehen, brachte sie eher gegen sich auf. Bei der Bundestagswahl 1990 scheiterte sie mit ihrer Kandidatur und beendete mit 42 Jahren die politische Karriere. Petra Kelly und ihr Lebensgefährte, der Fraktionskollege Gert Bastian[22], lebten seitdem zurückgezogen in Bonn. Am 16. Oktober 1992 wurden ihre Leichen gefunden, Gert Bastian hatte erst Petra Kelly und dann sich erschossen.

August 2006: Ein Abschnitt der »Franz-Josef-Strauß-Allee« in Bonn wird in »Petra-Kelly-Allee« umbenannt. Nun stehen beide Straßenschilder einträchtig nebeneinander: Eines weist nach links, das andere nach rechts …

GABRIELE WEISHÄUPL *(*1947) war die erste und bisher einzige Chefin des Münchner Fremdenverkehrsamts und damit Leiterin des größten Volksfests der Welt.*

Die Tochter eines Landarztes aus Aicha vorm Wald (Landkreis Passau) studierte Kommunikationswissenschaften, Bayerische Geschichte und Politische Wissenschaften an der Ludwig-Maximilians-Universität in München. Nach dem Abschluss arbeitete Gabriele Weishäupl als Journalistin und Olympiahostess und wurde 1972 Pressereferentin bei der Münchner Messe- und Ausstellungsgesellschaft (MMG). Hier, unter hauptsächlich männlichen Kollegen, habe sie die nötige Durchsetzungsfähigkeit (sie nennt es »robuste Ellenbogen«) gelernt – aber auch, wie man weibliche Eigenschaften für sich nutzt. Parallel zum Job wurde sie 1980 promoviert und unterrichtete als Lehrbeauftragte für Kommunikationswissenschaften an der Münchner Universität.

Als Leiterin der Abteilung Öffentlichkeitsarbeit und als Protokollchefin der Messe München mit vielen Kompetenzen ausgerüstet bewarb Gabriele Weishäupl sich 1984 um den Posten als Direktorin des Fremdenverkehrsamts der Landeshauptstadt München (heute München Tourismus) – und trat als Parteilose gegen 40 männliche Mitbewerber an. Sie wurde gewählt und blieb bis zur Pensionierung 2012 im Amt. Als Tourismusdirektorin war sie damit

» Ich schlief und träumte,
das Leben sei Freude. Ich erwachte
und sah, das Leben war Pflicht.
Ich handelte und siehe,
die Pflicht war Freude. «

LEBENSMOTTO VON GABRIELE WEISHÄUPL,
NACH RABINDRANATH TAGORE, PHILOSOPH

in ihrer 27-jährigen Amtszeit zugleich Leiterin der Volksfeste und Märkte. Das Oktoberfest prägte sie in besonderem Maße, so zum Beispiel durch die Einführung der »Oidn Wiesn«, der »Mittagswiesn«[23], der Familientage sowie durch Maßnahmen gegen das »Verrichten der Notdurft außerhalb der dafür vorgesehenen Einrichtungen« (auf Bairisch »Wildes Biesln«) oder zur Begrenzung der Lautstärke in den Bierzelten. Geschickt nutzte Gabriele Weishäupl das Dirndl als »Alleinstellungsmerkmal« und als konkurrenzlosen PR-Vorteil rund um den Globus. Heute hat es sich als Ausgehtracht nicht nur während der Volksfeste etabliert und auch die Frauen von auswärts tragen es gerne. In den 1990er-Jahren war die Arbeit von Gabriele Weishäupl so erfolgreich, dass ein Konzept gegen die Überfüllung der Wiesn nötig und ab 2000 die Werbung für das Fest eingestellt wurde.

Natürlich hatte sie auch noch andere Aufgaben, so lagen die gesamte Stadtwerbung und das internationale Marketing in ihren Händen. Sie betrachtete das als »Wirtschafts- und Mittelstandsförderung« im klassischen Sinn für die Tourismus- und Volksfestwirtschaft in München, Bayern und Deutschland.

2012 ging Gabriele Weishäupl als dienstälteste Tourismuschefin in den – ziemlich aktiven – Ruhestand. Sie war weiterhin Dozentin und stand diversen Vereinigungen vor. Mit vielen Auszeichnungen wurde ihre lange Tätigkeit gewürdigt. Seit 2019 ist sie im Bezirksausschuss 19 Thalkirchen-Obersendling-Forstenried-Fürstenried-Solln tätig: »Mit Freude für meine Stadt«, wie sie sagt.

» Mein Weg entstand im Gehen. «

ANTJE YAEL DEUSEL *(*1960) ist die erste deutsche Rabbinerin, die nach der Schoa in Deutschland ausgebildet und ordiniert wurde.*

In gleich zwei Berufen, die lange Zeit von Männern dominiert wurden, hat sich Antje Yael Deusel eine führende Position erarbeitet. Dazu schreibt sie: »Weder in der Urologie noch im Rabbinat wollte ich mich bewusst in Männerdomänen behaupten, sondern ich habe mich dafür entschieden, weil ich diese Arbeit nun einmal machen wollte.«[24]

Nach dem Abitur besuchte die Nürnbergerin zunächst das Dolmetscherinstitut der Universität Heidelberg und studierte dort Englisch und Französisch. Obwohl Sprachen und die Auseinandersetzung damit sie immer fasziniert haben, war ihr diese akademische Beschäftigung zu theoretisch. Deshalb stieg sie um auf die Medizin, promovierte 1986 als Humanmedizinerin in Erlangen. Eine Stelle als Assistenzärztin zu finden, wurde ihr richtig schwer gemacht. Die Sekretärin eines Chefarztes empfahl ihr sogar, sich besser bei Karstadt an der Kasse zu bewerben.[25] Antje Yael Deusel erhielt aber doch eine Anstellung an der Chirurgischen Universitätsklinik Erlangen. Später machte sie den Facharzt als Urologin am Klinikum Bamberg. Lange war sie dort die erste und einzige Frau in dieser Sparte, genauso an der Urologischen Universitätsklinik in Jerusalem, wo sie im Rahmen einer Fellowship arbeitete. In dieser Zeit besuchte sie abends Sprachkurse für Hebräisch am Hebrew Union College und lernte Kantorats- und Rabbinatsstudenten und vor allem -studentinnen kennen, »ein wichtiger Fingerzeig in Richtung ihrer späteren Entscheidung«.[26]

In der Klinik musste die Ärztin zunächst ordentlich Stehvermögen gegenüber den männlichen Kollegen beweisen, aber als klar war, dass sie nicht einfach wieder gehen würde, kam nach und nach die Akzeptanz. Jahrzehnte später wurde sie auf einem Fachkongress als »Pionierin für die Frauen in der Urologie« bezeichnet. Heute arbeitet sie als Belegärztin in einer Bamberger Gemeinschaftspraxis.

Bereits am Gymnasium hatte Antje Yael Deusel Hebräisch gelernt, erst Jahre später verwirklichte sie mit dem Studium für das Rabbinat das, was sie sich schon als Abiturientin für ihren Beruf erträumt hatte, in der Beschäftigung mit Israel, mit Geschichte und Archäologie, Sprachen und Textauslegung, Musik und Arbeit mit anderen Menschen, im jüdischen Lernen und Lehren ebenso wie in der Seelsorge. Diese Ausbildung begann sie 2007 am liberalen Abraham Geiger Kolleg an der Universität Potsdam, wo sie parallel auch Jüdische Religion, Geschichte und Kultur studierte. Dazu noch fünf Tage die Woche die Arbeit als Ärztin – was für ein Pensum! Am 23. November 2011 wurde sie zusammen mit vier männlichen Kollegen in der Bamberger Synagoge ordiniert, als erste Deutsche nach der Schoa.

Als Rabbinerin war Antje Yael Deusel bis 2015 in der dortigen Israelitischen Kultusgemeinde tätig, einer der größten in Bayern. Danach baute sie mit einer Gruppe von engagierten jüdischen Menschen die 2016 gegründete und seither kontinuierlich wachsende Liberale Jüdische Gemeinde Mischkan ha-Tfila (frei übersetzt: »Heimat des Gebets«) in Bamberg auf, deren Rabbinerin sie auch ist. Gleichzeitig ist sie stellvertretende Vorsitzende der Allgemeinen Rabbinerkonferenz in Deutschland, auch hier als erste Frau im Vorstandsgremium.

Neben ihrer Arbeit als Ärztin und Rabbinerin setzt sich Antje Yael Deusel als Seelsorgerin in der Klinischen Ethikkommission der Sozialstiftung Bamberg ein. In Zeiten von Corona entwickelte sie für ihre Gemeinde die Wochenzeitung »Wort zum Schabbat«. Sie ist zudem Lehrbeauftragte für Judaistik an der Universität Bamberg und unterrichtet an der Universität Augsburg sowie an der Evangelischen Hochschule Nürnberg. Bei all dem liegt ihr der interreligiöse Dialog sehr am Herzen.

HELGA MARIA SCHMID *(*1960) ist als Generalsekretärin die erste Frau an der Spitze der Organisation für Sicherheit und Zusammenarbeit in Europa (OSZE).*

Die gebürtige Dachauerin zog es für ihr geisteswissenschaftliches Studium an die Ludwig-Maximilians-Universität in München und an die Sorbonne in Paris. 1990 trat sie in den deutschen diplomatischen Dienst ein. Dort war sie unter anderem als Pressereferentin in der Deutschen Botschaft in Washington tätig, bevor sie 1994 bis 1998 politische Beraterin von Außenminister Klaus Kinkel wurde. Unter Außenminister Joschka Fischer (1998 bis 2000) wurde sie gar zu dessen Kabinettschefin – diese Funktion hatte bis dato noch nie eine Frau inne, wie auch Bundespräsident Frank-Walter Steinmeier in seiner Rede anlässlich der Verleihung des Bundesverdienstkreuzes 1. Klasse im Jahr 2015 festhielt: »Sie, liebe Helga, waren die erste Frau überhaupt in einem Ministerbüro des Auswärtigen Amtes – das ist gut 20 Jahre her. Offenbar hat es Ihnen gefallen, denn Sie haben am Ende länger im Ministerbüro gedient als irgendjemand vor Ihnen oder nach Ihnen – über elf Jahre. Den Großteil davon mit Joschka Fischer als Außenminister, der Sie in der ihm eigenen Liebenswürdigkeit mit dem seltsamen, aber anerkennend gemeinten Kompliment als seine ›Hyäne‹ bezeichnet haben soll.«[27] Er habe sogar von »Tüpfel-

» Ich kann sehr hartnäckig sein. «

hyäne« gesprochen, betonte die Geehrte in einem Interview: »Es war damals wirklich als Kompliment gemeint gewesen. ›Wenn die einen Knochen hat, lässt sie ihn nicht mehr los.‹ Und da ist schon was dran.«[28]

2006 wechselte Helga Maria Schmid nach Brüssel. Dort war sie zunächst Direktorin der Stabsstelle Politikplanung und Frühwarnung des Hohen Vertreters für Gemeinsame Außen- und Sicherheitspolitik im Generalsekretariat des Rates der Europäischen Union. Ab 2010 spielte sie eine wichtige Rolle bei der Gründung des Europäischen Auswärtigen Diensts (EAD).[29]

Ab 2003 war Helga Maria Schmid an den Verhandlungen zum Iranischen Atomprogramm beteiligt, zuletzt als stellvertretende Generalsekretärin des EAD. Sie handelte mit dem iranischen Chefunterhändler Wort für Wort den Vertrag zwischen dem Iran und den EU-3[30] aus, bis er 2015 unterzeichnet werden konnte. Ihre Fähigkeit, nicht nachzulassen, hartnäckig an ihren Zielen zu arbeiten, hat mit zu diesem Erfolg beigetragen. Dafür wurde Helga Maria Schmid vom Bundespräsidenten geehrt. 2016 stieg sie zur Generalsekretärin des EAD auf, 2020 wechselte sie als erste Frau für drei Jahre an dieselbe Position in der OSZE[31] – im Frühjahr 2022 angesichts des Kriegs von Russland gegen die Ukraine eine ganz besonders Aufgabe.

Ein Zitat von Helga Maria Schmid belegt, warum es nach ihrer Ansicht wichtig ist, dass solche Positionen auch mit Frauen besetzt werden: »Eine führende Rolle der Frauen am Tisch der Friedensförderung ist kein Vorteil, sondern eine Notwendigkeit. Sie machen die Hälfte der Bevölkerung aus, und Friedensprozesse können ohne sie nicht erfolgreich sein. Eine meiner obersten Prioritäten als Generalsekretärin ist die Unterstützung von Frauen, die den Wandel herbeiführen, durch die Förderung des Dialogs über Gruppen und Generationen hinweg in der OSZE-Region.«[32]

ANGELA BERLIS *(*1962) wurde als erste bayerische Frau in der Alt-Katholischen Kirche der Utrechter Union zur Priesterin geweiht.*

1994 hatte das Katholische Bistum der Alt-Katholiken, das nach dem Ersten Vatikanischen Konzil (1869/1870) aus einer Protestbewegung gegen päpstliche Machtansprüche entstanden war, beschlossen, die Gleichberechtigung von Mann und Frau anzuerkennen und den Frauen den vollen Zugang zum ordinierten Amt zu ermöglichen. Mittlerweile wirken neun Priesterinnen in Deutschland als gewählte Pfarrerin oder im Ehrenamt.

Die Münchnerin Angela Berlis studierte von 1981 bis 1988 Alt-Katholische Theologie in Bonn und Utrecht. Anschließend wurde sie als erste deutsche Frau in Essen zur Diakonin geweiht und absolvierte danach ein Vikariat im niederländischen IJmuiden, wo der Bischof sie nach dem plötzlichen Tod ihres Lehrpfarrers zur Pfarrverweserin und damit zur Gemeindeleiterin ernannte. 1991 folgte eine Anstellung als wissenschaftliche Mitarbeiterin am Alt-Katholischen Seminar der Universität Bonn. Daneben leitete sie als Geistliche Rektorin ab 1996 das Alt-Katholische Priesterseminar in Bonn. Am Pfingstmontag 1996 erfolgte in Konstanz die Weihe von Angela Berlis als erster Frau aus Bayern zur Priesterin der Alt-Katholischen Kirche der Utrechter Union, zusammen mit Regina Pickel-Bossau aus Andernach.

» Ich war oft die erste Frau – blieb aber nie die einzige. «

Schon während des Studiums entdeckte sie ihr Interesse an der Feministischen Theologie, die damals gerade in Europa »angekommen« war. 1998 promovierte Angela Berlis in Nijmegen (Niederlande) über den Beitrag widerständischer katholischer Frauen, die sich der altkatholischen Reformbewegung im 19. Jahrhundert anschlossen. Sie entschied sich für eine wissenschaftliche Laufbahn, arbeitete ab 2000 am Alt-Katholischen Seminar in Utrecht, am Dominikanischen Studienzentrum in Nijmegen sowie von 2003 bis 2006 an einem kirchenhistorischen Postdoc-Projekt an der (römisch-katholischen) Theologischen Fakultät in Tilburg zum Thema Klerikerzölibat und Klerikerehe. 2006 wurde sie Professorin für »Alte Katholische Kirchenstrukturen« an der Universität Utrecht und wechselte 2009 an die Universität in Bern ans Departement (seit 2017 Institut) für Christkatholische Theologie. Bis 2017 war sie Vizedekanin, von 2018 bis 2020 Dekanin der Theologischen Fakultät. Sie war unter anderem Präsidentin der Europäischen Gesellschaft für Theologische Forschung von Frauen (2007 bis 2011) und Mitglied verschiedener ökumenischer Dialoggremien. 2016 übernahm sie außerdem die Redaktion der »Internationalen Kirchlichen Zeitschrift«. Was Angela Berlis mit ihrer Doktorarbeit begann, setzt sie seitdem unermüdlich in Vorträgen und Veröffentlichungen fort: die Frauen in der Geschichte der Kirche dem Vergessen zu entreißen und ihre wichtige Rolle aufzudecken. Denn: Das historische Wissen stärkt den Anspruch heutiger Frauen!

CHRISTIANE RENZ *(*1965) wird als erste Frau beim Memminger Stadtbachfischen mitmachen dürfen.*

Seit Jahrhunderten ist der Memminger »Fischertag« das zentrale Ereignis im Kalender der Stadt – und seit Jahrhunderten ein Privileg der männlichen Bürger. In diesem Zusammenhang hat die Tierärztin Christiane Renz, in Memmingen geboren und aufgewachsen, 2021 für Rechtsgeschichte gesorgt: Sie verklagte den Veranstalter des Events, den »Fischertagsverein Memmingen«, wegen Diskriminierung – sie möchte nämlich, schon seit ihrer Kindheit, als Stadtbachfischerin mitmachen dürfen. Und sie hat in mehreren Urteilen Recht bekommen. Das wird nicht nur in Memmingen, sondern für viele deutsche Vereine, die sich auf Traditionen berufen und deshalb Frauen ausschließen, Änderungen nach sich ziehen.

Christiane Renz wird also 2022 die erste Frau sein, die beim »Fischertag« offiziell als Akteurin dabei sein kann. Worum geht es? Jedes Jahr im Juli wird der Stadtbach abgelassen und gereinigt. Seit 1579 werden deshalb am Tag zuvor, dem »Fischertag«, die Fische mit einem Kescher, genannt Bären, herausgefangen. Fischerkönig wird die Person (ein Mann ist es ja nun nicht mehr zwangsläufig), die die schwerste Forelle vorweisen kann. Frauen »durften« bisher lediglich das Drumherum gestalten, anfeuern und die Fische in

»Der Verfassungsstaat ist kein Museum!«

DR. SUSANNE BRÄCKLEIN,
ANWÄLTIN VON CHRISTIANE RENZ

Kübel setzen. Bis zu 40 000 Besucherinnen und Besucher fallen da in die Stadt ein, um das Spektakel zu erleben.

Christiane Renz ist seit 1987 engagiertes Mitglied im »Fischertagsverein«, leitete bis Juli 2021 zum Beispiel eine der Kostümgruppen. Aber mitfischen durfte sie bisher nicht. Weil sie eine Frau ist. 2017 hatte sie vom Urteil des Bundesfinanzhofs gelesen, der einer Freimaurerloge die Gemeinnützigkeit abgesprochen hat, weil dort Frauen ausgeschlossen sind. Die Gemeinnützigkeit ist für viele Vereine aber die Basis ihrer finanziellen Existenz. Christiane Renz nahm sich eine Anwältin (Dr. Susanne Bräcklein), die seit Jahren dafür kämpft, dass staatlich geförderte Knabenchöre auch Mädchen gleichberechtigt ausbilden müssen, und klagte gegen den »Fischertagsverein«, da er gegen den Gleichbehandlungsgrundsatz verstoße. Es gebe keine sachlichen Gründe, warum nicht auch Frauen Forellen fischen dürften, und beim »Fischertag« werde kein historisches Ereignis nachgespielt. 2021 entschied das Landesgericht in zweiter Instanz, dass Frauen die Teilnahme nicht verboten werden darf, nur weil es schon immer so gewesen sei. Dass Christiane Renz sich damit in Memmingen nicht nur Freunde gemacht hat, kann man sich vorstellen, aber das ist es ihr wert.

Nun muss der Verein die Satzung ändern, statt »männliche Stadtbach-Fischer« heißt es in Zukunft: »männliche, weibliche und diverse Fischer«. Dann dürfen Christiane Renz – und vielleicht auch andere nicht-männliche Personen – im Juli 2022 zum ersten Mal in den Stadtbach springen – im Memminger Dialekt »neijucken« – und mitfischen. Die Schuhe stehen bereit und die nötigen Qualifikationen wie den Fischerkurs hat sie parat.

Im traditionellen Jahresrückblick in der »Memminger Zeitung« fand diese von der Presse weltweit beachtete und vermutlich bundesweit wirkende Entscheidung übrigens keine Erwähnung.

ANKE HAGEL-BURGSTALLER *(*1972) ist als eine der ersten Frauen bei der bayerischen Schutzpolizei angestellt worden.*

Als es am 1. März 1990 in Bayern endlich so weit war, dass 158 Frauen erstmals für den uniformierten Polizeidienst eingestellt wurden, war das ein Meilenstein auf einem langen Weg zur Öffnung dieses Berufs für alle. Stellvertretend für diese Frauen der ersten Stunde sei hier Anke Burgstaller aus Oberfranken vorgestellt, die damals mit 17 Jahren eine der jüngsten gewesen ist.

Sie hatte gerade die Ausbildung als Schneiderin beendet, als ihr Vater las, dass Frauen für den Polizeidienst gesucht würden. Polizistin ist bestimmt spannender, als den ganzen Tag an der Nähmaschine zu sitzen, dachte sich die in Schwarzenbach am Wald geborene Anke Burgstaller und schickte ihre Bewerbung ein. »Es war nicht mein Traumberuf«, bekennt sie im Gespräch, »konnte es gar nicht sein, weil es den Beruf der Streifenpolizistin für Frauen ja noch gar nicht gegeben hat. Aber jetzt mache ich es seit fast 33 Jahren und immer noch gerne.«

Drei Jahre dauerte die Ausbildung, inklusive drei Monaten Grundausbildung im Gelände, dann wurden Anke Burgstaller (die später einen Kollegen heiratete und seither Hagel-Burgstaller heißt) und ihre 157 Kolleginnen am 28. Juni 1990 unter anderem in Nürnberg in einem öffentlichen Akt vereidigt. Einsätze in verschiedenen Dienststellen, Streifendienst, Schichtdienst und auch tödliche Unfälle – das alles hat sie mitgemacht. Fünf Jahre Familienpause legte sie zwischendurch ein, dann kam sie zurück und konnte feststellen, dass Familie und Dienst sich bei der Polizei sehr gut unter einen Hut bringen lassen. Heute ist sie für den Bereich häusliche Gewalt zuständig.

Schon um 1875 forderte die Leipziger Frauenrechtlerin Henriette Goldschmidt die Einstellung von Frauen bei der Polizei. Ab etwa 1900 gab es dann Polizeifürsorgerinnen und -assistentinnen. Die erste Münchner Polizeipflegerin wurde 1908 angestellt, sie kümmerte sich um gefährdete Kinder, Jugendliche und Frauen – ohne eigenständige Befugnisse. Die weibliche Kriminalpolizei (WKP) wurde im Deutschen Reich 1928 eingerichtet, in München 1938. 1965 traten die ersten 25 Politessen ihren Dienst an, erst in Zivil und immer mit einem Kollegen, bis denen die anzüglichen Sprüche aus der Bevölkerung zu dumm wurden. Daraufhin gab es auch für die Damen Uniformen. Andere Bundesländer hatten Schutzpolizistinnen bereits ab 1978 eingeführt. Ministerpräsident Franz Josef Strauß aber lehnte uniformierte Polizistinnen bis zu seinem Tod 1988 strikt ab.

Nach anfänglichen Anpassungsschwierigkeiten seitens der männlichen Kollegen sind die Polizistinnen völlig gleichberechtigt. Sie werden nicht mehr automatisch in den Bereichen eingesetzt, in denen die angeblich bei Frauen vorrangig zu findenden Kompetenzen wie Einfühlungsvermögen, Vertrauensvorschuss oder kommunikative Fähigkeiten gefragt sind, sie machen die gleiche Arbeit wie die Männer und verdienen das gleiche Geld. Und sie müssen die gleichen Aggressionen wegstecken. Heute sind etwa 22 Prozent der Polizist*innen in Bayern weiblich, in Führungspositionen machen sie circa 9 Prozent aus. Auch ganz oben kommen sie allmählich an: Von 2009 bis 2015 war **Liliane Matthes** Polizeipräsidentin im Präsidium Unterfranken und seit 2020 leitet **Claudia Strößner** das Polizeipräsidium Schwaben Süd / West.

CHRISTINE (NINA) RÄDLER *(*1974)*

wurde als erste Frau der Bergwacht Bayern für ihre herausragenden Leistungen geehrt.

Wie die Väter, so die Töchter, möchte man feststellen: Der Vater von Nina Rädler ist seit mehr als 60 Jahren in seiner Freizeit bei der Bergwacht Bayern im Allgäu tätig und hat seine Kinder immer, wo es möglich war, zum Dienst mitgenommen. So war es für sie ganz selbstverständlich, dass sie das ebenfalls machen würde. Aber bis 1992 war dieses Ehrenamt Frauen nicht gestattet. Noch 1989 stimmten die Bergwachtmänner aus der Region Bayerwald einstimmig dagegen, Frauen bei der Bergwacht aufzunehmen: Die körperliche Konstitution der Frau wäre mit dem schweren Einsatz nicht in Einklang zu bringen. Ob das angebracht war damals oder nur von den Männern vorgeschoben, sei dahingestellt. 1992 entschied das Landgericht München nach der Klage zweier Frauen, dass zukünftig auch Bergretterinnen bei der unter dem Dach des Bayerischen Roten Kreuzes agierenden Bergwacht Bayern zugelassen werden müssen – 90 Jahre nach deren Gründung!

Ninas Rädlers Mann Hannes ist auch Bergwachtler, er hat sie nach diesem juristischen »Go« ausgebildet. Vier Jahre, 1996, später bestand sie die Prüfung zur Bergretterin und hat als erste Frau den Dienst bei der Memminger Bergwacht angetreten. Die Kollegen hätten sie sofort akzeptiert, erzählt sie. Sie liebt die Berge, den Sport in den Bergen, sei es Bergsteigen, Skilaufen oder Mountainbiken. Was für ein Privileg, wenn frau ihre sportlichen Neigungen mit einem Ehrenamt verbinden kann!

Seit 2002 bildet Nina Rädler den Nachwuchs in ihrer Region aus, seit 2017 ist sie mitverantwortlich für diesen Bereich. Es füllt sie aus, mit den jungen Leuten zu arbeiten, ihnen etwas beizubringen und ihre Fortschritte zu beobachten. Verschiedene Lehrgänge müssen absolviert werden (unter anderem zum Naturschutz), medizinische und technische Eignungstests finden im Sommer und im Winter statt. Drei bis fünf Jahre dauert die Ausbildung. Auch später stehen immer wieder Fortbildungen und Übungen auf dem Programm.

Nina Rädler ist von Beruf Zahntechnikerin, von Montag bis Freitag, wie sie sagt. Einsatzpläne und Bereitschaftsdienste sorgen dafür, dass trotz der Berufstätigkeit der Bergretter immer eine Truppe für den Notfall bereitsteht.

Den »Hype« um die Frauen bei der Bergwacht kann Nina Rädler nicht nachvollziehen – dem Patienten sei es doch egal, wer ihn rettet. Das war anfangs aber wohl nicht immer oder nicht überall so. Deshalb ist es eben doch ein erwähnenswerter Schritt in der Geschichte der Frauen, dass auch diese Tür für sie geöffnet wurde. Tagtäglich treten Frauen inzwischen den Beweis an, diese Arbeit leisten zu können, und es werden immer mehr. Auch die Menschen, die am Berg versorgt werden müssen, haben sich an den Anblick einer Retterin gewöhnt. Im Oktober 2019 wurde Nina Rädler als erste Frau in der Geschichte der Bergwacht Bayern für ihre herausragenden Leistungen mit der Leistungsauszeichnung Silber geehrt.

Aber auch in den Leitungsfunktionen erklimmen Frauen in diesem Bereich die Gipfel: 2017 wurde **Susanna Merkl** als erste Frau in die Landesleitung der Bergwacht Bayern gewählt.

VERENA BENTELE *(*1982) war die erste Behindertenbeauftragte der Bundesregierung, die selbst ein Handicap hat.*

Geboren in Lindau und aufgewachsen in Oberschwaben kam Verena Bentele ebenso wie einer ihrer beiden älteren Brüder aufgrund einer Erbkrankheit blind zur Welt. Sie kann nur Hell und Dunkel wahrnehmen. Ihrem sehenden ältesten Bruder eiferte sie in allem nach. Das und das bedingungslose Vertrauen der Eltern in ihre Fähigkeiten machten sie stark und selbstständig. Seit sie sechs Jahre alt war, besuchte sie Blindenschulen und Sportvereine, in denen sie wichtige Förderung erhielt. Bereits 1995, mit 13 Jahren, wurde sie in den nationalen Biathlon-Nachwuchskader aufgenommen, war mit 15 Jahren zum ersten Mal Europameisterin und gewann insgesamt zwölf Goldmedaillen bei den Paralympics. Bei den Spielen 2010 in Vancouver ehrte man sie, die fünfmal Gold gewonnen hatte, als »Best Female Athlete«. Ein kanadischer Journalist benannte die Spiele ehrfurchtsvoll in »Bentelympics« um.

Auch als Verena Bentele ab 2011 nicht mehr aktiv war, suchte sie, die bis dahin so erfolgreich gewesen war, sportliche Herausforderungen: 2013 bestieg sie den Mount Meru sowie den Kilimandscharo in Afrika und bestritt 2013, 2014 und 2018 den 540 Kilometer langen Radmarathon von Trondheim nach Oslo. 2020 wurde Verena Bentele durch die Aufnahme in die »Hall of Fame des deutschen Sports« geehrt – lediglich drei Behindertensportler*innen haben das bis heute erreicht. Außerdem erhielt sie den Bambi in der Kategorie Sport, den Goldenen Ehrenring der Stadt München, den Verdienstorden des Landes Baden-Württemberg und den Waldemar-von Knoeringen-Preis der SPD.

Gleichzeitig schloss die Wahlmünchnerin ein Studium der Neueren Deutschen Literatur, Sprachwissenschaften und Pädagogik an der Münchner Ludwig-Maximilians-Universität mit hervorragendem Ergebnis ab. Seit 2008 nutzt sie ihre Popularität als hochdekorierte Sportlerin und unterstützt diverse soziale und politische Institutionen, die sich für soziale Gerechtigkeit einsetzen. Besonders wichtig ist ihr zu erreichen, dass behinderte Menschen selbstbestimmter leben können.

Nach der sportlichen Karriere wurde das sozialpolitische Engagement zur Hauptaufgabe von Verena Bentele. Sie ließ sich zur systemischen Coachin ausbilden und arbeitet seither freiberuflich als Personaltrainerin. Als SPD-Mitglied war sie im Stadtrat der Landeshauptstadt München und kandidierte 2013 für den bayerischen Landtag. 2014 berief die Bundesarbeitsministerin sie zur (ehrenamtlichen) Behindertenbeauftragten der Bundesregierung. Diese Aufgabe gab sie 2018 an ihren Nachfolger ab und wurde zur Präsidentin des Sozialverbands VdK Deutschland gewählt, des mit über 2,1 Millionen Mitgliedern größten Sozialverbands Deutschlands. Der VdK vertritt die Interessen aller Bürger*innen in sozialpolitischen Fragen. Seit 2021 ist Verena Bentele zudem eine von vier Vizepräsident*innen des Deutschen Olympischen Sportbunds, des Dachverbands aller Sportvereine.

Mit Vorträgen, der Teilnahme an Podiumsdiskussionen und eigenen Büchern stellt sie dar, wie sie Herausforderungen und Krisen bewältigte – mithilfe ihres Sports, aber sie vergisst dabei nicht die Unterstützung, die sie stets erfahren hat, durch die Familie, ihre sportlichen Partner und auch durch das deutsche Sozialsystem. Mit diesem beschäftigt sich explizit ihr letztes Buch: »Wir denken neu«. Das neue Denken gelingt ihr immer wieder und das wünscht sie sich – nicht zuletzt aufgrund der Erfahrungen in der Pandemie – auch von der Politik.

JAMILA SCHÄFER *(* 1993) ist die erste und bisher einzige Politikerin von Bündnis 90/ Die Grünen, die in Bayern bei einer Bundestagswahl ein Direktmandant gewonnen hat.*

Politisches Denken und Agieren, vor allem soziale und »grüne« Themen, waren schon der Schülerin Jamila wichtig: Als Zweitklässlerin hat sie ihre Mutter gebeten, mit ihr zu einer Demonstration gegen das Fällen von Bäumen zu gehen. Das Engagement für Tier- und Umweltschutz hat die Münchnerin seitdem nicht mehr losgelassen. Zudem fielen die Jahre im Gymnasium in eine aufwühlende Phase: Jamila Schäfer gehört dem ersten Jahrgang an, der im Jahr 2003 von der Einführung des achtjährigen Gymnasiums in Bayern betroffen war. Der Bildungsstreik der Schülerinnen und Schüler dagegen hat sie endgültig politisiert. Dabei lernte sie die »Grüne Jugend« kennen und schätzen.

Die politische Karriere der Studentin der Soziologie und Philosophie verlief steil: Seit 2012 ist sie Mitglied im Bündnis 90/Die Grünen, von 2018 bis Anfang 2022 war sie stellvertretende Bundesvorsitzende im Parteivorstand. Dort war sie zuständig für die Koordinierung der Politik ihrer Partei im europäischen und internationalen Rahmen und leitete die Rechtsextremismus-

» Politik ist manchmal
wie ein Altherrenclub. «

SÜDDEUTSCHE ZEITUNG,
30. DEZEMBER 2018

kommission. Ihre besonderen Anliegen sind die Themen Europa, Flucht und Migration sowie Entwicklungspolitik, außerdem setzt sie sich dafür ein, dass das Wahlalter herabgesetzt wird. Seit Dezember 2021 ist Jamila Schäfer zudem Sprecherin der Landesgruppe Bayern im Bundestag.

Ihr Wahlsieg am 26. September 2021, bei dem sie als erste bayerische Kandidatin für das Bündnis 90 / Die Grünen bei einer Bundestagswahl ein Direktmandant holte, war eine kleine Sensation. Noch dazu weil ihr das im Wahlkreis München-Süd gelungen ist, den die CSU seit 1976 (mit einer Unterbrechung von 1998 bis 2002) »abonniert« hatte. Jamila Schäfer ist außerdem die zweite bayerische Frau, die nach Ulrike Mascher (1990 für die SPD) direkt in den Bundestag einzog.

Über den Wahlsieg von Jamila Schäfer hinaus brachte die Bundestagswahl 2021 ein »erstes« Ergebnis, das frauenpolitisch relevant ist: Das Bundeskabinett ist erstmals paritätisch besetzt, das heißt, gleich viele Frauen und Männer haben Ministerposten inne. Das liegt vor allem an der Quote, die in den Satzungen der Grünen und der SPD steht. Der Frauenanteil im Bundestag dagegen liegt – trotz leichten Anstiegs – immer noch bei nur 34 Prozent. Eine Gleichstellung auch hier ist wohl nur durch eine Änderung des Wahlgesetzes zu erreichen, um die Listenplätze, die einen Einzug ins Parlament sichern, paritätisch zu besetzen.

1 Anne-Kathrin Zehender: Frauen im Vormärz und in der Revolution 1848/49, in: Blätter für deutsche Landesgeschichte, 141./142. Jahrgang, 2005/2006, S. 687–700.

2 Vgl. ebd.

3 Nachzulesen in den Verhandlungen des Provisorischen Nationalrats, siehe: www.bavarikon.de/object/bav:BSB-MDZ-00000BSB00009665?lang=de [abgerufen am 6.3.2022].

4 Siehe: www.br.de/unternehmen/inhalt/organisation/manuskript-geschichte-muenchner-profile-zita-zehner-100.html [abgerufen am 18.4.2022].

5 Vgl. dazu: https://beratung.frauenwerk-stein.de/ [abgerufen am 8.3.2022].

6 Elly Heuss-Knapp (1881–1952) war ab 1949 die erste »First Lady« Deutschlands. Als sie Antonie Nopitsch bei einer Tagung in Nürnberg kennenlernte, war sie vom »Bayerischen Mütterdienst« so angetan, dass sie sie anregte, gemeinsam eine deutschlandweite Einrichtung nach diesem Vorbild zu schaffen.

7 https://periodika.digitale-sammlungen.de/mvgn/Blatt_bsb00001002,00276.html?prozent=1 [abgerufen am 26.2.2022].

8 Robert Geisendörfer (1910–1976) war ab 1947 Geschäftsführer des Evangelischen Presseverbands Bayern, ab 1967 für Deutschland. Er sprach als Rundfunkprediger und wurde 1961 Fernsehbeauftragter der Evangelischen Kirche Deutschland, wobei er öfter mit seiner Frau zu tun hatte als »ihr liebster Wähler«. Für diese Arbeit wurde er vom Land Bayern und der BRD mit Verdienstkreuzen geehrt.

9 www.csu-geschichte.de/personen-daten/geisendoerfer-ingeborg/ [abgerufen am 3.3.2022]

10 Dies und das folgende Zitat in: Bärbel Sturm: Politik und Kirche als Lebensaufgabe. Ingeborg Geisendörfer (1907–2006), in: fromm – politisch – unbequem. Evangelische Frauen des 20. Jahrhunderts in Bayern, herausgegeben von Sigrid Schneider-Grube, Irene Stuiber und Andrea K. Thurnwald, Bad Windsheim 2008, S. 147.

11 Ingeborg Geisendörfer wurde 1972 von der CSU nicht zur Wiederwahl in den Bundestag aufgestellt, weil sie im Verdacht stand, sich beim Misstrauensvotum Rainer Barzels (CSU) gegen Willy Brandt (SPD) entgegen der Linie ihrer Fraktion enthalten zu haben.

12 Georg Josephthal (1912–1962) war Sozialarbeiter und in leitenden Funktionen in jüdischen Jugendorganisationen in Deutschland tätig. In Israel war er aktiver Politiker und 1962 Arbeits- und Wohnungsbauminister.

13 Siehe: https://nuernberger-videoarchiv.de/Video.php?Video=72337973 [abgerufen am 20.2.2022].

14 Zitiert aus: www.hagalil.com/archiv/2007/11/josephthal.htm [abgerufen am 20.2.2022].

15 Siehe: https://nuernberger-videoarchiv.de/Video.php?Video=72337973 [abgerufen am 20.2.2022].

16 Margot Fuchs: Wie die Väter, so die Töchter. Frauenstudium an der Technischen Hochschule München 1899–1970, Technische Universität München, München 1994, S. 173.

17 Sie setzte sich hier gegen Zita Zehner durch (siehe S. 126).

18 Männle, Ursula (Hg.): Eine starke Frau in der Politik. Mathilde Berghofer-Weichner 1931–2008, herausgegeben von der Hanns-Seidel-Stiftung, München 2018, S. 36.

19 Ebd., S. 75.

20 Ebd., S. 35.

21 Vgl. dazu: 30 Jahre Gleichstellungsstelle für Frauen. Festschrift 2015, https://stadt.muenchen.de/dam/jcr:7ae7d510-dbf3-4c31-b305-c638ac8179a0/Festschrift%2030%20Jahre%20Gleichstellung.pdf [aufgerufen am 20.1.2022].

22 Gerd Bastian, Generalmajor a. D., hatte um den vorzeitigen Ruhestand gebeten, weil er den NATO-Doppelbeschluss nicht mittragen wollte.

23 Die »Oide Wiesn« stellt seit 2010 mit Blasmusik und traditionellen Fahrgeschäften den ursprünglichen Charakter des Oktoberfests in den Vordergrund. Während der »Mittagswiesn« gibt es zwischen 10 und 15 Uhr preiswertere Angebote.

24 Rabbinerin Antje Yael Deusel / Rocco Thiede (Hg.): Reginas Erbinnen. Rabbinerinnen in Deutschland, Berlin / Leipzig 2020, S. 129. Die erste Rabbinerin weltweit war die Deutsche Regina Jonas (geboren 1902 in Berlin, ordiniert 1935 und ermordet 1944 in Auschwitz). Sie ist ein Vorbild für alle jungen Jüdinnen, die ihr nachfolgten.

25 Ebd., S. 127.

26 Ebd., S. 129.

27 Zitat aus: www.auswaertiges-amt.de/de/newsroom/151116-bm-verdienstkreuz-schmid-lucas/276464 [abgerufen am 14.3.2022].

28 Zitiert aus: www.sueddeutsche.de/muenchen/muenchner-im-exil-die-diplomatie-der-tuepfelhyaene-1.3108157 [abgerufen am 14.3.2022].

29 Dessen Aufgabe ist es, die diplomatischen Beziehungen der Europäischen Union zur übrigen Welt zu pflegen und die Außen- und Sicherheitspolitik der EU umzusetzen.

30 Gemeint sind die drei wichtigsten europäischen Nationen Deutschland, Frankreich und Großbritannien.

31 Die OSZE spielt mit ihren 15 Feldmissionen eine wichtige Rolle bei der Konfliktprävention und Friedensmediation in Europa. Sie fördert ganz konkret die Zusammenarbeit ihrer 57 Teilnehmerstaaten, von den USA über Europa bis nach Russland und Zentralasien, soll damit Vertrauen schaffen und unsere Region sicherer machen.

32 Zitiert aus: https://internationalepolitik.de/de/drei-fragen-helga-maria-schmid [abgerufen am 1.3.2022].

KUNST
&
KULTUR

»Kultur ist der Kitt, der die Gesellschaft zusammenhält, kein Sahnehäubchen für gute Zeiten, kein Luxusgut, sondern essentiell für unser Menschsein und Grundnahrungsmittel unserer Demokratie.«

Claudia Roth, Staatsministerin beim Bundeskanzler sowie Beauftragte der Bundesregierung für Kultur und Medien, 17. Dezember 2021

MARIA ANTONIA WALPURGIS SYMPHOROSA VON BAYERN

(1724–1780) hat als erste Frau aus Bayern komponiert und ihre Werke zur Aufführung gebracht.

Die Prinzessin war die Tochter des bayerischen Kurfürsten Karl Albrecht von Bayern (des späteren Kaisers Karl VII.) und der Erzherzogin Maria Amalie von Österreich. Maria Antonia Walpurgis Symphorosa kam in München zur Welt und wuchs am Hof auf. Hier erhielt die Wittelsbacherin eine vorzügliche Bildung, lernte unter anderem mehrere Sprachen und wurde in Musik und Komposition unterrichtet. 1747 heiratete sie den sächsischen Kurprinzen Friedrich Christian. Die Festoper zu diesem Anlass komponierte ihr Lehrer, der heute noch bekannte Hofkapellmeister Johann Adolf Hasse. In diesem Jahr wurde sie als Literatin unter dem fantasievoll-sprechenden Namen »Ermelinda Talea Pastorella Arcada« (E. T. P. A.) in die römische »Accademia dell' Arcadia« und als Malerin in die »Accademia San Lucca« aufgenommen. In Dresden führte Maria Antonia ihre Studien fort, förderte Künstler und Wissenschaftler und machte den Dresdner Hof zu einem kulturellen Zentrum in Deutschland. Unter ihr florierten Theater, die Kunstakademie, sie unterstützte Künstler mit Stipendien und war selbst Künstlerin, sie sang, spielte Cembalo, malte, komponierte als überliefert erste Frau aus Bayern

» Wenn man Künste und Tugenden in einer Person vereinigt findet, ist es möglich zu verhindern sie zu lieben? «

BRIEF VON KÖNIG FRIEDRICH II. VON PREUSSEN
AN MARIA ANTONIA, 20. DEZEMBER 1767

und war als Schriftstellerin und Übersetzerin tätig. Ihre Sammlung zeitgenössischer Partituren wird in Dresden aufbewahrt.

Zwei Opern aus ihrer Feder sind erhalten: »Il trionfo della fedeltà« (Uraufführung 1754 in Dresden) und »Talestri, regina delle Ammazzoni«, in der beinahe autobiografisch das Hineinwachsen der sagenumwobenen Amazonenkönigin in die Regierungsverantwortung geschildert wird. Als Maria Antonia aus politischen Gründen von 1760 bis 1762 wieder im Münchner Schloss Nymphenburg lebte, ließ sie die Oper dort 1760 aufführen. Die Kurprinzessin sang selbst die Titelrolle.[1]

Die Aktivitäten von Maria Antonia beschränkten sich nicht auf die Kultur, auch in politischen Dingen wirkte sie mit. Als ihr Mann während des Siebenjährigen Kriegs (noch als Kurprinz) Regierungsgeschäfte übernahm, unterstützte sie ihn. Erst 1763 wurde Friedrich Christian Kurfürst von Sachsen. Nur zehn Wochen nach der Thronbesteigung starb er an den Pocken, seine Witwe übernahm mit ihrem Schwager für ihren ältesten Sohn, den minderjährigen Thronfolger Friedrich August, für sechs Jahre die Regentschaft – Jahre, in denen sie gleichzeitig auch als Unternehmerin tätig war.[2] Aus der offiziellen Politik zog sie sich zwar zunehmend zurück, inoffiziell betrieb sie aber weiterhin Politik im Interesse der Familie, ihrer Kinder und der Wittelsbacher. Ihre letzten Lebensjahre verbrachte Maria Antonia vorrangig in München oder auf Reisen.

Eine der berühmtesten bayerischen Komponistinnen und Pianistinnen des 19. Jahrhunderts war die 1806 in Landshut geborene **Anna Caroline de Belleville**. Sie tourte als Pianistin durch Europa, lebte ab 1891 in England und war dort Professorin an der Royal Academy of Music.

MARIE SOPHIE VON LA ROCHE *(1730–1807)*

war die erste Schriftstellerin Deutschlands, die das Schreiben als Beruf ausübte und davon leben konnte.

Die Tochter des Arztes Georg Friedrich Gutermann von Gutershofen und seiner Frau Regina Barbara kam in Kaufbeuren zur Welt und verbrachte ihre Kindheit in Lindau und Augsburg. Marie Sophies strenger Vater sorgte für eine herausragende Bildung. Eine Verlobung mit einem italienischen Arzt scheiterte ebenso wie die mit ihrem Cousin Christoph Martin Wieland[3] am Widerspruch des Vaters. Erst 1754 heiratete sie – ohne Mitgift und mit 23 Jahren »zu alt« – den kurmainzischen Hofrat Georg Michael Frank von La Roche (1720–1788). Dieser war ein vielbeschäftigter Mann, zunächst als Vermögensverwalter und Privatsekretär seines Adoptivvaters, des Grafen Friedrich von Stadion-Warthausen, Staatsminister von Kurmainz. Nach dessen Tod bekleidete er verschiedene hohe Ämter an kurfürstlichen Höfen.

Sophie von La Roche bekam acht Kinder und wurde Großmutter von zahlreichen Enkeln – unter ihnen die bekannten Schriftsteller Clemens und Bettine Brentano. Die wechselhaften Jahre an der Seite ihres Mannes bedeuteten für sie einerseits ein anregendes Leben in einer höfischen Welt, andererseits viel Zeit, die sie alleine verbringen musste. Da sie ihre Kinder nicht selbst

» Sie war die wunderbarste Frau, und ich wüsste ihr keine andre zu vergleichen. «

JOHANN WOLFGANG VON GOETHE, DICHTER UND NATURFORSCHER, 1814

aufzog (das schickte sich in ihren Kreisen nicht) und ihr Mann beruflich viel auf Reisen war, schrieb sie zahllose Briefe und kleine Erzählungen, um die Einsamkeit nicht zu groß werden zu lassen. Und sie arbeitete an einem großen Werk: 1771 erschien ihr Roman »Die Geschichte des Fräuleins von Sternheim«, mit einer Protagonistin, die die Autorin als Vorbild weiblicher Selbstbestimmung anlegte. Zunächst anonym von Wieland herausgegeben[4] wurde das Werk ein Bestseller in Europa und verhalf Sophie von La Roche zu finanzieller Unabhängigkeit. In Zukunft konnte sie von ihrer schriftstellerischen Tätigkeit leben. Der Roman wird als der erste erfolgreiche von einer Frau geschriebene deutsche Roman bewertet. Als Briefroman (drei Jahre vor Goethes »Werther«) stellte er in der deutschen Literatur ein Novum dar, ebenso war die Verarbeitung autobiografischer Elemente ungewöhnlich. Sie war nun eine geachtete Persönlichkeit, führte zum Beispiel in Koblenz einen literarischen Salon, bei dem auch Goethe zu Gast war.

Sophie von La Roche widmete sich von da an ganz dem Schreiben. Sie verfasste weitere Romane und gründete 1783 die erste deutsche Zeitschrift von Frauen für Frauen, das Journal »Pomona für Teutschlands Töchter«, dessen Mitherausgeberin sie auch war. Sie stieß damit in eine Marktlücke und gewann zahlreiche Abonnentinnen. Sogar die russische Zarin Katharina die Große bestellte 500 Exemplare. Es wurden Texte aus europäischen Zeitschriften veröffentlicht, Gedichte von Frauen und eigene Erzählungen. Der Versuch, damit die bürgerlichen Frauen »zu nützlichen, tatkräftigen und sittlich reifen Haus- und Ehefrauen zu erziehen«[5] und auf ihre zukünftige Rolle als Gattin und Hausfrau vorbereiten, wurde nach 24 Exemplaren eingestellt. Es folgten im Œuvre zahlreiche Reiseberichte, Erzählungen und Romane.

Nach dem Tod ihres Mannes 1788 hatte Sophie von La Roche nur eine kleine Pension und war darauf angewiesen, mit ihren Werken den Lebensunterhalt für sich und neun Personen zu verdienen.

CATHARINA TREU *(1743–1811) war das erste weibliche Mitglied und die erste Professorin einer Kunstakademie in Europa.*

Es war wohl voraussehbar, dass die Tochter des Bamberger Malers Marquard Joseph Johannes Treu[6], Inspektor der Galerie von Schloss Pommersfelden (Weißenstein bei Bamberg), einen künstlerischen Beruf ergreifen würde. Catharina wurde, ebenso wie ihre vier Geschwister, von den Eltern dafür ausgebildet, alle machten sich in der Kunstwelt einen Namen.

Catharina Treu soll schon als Zehnjährige Insekten, Früchte und Blumen so naturgetreu und beeindruckend gemalt haben, dass sie mit 18 Jahren an der Ausmalung der Würzburger und der Bamberger Residenz mitwirken durfte. Der Fürstbischof von Speyer war von ihren Gemälden äußerst angetan, er ernannte sie 1766 zur Hofmalerin in der Residenzstadt Bruchsal (heute Landkreis Karlsruhe). Er gewährte ihr ein Stipendium, mit dem sie und ihr Bruder Christoph an der Zeichenschule von Lambert Krahe[7] in Düsseldorf studieren konnten.

Und die steile Karriere ging weiter: Der pfälzische Kurfürst Carl Theodor[8] ernannte Catharina Treu 1769 zur Kabinettmalerin an seinem Mannheimer Hof. Sie erhielt ein fürstliches Gehalt und die Erlaubnis, ihre Bilder auf dem

» Ihre Stücke sind mit großer Wahrheit und vielem Geschmack gemalt. «

CARL THEODOR, PFALZ-BAYERISCHER KURFÜRST, UM 1769

freien Markt zu verkaufen. 1776 machte er sie zum Mitglied der »Academie der Maler, Bildhauer- und Baukunst«, der späteren Kunstakademie Düsseldorf, und zur »Titularprofessorin«. Eine außerordentliche Entscheidung – war Catharina Treu damit doch die erste Malerin in Europa, die als Professorin an eine Kunstakademie berufen wurde. Keiner Künstlerin sollte dies wieder gelingen – bis zum 20. Jahrhundert.

Als der Kurfürst 1778 seine Residenz nach München verlegte, blieb Catharina Treu in Mannheim und an der Akademie bis 1786. Für die damalige Zeit spät heiratete sie 1781 im Alter von 38 Jahren einen Hofbesitzer aus Schwetzingen. Ihre beiden Töchter Franziska und Elisabeth wurden ebenfalls Malerinnen. Die Ehe hielt nur ein paar Jahre und zudem verlor Catharina Treu, vermutlich bedingt durch die Koalitionskriege, einen Teil ihres Vermögens und nach dem Tod des Kurfürsten auch ihre Pension. Sein Nachfolger Maximilian IV. (der spätere König Maximilian I. Joseph von Bayern) zahlte ihr diese ab 1801 wieder aus.

Die prunkvollen, realistischen Stillleben von Catharina Treu im Stil der niederländischen Malerei des 17. und 18. Jahrhunderts wie auch ihre religiösen Historienbilder wurden in ganz Europa gehandelt. Die meisten sind wohl verschollen, einige aber sind in Museen in Deutschland vertreten, zum Beispiel hängen zwei Stillleben in der Dauerausstellung im Barockschloss Mannheim.

Die Stellung von Catharina Treu in Mannheim war in Bayern einmalig. An der 1808 in München gegründeten Königlichen Akademie der Bildenden Künste durften von 1852 bis 1920 Frauen nicht studieren und erst 1992 (!) erhielt sie mit **Gertraud Schottenloher** eine erste Professorin. Seit dem 1. April 2022 ist die dänische Schmuckkünstlerin **Karen Pontoppidan** die erste Präsidentin.

CLARA ZIEGLER *(1844–1909) begründete das erste Theatermuseum Deutschlands.*

Die Bühne war der Lebenstraum der jungen Clara Ziegler. Sie ersehnte eine Unabhängigkeit, wie sie ihr nur dieser Beruf geben konnte, und zog dies dem Dasein als Gattin und Mutter in einer konventionellen Ehe vor. Glücklicherweise war der Hofschauspieler und -regisseur Adolf Christen ihr Vormund. Ihm (und ihrer Mutter) konnte sie die Erlaubnis für eine Schauspielausbildung abringen. Adolf Christen sorgte auch für den Beginn ihrer Karriere mit ersten Gastspielen in der Provinz.

1865 wurde in München das Actientheater (das heutige Theater am Gärtnerplatz) gegründet. In der Eröffnungsvorstellung am 4. November spielte Clara Ziegler »Zum ersten Male« (wie es in der Ankündigung heißt) die Isar-Nixe im Stück »Was wir wollen« von Herman Schmid. 1874 gab sie ihr Engagement an der Münchner Hofbühne auf zugunsten der Freiheit, Gastspiele annehmen zu können. 1876 heiratete sie ihren Lehrer Adolf Christen, der 1883 verstarb.

Clara Ziegler verdiente nun als gefragte Schauspielerin mit dem Tourneegeschäft viel Geld. In München war sie nur noch sporadisch zu sehen. Mit tragischen bis martialischen Frauenfiguren machte sie eine große Karriere.

» Mein Leben war nur der Kunst geweiht, und mit einer bedeutungsvollen Tat will ich es beschließen. «

Sie traf den Zeitgeschmack mit solchen Rollen und konnte diese auch physisch ausfüllen: Sie war groß gewachsen und hatte eine gewaltige Stimme – die idealen Voraussetzungen für eine Medea, Johanna von Orléans, Judith, Penthesilea und andere.

Mit der prächtigen Villa am Englischen Garten in München, wo sie in Salons ihre Medaillen und Präsente von Herrschern aus ganz Europa ausstellte, demonstrierte sie ihre Erfolge sowie die Tatsache, dass sie es geschafft hatte, sich den Traum von der Selbstständigkeit zu erfüllen.

1902 begann Clara Ziegler sich von der Bühne zurückzuziehen. Sie verfügte 1907 testamentarisch, dass ihre Villa und ihr selbst erspieltes, millionenschweres Vermögen sowie ihre Sammlung zur Theatergeschichte der Grundstock für ein zukünftiges Theatermuseum in München sein sollten – das erste in Deutschland. Sie hoffte, dass ihre Kollegen Erinnerungsstücke für Ausstellungen geben würden, und wollte im Garten einen Saal für Konzerte und Vorträge bauen lassen. Das wurde nicht verwirklicht, aber die Stiftung für das Museum. Am 24. Juni 1910 fand die Eröffnung statt – ein Jahr nach Clara Zieglers Tod. 1944 zerstörten Bomben die Villa, glücklicherweise waren 90 Prozent der Sammlungsbestände ausgelagert. 1953 konnte die »Clara-Ziegler-Stiftung« in die Galeriestraße 4a (Hofarkaden am Hofgarten) einziehen. Hier sind heute ein Archiv und eine Bibliothek in das Museum integriert, zeitweise finden Ausstellungen statt. 1979 hat es den Status eines selbstständigen staatlichen Museums erhalten.[9]

Das Grab von Clara Ziegler, ihrem Mann und dessen Tochter liegt im Münchner Alten Südfriedhof. Im Jahr 2000 waren Clara Ziegler und die Schriftstellerin Lena Christ die ersten Frauen, für die man Büsten in der Münchner Ruhmeshalle unter der Bavaria aufstellte. Den beiden leisten heute zwei weiteren Frauen[10] und 91 Herren Gesellschaft.

ANNA MAYER-BERGWALD *(1852–1935) war die erste Verfechterin des »sanften« Tourismus in Bayern.*

Sie wurde im mittelfränkischen Ansbach geboren, wo Anna Mayers Vater Königlicher Stiftungsverwalter war. Standesgemäß absolvierte sie dort die Schule für »Höhere Töchter«, ehe sie 1884, mit 32 Jahren, nach München zog. Sie blieb ganz unstandesgemäß unverheiratet – vielleicht weil sie nach dem frühen Tod der Mutter ihren heißgeliebten Vater bis an sein Lebensende zu sich nahm? Die Schönheit der Voralpenlandschaft machte tiefen Eindruck auf sie und sommers wie winters unternahm sie, die sich bald den Beinamen »Bergwald« gab, Touren dorthin und veröffentlichte Reisebeschreibungen in Zeitungen, Zeitschriften, Büchern. Ein Reiseführer im Auftrag einer Bahngesellschaft verkaufte sich über 16 000 Mal. Mit Vorträgen in den Ortsverbänden des »Deutschen Alpenvereins« warb sie zwar für den Tourismus, aber – und das als Erste – für einen landschaftsschonenden, »sanften«, beobachtete sie doch mit Sorge den stetig zunehmenden Ausflüglerstrom im Oberland.

»Man darf sagen, daß Anna Mayer-Bergwald der erste weibliche Autor war, der mit Rucksack und Bergstock in den und auf den bayerischen Alpen herumstieg und die Eindrücke und Erlebnisse gedruckt der Öffentlichkeit überlieferte. Auf jeden Fall war sie diejenige Schriftstellerin, die erstmals die Schönheiten der

» Wer wagt zu schänden dieses Heiligtum? [...]
Weh Euch Vandalen! Kehret um! «

AUS DEM GEDICHT »RETTET DEN CHIEMSEE!«, 1920

Bergwinters pries und [...] zur winterlichen Touristik anregte.« So schrieb die »Süddeutsche Frauenzeitung« am 7. Mai 1922.

Ihre zahlreichen Chiemgautexte, zum Teil im oberbairischen Dialekt geschrieben, den sie sich in ihrer Münchner Zeit angeeignet hatte, erschienen in mehr als einem Dutzend Büchern und Broschüren. In ihrem langen Leben wirkte sie außerdem als Lyrikerin, Komponistin (ihre Chorsätze sind im Chiemgau noch im Gebrauch), Fotografin, Dozentin und Malerin. Das oberbayerische Brauchtum lag Anna Mayer-Bergwald genauso am Herzen wie die alpine Natur. 1895 war sie zum Beispiel Komitee-Mitglied des Volkstrachtenfests in München, des Vorläufers des Oktoberfestzugs. Sie engagierte sich für den Erhalt der Werdenfelser Tracht und verfasste 1886 ein Gedenkgedicht anlässlich der Enthüllung eines Denkmals für Ludwig II. (Er hatte 1837 die Herreninsel gekauft und so deren Abholzung verhindert.)

1911 verkaufte sie ihre Münchner Stadtwohnung und legte sich eine Villa auf der Fraueninsel im Chiemsee zu, wo sie einen kleinen künstlerischen »Salon« etabliert. 1920 herrschte Aufruhr in der Gemeinde Breitbrunn am Chiemsee: Die Bayerischen Stickstoffwerke in Trostberg sollten Strom nach München liefern und im Gegenzug bei Bedarf den Chiemsee als Ausgleichsbecken nutzen dürfen. Ein abgesenkter Wasserspiegel hätte große Schäden für die Fischer, Anwohner oder den Tourismus verursacht. Ein »Schutzverband zur Rettung des Chiemsees« wollte das verhindern. In ihm war auch Anna Mayer-Bergwald aktiv. Mit dem Gedicht »Rettet den Chiemsee!« beschrieb sie einen »geschändeten« See und mahnte zur Umkehr; es wurde in 100 000 Exemplaren gedruckt. Die industrielle Ausbeutung des Alzausflusses konnte verhindert werden, er ist heute Naturschutzgebiet. Die Marktgemeinde Prien dankte der Dichterin, die »uns in der Bedrängnis so erfolgreich unterstützte«[11], und die Gemeinde Chiemsee ernannte sie 1922 zur Ehrenbürgerin. Zum Dank für ihr Engagement um die bayerische Natur und die touristische Förderung der Region durfte Anna Mayer-Bergwald auf fast allen bayerischen Bahnen (2. Klasse) kostenlos fahren – diese Ehre hatte keine andere Frau vor und nach ihr erhalten.

LIESL KARLSTADT *(1892–1960) war die erste Frau, die in einem Werbespot für das deutsche Fernsehen auftrat.*

Mit bürgerlichem Namen hieß sie Elisabeth Wellano und war die Tochter eines Münchner Bäckers. Als Verkäuferin arbeitete sie im Kaufhaus Hertie und spielte ab 1909 nebenher auf der Volksbühne und im Kabarett. Als sie das Vorprogramm für einen Auftritt von Karl Valentin bestritt, erkannte der ihr komisches Talent, machte sie zu seiner Bühnenpartnerin und gab ihr den Künstlernamen Liesl Karlstadt. 25 Jahre arbeiteten die beiden zusammen, traten in etwa 400 Sketchen und Komödien auf. Liesl Karlstadt hatte die eher burschikosen Rollen zu spielen. Wenn es kein festes Skript gab, musste sie improvisieren und spontan auf die Einfälle ihres Partners reagieren – was ihr aufgrund ihrer außerordentlichen Begabung bravourös gelang. Dem Skurrilen, Verdrehten, das von Valentin kam, setzte sie das Normale, Bodenständige entgegen. Hinter der Bühne war sie Ideengeberin für Karl Valentin, Co-Autorin, Souffleuse, Managerin, Geliebte, Psychologin und stand immer im Schatten seines schwierigen Charakters.

An dieser engen beruflichen und privaten Verbundenheit ging Liesl Karlstadt fast zugrunde. Seit 1928 litt sie an Überarbeitung und Depressionen. 1935 unternahm sie einen Selbstmordversuch, lange Klinikaufenthalte und

» Beruf: Nervenärztin, Nebenbeschäftigung: Komikerin. «

WIDMUNG LIESL KARLSTADTS
FÜR KARL VALENTIN, 1932

Krankheiten folgten. Während einer selbst verordneten Auszeit auf der Ehrwalder Alm im Zugspitzmassiv nahm sie als erste Frau im Juni 1943 an einer militärischen Hochgebirgsübung teil: einem 43-Kilometer-Marsch mit 75 Männern und 20 Mulis.

Schon in den 1930er-Jahren begann nach und nach Liesl Karlstadts zweite Karriere, ohne Valentin, bei Rundfunk und Film und auf der Bühne. Nach dem Krieg stellte sich der Erfolg ein, in ernsten Rollen in den Münchner Theatern, in zahlreichen Kinofilmen und im Hörfunk. 1949 liefen die »Brummlg'schichten« (siehe auch Annette von Aretin, S. 186) und 1955 startete die beliebte Hörspielreihe des Bayerischen Rundfunks, die »Familie Brandl«. Liesl Karlstadt sprach die Hauptrolle der Mutter und Hausfrau Walburga, eine Figur mit dem Herz am rechten Fleck und dabei nicht auf den Mund gefallen.

Ihrer großen Popularität als Hörspielsprecherin und Schauspielerin hatte sie auch die Verpflichtung für den Dreh von Deutschlands erstem TV-Werbespot für den Bayerischen Rundfunk 1956 zu verdanken: »Xaveeeeer!! Da schau her, was du wieder gmacht hast!« Im Restaurant hat der Ehemann (Volksschauspieler Beppo Brem) die Tischdecke vollgekleckert. Die Ehefrau ist entsetzt, der Kellner beschwichtigt: »Aber ich bitte Sie, das kann doch vorkommen, gnädige Frau, dafür gibt's doch Gott sei Dank Persil!« Hier wurde die Rollenverteilung der 1950er-Jahre, wie sie der Zuschauer liebte, bedient: Der Mann gab den Ton an, die Frau war die perfekte Hausfrau. Und dank der zwei von Bühne und Film bekannten Schauspielern funktionierte der Spot perfekt.[12]

Die letzte gebührende Anerkennung für Liesl Karlstadt, diese großartige Frau und Schauspielerin, erfolgte erst 2001, als das »Valentin-Musäum« in »Valentin-Karlstadt-Musäum« umbenannt wurde und sie ein eigenes Kabinett erhielt.

» Ich habe nicht um ihrer Federkronen und nicht um ihrer Tomahawks willen von den Prärie-Indianern erzählt, sondern weil ihr Leben, Denken, ihre Leistungen und Fehler mich beschäftigen. «

LISELOTTE WELSKOPF-HENRICH *(1901–1979) thematisierte als erste deutsche Schriftstellerin das Leben der indigenen Völker Nordamerikas. Als Historikerin wurde sie als erste Frau zum ordentlichen Mitglied der Deutschen Akademie der Wissenschaften Berlin gewählt.*

In München als Tochter eines Rechtsanwalts zur Welt gekommen wuchs Liselotte (ihr eigentlicher Name war Elisabeth Charlotte) Henrich in Stuttgart auf. 1913 zog die Familie nach Berlin. Dort besuchte Liselotte ein humanistisches Gymnasium, lernte Latein und Griechisch und wollte schon früh Altertumswissenschaftlerin werden – genauso interessierte sie sich bereits als Kind für das Leben der Ureinwohner Nordamerikas. Ab 1921 studierte sie Ökonomie, Alte Geschichte sowie Philosophie und promovierte vier Jahre später in Nationalökonomie. Den Traum von einer wissenschaftlichen Laufbahn musste Liselotte Henrich erst aus finanziellen Gründen aufgeben, dann wegen ihrer Weigerung, der NSDAP beizutreten. Ab 1928 arbeitete sie 17 Jahre lang als Referentin beim Statistischen Reichsamt Berlin – mit viel Zeit zum Lesen[13] und für die Recherche zu ihren späteren Romanen.

Ab 1939 war sie im Widerstand aktiv und unterstützte Juden und KZ-Häftlinge. Ihrem späteren Mann, dem Kommunisten Rudolf Welskopf, verhalf sie zur Flucht aus dem Konzentrationslager und versteckte ihn bis zum Kriegsende.

1946 heiratete sie Welskopf, trat in die SED ein und hatte hohe Positionen in der Verwaltung inne. Ab 1950 lebte das Ehepaar mit seinem Sohn in Ostberlin.

Ab 1949 konnte Liselotte Welskopf-Henrich ihren Wunsch, Wissenschaftlerin zu werden, endlich verwirklichen. Zuerst als Dozentin für Geschichte des Altertums an der Humboldt-Universität tätig, wurde sie 1960 Professorin und 1961 Leiterin des Instituts. Sie forschte unter marxistischen Gesichtspunkten zum Altertum und wurde 1964 als erste Frau ordentliches Mitglied der Deutschen Akademie der Wissenschaften Berlin.

Das wissenschaftliche Arbeiten kam der zweiten Leidenschaft von Liselotte Welskopf-Henrich zugute, der Recherche und dem literarischen Schreiben über das Schicksal der nordamerikanischen Ureinwohner. Schon als Zehnjährige hatte sie den mexikanischen Präsidenten in einem Brief aufgefordert, den Stamm der Yaqui, die eine Unabhängigkeitsbewegung organisiert hatten, human zu behandeln. Ihren berühmten Roman »Die Söhne der Großen Bärin« begann sie bereits in den 1920er-Jahren, erscheinen konnte er aber erst 1951.[14] Für ihn erhielt sie den Ersten Preis für Jugendliteratur der DDR und 1968 den Friedrich-Gerstäcker-Preis der Stadt Braunschweig. Dieser Roman, der in Ost und West in millionenfacher Auflage und in 18 Sprachen erschien und verfilmt wurde, sowie seine Folgebände wurden Klassiker der Jugendliteratur der DDR.[15]

Aufgrund ihres großen Ansehens als Wissenschaftlerin und Antifaschistin konnte Liselotte Welskopf-Henrich nach 1963 mehrfach nach Nordamerika reisen, studierte dort die indigenen Kulturen und sah die Missstände in den Reservaten. Sie hatte persönlichen und brieflichen Kontakt zu führenden Persönlichkeiten des »American Indian Movement«. Basierend auf ihren Eindrücken und Erlebnissen verfasste sie die Pentalogie »Das Blut des Adlers«, in der sie »als erste deutsche Autorin die Lebensverhältnisse in einer amerikanischen Indianerreservation in einem realistischen Gegenwartsroman« thematisierte.[16] Für ihre Solidarität mit der indigenen Bevölkerung zeichneten die Dakota sie mit dem Titel »Lakota-Tashina« (»Schutzdecke der Lakota«) aus.

Liselotte Welskopf-Henrich starb 1979 während eines Urlaubs in den geliebten Alpen in Garmisch-Partenkirchen. Beigesetzt wurde sie auf dem Friedhof Berlin-Adlershof.

FRIEDA FRONMÜLLER *(1901–1992) wurde als erste Frau in Deutschland zur Kirchenmusikdirektorin ernannt.*

Die Tochter des Pfarrers Paul Fronmüller[17] und seiner Frau Emma kam in Lindau auf die Welt. 1914 zog die Familie nach Fürth, wo der Vater an St. Michael, der evangelischen Hauptkirche der Stadt, angestellt wurde, im Stadtrat saß und die Position eines Kirchenrats inne hatte. Er war wohl ein prinzipientreuer, sittenstrenger und konservativer Mann, im Ersten Weltkrieg trat er patriotisch auf, obwohl 1915 sein erstgeborener Sohn gefallen war.

Frieda Fronmüller verließ die Schule nach der Mittleren Reife und erhielt vier Jahre lang privaten Musikunterricht. Dann begann sie an der Leipziger Hochschule für Musik zu studieren, 1925 bis 1930 belegte sie das Fach Orgel am Nürnberg Konservatorium, wo sie 1930 die staatliche Reifeprüfung mit der Note 1 ablegte. Mit Sicherheit ist es ihrem Talent und Können an diesem Instrument zu verdanken, dass sie bereits während des Studiums, ab 1923, als Organistin von St. Michael, dem Wirkungsort ihres Vaters, angestellt wurde. Nach neun Jahren, 1932, übertrug man ihr dort die Kantorenstelle, womit sie gleichzeitig auch die Leitung des Chors der Stadtkirche übernahm. Programmhefte für Vorspielabende belegen, dass sie – wie viele Kirchenmusiker*innen auch – Musikunterricht gab. 40 Jahre lang, bis zum Ruhe-

> Ich wollte Sachen komponieren, die auch wirklich aufgeführt werden konnten, keine Musik um ihrer selbst willen.

stand 1964, war Frieda Fronmüller Kantorin ihrer Fürther Gemeinde. Angebote aus anderen Städten schlug sie aus, war doch die Orgel dort für ihre kleinen Hände, die »kaum eine Oktave umfassen konnten«, wie geschaffen für sie.

Neben der Arbeit als Kirchenmusikerin komponierte sie Kantaten, Motetten, Lieder und weltliche Kammermusik. Immer lag ihr dabei am Herzen, dass die Stücke »gemeindegängig« und auch von Laien gut zu musizieren waren. Fern jeder künstlerischer Eitelkeit oder Effekthascherei erfüllte sie damit ein fundamentales Leitbild der evangelischen Kirchenmusik. Ab 1956 komponierte sie verstärkt für Posaunenchöre und auch in ihren Choralkantaten hat sie gerne Blechbläser berücksichtigt. Über 100 hauptsächlich kirchenmusikalische Kompositionen zählt ihr Opus, darunter viele geistliche, gut singbare Lieder. »Freuet euch der schönen Erde« ist sogar in das Evangelische Kirchengesangbuch eingegangen. Genau vier Werke von Komponistinnen enthält diese Liedsammlung der Evangelischen Kirche in Deutschland, davon zwei von deutschen Musikerinnen: Nr. 407 von Wilhelmina Koch, komponiert 1897, und Frieda Fronmüllers Lied aus dem Jahr 1928, nach einem Text von Philipp Spitta, 1827.

Wegen ihrer größeren Kantaten (unter anderem der »Bußkantate«, 1947 komponiert angesichts des kriegszerstörten Nürnberg) und in Anerkennung ihres gesamten Wirkens für die Kirchenmusik wurde sie 1955 zur Kirchenmusikdirektorin ernannt – als erste Frau in Deutschland.

Auch nach ihrer Pensionierung 1964 lebte Frieda Fronmüller weiter für die Musik, leitete mehrere Posaunenchöre und vertrat in St. Georg in Nürnberg-Kraftshof den Orgeldienst. 1966 wurde sie mit dem Schulmusikpreis der Stadt Fürth geehrt, 1971 erhielt sie das Verdienstkreuz am Bande der Bundesrepublik Deutschland. Die Stadt Fürth verlegte 2007 für sie eine Gedenktafel am »Fürther Ehrenweg« in der Fußgängerzone. Dieser Weg würdigt 16 Persönlichkeiten der Stadt, darunter drei Frauen: neben Frieda Fronmüller die Ärztin Emilie Lehmus (siehe S. 32) und die Unternehmerin Grete Schickedanz.

MAJA LEX *(1906–1986) war die erste Dozentin für »Elementaren Tanz« an der Sporthochschule Köln.*

Eigentlich wollte die in München und Kaufbeuren aufgewachsene Maria Magdalena Lex Pianistin werden, aber die Dinge entwickelten sich anders. 1922 legte sie die Mittlere Reifeprüfung ab und begann auf Wunsch der Eltern eine Bank- und eine Hauswirtschaftslehre. Vorher hatte sie Unterricht bei einer Wandergymnastiklehrerin genommen, womit sie offensichtlich auf diesem Weg ihre Begeisterung für Rhythmus und Bewegung ausleben konnte. Die Lehren schloss Maja Lex nicht ab, sondern wurde 1925 Schülerin an der Münchner Günther-Schule, die im Jahr zuvor als »Bund für angewandte und freie Bewegung e. V.« gegründet worden war. Hier unterrichteten Dorothee Günther[18] und Carl Orff (wenig später auch noch Gunhild Keetman[19]) auf moderne und umfassende Weise Körperarbeit, rhythmische Bewegung, Musik, Tanz und Pädagogik. Bereits nach 15 Monaten der eigentlich vorgesehenen zwei bis drei Jahre Ausbildungszeit erhielt Maja Lex die Lehrbefähigung für Gymnastik. Sie bekam »freie Hand, einen Weg zu suchen, der zu lebendiger, freier Bewegung und zum Tanz führen sollte, wie ich ihn ahnte und fühlte. Damit begannen [...] Lern- und Lehrjahre, in denen erst zögernd, dann immer deutlicher die Konturen ›meines Tanzes‹ heraus-

» [...] selbst wenn ich nicht mehr tanzen könnte – bloß unterrichten und Tänze machen – ich würde glücklich sein. «

traten, der einmal Elementarer Tanz werden sollte.«[20] Diese in Zusammenarbeit mit ihren Kolleginnen und Schülerinnen erarbeitete Tanzrichtung sollte bahnbrechend für die Entwicklung des Neuen Deutschen Tanzes werden. Maja Lex kreierte in München eine »neuartige Bewegungs- und Tanzerziehung von zeitlosem pädagogischem und künstlerischem Wert. Sie machte sich von der vorgeformten Übung frei und pflegte stattdessen die Vielfalt der Bewegung durch rhythmisch-dynamische, räumliche und formale Variation.«[21]

Maja Lex übernahm die Leitung der Choreografie für die an die Günther-Schule angegliederte »Münchener Kammertanzbühne«[22] und wurde deren Solistin. 1930 nahm die Gruppe am 3. Deutschen Tänzerkongress in München teil. Die »Barbarische Suite«, komponiert und choreografiert von Maja Lex, brachte ihr den Durchbruch, die Aufführung wurde von den zahlreichen anwesenden Presseorganen in den höchsten Tönen gelobt. Ihr »absoluter Tanzstil« war »erstmalig in der Geschichte des modernen Tanzes« zu erleben, Maja Lex erreichte »einen Gipfel [...], wie er im Bereich zentral-europäischen Tanzes nicht zum zweiten Mal zu finden ist«[23]. Die Teilnahme an europäischen internationalen Festivals und zahlreiche Auszeichnungen festigten ihren Ruf.

1933 waren Kulturschaffende, die weiter arbeiten wollten, gezwungen, der Reichskulturkammer anzugehören. Die Günther-Schule war der Lebensinhalt von Maja Lex, sie wurde – ebenso wie Dorothee Günther – Mitglied der NSDAP, ohne politisch zu agieren.

Bis 1940 hielt der Körper von Maja Lex aus, was sie ihm abverlangte, dann folgten Jahre mit schweren Krankheiten. Acht Jahre lebte sie im Haus der Eltern in Rottach-Egern, danach zog sie in Rom mit Dorothee Günther zusammen. 1947 war die Sporthochschule Köln wieder begründet worden. Maja Lex wurde 1955 deren erste Dozentin für »Elementaren Tanz« und unterrichtete dort bis 1976.

ANNETTE VON ARETIN *(1920–2006)*

war die erste Ansagerin des Bayerischen Rundfunks.

Sowohl von der mütterlichen als auch der väterlichen Seite her stammte die in Bamberg geborene Marie Adelhaid Elisabeth Kunigunde Felicitas Freiin von Aretin aus einer Familie des bayerischen Hochadels. Sie wuchs in einem kleinen Dorf in Niederbayern und in München auf. Einige Zeit verbrachte sie im Internat Kloster Zangberg, das bevorzugt von Töchtern aus dem bayerischen Adel besucht wurde. Hier lernte sie von den Schwestern gutes Benehmen inklusive Hofknicks. In München wurde sie zur Fotografin ausgebildet und studierte kurz Musik. 1946 arbeitete sie für ein paar Monate für eine US-amerikanische Zeitung. In diesem Jahr lernte sie den Autor und Regisseur Kurt Wilhelm und dessen Bruder Rolf, einen Komponisten, kennen. Kurt Wilhelm »machte« die junge Freiin von Aretin zu »Annette« und besetzte sie in Radiosendungen, Hörspielen oder Shows. Für das Damengesangsquartett »Josinders« (Annette sang im Bass!) komponierte Rolf Wilhelm Arrangements, die zum Beispiel in den Hörspielen der »Brummlg'schichten«[24] zur Aufführung kamen. Auch in der beliebten Radiosendung »Fleckerteppich« wirkte sie mit.

1947 wurde Annette von Aretin freie Mitarbeiterin bei »Radio München«,

» Sie war den Frauen im Besonderen Vorbild in deren Wunsch nach mehr Eigenständigkeit in Gesellschaft und Beruf. «

NACHRUF VON GERHARD FUCHS,
FERNSEHDIREKTOR DES BAYERISCHEN RUNDFUNKS,
FÜR ANNETTE VON ARETIN

dem Vorläufer des Bayerischen Rundfunks, zusammen mit ihren Kolleginnen Anneliese Fleyenschmidt und Ruth Kappelsberger. Das »Kleeblatt« sollte zum Markenzeichen des neuen Fernsehsenders des Bayerischen Rundfunks werden. »Ich war die erste Ansagerin. Ich habe den Sender im November 1954 eröffnen dürfen«[25], erinnerte sie sich.

Nach ihrem Debüt beim Fernsehen war sie vier Jahre lang Chefansagerin des Bayerischen Rundfunks, dann Produktionsassistentin beim Kinderfunk und ab 1959 leitete Annette von Aretin das Besetzungsbüro des Senders bis zu ihrer Pensionierung 1980. Die Aufgaben abseits der Kamera empfand sie als große Erleichterung, denn sie hatte vor ihren Auftritten immer enormes Lampenfieber.

Populär wurde Annette von Aretin vor allem als Mitglied des Rateteams von »Was bin ich?«[26] Dieses »heitere Beruferaten« mit Robert Lembke wurde 1961 zum ersten Mal gesendet und war 34 Jahre lang ein Riesenerfolg im deutschen Fernsehen. In der Quizshow – 1967 mit der »Goldenen Kamera« ausgezeichnet – galt es, den Beruf eines Gastes durch geschickte Fragen herauszufinden, die dieser nur bejahen oder verneinen durfte. Einziger Anhaltspunkt: eine typische Handbewegung. Reihum stellten die »Ratefüchse« dann so lange eine Frage, bis mit einem »Nein« geantwortet wurde. In diesem Fall kam ein 5-Mark-Stück ins Sparschweinderl der Kandidat*innen. Das ging so lange, bis der Beruf erraten oder zehn Fragen gestellt waren.

Nach ihrer Pensionierung im Jahr 1980 schrieb Annette von Aretin mehrere Bücher und arbeitete weiter für Radio- und Fernsehproduktionen.

MARIA VON WELSER *(*1946) war Gründerin, Redakteurin und Moderatorin des ersten Frauenjournals im deutschen Fernsehen.*

Geboren in München und aufgewachsen in Rottach am Tegernsee besuchte Maria Schüssel nach dem Abitur 1967 das Münchner Presse-Lehrinstitut. Gleichzeitig studierte sie Politische Wissenschaften und Soziologie. Seither arbeitete sie als Journalistin: zunächst beim »Münchner Merkur«, ab 1973 bei der Münchner »Abendzeitung«. Vier Jahre später ging sie als Redakteurin und Moderatorin im Bereich Hörfunk und Fernsehen zum Bayerischen Rundfunk.

Nach elf Jahren kam dann 1988 der Wechsel in eine andere Sendeanstalt: Hier, beim ZDF, rief sie noch im gleichen Jahr das Format »ML Mona Lisa« ins Leben, das erste Frauenmagazin Deutschlands. Unter ihrer Redaktion und Moderation wurden bis 1997 einmal in der Woche, jeden Sonntag, alltägliche Frauenthemen und -geschichten vorgestellt, im Lauf der Jahre kamen immer häufiger politische und sozialkritische Aspekte dazu wie etwa die Diskussionen um den Paragrafen 218, Missbrauch von Frauen und Kindern sowie die Situation von Frauen in Krisengebieten (brandaktuell war der Bosnienkrieg). Der Themenkomplex Frauen – Krieg – Gewalt gewann für Maria von Welser zunehmend an Bedeutung.

» Wie gut, dass du uns zuhörst, dass du aufschreibst, was hier passiert, wie wir leben. Das macht uns Mut und gibt uns Kraft. «

FRAUEN AUS AFGHANISTAN

Nach neun Jahren »ML Mona Lisa« begann sich der Charakter der Sendung zu ändern, es sollten für eine bessere Einschaltquote auch männliche Zuschauer angesprochen werden. Maria von Welser warf das Handtuch und schuf für das Fernsehen weitere Formate wie »Mit mir nicht! Welsers Fälle«, ein Ombuds-Magazin[27]. »ML Mona Lisa« wurde trotz hoher Zuschauerzahlen 2017 eingestellt, ist inzwischen ein »Gemischtwarenladen«, wie Maria von Welser kritisch und sehr traurig auf ihrer Website[28] bemerkte: »Das Imperium schlägt wieder zurück«, womit die »Männerklüngel« gemeint sind, die im öffentlichen Fernsehen weiterhin das Sagen haben.

Bis zum Ruhestand 2010 war das Journalistinnenleben von Maria von Welser bewegt: Sie war für das ZDF-Auslandsstudio in London, saß zuletzt von 2003 bis 2010 in der Verwaltungsspitze des Norddeutschen Rundfunks als Direktorin des Landesfunkhauses Hamburg.

Für ihre Arbeit wurde Maria von Welser mehrfach ausgezeichnet und geehrt, vor allem für ihren Einsatz für Frauen. Unter anderem wurde sie 1993 vom »Deutschen Staatsbürgerinnen-Verband« zur Frau des Jahres gewählt. (Diese Ehrung erfuhr sie als erste Bayerin.)

Ihr »drittes Leben«, wie sie es nennt, ist ausgefüllt mit Lehraufträgen[29], einem Engagement für UNICEF, Mitgliedschaften in zahlreichen Organisationen, Vorträgen, Büchern und ihrer Website, auf der sie sich weiterhin zu »ihren« Themen äußert, zum Beispiel zu den Frauen in Afghanistan oder zur weiblichen Präsenz in der Politik.

Trotz einer Krebsdiagnose 2017 ist Maria von Welser schriftstellerisch aktiv geblieben, unter anderem veröffentlichte sie ein Buch über die Bewältigung ihrer Krankheit (»Ich habe beschlossen, dass es mir nur noch gut geht: Leben mit dem Tumor«, 2019).

INGEBORG SCHOBER *(1947–2010) war die erste Rockjournalistin Deutschlands.*

Eigentlich ist die in Sonthofen geborene Ingeborg Schober mit 20 Jahren nach München aufgebrochen, um eine Buchhandelslehre zu machen. Der Preis aus einem Drehbuchwettbewerb 1967 ermöglichte ihr den Kauf einer Schreibmaschine und eine Reise nach London. Hier pulsierten die »Swinging Sixties« gerade auf vollen Touren, es war die Zeit von Twiggy, den »Beatles« und der Anti-Vietnambewegung. Voller Eindrücke und Impulse kehrte die Allgäuerin zurück nach München und tauschte das Verkaufen von Büchern gegen das Texten für Zeitschriften. Erste journalistische Schritte machte sie mit Artikeln im 1968 frisch erschienenen Popmagazin »HIT«. Ingeborg Schober begann einzutauchen in die Rockmusikszene – in den 1960er- und 1970er-Jahren in Deutschland reine »Männersache«[30]. Schnell gewann sie zu den nicht nur in München »wie Unkraut«[31] aus dem Boden schießenden Rockbands persönlichen Kontakt.

Für den Lebensunterhalt jobbte sie zunächst noch halbtags in einer Musikalienhandlung, beteiligte sich gleichzeitig an Film- und Kunstprojekten wie etwa dem Film von Rüdiger Nüchtern über die Münchner Rockband »Amon Düül II« (1969). 1970 wurde sie freie Mitarbeiterin beim Bayerischen

» Es herrscht der Irrglaube, über Pop könne jeder mit zwei Ohren schreiben. «

Rundfunk, gehörte bald zum »festen Stamm der ›Club 16‹-Moderator*innen«[32] für Sendungen wie »Pop nach acht«, »B3-Rock nach Mitternacht«, »Rock-Lok« oder »Zündfunk«. Gleichzeitig begann Ingeborg Schobers Laufbahn als erste deutsche Rockjournalistin. Für neu initiierte Musikzeitschriften wie »Sounds«[33] oder »Musikexpress« – inzwischen Ikonen des deutschen Popjournalismus – verfasste sie LP-Rezensionen und Konzertberichte, aber immer mehr orderte auch die »Süddeutsche Zeitung« Artikel für ihr Feuilleton, ebenso das Wochenmagazin »Stern«, später der »Focus«. Ab 1977 schrieb sie viele Beiträge für »Rock Session«, das im Rowohlt-Verlag herausgegebene »Magazin der populären Musik«, auch ein Rocklexikon entstand unter ihrer Ägide. Der Rockjournalismus entwuchs allmählich den Kinderschuhen, war nicht mehr nur für eine kleine Zielgruppe von »Freaks« von Interesse, sondern etablierte sich in der breiten Öffentlichkeit. Ingeborg Schober war seit der ersten Stunde dabei und maßgeblicher Bestandteil dieser Entwicklung.

Ingeborg Schober war immer »mittendrin«, kannte alle deutschen Bands, reiste aber auch, unter anderem zusammen mit britischen Musikern, in die USA. Sie besaß ein beträchtliches Fachwissen, ein untrügliches Gespür für das qualitativ Gute am Musikmarkt und Leidenschaft für das Neue, Spannende, Experimentelle[34]. Gepaart mit ihren persönlichen Kontakten und einer professionell-akribischen, hochtalentierten Arbeit als Journalistin nahm sie einen einzigartigen Stellenwert in dieser Branche ein.

1979 erschien Ingeborg Schobers Buch »Amon Düül: Tanz der Lemminge«, in dem sie die (schwere) Geburt des deutschen »Kraut-Rocks« thematisierte.[35] Es folgten Biografien zu Jim Morrison (2001), Janis Joplin (2002) und zu »Poptragödien« (2004).

Der Wandel in der Medienlandschaft brachte nicht nur für Ingeborg Schober, sondern für viele Journalist*innen einen gravierenden Verlust ihrer Existenzsicherheit mit sich. Seit Ende der 1980er-Jahre konnte Ingeborg Schober nicht mehr für den Bayerischen Rundfunk arbeiten, sie verbrachte ihre letzten Lebensjahre als freie Journalistin in prekären Verhältnissen und erkrankte schwer. Ihr Nachlass wird vom Rockmuseum München verwahrt.

MARIA (RiA) REISER *(*1980)*

ist die erste bayerische Dialekt-Rapperin.

In der Holledau ist sie geboren, in Puttenhausen bei Mainburg. Die Musik war immer ein wichtiger Faktor in Maria Reisers Leben, ob es nun der Volksmusiksender war, der bei der Oma den ganzen Tag lief, die Musikschule in Mainburg, wo sie Gitarre, Klavier, Schlagzeug und Akkordeon lernte, oder die in der Schweiz besuchten Jodelkurse. Immer hat sie alles zu Musik gemacht, aufgenommen, umgewandelt, improvisiert. Mit 16 gründete Maria Reiser die erste ihrer Bands, spielte und sang quer durch die Genres – Hauptsache Musik: in Bands, Volksmusikgruppen, Musicals oder auch Kirchenchören. Noch heute lernt sie ständig dazu.

Dabei hat Maria Reiser eine Lehre als Modell- und Formenbauerin gemacht und in Selb als staatlich geprüfte Modelleurin weitergelernt. Nach der Gesellenprüfung kündigte sie ihren Job bei BMW, setzte das Erlernte

» Do konns oam scho moi
an Schoidda naus haun! «

in bildende Kunst um und landete schließlich als Modelleurin für Spezialrequisiten beim Film. Diese Arbeit führte sie nach München, Babelsberg und Hollywood. Auf Reisen in den USA, Mexiko und Afrika saugte sie musikalische Inspirationen auf und machte Eigenes daraus. Erste Erfolge hatte sie als »Jodelqueen aus der Holledau«. 2005 kam ihr erstes Album heraus. Den Jodelpop hat sie 2008 in Namibia erfunden, wo sie im Sound der Einheimischen frappierende Ähnlichkeiten zum Rap entdeckte. Und wenn man ihr zuhört, dann scheinen sprachliche Unterschiede nicht sehr groß.

Nach der Trennung von ihrem Mann, der auch ihr Co-Produzent war, durfte sie als »Maria Reiser« ihre Musik nicht weiterverwenden. Nach zwei Jahren Kreativpause und Sichzurechtfinden als alleinerziehende Mutter wagte sie 2019 den Neustart, jetzt nennt sie sich »RiA«. Ihr neues Musikgenre ist der bayerische Hip-Hop, kraftvoller Sound mit viel Durchsetzungskraft und Humor. Mithilfe eines Recording Program produziert sie ihre Song-Layouts inzwischen selbst am Computer.

Dass es wenige Frauen im Hip-Hop gibt – oder nur wenige bekannt sind –, ist nichts Neues. Das führt Maria Reiser auf das weibliche Rollenbild zurück, das es Frauen in dieser Szene schwerer als anderswo macht, zu reüssieren – und Müttern noch mehr. Das möchte sie ändern, ihren Töchtern, allen Müttern, Frauen, Kreativen Mut machen, ihrer Leidenschaft zu folgen. Dafür sei es nötig, sagt sie, dass die Frauen sich zusammenschließen, sich gegenseitig unterstützen. Hip-Hop beziehungsweise Rap ist ein männerdominiertes Genre mit männlichen Themen. Frauen sollten das aufgreifen, ihre Anliegen ebenfalls darstellen und wie die männlichen Rapper Netzwerke, »pussy connections«, bilden. Der Rap ist das ideale Medium, um seine eigenen Geschichten zu erzählen. Storytelling für eine verständnisvollere Welt.

1 1998 wurde das Opernmelodram »Talestri, regina delle Amazzoni« von Maria Antonia Walpurgis auf CD eingespielt und 2021 von der Münchner Kammeroper in Schloss Nymphenburg aufgeführt.

2 Sie gründete 1763 bei Naundorf in Sachsen eine Fabrik für Baumwollstoff und besaß seit 1766 das »Bayrische Brauhaus« in Dresden.

3 Christoph Martin Wieland (1733–1813), Dichter, Übersetzer und Herausgeber, begründete mit seinen Romanen und Erzählungen den deutschen Bildungsroman und war ein einflussreicher Autor der Aufklärung. Sophie von La Roche und er waren zeitlebens verbunden, Wieland zog sogar einen ihrer Söhne groß und pflegte eine enge Beziehung zu ihrer Enkelin Sophie Brentano.

4 Ihren Namen gab Sophie von La Roche zunächst aus gutem Grund nicht bekannt: Es galt für eine Frau als unfein, mit eigenen Werken an die Öffentlichkeit zu treten, weshalb andere Schriftstellerinnen gerne ein männliches Pseudonym wählten.

5 Armin Strohmeyr: »Sie war die wunderbarste Frau …«. Das Leben der Sophie von La Roche, Konstanz 2019, S. 201f.

6 Treu konvertierte vom Judentum zum römisch-katholischen Glauben und legte seinen vormals jüdischen Namen Joel Nathan ab.

7 Dessen Kunstsammlung bildete den Grundstock der 1773 gegründeten kurfürstlich-pfälzischen Kunstakademie. Sie ging später in die Münchner Pinakothek über.

8 Kurfürst Carl Theodor (1724–1799) war der vorletzte pfalz-bayerische Kurfürst. Sein Nachfolger Herzog Maximilian IV. Joseph von Pfalz-Zweibrücken wurde 1805 König von Bayern.

9 »Das Deutsche Theatermuseum erfüllt heute den Auftrag, alles zu sammeln, was vom Theater übrig bleibt oder dessen Vorbereitung dient«. Zitiert aus: www.deutschestheatermuseum.de/ [abgerufen am 3.3.2022]. Die Sammlung umfasst bislang unter anderem 250 000 grafische Blätter, ca. 500 000 Autografen, etwa 4,3 Millionen Fotografien.

10 Büsten von Therese von Bayern und Emmy Noether, 2009 aufgestellt.

11 Vgl. dazu: Hans Ziegler: Anna Mayer-Bergwalds Werk – eine Fundgrube des Ländlichen, in: Frauen schreiben: G'schichten vom Land. Schriftstellerinnen und das ländliche Milieu, herausgegeben von Reinhard Jakob, Ausstellung im Bauernhofmuseum Jexhof, 12. Juni bis 31. Oktober 2008, Jexhof-Heft, 24, Bauernhofmuseum Jexhof, Fürstenfeldbruck 2008, S. 132–137, S. 137.

12 Liesl Karlstadt trat in den 1950er-Jahren noch in einem zweiten Persil-Werbefilm auf und machte unter anderem TV-Reklame für Pfanni-Knödel, Lebensmittelhändler Meyer, Firma Dallmayr oder Kernka-Kaffee-Ersatz.

13 Liselotte Henrich las den »Lederstrumpf« von James Fenimor Cooper und frühe Literatur von indigenen Autoren wie »Ich rufe mein Volk« des Oglala-Sehers Black Elk. Die Romane von Karl May kannte sie auch, lehnte sie aber bald wegen der Gut-Böse-Klischees, die die Realität falsch darstellten, ab.

14 Lange Jahre kämpfte Liselotte Welskopf-Henrich mit Kulturbehörden und Verlagen um das Erscheinen ihres Romans. Ein Grund für die lange Weigerung, den Roman zu publizieren, war auch die Kritik an der US-amerikanischen Politik, die damals noch nicht gerne gesehen wurde.

15 In der DDR entwickelte sich ein regelrechter Indianer-Boom. Anders als im Westen,

wo eher Karl May das Denken über das Leben der Native Americans beeinflusste, sah man im Osten (auch beeinflusst vom fundierten Wissen Welskopf-Henrichs) deren Situation nicht so romantisch.

16 Gina Weinkauff: Ent-Fernungen: Fremdwahrnehmung und Kulturtransfer in der deutschsprachigen Kinder- und Jugendliteratur seit 1945, Band 1, Iudicium, München 2006, S. 199.

17 Paul Fronmüller wurde 1864 in Cammin / Pommern geboren, wo der Vater kurze Zeit Pfarrer gewesen war. Verstorben ist er 1945 in Erlangen. Seine politische Gesinnung während des »Dritten Reichs« wurde nie ganz klar. Vgl. dazu: www.nordbayern.de/region/fuerth/annaherung-an-paul-fronmuller-1.3538508 [abgerufen am 8.3.2022].

18 Die Tanzpädagogin Dorothee Günther (1896–1975) studierte an der Kunstgewerbeschule Dessau Grafik, Kunstgeschichte und Anatomie und machte ein Diplom als Gymnastiklehrerin. 1924 baute sie mit Carl Orff die Günther-Schule in München auf, an der nach modernen, kreativen Konzepten unterrichtet wurde. Bis 1944 bestand diese äußerst erfolgreiche Schule.

19 Die Komponistin und Musikpädagogin Gunild Keetman (1904–1990) erhielt ihre Ausbildung ab 1926 an der Günther-Schule, komponierte, leitete das Orchester und unterrichtete dort bis 1944. Sie entwickelte als Mitarbeiterin von Carl Off mit ihm das berühmte Schulwerk, fünf der Bände »Musik für Kinder« gab sie nach 1950 heraus.

20 Maja Lex 1980, zitiert nach Claudia Fleischle-Braun, Krystyna Obermaier, Denise Temme: Zum immateriellen Kulturerbe des Modern Tanzes. Konzepte – Konkretisierungen – Perspektiven, Bielefeld 2017, S. 101.

21 Zitiert aus: https://elementarertanz.de/?page_id=123 [abgerufen am 1.3.2022].

22 Ab 1930 »Tanzgruppe Günther München« genannt, Gesamtleitung Dorothee Günther, musikalische Leitung Gunild Keetman.

23 Michael Kugler (Hg.): Elementarer Tanz – elementare Musik: Die Günther-Schule München 1924 bis 1944, Mainz 2002, S. 88.

24 Die live eingespielte Hörspielserie von Kurt Wilhelm war ein Erfolgsschlager des Bayerischen Rundfunks von 1947 bis 1953. Volksschauspieler Michl Lang agierte als Xaver Brumml neben Liesl Karlstadt (siehe S. 178) als seiner Ehefrau, Rudolf Vogel gab den Hausfreund Wurmdobler. Dazu gab es Musik von den »Isarspatzen« und viele Gastauftritte wie zum Beispiel von Heinz Erhard oder Bum Krüger.

25 Zitiert aus: www.br-online.de/land-und-leute/artikel/0603/annette-von-aretin/index.xml [abgerufen am 1.3.2022]. Der Bayerische Rundfunk lieferte ab dem 8. November 1954, wie später auch die anderen Landesrundfunkanstalten, Beiträge für das »Deutsche Fernsehen« (später »Das Erste« oder ARD).

26 Neben Annette von Aretin versuchten der Nürnberger Oberstaatsanwalt Hans Sachs, der Unterhaltungschef des Schweizer Fernsehens Guido Baumann und die Fernsehansagerin / -moderatorin Anneliese Fleyenschmidt (beziehungsweise später die Schauspielerin Marianne Koch) die Berufe eines Gastes zu erraten. Die bei jeder Show gestellte Frage des Quizmasters Robert Lembke »Welches Schweinderl hätten's denn gern?« wurde legendär.

27 Welser präsentierte skandalöse Geschäftspraktiken, Behördenwillkür oder sonstige Missstände.

28 www.mariavonwelser.de/de/ [abgerufen am 16.3.2022].

29 Seit 2015 Lehrbeauftragte an der Universität Paderborn, die ihr 2019 die Ehrendoktorwürde verlieh.

30 Gabriele Werth (Hg.): Ingeborg Schober. Die Zukunft war gestern. Essays, Gespräche und Reportagen, Meine 2021, S. 16.

31 Der Vergleich zu »Unkraut« spielt auf den Ende der 1960er-, Anfang der 1970er-Jahre geprägten Begriff »Krautrock« an, der synonym für die Musik der damaligen deutschen Rockgruppen stand. Der Begriff geht auf das Wort »Sauerkraut« sowie die abwertende Bezeichnung »Krauts« für die deutschen Soldaten im Zweiten Weltkrieg zurück.

32 Werth, Schober, S. 18.

33 Ingeborg Schobers erster Artikel 1972 im »Sounds« hat das Verbot Bayerns von Musik-Festivals zum Thema.

34 Ihre Rezensionen über deutsche Avantgardisten elektronischer Musik wie »Kraftwerk«, Eberhard Schoener, »Tangerine Dream« und andere haben maßgeblich zu deren (weltweiten) Erfolgen beigetragen.

35 Der Journalist Jan Reetze schrieb 2010 über das Buch: »This book says more about the German rock scene than any other book. And more: Because Ingeborg Schober conncets this story with several episodes of her own life, this book delivers a personal panorama that provides better informations on the way the Federal Republic of Germany ticked in the 1970s than long sociological essays.« Zitiert aus: http://janreetze.blogspot.com/2010/11/ingeborg-schober-1947–2010_29.html [abgerufen am 1.3.2022].

ANHANG

LITERATUR ZUM WEITERLESEN, -SEHEN UND HÖREN

Internet

Eine höchst informative Website ist www.femBio.org [abgerufen am 8.4.2022]. Diese Datenbank zur »Frauen.Biographieforschung«, mit über 11 000 online verfügbaren Datensätzen zu bekannten Frauen, hat Luise F. Pusch seit 1982 aufgebaut.

Informationen über Frauen in Franken lassen sich nachhören unter: https://zwischenfaelle.radio-z.net [abgerufen am 8.4.2022].

In der Audiothek und Mediathek des Bayerischen Rundfunks sind zahlreiche Interviews, Gespräche und Filme über und mit Frauen verfügbar.

Tägliche kurze Infos über »Frauen, die Geschichte schrieben« veröffentlicht der Bayerische Rundfunkt auf Instagram unter frauen_geschichte.

Allgemein

Ab nach München. Künstlerinnen um 1900. Ausstellungskatalog des Stadtmuseums München 2014 / 2015, München 2014

Almendinger, Jutta: Es geht nur gemeinsam! Wie wir endlich Geschlechtergerechtigkeit erreichen, Berlin 2021

Behling, Katja / Manigold, Anke: Die Malweiber. Unerschrockene Künstlerinnen um 1900, München 2014

Bennewitz, Nadja / Franger, Gaby: Am Anfang war Sigena. Ein Nürnberger Frauengeschichtsbuch, Cadolzburg 1999

Beuys, Barbara: Die neuen Frauen – Revolution im Kaiserreich 1900–1914, München 2014

Feldmann, Christian: Bayerische Charakterköpfe, Regensburg 2021

Hain, Beatrix / Hafok, Barbara: Die Erste. Mutige Pionierinnen auf dem Weg ins 21. Jahrhundert, Wien 2021

Häntzschel, Hiltrud / Bußmann, Hadomud (Hg.): Bedrohlich gescheit. Ein Jahrhundert Frauen und Wissenschaft in Bayern, München 1997

Karl, Michaela: Bayerische Amazonen. Zwölf Frauenporträts aus zwei Jahrhunderten, München 2008

Keuler, Dorothea: Undankbare Arbeit. Die bitterböse Geschichte der Frauenberufe, Tübingen 1996

Körner, Thorsten: In der Männer-Republik. Wie Frauen die Politik eroberten, Köln 2020. Unbedingt sehenswert dazu der Film »Die Unbeugsamen« (2021)

Krafft, Sybille: Frauenleben in Bayern. Von der Jahrhundertwende bis zur Trümmerzeit. Herausgegeben von der Bayerischen Landeszentrale für politische Bildungsarbeit, München 1993

Neri-Ultsch, Daniela: »Frau Abgeordnete, Sie haben das Wort!« Frauen gestalten Politik in Bayern 1946–2016, herausgegeben vom Bayerischen Landtag, Landtagsamt, München 2017

Landeshauptstadt München (Hg.): Frauenleben in München. Lesebuch zur Geschichte des Münchner Alltags. Geschichtswettbewerb 1992, München 1997

Olderdissen, Christine: Genderleicht. Wie Sprache für alle elegant gelingt, Berlin 2022

Rückert, Horst: Das Luisen. Die Geschichte einer Münchner Schule 1822–2022, herausgegeben vom Studiengenossenverband des Luisengymnasiums München e. V., Regensburg 2022

Rulffes, Evke: Die Erfindung der Hausfrau. Geschichte einer Entwertung, Hamburg 2021

Schmidt-Thomé, Adelheid: Vergessene Münchnerinnen. 30 Lebensbilder, München 2017

Dies.: Sozial bis radikal. Politische Münchnerinnen im Porträt, München 2018

Sichtermann, Barbara / Rose, Ingo: Die Erste. Mutige Frauen verändern die Welt, Berlin 2013

Specht, Agnete von (Hg.): Geschichte der Frauen in Bayern. Von der Völkerwanderung bis heute, Katalog zur Landesausstellung 1998 in den Ausstellungshallen im Klenzepark in Ingolstadt, 18. Juni bis 11. Oktober 1998 / Haus der Bayerischen Geschichte, Regensburg 1998

Specht, Heike: Die Ersten ihrer Art: Frauen verändern die Welt, München 2022

Süßmuth, Rita: Parité jetzt! Wider die Ungleichheit von Frauen und Männern. Eine Streitschrift, Bonn 2022
Tobies, Renate (Hg.): »Aller Männlichkeit zum Trotz«. Frauen in Mathematik und Naturwissenschaften, Frankfurt am Main / New York 2008
Trautwein, Renate: FrauenLeben in Fürth. Spurensammlung und Wegweiser, Nürnberg 2003

Einzelporträts

Abiturientinnen

Generaldirektion der Staatlichen Archive Bayerns (Hg.): Die Englischen Fräulein und das Mädchenabitur. Ein Schritt in der Frauenbildung. Ausstellung des Bayerischen Hauptstaatsarchivs, München 2016
Nur Frauen. Der Weg zum ersten bayerischen Mädchenabitur 1916 bei den Englischen Fräulein in Regensburg. Kleine Schriften der Staatlichen Bibliothek Regensburg Band 7, 2016

Theresa (Resi) Amrehn

Amrehn, Theresa mit Wedel, Nadine und Dyckerhoff, Henriette: Königin der Landstraße. Meine Jahre auf der Walz, München 2016
Winschewski, Julia: Als Frau auf »Tippelei«. Erfahrungen von Wandergesellinnen. Eine empirische Untersuchung, München / Ravensburg 2021

Annette von Aretin

Aretin, Annette von: Emanzipation charmant, Düsseldorf 1972
Dies.: Mein Englischer Garten, München 1989
Dies.: Alles blüht zu seiner Zeit. Erinnerungen, München 1991
Dies.: Mein liebes Enkelkind … Erinnerungen an eine Zeit, die du nicht kanntest, München 1999

Verena Bentele

Bentele, Verena: Kontrolle ist gut, Vertrauen ist besser. Die eigenen Grenzen verschieben und Sicherheit gewinnen, München 2014
Dies.: Wir denken neu. Damit sich Deutschland nicht weiter spaltet, München 2021

Silvia (Silli) Beyer

Porträt des Bayerischen Rundfunks in der Reihe »Wir in Bayern« unter: www.ardmediathek.de/video/wir-in-bayern/zucchinilasagne-vegan-und-glutenfrei/br-fernsehen/Y3JpZDovL2JyLmRlL3ZpZGVvLzc0YmU2ZjgxL-TY1MjMtNDI3Zi04MWQ1LTdjZGEyZDNjMjYxNQ [abgerufen am 13.4.2022]

Mathilde Berghofer-Weichner

Männle, Ursula (Hg.): Eine starke Frau in der Politik. Mathilde Berghofer-Weichner 1931–2008, herausgegeben von der Hanns-Seidel-Stiftung, München 2018

Dr. Mathilde Berghofer-Weichner, Bayerische Justizministerin a.D., im Gespräch mit Werner Reuß, BR-ONLINE, Sendung vom 20.6.2000, www.br.de/fernsehen/ard-alpha/sendungen/alpha-forum/mathilde-berghofer-weichner-gespraech100~attachment.pdf? [abgerufen am 28.4.2022]

Clementine von Braunmühl

Braunmühl, Clementine von: Erinnerungen, in: Frauenleben in München. Lesebuch zur Geschichte des Münchner Alltags. Geschichtswettbewerb 1992, herausgegeben von der Landeshauptstadt München, München 1997, S. 211–224

Schmalhofer, Claudia: Die Kgl. Kunstgewerbeschule München (1868–1918). Ihr Einfluss auf die Ausbildung der Zeichenlehrerinnen, München 2005

Antje Yael Deusel

Deusel, Antje Yael / Beisbart, Ortwin (Hg.): Gedenkbuch der jüdischen Bürger Bambergs. Opfer des nationalsozialistischen Terrors 1933-1945, Bamberg 2008

Dies.: Mein Bund, den ihr bewahren sollt: religionsgesetzliche und medizinische Aspekte der Beschneidung, Freiburg 2012

Dies. / Thiede, Rocco (Hg.): Reginas Erbinnen. Rabbinerinnen in Deutschland, Leipzig 2021

Ilse Essers

Essers, Ilse, geb. Kober: Technik an meinem Lebensweg. Als Frau und Ingenieurin in der Frühzeit der Luftfahrttechnik, herausgegeben von Peter F. Selinger, Graz 1988

Fuchs, Margot: Wie die Väter so die Töchter. Frauenstudium an der Technischen Hochschule München 1899–1970. Technische Universität München, München 1994, S. S. 97–116

Hildegunde (Gundi) Feilner

Fuchs, Margot: Wie die Väter so die Töchter. Frauenstudium an der Technischen Hochschule München 1899–1970. Technische Universität München, München 1994, S. 172–194

Ein Briefwechsel zwischen Hanns Seidel und Gundi Feilner wurde in einer Sonderausgabe der Politischen Studien »Weltanschauung und politisches Handeln – Hanns Seidel zum 100. Geburtstag« 2001 veröffentlicht.

Frieda Fronmüller

Trautwein, Renate: FrauenLeben in Fürth. Spurensammlung und Wegweiser, Nürnberg 2003, S. 46–48

Ingeborg Geisendörfer

Fränkisches Freilandmuseum (Hg.): fromm, politisch, unbequem. Evangelische Frauen des 20. Jahrhunderts in Bayern, Bad Windsheim 2008, S. 142–153

Heidenberger, Felix: Die Glöcknerin vom Bundestag. Ingeborg Geisendörfer: Ein Leben im Dienst von Politik und Kirche, München 2001

Gertraud Gruber

Gruber, Gertraud: Das Geheimnis natürlicher Schönheit. Meine Erfolgsrezepte für Körper, Haut und Seele, München 2013

Gespräch mit Elisabeth Eibl, Geschäftsführerin von Gertraud Gruber Kosmetik in der Sendung »Habe die Ehre« am 18.6.2021: www.br.de/radio/br-heimat/sendungen/habe-die-ehre/gertraud-gruber-kosmetik-rottach-egern-100.htmlhttps://www.br.de/radio/br-heimat/sendungen/habe-die-ehre/gertraud-gruber-kosmetik-rottach-egern-100.html [abgerufen am 14.4.2022]

Katharina Gruber

Gruber, Thilde: »So eine.«, in: Frauenleben in München. Lesebuch zur Geschichte des Münchner Alltags. Geschichtswettbewerb 1992, herausgegeben von der Landeshauptstadt München, München 1997, S. 30–33

Lauterbach, Burkhart (Hg.): Katharina Gruber. Bürofräulein, Inhaberin des des ersten Münchner Schreibbüros, in: Großstadtmenschen. Die Welt der Angestellten, Frankfurt am Main 1995, S. 64–66

Anke Hagel-Burgstaller

Falter, Josef: Chronik des Polizeipräsidiums München, herausgegeben von Michael Farin, München 1973

Verein Blaulicht (Hg.): Chronik der Münchner Polizei, München 2015

Paula Hahn-Weinheimer

Fuchs, Margot: Wie die Väter so die Töchter. Frauenstudium an der Technischen Hochschule München 1899–1970. Technische Universität München, München 1994, S. 185–194

Herrmann, Wolfgang A. / Pabst, Martin: Köpfe der TUM. Geniale Entdecker und Erfinder aus der Technischen Universität München, München 2018, S. 105–107

Mathilde Hitzfeld

Panzer, Marita A. / Plößl, Elisabeth: Bayerns Töchter. Frauenporträts aus fünf Jahrhunderten, München 2015, S. 247–252

Zehender, Anne-Kathrin: Frauen im Vormärz und in der Revolution 1848 / 49, in: Blätter für deutsche Landesgeschichte, 141 / 142. Jahrgang, 2005 / 2006

Anna (Annie) Hübler-Horn

Marita A. Panzer: Bayerns Töchter. Frauenporträts aus fünf Jahrhunderten, München 2015, S. 235–238

»Isarnixen«

Stummeyer, Bettina: Isarnixen. Geschichte des Münchner Damen-Schwimm-Vereins, Manuskript BR, 2006

Porträt von Marie-Luise Jordan in der BR-Reihe »Lebenslinien«: www.br.de/br-fernsehen/sendungen/lebenslinien/die-isarnixe-marie-luise-jordan-synchron-schwimmen100.html [abgerufen am 8.4.2022]

Senta Josephthal

Mitteilungen des Vereins für Geschichte der Stadt Nürnberg, Band 89, 2002

Video mit Senta Josephthal im Nürnberger Videoarchiv der Erinnerung: https://nuernberger-videoarchiv.de/Senta-Josephthal.html [abgerufen am 8.4.2022]

Liesl Karlstadt

Karl, Michaela: Liesl Karlstadt. Gesichter einer Frau und Künstlerin, Regensburg 2011

Rinberger, Sabine / Koll, Andreas (Hg.): Liesl Karlstadt. Schwere Jahre 1935–1945, München 2019

Wendt, Gunna: Liesl Karlstadt. Ein Leben, München / Zürich 2000

Der Persil-Werbefilm mit Liesl Karlstadt ist in der Mediathek des Bayerischen Rundfunks zu sehen unter: www.br.de/mediathek/video/persilwerbung-liesl-karlstadt-und-beppo-brem-av:584f8f093b467900011a4142a [abgerufen am 13.4.2022]

Petra Kelly

Kelly, Petra: Mit dem Herzen denken. Texte für eine glaubwürdige Politik, München 1990

Dies.: Lebe, als müßtest Du heute sterben. Texte und Interviews. Mit einem Vorwort von Dorothee Sölle, Düsseldorf 1997

Richter, Saskia: Die Aktivistin. Das Leben der Petra Kelly, München 2010

Sperr, Monika: Petra Kelly, Reinbek 1985

Rosa Kempf

Reining, Elke: Rosa Kempf (1874–1948). Der Kampf für die Rechte der Frauen, in: Zeitschrift für bayerische Landesgeschichte, 2001, S. 149–164

Schmidt-Thomé, Adelheid: Sozial bis radikal. Politische Münchnerinnen im Porträt, München 2018, S. 163–169

Bertha Kipfmüller

Kipfmüller, Bertha: »Nimmer sich beugen«. Lebenserinnerungen, Erstveröffentlichung 65 Jahre nach ihrem Tod nach handschriftlichen Aufzeichnungen, Heidelberg 2013

Dies.: Tagebücher, herausgegeben von Hans-Peter Kipfmüller, Heidelberg 2021

Kipfmüller, Hans-Peter: Die rote Pappenheimerin, Heidelberg 2012

Eine Hörgeschichte auf: https://zwischenfaelle.radio-z.net/feature/bertha-kipfmueller [abgerufen am 8.4.2022]

Emma Knuß

Stankiewitz, Karl: Münchner Originale. Fotografien aus der Sammlung Karl Valentin im Stadtarchiv München, herausgegeben vom Stadtarchiv München, München 2019

Trautwein, Renate: FrauenLeben in Fürth. Spurensammlung und Wegweiser, Nürnberg 2003, S. 53–54

Wilhelm, Hermann: Künstler, Kinos, Volkstheater. Kunst und Kultur in Haidhausen von der Mitte des 18. Jahrhunderts bis zu den 1930er Jahren, München 2021

https://digital.slub-dresden.de/data/kitodo/DieRa_41188932X-18970710/DieRa_41188932X-18970710_tif/jpegs/DieRa_41188932X-18970710.pdf [abgerufen am 4.4.2022].

www.cycling4fans.de/index.php?id=6370 [abgerufen am 4.4.2022].

Marie Sophie von La Roche

La Roche, Sophie von: Die Geschichte des Fräulein von Sternheim – von einer Freundin derselben aus Original-Papieren und anderen zuverlässigen Quellen gezogen, 1771

Strohmeyr, Armin: »Sie war die wunderbarste Frau...«. Das Leben der Sophie von La Roche, Konstanz 2019

Emilie Lehmus

Franger, Gaby: Dr. Emilie Lehmus (1841–1932). Eine Fürtherin schreibt Medizingeschichte, in: Fürther Geschichtsblätter, 70. Jg., 4/2020, S. 127–140

Tiburtius, Franziska: Erinnerungen einer Achtzigjährigen, Berlin 1923

Maja Lex

Kugler, Michael (Hg.): Elementarer Tanz – Elementare Musik. Die Günther-Schule 1924–1944, Mainz 2002

Hanna Löv

Aicher, Florian / Drepper, Uwe: Robert Vorhoelzer – ein Architektenleben. Die klassische Moderne der Post [Ausstellungskatalog], München 1990

Aicher, Otl: Die Küche zum Kochen. Das Ende einer Architekturdoktrin, Berlin 1994

Altmann, Laura Ingianni: Regierungsbaumeisterin in Deutschland. Die Architektin Hanna Löv (1901–1995), Basel 2021. Die Dissertation liefert erstmals ein vollständiges Werkwerkverzeichnis von Hanna Löv.

Maasberg, Ute / Prinz, Regina: Die Neuen kommen! Weibliche Avantgarde in der Architektur der zwanziger Jahre, Hamburg 2005

Molitor, Jean / Voss, Kaija: Bauhaus in Bayern. Eine fotografische Reise durch die Klassische Moderne, Berlin 2021

Anna Mayer-Bergwald

Hans Ziegler: Anna Mayer-Bergwalds Werk – eine Fundgrube des Ländlichen, in: Frauen schreiben: G'schichten vom Land. Schriftstellerinnen und das ländliche Milieu, herausgegeben von Reinhard Jakob, Ausstellung im Bauernhofmuseum Jexhof, 12. Juni bis 31. Oktober 2008, Jexhof-Heft 24, Fürstenfeldbruck 2008, S. 132–137

Mayer-Bergwald, Anna: Chiemsee-Bilder, München 1921

Maria Meißner

FC Bayern München (Hg.): 100 Jahre FC Bayern München, Berlin 2000

Zwei kurze Filme stehen im Zeitzeugenportal des Hauses der Geschichte der

Bundesrepublik Deutschland: www.zeitzeugen-portal.de/suche?q=meissner [abgerufen am 8.4.2022]

Anny Müller

Eigmüller, Michaela/Wohlgemuth, Mathilde (Hg.): Schützen. Das Buch. 500 Jahre Kulturgeschichte in Süddeutschland, Illerbeuren 2021, S. 284–285

Friederich, Christa: Anny Schmid geb. Müller, in: Memminger Frauen. Biographien. Geschichten. Bilder, herausgegeben von der Frauengeschichtswerkstatt Memmingen, Mering 2012, S. 164f.

Amalie (Emmy) Noether

Karl, Michaela: Emmy Noether: Die Mutter der Neuen Algebra, in: Bayerische Amazonen. Zwölf Frauenporträts aus zwei Jahrhunderten, Regensburg 2004, S. 84–96

Antonie Nopitsch

Fränkisches Freilandmuseum (Hg.): fromm, politisch, unbequem. Evangelische Frauen des 20. Jahrhunderts in Bayern, Bad Windsheim 2008, S. 106–119

Nopitsch, Antonie: Der Garten auf dem Dach. Erinnerungen, Nürnberg 1970

Sara Nuru

Nuru, Sara / Borufka, Sarah: Roots. Wie ich meine Wurzeln fand und der Kaffee mein Leben veränderte, München 2019

Maria Otto

Clemens, Winy: Die ersten Rechtsanwältinnen in München, in: Robert Heinrich, 100 Jahre Rechtsanwaltskammer München, München 1979, S. 19–25

Jörn, Sarah: Deutschlands erste Anwältin 1922: Das zähe Ringen von Maria Otto, in: 12 Jahrzehnte MAV Festschrift, herausgegeben vom Münchener Anwaltverein, Bonn 2000

Prantl, Heribert: Was ein einzelner vermag. Politische Zeitgeschichten, München 2017, S. 186ff.

Christine (Nina) Rädler

Porträt in der Reihe »Bergauf-Bergab« des Bayerischen Rundfunks (2020): www.ardmediathek.de/video/bergauf-bergab/nina-raedler-bergwacht-unterjoch/br-fernsehen/Y3JpZDovL2JyLmRlL3ZpZGVvLzMzODRlYzA2LTU5OWMtNGJhYS1iNDU4LWRjMDcyMzI3OTQzOA [abgerufen am 5.7.2020]

Therese Randlkofer

Graf, Lisa: Dallmayr. Der Traum vom schönen Leben, München 2021

Krauss, Marita: Die königlich bayerischen Hoflieferanten, München 2009, S. 207–218

Reindl, Josef: Randlkofen und die Randlkofer. Eine Guts- und Familiengeschichte, Mainburg 1927

Marie (Mary S.) Rosenberg

Hartenstein, Elfi: Jüdische Frauen im New Yorker Exil. 10 Begegnungen, Dortmund 1999, S. 84–96

Trautwein, Renate: FrauenLeben in Fürth. Spurensammlung und Wegweiser, Nürnberg 2003, S. 37–39

Ziegler, Edda: Buchfrauen. Frauen in der Geschichte des deutschen Buchhandels, Göttingen 2014

Hannelore Schmatz

Schreiber, Justina: Frauen im Alpinismus. Pionierinnen in Feld und Eis, www.br.de/radio/bayern2/sendungen/bayerisches-feuilleton/der-berg-ist-das-ziel100.html [abgerufen am 8.4.2022]

Ingeborg Schober

Ingeborg Schober. Die Zukunft war gestern. Essays, Gespräche und Reportagen, herausgegeben von Gabriele Werth, Meine 2021

Maria Rosalia (Christl-Marie) Schultes

Probst, Ernst / Eimannsberger, Josef: Drei Königinnen der Lüfte in Bayern. Thea Knorr – Christl-Marie Schultes – Lisl Schwab, Norderstedt 2010

Zegenhagen, Evelyn: »Schneidige deutsche Mädel«. Fliegerinnen zwischen

1918 und 1945, in: Deutsches Museum, Abhandlungen und Berichte, Neue Folge, Band 22, Göttingen 2007

»Die erste Pilotin Bayerns. Porträt der Flugpionierin Christl-Marie Schultes«, Film des Bayerischen Rundfunks (2021): www.br.de/mediathek/video/portraet-der-flugpionierin-christl-marie-schultes-die-erste-pilotin-bayerns-av:60c520ce0c143200075888ff [abgerufen am 8.4.2022]

Elsbeth Steinheil

Fuchs, Margot: Wie die Väter so die Töchter. Frauenstudium an der Technischen Hochschule München 1899–1970. Technische Universität München, München 1994, S. 93–96

Anna Steuerwald-Landmann

Franger, Gaby: Anna Steuerwald Landmann (1892–1980). Eine Nürnbergerin des 20. Jahrhunderts, in: Bennewitz, Nadja / Franger, Gaby: Am Anfang war Sigena. Ein Nürnberger Frauengeschichtsbuch, Cadolzburg 1999

Meister, Monika: Anna Landmann: Ein Leben für den Frieden. Verfolgung, Exil und Rückkehr einer Nürnberger Jüdin, Manuskript Bayerischer Rundfunk 1993

Vortrag des Sohns Helmut Steuerwald: http://ak-schulfach-ethik.de/download/SteuerwaldLandmannAnna.pdf [abgerufen am 9.2.2022]

Gunta Stölzl

Maasberg, Ute / Prinz, Regina: Die Neuen kommen! Weibliche Avantgarde in der Architektur der zwanziger Jahre, Hamburg 2005

Müller, Ulrike: bauhausfrauen. Meisterinnen in Kunst, Handwerk und Design, München 2019

Radewaldt, Ingrid: Gunta Stölzl. Pionierin der Bauhausweberei, Weimar 2018

Stölzl, Gunta: Meisterin am Bauhaus Dessau; Textilien, Textilentwürfe und freie Arbeiten 1915–1983; Ausstellungskatalog Stiftung Bauhaus Dessau, 30. August 1997–4. Januar 1998, Ostfildern-Ruit 1997

Anna Maria (Nannette) Streicher

Goebl-Streicher, Uta / Streicher, Jutta / Ladenburger, Michael: »Diesem Menschen hätte ich mein ganzes Leben widmen mögen«. Beethoven und die

Wiener Klavierbauer Nannette und Andreas Streicher, herausgegeben von Michael Ladenburger, Bonn 1999
Goebl-Streicher, Uta (Hg.): Das Stammbuch der Nannette Stein (1787–1793). Streiflichter und Gesellschaft in Augsburg und Süddeutschland im ausgehenden 18. Jahrhundert, 2 Bde., Faksimile und Kommentar, Tutzing 2001

Käte Strobel

Reuß, Gerda (Hg.): Das Käddala aus der Gartenstadt. Eine Zeitreise mit Käte Strobel, Nürnberg 2009
»Käte Strobel. Tabubrecherin in Fragen der Sexualität«. Gespräch mit Käte Strobel im September 1984 in Überlingen und im Februar 1986 in Bonn: https://arsfemina.de/frauenpolitik-als-beruf/k%C3%A4te-strobel-0 [abgerufen am 9.2.2022]

Therese von Bayern

Bußmann, Hadumod / Neukum-Fichtner, Evi (Hg.): »Ich bleibe ein Wesen eigener Art«. Prinzessin Therese von Bayern. Wissenschaftlerin – Forschungsreisende – Mäzenin (1850–1925), Universität München, München 1997
Bußmann, Hadumod: Die Prinzessin und ihr »Kavalier«. Therese von Bayern und Maximilian Freiherr von Speidel auf Brasilien-Expedition im Jahr 1888, München 2013
Dies.: Prinzessin Dr. h.c. Therese von Bayern. Ihr Leben zwischen München und Bodensee – zwischen Standespflichten und Selbstbestimmung, herausgegeben vom Historischer Verein Lindau, München 2015
Dies.: Ich habe mich vor nichts im Leben gefürchtet. Die ungewöhnliche Geschichte der Prinzessin Therese von Bayern, Berlin 2017
Interview mit Hadumod Bußmann: https://badw.de/die-akademie/presse/podcast/podcast-details/detail/fokus-hadumod-bussmann-ueber-therese-von-bayern.html [abgerufen am 9.2.2022]

Catharina Treu

Reidel, Erna: Katharina Treu, eine kurpfälzische Malerin der Karl-Theodor-Zeit, in: Kurpfälzer Jahrbuch 1929, https://digi.ub.uni-heidelberg.de/diglit/kurpfaelzer_jahrbuch1929/0108 [abgerufen am 9.2.2022]

Gabriele Weishäupl

Weishäupl, Gabriele: I bin der Max. Die schönsten Geschichten der Wiesn-Chefin, Rosenheim 2014

Porträt in der Reihe »Lebenslinien« des Bayerischen Rundfunks: www.br.de/mediathek/video/lebenslinien-menschen-im-portraet-ich-war-die-wiesn-chefin-av:5b72a9beb3dbce00189ddea6 [abgefragt am 14.4.2022]

Lieselotte Welskopf-Henrich

Lorenz, Erik: Liselotte Welskopf-Henrich und die Indianer. Eine Biographie, Chemnitz 2010

Welskopf-Henrich, Lieselotte: Jan und Jutta, Chemnitz 1953

Dies.: Die Söhne der Großen Bärin, 6 Bände, Chemnitz 2015

Dies.: Das Blut des Adlers, 5 Bände, 1966–1980, Chemnitz 2015

Maria von Welser

Welser, Maria von: Die Weisheit ist weiblich. Geschichten von ganz besonderen Männern und Frauen, Freiburg 2011

Dies.: Wo Frauen nichts wert sind: Vom weltweiten Terror gegen Frauen und Mädchen, München 2014

Dies.: Ich habe beschlossen, dass es mir nur noch gut geht: Leben mit dem Tumor, München 2019

Lilli von Weech

Fink, Caroline / Steinbach, Karin: Erste am Seil. Pionierinnen in Fels und Eis, Innsbruck / Wien 2013

Elisabeth Winterhalter

Görner, Karin: Ottilie W. Roederstein und Elisabeth Winterhalter. Frankfurter Jahre 1891–1909, herausgegeben von der Heussenstamm-Stiftung, Frankfurt 2018

Film von Bianca Walther über Elisabeth Winterhalter und Ottilie Roederstein: https://biancawalther.de/elisabeth-winterhalter/ [abgerufen am 8.4.2022]

Maria Zach

Kino in der Vorstadt. Recherchiert und zusammengestellt von Hoeszler, Sibylle und Jofer, Gabriele. Sonderband der Materialien zur Haidhauser Geschichte, München 1990

Wilhelm, Hermann: Künstler, Kinos, Volkstheater. Kunst und Kultur in Haidhausen von der Mitte des 18. Jahrhunderts bis zu den 1930er Jahren. München 2021

Clara Ziegler

Marita A. Panzer: Clara Ziegler. Die letzte große deutsche Tragödin, München 2018

PERSONENREGISTER (AUSWAHL)

BILDNACHWEIS

akg images: S. 168, 170
alamy: S. 180
Archiv der Deutschen Lufthansa: S. 114
Archiv der Mitteleuropäischen Provinz der Congregatio Jesu: S. 46
Archiv FürthWiki : S. 182 (Foto Knut Meyer)
Bauhaus-Archiv Berlin: S. 72
Bayern Tourismus: S. 192 (Gert Krautbauer)
Bildarchiv des Bayerischen Landtags, München: S. 122
Deutscher Alpenverein / Historisches Alpenarchiv: S. 96, 110
Deutsches Museum, München, Archiv: S. 48 (Sign. FA 005/3616)
Deutsches Tanzarchiv Köln: S. 184 (Moll)
Evangelischer Pressedienst (epd): S. 152
Franz und Maria Kießling-Stiftung: S. 98 (Gerhard Graeber)
FrauenWerk Stein e.V.: S. 128
Hanns-Seidel-Stiftung: S. 126 (Josef A. Slominski), 132 (Winfried Rabanus), 138 (Josef A. Slominski)
IMAGNO / Austrian Archives (S) / Süddeutsche Zeitung Photo: S. 102
imago images: S. 76 (Stephan Görlich)
Ingrid Fidelak: S. 140
Jüdisches Museum Franken: S. 74 (Sign. jmf-03379, Fotograf Norbert Segdhi), 124, 134 (Sign. jmf-04710, Fotograf Helmut Steiner)
Kurt Landauer Stiftung e. V.: S. 106
OSCE: S. 150
picture alliance: S. 112
Presse- und Informationsamt der Bundesregierung: S. 136
Privat: S. 30, 32, 34, 40, 50, 56, 64, 66, 68, 70, 80, 84, 94, 100, 104, 108, 120, 130, 142, 146, 148, 154, 156, 158, 162, 172, 174, 176, 188, 190
Robert Rieger: S. 86
Schönheitsfarm Gertraud Gruber GmbH: S. 78 (Jan Roeder)
Stadtarchiv Erlangen: S. 42

Stadtarchiv Fürth, Biographische Sammlung: S. 92
Stadtarchiv Nürnberg: S. 38 (Sign. StadtAN_C21_VIII_Nr. 81)
Süddeutsche Zeitung Photo: S. 144 (Lothar Kucharz), 186 (Heinz Röhnert)
Technische Universität München, TUM.Archiv: S. 52, 54
Valentin Karlstadt Musäum: S. 178
Vipasana Roy: S. 82
Wikipedia: S. 28 (CC-BY 3.0), 36, 44 (CC BY-SA 4.0), 160 (CC BY-SA 3.0)

DANK

Vielen Dank an zahlreiche Menschen, die zum Entstehen dieses Buchs beigetragen haben.

Im Allitera Verlag:
Vanessa von Proff für die Idee
Dietlind Pedarnig für zahlreiche Anregungen und Gespräche sowie das engagierte und leidenschaftliche Lektorat

Den zeitgenössischen Pionierinnen und ihren Mitarbeiter*innen für die Zusammenarbeit an den Texten

Für die Unterstützung bei der Recherche:
Nadia Bennewitz, Silke Berdux, Bergwacht Bayern, Sabine Buchwald, Deutscher Alpenverein, Gaby dos Santos, Henriette Dyckerhoff, Sonja Freiburghaus und Ulla Schievelbein, Gaby Franger, Manfred Groß (Archiv der Gemeinde Chiemsee), Thilde Gruber-Melchers, Isarnixen, Marie-Luise Jordan, Ulrike Keil, Cornelia Klaeger, Heidi Keller, Elisabeth Lang, Renate Maltry, Ilona Matzke, Georg M. Mooshofer (Kurt Landauer Stiftung e. V.), Heidi Rehn, Sigrid Schneider-Grube, Dorothea Steinbacher, Rudolf Welskopf sowie an alle Archive für die Bildbeschaffung

Last not least gilt mein großer Dank meinem Mann Robert, für den ich monatelang kaum ansprechbar war und der dabei klaglos fürs tägliche Leben sorgte.

EBENFALLS ERHÄLTLICH

SOZIAL BIS RADIKAL

Politische Münchnerinnen im Porträt

München 1918/19: Revolution! Bayern wird Freistaat! Endlich dürfen Frauen wählen! War die bayerische Revolution Auslöser für gravierende politische Veränderungen, war sie es besonders auch für Münchens Frauen. Sie spielten in den letzten Kriegsjahren und während der Revolution eine bis dahin ungewohnt große Rolle. Wer waren die Protagonistinnen im revolutionären München? Und konnten sich Münchnerinnen schon vor dieser Zeit politisch einbringen? Ja, sie konnten: in der Wohlfahrtsarbeit, in diversen Vereinen und vor allem in der Frauen- und Friedensbewegung.23 Biografien sowie einleitende Texte zeichnen lebendig-mitreißend und inspirierend 130 Jahre politische Frauengeschichte in München nach.

268 S., Paperback, ISBN 978-3-96233-050-7

VERGESSENE MÜNCHNERINNEN

30 Lebensbilder

Schriftstellerinnen, Schauspielerinnen, Sängerinnen, Abenteurerinnen, Pazifistinnen, Prinzessinnen, Unternehmerinnen – sie alle haben in höchst unterschiedlichen Berufen und Berufungen das Bild von München im 19. und beginnenden 20. Jahrhundert geprägt. Sie haben hier gelebt, gearbeitet, gelitten, gekämpft, gewirkt. Oft im Stillen, aber manches Mal auch mit einem Bekanntheitsgrad weit über die Grenzen der Landeshauptstadt hinaus. Heute sind diese Frauen jedoch weitgehend vergessen. Das vorliegende Buch verleiht ihnen nun wieder Gesicht und Stimme. I hre individuellen Lebensläufe vermitteln gleichzeitig einen Einblick in die Lebenssituation von Frauen der bürgerlichen und adeligen Gesellschaft Münchens in einer Zeit des wirtschaftlichen Aufschwungs und der extremen politisch-sozialen Veränderungen am Vorabend des Ersten Weltkriegs.

256 S., Paperback, ISBN 978-3-86906-923-4

Mario Benedetti
Das Mädchen und der Feigenbaum

Mario Benedetti

Das Mädchen und der Feigenbaum

Roman

Aus dem Spanischen von
Willi Zurbrüggen

Lamuv

Originaltitel: La borra del café

Bitte fordern Sie unser kostenloses Gesamtverzeichnis an:
Lamuv Verlag, Postfach 26 05, D-37016 Göttingen

1. Auflage Oktober 1994

Lektorat: Heike Brillmann-Ede
Umschlaggestaltung: Gerhard Steidl
unter Verwendung eines Gemäldes von Auguste Renoir
Gesamtherstellung: Steidl, Göttingen
Printed in Germany
ISBN 3-88977-383-4

Meinen Übersetzern, die die Geduld und die Kunst besessen haben, das Sprechen und Schweigen meiner Montevideaner in mehr als zwanzig Sprachen wiedererstehen zu lassen.

Wohin ziehen die Nebel, der Kaffeesatz,
die Kalender einer anderen Zeit?

Julio Cortázar

Nichts ist gelogen. Ein bißchen Glaube
reicht, und alles ist wirklich.

Louis Jouvet (»Bühneneingang«)

Wie Kinder sind wir befreit,
zu Überdauerndem bereit.

Milton Schinca

Die Umzüge

Meine Familie ist immerzu umgezogen. Jedenfalls, so lange ich zurückdenken kann. Ich möchte allerdings klarstellen, daß die Umzüge nie aufgrund von Kündigungen wegen Mietrückstands erfolgten, sondern aus anderen Gründen, die vielleicht absurder waren, aber weniger beschämend. Ich gestehe, daß dieser stete Reigen des immer neuen Ein- und Auspackens von Schubladen, Koffern, Kisten und Kartons mich vergnügte. Alles fand wieder seinen Platz in Schränken, Regalen, Schubfächern und Besenkammern, obwohl ein Gutteil der Dinge (nicht immer dieselben) in Kisten und Koffern verblieb. Das neue Haus (wir waren nie Eigentümer, sondern immer nur Mieter) nahm schon in wenigen Tagen das Aussehen einer fast endgültigen Bleibe, oder zumindest einer dauerhaften Unterkunft an, und ich denke, daß meine Eltern daran auch tatsächlich glaubten; aber noch bevor ein Jahr vergangen war, begannen meine Mutter oder mein Vater, niemals beide zusammen, Bemerkungen fallenzulassen (zuerst andeutungsweise, dann immer ausdrücklicher), die im Grunde nichts anderes waren als Anregungen zu einem neuen Umzug. Die von meinem Vater ins Feld geführten Gründe waren im allgemeinen zu wenig Sonne, feuchte Wände, zu enge Flure, zuviel Lärm, neugierige Nachbarn, und so weiter. Die Gründe meiner Mutter waren vielfältiger, aber in der Regel enthielt ihre Liste solche Motive wie zuviel Sonne, zu trockene

Luft, zu große Räume, mangelnde Kommunikation mit den Nachbarn, verschlafene Straßen, und so weiter. Außerdem mochte mein Vater lieber die Beschaulichkeit der Vororte, während meine Mutter die lebhafte Innenstadt vorzog.

Keine Angst, ich will hier nicht die ganze Geschichte *meiner* Wohnungen erzählen, sondern nur von denen, wo mir wichtige Dinge zugestoßen sind (oder, wie es der Dichter in einer Anwandlung genialer Geschmacklosigkeit ausdrückte: »kleine Dinge für die Welt / aber große für mich«). Geboren wurde ich in einem Haus (oberster Stock) in der Justicia/Nueva Palmira, in dem wir, was eine Ausnahme war, drei Jahre wohnten. Ich habe kaum Erinnerungen daran, außer, daß es ein Dachfenster gab, das besonders viel Lärm machte, wenn es geöffnet oder geschlossen wurde, was nicht allzu oft vorkam, da sich der Hebel dafür an der Wand im Innenhof befand und so schwer ging, daß er nur mit der gemeinschaftlichen Anstrengung von zwei kräftigen Personen zu betätigen war. Außerdem versetzte einem dieser famose Hebel an Regentagen fürchterliche elektrische Schläge, so daß das Dachfenster nur in trockenen Zeiten geöffnet oder geschlossen werden konnte.

Danach zogen wir innerhalb desselben Viertels in die Inca, Ecke Lima. Am bemerkenswertesten war dort das Klosett, denn wenn man an der Kette zog, spülte das Wasser nicht, wie es seine hygienische Pflicht gewesen wäre, das Klobecken aus, sondern ergoß sich aus der Höhe des Wasserkastens über den unglücklichen Benutzer und überflutete den ganzen Boden aus grünen Fliesen. Später zogen wir in die Joaquín Requena, wo der Straßenlärm zwar größer war, aber das Klo funktionierte und man seine Bedürfnisse nicht mehr mit Hut und Regenmantel verrichten mußte. Von dieser Wohnung, die sehr viel bescheidener war als die vorherigen, verdient nur ein alter Plattenspieler Erwähnung, auf dem meine Mutter, wenn mein Vater nicht zu Hause war, eine Schallplatte mit Gymnastikunterricht auflegte, auf der als erstes eine spitzmäulige Stimme erscholl: »Aaaachtunk! Feeertik! Los!«. Und meine Mutter legte gehorsam los. Ich, der ich damals schon fünfeinhalb wurde, bewunderte sie sehr, wenn sie sich auf den Fußboden legte und die Beine hob, oder in die Hocke ging und die Arme ausstreckte, wobei sie manchmal zu einer Seite umkippte, aber ich glaubte, daß auch das von dem Gallizier auf der Schallplatte befohlen wurde. (Ich muß hinzufügen, daß ich den Akzent jenes Animateurs erst viele Jahre später identifizieren konnte; eines Nachmittags nämlich, als ich diese Reliquie von 78 UpM in einem Schrankkoffer fand und sie mir noch einmal anhörte). Dennoch klatschte ich ihr begeistert Beifall, wenn die mündlichen Anweisungen zu Ende waren, und sie hob mich in Anerkennung für mein Verständnis und mein Ermuntern hoch in die Luft und gab mir einen schmatzenden Kuß, der lauter war als andere Mutterküsse, aber nicht so angenehm, weil sie, wie nach solchen Turnübungen vorauszusehen, fürchterlich verschwitzt war.

Die nächste Wohnung (noch bescheidener) lag in der Hocquart/Juan Paullier. Sie war nur vier Blocks von der vorherigen entfernt, so daß es nicht leicht war, einen Umzugswagen für eine so kurze Strecke zu finden, was meinem Vater, ganz zu Recht, absurd erschien, da das Auf- und Abladen doch dasselbe war als wenn die Entfernung fünfzehn Kilometer betragen hätte. Schließlich fanden wir einen Fahrer, der, dank eines guten Trinkgelds, zu einem so unüblichen Wohnungswechsel bereit war, doch seine Übellaunigkeit und die seiner beiden Helfer war so offenkundig, daß niemand sich wunderte, daß einem Kleiderschrank alle Füße bis auf einen abbrachen und ein Spiegel einen Riß bekam, der ihn in zwei Monde zerteilte: in einen abnehmenden und einen zunehmenden. Das neue Domizil war für uns alle etwas eng, und gegessen wurde fast immer in der Küche. Das beste an der Wohnung war die Dachterrasse, die praktisch an die des Nachbarn grenzte, auf der es einen riesigen Hund gab, den ich für schrecklich bissig hielt, und der mein erster Feind wurde. Die wenigen Male, die ich hinaufging, knurrte das arme Tier auch prompt, der Form halber sozusagen, doch kaum entdeckte ich, daß es angekettet war, beschloß ich – in meiner ersten Anwandlung von Feigheit, an die ich mich erinnere – zurückzuknurren, und obgleich dieses Bravourstück kaum mehr als eine kümmerliche Karikatur war, muß ich zugeben, daß es nicht dazu beitrug, unser ohnehin schon belastetes Verhältnis zu verbessern.

Es gab noch mehr Wohnungen in jener Zeit. Die Gegend blieb stets die gleiche: Nicaragua/Cufré, Constitución/Goes und Porongos, Ecke Pedernal. Mittlerweile waren die Wohnungswechsel schon zu einer korporativen Besessenheit geworden. Das Umziehen war vom Stadium des Alptraums in das der Traumhaftigkeit hinübergeglitten. Jedesmal, wenn eine neue Wohnung am Horizont auftauchte, wurde sie, mit ihren Lichtern und ihren Schatten, zu einer Utopie, und wenn wir endlich die neue Schwelle überschritten hatten, war das wie der Eintritt ins Elysium. Natürlich war die himmlische Phase schon nach kurzer Zeit zu Ende, zum Beispiel, wenn ein Stück vom Deckenstuck auf unsere *cappelleti alla carusso* fiel oder wenn eine gut gedrillte Vorhut von Kakerlaken unter dem hysterischen Geschrei meiner Mutter im Gleichschritt in die Küche einmarschierte. Dennoch konnte die Tatsache, daß ein Mythos im Nebel unserer enttäuschten Hoffnungen versank, uns nicht daran hindern, mit vereinten Kräften die Entwicklung einer neuen Utopie anzugehen.

Erste Hilfen

Das erste wirklich bedeutsame neue Haus, jedenfalls für mich, obgleich nicht immer aus gutem Grund, war das in der Calle Capurro. Erstens wurde dort meine Schwester geboren; zweitens wechselte mein Vater seine Arbeitsstelle, was sich in einer beträchtlichen Erhöhung seiner Einkünfte bemerkbar machte; drittens und letztens bekam ich dort eine besorgniserregende Krankheit, und der Arzt verbot mir, zur Schule zu gehen. Die Zeit der Genesung nahm kein Ende, doch als einige Monate verstrichen waren, stellte mein Vater eine Privatlehrerin ein, die sich dreimal in der Woche jeweils vier Stunden um meine (mißgebildete) Bildung kümmerte.

Sie hieß Antonia Vico. Ich erinnere mich an den Namen, weil er sich auf *abanico* reimte, was nicht nur Fächer heißt, sondern auch ein Utensil war, das sie zu allen vier Jahreszeiten bei sich trug. Obwohl ihr ständig heiß war, bot meine Mutter ihr nie an, den Ventilator einzuschalten, da in meinen Zustand des ewigen Rekonvaleszenten jeder kleine Lufthauch einen Rückfall herbeiführen konnte, oder, günstigstenfalls, zweiunddreißigmaliges Niesen am Stück. Ich weiß noch, daß sie schlank war, eine sehr helle Haut hatte und dunkle Augen, die mir zwei Sorten von Blicken zuwarfen: eine, sanft und verständnisvoll, wenn meine Eltern zugegen waren, und eine andere, bohrend und hart, wenn sie uns allein ließen. Kurzum, Liebe auf den ersten Blick war es nicht.

Gewöhnlich neigt ein Kind, das in den Genuß einer exklusiv zu verschleißenden Privatlehrerin kommt, dazu, die Montagslektion am Dienstag kurz zu überfliegen, um bei der Wiederholung am Mittwoch nicht ganz dumm dazustehen. Ich hingegen machte es genau umgekehrt: ich lernte am Montag schon die Lektion, die sie am Mittwoch mit mir durchnehmen wollte, was für das arme Mädchen furchtbar frustrierend war, eine Art pädagogisches Vakuum herbeiführte und möglicherweise zu der Befürchtung Anlaß gab, meine Eltern, wenn sie herausfänden, daß ich mein Wissen erweiterte, ohne ihres didaktischen Zutuns zu bedürfen, könnten sich entschließen, derart unbedeutende Dienste nicht länger in Anspruch zu nehmen. Nun mochte ich wohl pervers sein, aber ein Verräter war ich nicht, und den Eltern sagte ich nie ein Wort von meinen verschrobenen Schülerspielchen. Mein Ziel war ja nicht, Antonia arbeitslos zu machen, sondern ihr vor Augen zu führen, mit wem sie es zu tun hatte. So machten wir also weiter: Ich kam ihr in den Lektionen zuvor, und sie lernte mich zu respektieren. Da ich jedes Pensum bis aufs I-Tüpfelchen kannte und die geringste Abweichung oder Auslassung ihrerseits unverzüglich bemerkte, hatte es manchmal den Anschein, als ob ich derjenige war, der unterrichtete, und sie diejenige, die ins Schwitzen geriet.

Nach nur sechs Monaten unbeugsamer Anwendung dieser Technik, das heißt, als ich schließlich den Eindruck gewann, meine Charakterfestigkeit sei hinlänglich bewiesen, beschloß ich, unsere Beziehung einen normaleren Gang gehen zu lassen, und nahm folglich hin, daß sie mir die Lektionen diktierte, bevor ich sie lernte. Überflüssig zu sagen, daß sie es mir tief in der Seele dankte und mich nach diesem Neubeginn auch mit sanften, verständnisvollen Augen ansah, wenn meine Eltern nicht anwesend waren. Ich werde sogar das Gefühl nicht los, daß sie mich lieb gewann. Und da wir schon dabei sind: Ich glaube, daß auch ich sie ein bißchen liebte, vielleicht weil ich unter diesem sanften Blick, den ich jetzt unumschränkt genoß, innerlich dahinschmolz. Ich war damals erst acht Jahre alt, aber was sich später als mein ästhetisches Empfinden etablieren sollte, ließ meine Blicke auf ihren Beinen verweilen, die ich wundervoll fand, wohlgeformt und verführerisch. Möglicherweise war es auch nicht nur ästhetisches Empfinden. Im nachhinein denke ich, daß meine ersten frühreifen erotischen Phantasien sich in den versteckten Blicken bündelten, die ich auf diese anmutigen, vollendeten Beine warf. Ich träumte sogar von ihnen, doch selbst im Traum kam ich über bewundernde und staunende Blicke nicht hinaus. Spätere Bilder erinnern mich daran, daß Antonia schöne Brüste und vielversprechende Lippen hatte, aber mit acht Jahren war meine frühe Verzückung unverrückbar auf ihre Beine gerichtet und erlaubte mir nicht, mich auf anderen Interessengebieten umzutun.

Der Schiffsuntergang

In dem Haus in der Calle Capurro hatte ich auch zum erstenmal das Gefühl, einer großen Familie anzugehören. Zwei Cousins, die ein paar Jahre älter waren als ich, zogen von Cerro Largo nach Montevideo und wohnten anfangs bei meinem Großvater Javier, dem Vater meiner Mutter. Später zogen auch ihre Eltern in die Hauptstadt, und alle kamen im Stadtviertel Capurro unter, fünf Blocks von unserem Haus entfernt. Meine Cousine Rosalba, die drei Jahre älter war als ich, wohnte in Canelones, besuchte uns aber oft mit ihrer Mutter, Tante Joaquina, die allerdings nicht die Gunst meines Vaters genoß. »Ich kann deine Schwester nicht ertragen«, sagte er oft zu meiner Mutter. »Sie ist primitiv, oberprimitiv, und außerdem strohdumm.« Meine Mutter entgegnete darauf nur: »Aber sie ist meine Schwester«, und unglaublicherweise war dies das einzige Argument, das meinen Vater zum Schweigen brachte. Außerdem kam Großvater Vincenzo, der Vater meines Vaters, oft von Buenos Aires herüber, wo er einen Laden hatte, und wohnte dann immer bei uns. Die Großmütter sah ich seltener. Die Mutter meiner Mutter, weil sie immer krank war und daher das Haus nicht verließ und auch keine Besuche vertrug; und die Mutter meines Vaters, weil sie in Buenos Aires lebte, und wenn Großvater Vincenzo nach Montevideo kam, blieb sie zu Hause und führte den Laden in Caballitol.

Großvater Vincenzo war genauso lustig wie Großvater Javier, aber auf eine andere Art. Einmal erzählte er mir, wie er bei einem berühmten Schiffsuntergang mit dem Leben davongekommen war. Ich fragte ihn, ob er gerettet wurde, weil er schwimmen konnte. »Nein, wo denkst du hin. Ich habe mich immer den Vögeln näher gefühlt als den Fischen. Aber um die Wahrheit zu sagen, fliegen kann ich auch nicht.« Sein florentinisches Gelächter erscholl wie der Klang eines Glockenspiels im Hof.

»Und wie hast du dich dann retten können?«

»Ganz einfach: Ich habe das Schiff in Genua verpaßt. Ich kam eine halbe Stunde zu spät zum Hafen, und das Schiff hatte mit ekelhafter Pünktlichkeit schon abgelegt. Ich versuchte ein Boot aufzutreiben, daß mich zu dem Dampfer bringen sollte (er war noch in Sichtweite). Zu meinem Glück mißlang der Versuch. Als ich zehn Tage später hörte, daß das Schiff mitten im Atlantik untergegangen war, fiel mir nichts Selbstsüchtigeres ein, als darauf eine Korbflasche Chianti zu leeren. Ich weiß, daß das nicht richtig war, daß ich auch an die andern hätte denken müssen; heute hätte ich das nicht so gemacht, aber damals war ich jung, da hatte ich das Heucheln noch nicht gelernt.« Und wieder sein Gelächter.

Ich konnte darüber nicht lachen. Mir war sofort klar, daß der Großvater das Buch *Herz* von Edmondo de Amicis, das so etwas wie meine Bibel war, nicht gelesen haben konnte, denn wenn er es gelesen hätte, würde er sich nicht so erbärmlich verhalten haben, und wenn er trotzdem entschlossen gewesen wäre, sich die Korbflasche einzuverleiben, dann hätte er es in Trauer und sogar unter Tränen für die, die ertrunken waren, getan. Aber nein, meinem Großvater bereitete es immer noch ein Mordsvergnügen, dem Tod wie durch ein Wunder von der Schippe gesprungen zu sein, obwohl selbst das ihn nicht mit dem Pfarrer seiner Gemeinde auszusöhnen vermochte, da er ein Leben lang militanter Atheist war und gegen Gott wetterte, als ob der nichts anderes im Sinn hatte, als Zugunglücke und Schiffsuntergänge zu inszenieren.

Ein Park für uns

Unser Haus in der Calle Capurro hatte einen seltsamen Geruch. Mein Vater meinte, es röche nach Jasmin; meine Mutter meinte, nach Mäusen. Wahrscheinlich hat dieser Konflikt meinen Geruchssinn auf Jahre hin durcheinandergebracht, und ich konnte in dieser Zeit den Duft von Veilchen nicht von Safrangeruch und die Ausdünstungen der Zwiebel nicht von Inhalationsdämpfen unterscheiden.

Im Zusammenhang mit diesem Haus habe ich außerdem zwei weitere grundlegende Erinnerungen: die an den Capurro-Park, und die an den Fußballplatz des Lito Clubs, der drei Blocks entfernt lag. Der Capurro-Park sah damals aus wie eine für einen Abenteuerfilm hergerichtete Filmlandschaft, mit künstlichen Felsen, höhlenartigen Grotten und von Gestrüpp überwucherten Pfaden, einfach wunderbar. Ich durfte nicht allein hingehen, wohl aber mit meinen Cousins oder dem Nachbarjungen, der so alt war wie ich. Im Park war meistens kein Mensch, so daß wir ihn zu unserer Operationsbasis machten. Wenn wir durch seine Labyrinthe streiften, stießen wir manchmal auf einen betrunkenen oder einfach nur schlafenden Tippelbruder, doch die waren harmlos und hatten sich an unsere Streifzüge gewöhnt. Sie und wir führten eine friedliche Koexistenz in dieser Märchenlandschaft, und ihre Anwesenheit gab unseren Spielen noch einen zusätzlichen Hauch von Gefahr (obwohl wir wußten, daß wir nichts riskierten). In der Regel bestanden diese Spiele aus erbitterten Kämpfen Mann gegen Mann, die zwischen zwei Parteien, besser gesagt, Banden, ausgefochten wurden: Eine bestand aus meinem Vetter Daniel und dem Nachbarjungen und die andere aus Vetter Fernando und mir. Manchmal spielten auch andere Kinder aus dem Viertel mit, aber wir bildeten die Kerntruppe und hatten das Sagen. (Bleibt noch anzumerken, daß Daniel seine Vorbilder bei Conan Doyle fand, während Fernando, Norberto und ich unsere Piratenstücke in der Schule von Sandokan, dem Tiger von Malaya, zu höchster Vollendung gebracht hatten.) In meiner Eigenschaft als Rekonvaleszent waren mir solche Exzesse verboten worden, da sie mich zu sehr ins Schwitzen brachten, so daß gewisse vorbeugende Maßnahmen ergriffen werden mußten, bevor wir uns auf den Heimweg machten. Da wir vor der Schlacht immer unsere Hemden auszogen und auf die Felsen legten, wuschen wir uns nach dem Kampf in einem Teich mit verdächtig grünem Wasser, ließen uns von der Sonne trocknen und zogen dann unsere Hemden wieder an, die keinerlei Spuren von Raufereien aufwiesen. Wenn wir blitzblank und ordentlich gekämmt nach Hause kamen, fragte meine Mutter: »Du bist doch nicht gerannt, oder?« Und um meine Verneinung zu bekräftigen, bestätigte ihr einer meiner Cousins: »Nein, Tante. Wir haben gespielt, und Claudio hat die ganze Zeit auf einer Bank gesessen und sich die Sonne auf den Bauch scheinen lassen.«

Dandy und das Luftschiff

War der Capurro-Park von einzigartiger Anziehungskraft für uns, so war der benachbarte Strand eher abstoßend. Der spärliche, immer schmutzige Strand voller Unrat und Müll wurde mit jeder Welle, die auf ihn schwappte, mit weiteren Abfällen und wertlosen Trümmern verdreckt, die wahrscheinlich von den in der Bucht ankernden Schiffen stammten.

Nur bei einer einzigen Gelegenheit füllte sich der im allgemeinen verschmähte Strand von Capurro mit Leuten und Fahrrädern. Das war, als das Luftschiff kam. Der *Graf Zeppelin*. Die reglos in der Luft stehende silberne Wurst war für die gesamte Erwachsenenwelt ein Wunderding, ein Wunder beinah; für uns war sie was ganz Normales. Mehr noch: Das Staunen der Erwachsenen kam uns recht einfältig vor. Sie da mit offenen Mündern in die Luft starren zu sehen, löste bei uns ein so ansteckendes Gekicher aus, daß schon bald das Gelächter einer ganzen Generation daraus wurde. Eltern, Onkel und Großeltern fühlten sich durch unser Lachen so gekränkt, daß ein Hagel von Püffen und Klapsen auf unsere zerbrechlichen Anatomien niederging. Eine historische Ungerechtigkeit, die wir nie vergessen werden.

Dennoch war der *Graf Zeppelin* indirekt der Grund für eine bedeutende Wende in unserem Leben. Unser Interesse für diesen abgeschmackten Quetschballon hielt genau zehn Minuten vor. Als die ersten von uns zu gähnen begannen, zogen wir uns langsam zurück, ohne recht zu wissen, in welche Richtung wir unsere Erwartungen lenken könnten. Die Erwachsenen standen immer noch mit offenen Mündern, wie hypnotisiert von der aufgeblasenen Zigarre, die oben am Himmel installiert war. Mit einem Mal wurde uns bewußt, daß wir bei dem Spektakel *gar nicht existierten,* wir waren ein Randgruppe in dieser Welt, zumindest der zum Staunen ermächtigten Welt. Und als mein Cousin Daniel sagte: »Wir sind frei!«, da war uns allen klar, daß er nicht nur unser Wortführer, sondern auch unser Anführer geworden war.

Auf verschiedenen Wegen zogen wir uns langsam in Richtung Park zurück, ganz ohne Hast und ohne Aufsehen zu erregen, damit nicht einer der sprachlos gaffenden Erwachsenen plötzlich aus seiner Verzükkung erwachte und Alarm schlug. Es war nicht nötig, daß wir einen Treffpunkt verabredeten. Wir wußten, daß wir uns auf einer kleinen Lichtung zwischen den Felsen finden würden, dort wo drei oder vier Wege zusammenliefen und die bei allen unseren Spielen, Kämpfen und Gefechten die neutrale Zone war. Das war, wie gesagt, unser Treffpunkt, und diesmal auch Ort der Beratung.

Die umständebedingte Gleichgültigkeit der Erwachsenen, verbunden mit der nicht gesuchten und ebenso unerwarteten wie unleugbaren Freiheit, die wir seit einer halben Stunde genossen, zwang uns zu einem entscheidenden Umdenken. Wir hatten weder Lust zu spielen, noch schweißtreibendes Geraufe anzufangen. Es war als stünden wir, nachdem uns plötzlich jemand die Zwangsjacke der Unschuld abgenommen hatte, nackt in einer völlig neuen, unbekannten Pflicht.

Das Schicksal, oder wie es sich nennt, hielt an diesem Tag dann auch den vollen Einsatz frisch erworbener Verantwortung für uns bereit. Wir gingen schweigend auf einem der Pfade, die zu den Grotten führten. Wir waren so in Gedanken vertieft, daß wir beinah über einen liegenden Körper gestolpert wären. Das verzerrte Gesicht und die schon etwas starren Glieder sprachen eine überaus deutliche Sprache. Man mußte keinen Gerichtsmediziner rufen, um festzustellen, daß wir es mit einem Toten zu tun hatten.

»Mensch, das ist Dandy«, sagte mein Cousin Fernando. So nannte sich selbst ein bekannter Tippelbruder, der Älteste in diesem Park, der normalerweise in den Grotten seinen Schlafplatz hatte. Der Spitzname war gar nicht so abwegig, wie es den Anschein haben mochte, denn trotz seiner ausgetretenen Schuhe, seiner zerlumpten Hose, dem schmuddeligen Hemd und seinem zerrissenen Regenmantel hatten wir ihn nie ohne Krawatte gesehen (er besaß sogar zwei: eine schwarzrot gestreifte und eine blaue mit braunen Hufeisen).

»Du hast recht, es ist Dandy«, sagte Daniel.

Mein Nachbar Norberto trat zu dem leblosen Körper, doch Daniel hielt ihn zurück. »Nicht anfassen«, sagte er. »Wenn sie ihn finden und entdecken unsere Fingerabdrücke an ihm, denken sie noch, wir wären es gewesen.«

Norberto trat gehorsam zurück, weil er einerseits anerkannte, daß Daniel jetzt unser Anführer war, ihm andererseits aber auch genügend detektivisches Wissen zugestand, welches er, wie wir alle wußten, aus seinem ständigen Umgang mit Sherlock Holmes bezog. Das offenbarte auch einen beachtlichen Abstand zwischen Daniel und uns anderen. Während wir noch Edmondo de Amicis oder Salgari lasen, hielt er sich ausnahmslos an Conan Doyle.

»Merkt euch, wann wir ihn gefunden haben«, sagte Daniel. »Um zehn nach drei.«

Dann nahm er eine Zeitung, die jemand liegen lassen hatte, schob sie an Dandys Körper heran und drückte ein paar Mal mit seinem Schuh dagegen. Beim letzten Mal drückte er kräftiger und da wurde ein Blutfleck sichtbar, schon eingetrocknet und ganz schön groß. Mit der gleichen Technik schob er danach das schmuddelige Hemd nach oben und legte eine ansehnliche Wunde frei, die offensichtlich von einem scharfen Gegenstand herrührte. Beim Anblick dieser Bescherung fühlte ich, wie mir alles vor den Augen verschwamm und meine Beine schwach wurden, doch dann sagte ich mir, Blut ist zwar ein ganz besonderer Saft, aber du brauchst jetzt deine ganze Kraft, berappelte mich wieder halbwegs und brachte eine so denkwürdige Frage wie diese zustande: »Und sein Mantel?«

Daniel verehrte mir einen dieser liebevoll abschätzigen Blicke, mit denen Holmes Dr. Watson zu bedenken pflegte, und sagte nur: »Sein Mantel? Den hat der Mörder bestimmt mitgenommen.«

Das war zuviel. Allein der Klang des Wortes *Mörder* ließ mich in Ohnmacht sinken, diesmal aber wirklich.

Später, als ich wieder zu mir kam, merkte ich, daß Fernando mir mit einem feuchten Taschentuch über das Gesicht fuhr, und ich fragte mich, worin er es befeuchtet hatte. Doch im selben Moment begegnete ich Daniels etwas tadelndem Spötterblick und hörte ihn sagen: »Ah, du Schlappschwanz.« Ich spürte, wie mir das Blut in Wellen ins Gesicht stieg, und das brachte mich endgültig auf die Beine.

Natürlich schworen wir strengste Geheimhaltung über unseren »makaberen Fund« (so zumindest bezeichnete ihn Daniel, der als angehender Kriminologe mit Leidenschaft die Sensationsmeldungen der Tageszeitung las). Da die Erwachsenen immer noch verzückt das Luftschiff anstarrten, gelangten wir auf getrennten Wegen unbemerkt zum Strand zurück, wo wir uns hinstellten und eine Faszination an den Tag legten, die wir wahrlich nicht empfanden, durch die wir uns jedoch ein kollektives Alibi schufen, das uns nicht mit jener Leiche in Verbindung brachte, die wir an unserem Ex-Treffpunkt zurückgelassen hatten. Ich sage Ex, weil wir uns, aus einleuchtenden Gründen, an dieser Stelle nie wieder trafen.

Als der Abend nahte, verlief sich die Menge allmählich. Erst da erinnerten sich die Erwachsenen daran, daß es uns auch noch gab. Ich weiß noch, daß meine Mutter mir ganz bewegt den Arm um die Schulter legte und sagte: »Wunderschön! Fandest du nicht?« Ich zeigte mich hell begeistert von der fliegenden Wurst, und so machten wir uns auf den Heimweg, gemächlich und ganz normal, als sei nichts geschehen, als müßten wir von nun an nicht mit einer Leiche leben.

Seltsamerweise wurde Dandys Ermordung in den Medien mit keinem Wort erwähnt. Wir blätterten jeden Tag die Zeitungen durch und hörten die Nachrichten im Radio, erwarteten stets die gefürchtete Meldung: *Mord im Capurro-Park.* Und natürlich die Unterzeilen: *Jugendbande verdächtig. Während des Trubels um das Luftschiff Graf Zeppelin wurde ein unter dem Spitznamen Dandy bekannter Stadtstreicher am späten Nachmittag ermordet.*

Zehn Tage nach unserer Entdeckung versammelten wir vier uns im Hinterhof unseres Hauses und entschieden, daß der Ungewißheit ein Ende zu setzen sei. Wir mußten noch einmal in den Park zurück, um herauszufinden, was mit Dandys Leiche passiert war. Wir stimmten darin überein, daß es unvernünftig war, zusammen zu gehen. Nur einer von uns sollte die »Lichtung« aufsuchen und in Augenschein nehmen. Logisch, daß wir darum knobelten. »Gott wird entscheiden«, sagte Norberto, der jeden Tag zum Katechismusunterricht ging und Pater Ricardos Lieblingsschüler war. Er kannte kein höheres Ziel im Leben, als bei diesem Priester Meßdiener zu werden. Wir hatten damals andere Ideale. Daniel wollte natürlich Detektiv werden; Fernando Mechaniker (als er noch kleiner war, sagte er immer Mechanischer, aber das war ein Sprechfehler); und ich – Torhüter in unserer Mannschaft, so etwas wie der Ziehsohn von Mazzali.

Nun, Gott traf tatsächlich die Entscheidung. Seine Wahl fiel auf mich. An diesem Tag beschloß ich Atheist zu werden. Und daran hat sich bis heute nichts geändert. Es war ein fürchterliches Trauma für mich. Ich weiß nicht, was passiert wäre, wenn die Wahl auf Norberto oder Fernando oder Daniel gefallen wäre. Vielleicht hätte das meinen Glauben an den Herrn gefestigt, und ich wäre heute Pastor, oder zumindest Bischof. Es kam jedoch anders, und so mußte ich mich mit meinem Atheismus und der Parkinspektion abfinden.

Am nächsten Tag machte ich mich auf, der Gefahr ins Auge zu blicken. Die anderen drei blieben an der Ecke Capurro/Húsares zurück, um darauf zu warten, was ich an Neuigkeiten brächte. Ich nahm also meinen ganzen Mut zusammen, was nicht allzu viel war, und begab mich an den »Ort des Geschehens« (so bezeichnete ihn Daniel). Wenn ich nicht rasch voranschritt, so lag das nicht an mangelndem Willen, sondern daran, daß mir die Beine zitterten, was absolut nicht zu meinem Kreuzfahrerverständis paßte. Das Zittern hörte nur auf, wenn ich Treppen hinauf- oder hinunterging, doch kaum ging ich geradeaus, fing das Schlackern wieder an. Ich weiß noch, daß es ein kühler Herbstmorgen war, aber ich schwitzte wie im Hochsommer.

Schließlich erreichte ich die »Lichtung«. Zuerst wollte ich es nicht glauben, aber Dandy war nicht mehr da. Seltsamerweise wirkte seine Abwesenheit beruhigend auf mich. Das Zittern war wie weggeblasen. Ich rang mich sogar dazu durch, die zur »Lichtung« führenden Wege abzusuchen, und dann, in einem unvorstellbaren Anfall von Verwegenheit, riskierte ich einen Blick in die Grotte, die Dandy seit Jahren als Unterschlupf gedient hatte. Aber auch da fand sich keine Spur von dem Tippelbruder. Eine (leere) Flasche Brennspiritus, das war alles.

Ich kam natürlich mit gewölbter Brust zurück. Als Daniel, Fernando und Norberto mich kommen sahen, liefen sie mir erwartungsvoll entgegen. Ich ließ sie ein paar Minuten schmoren, doch dann dauerten mich ihre bestürzten Gesichter. »Der Leichnam des Verblichenen ist nicht mehr da«, sagte ich, damit sie merkten, daß auch ich las.

Die Nachricht traf sie wie ein kalter Wasserguß. »Hast du überall nachgesehen?« fragte Daniel forschend.

Ich gab ihm diesen leicht tadelnden und spöttischen Blick zurück, mit dem er mich nach meiner Ohnmacht bedacht hatte, und sagte: »Ich habe überall nachgesehen. Du wirst es nicht glauben, aber ich habe sogar in Dandys Höhle geguckt.«

»Du warst in der Höhle?« fragte Norberto mit einem bewundernden Unterton.

»Na klar«, sagte ich, ohne meiner doch recht bemerkenswerten Kühnheit spürbares Gewicht beizumessen, »aber da war nur diese Flasche.«

Die Flasche ging von Hand zu Hand und landete logischerweise wieder bei mir. Ohne daß es ausdrücklich gesagt worden wäre, wurde ich zu ihrem offiziellen Hüter. Jeder faßte sie nur am Hals an, um den mein Taschentuch gewickelt war, denn auf dem Rest der Flasche mochten sich ja Fingerabdrücke finden, die nicht die unseren oder Dandys waren.

Die ganzen Vorsichtsmaßnahmen halfen uns jedoch wenig. Nicht nur der Täter wurde nicht festgestellt, der Fall wurde auch nie in der Presse erwähnt. Manchmal trafen wir uns und besprachen die verschiedenen Möglichkeiten. War er wirklich tot, als wir ihn fanden, an dem Tag, als das Luftschiff kam?

Die einstimmige Antwort lautete, daß das damals eindeutig eine Leiche gewesen war. Außerdem, wenn er nicht tot war, warum hatten wir ihn dann nie mehr auf seinen üblichen Rundgängen gesehen? Tja, aber wenn es sich um eine Leiche gehandelt hatte, wer hatte sie dann fortgeschafft? Warum war in der Zeitung nie über diesen Mord, oder was immer das war, berichtet worden?

Eine weitere Tatsache, die uns zu denken gab, war die, daß seit jenem festlich-traurigen Tag auch die übrigen Stadtstreicher aus unserem Viertel verschwunden waren. Wie kam das? Hatten sie von dem Verbrechen erfahren und Angst gekriegt?

Wir hatten jedenfalls Angst, das stand fest, und mit Ausnahme des Tages, an dem ich die »Lichtung« inspizierte, haben wir sie nie wieder betreten. Nach einigen Monaten sprachen wir nicht mehr über das Thema, das uns zwar bewegte, aber auch betrübte. Trotzdem erschien mir die verzerrte Grimasse des toten Dandy noch monatelang in meinen Alpträumen, bis sie sich schließlich auch aus diesem Revier verzog.

Zwei oder drei Jahre später hörte ich zum ersten und einzigen Mal in meinem Leben einen Tango im Radio, der die Textzeilen enthielt: »Und manchmal in trüben Stunden / denk ich an Dandy, den Vagabunden / der eines Mittwochs wie ein *burro* / ins Gras biß, draußen in Capurro.«

Ich schrieb mir die Zeilen gleich auf, damit ich sie nicht vergaß; und wieder spürte ich sie in mir aufsteigen, nicht die Angst jenes Herbstes, doch einen Nachhall jener Angst. Vielleicht war das der Grund, weshalb ich nicht beim Sender anrief, um den Titel des Tangos und den Namen des Sängers zu erfahren. Ich habe mit niemandem darüber gesprochen und auch den Text nie wieder gehört, der letzten Endes so brillant ja nicht war. Trotzdem zog ich am nächsten Tag eine dieser Tabellen zu Rate, die man in manchen Taschenkalendern findet, und in denen man feststellen kann, welcher Wochentag ein beliebiges Datum in der Vergangenheit war. Der Tag des *Graf Zeppelin* war ein Mittwoch! Aber der Tangotexter sprach nicht ausdrücklich von einem Verbrechen: »Ins Gras beißen« ist ein umgangssprachliches Synonym für »krepieren, sterben«, aber es kann ein natürlicher Tod sein. Ein natürlicher Tod mit so einer Wunde im Bauch und all dem Blut? Das Ganze hätte ausreichend Stoff für einen Aufsatz mit dem Titel »Tango und Desinformation« hergeben können. Wenn der Autor zum Beispiel der Mörder wäre (warum nicht?) und der Text ein Alibi, eine Art beabsichtigter Nebelschleier über diesen Tod. Ich weiß, Daniel hätte gesagt: »Bekanntlich kehrt der Mörder an den Schauplatz des Verbrechens zurück, und dieser Tango (daran gibt es keinen Zweifel) ist nichts anderes als eine Rückkehr.« Aber ich war nicht in der Stimmung, mit irgendwem darüber zu reden, und selbst wenn, hätte ich es nicht tun können, da Daniel sich ausgerechnet in diesem Jahr mit seinen Eltern auf einer Reise durch die USA befand.

Für und wider die Verwegenheit

Ich sagte ja schon, daß es in Capurro noch eine andere wichtige Gegend gab: den Fußballplatz des Lito Clubs. Das war ein mäßiger Verein (ich glaube, er rangierte in einer Klasse, die man damals Bezirksliga nannte), dem jedoch das ganze Viertel die Daumen hielt. Ab und zu überließ er den Platz auch mal anderen Mannschaften, die noch mäßiger waren und an ein eigenes Spielfeld gar nicht denken konnten. Bei solchen Spielen (die in der Regel an Sonntagvormittagen stattfanden) wurde kein Eintrittsgeld verlangt. Manchmal gingen wir mit meinem Vater hin, der ein lauer Fan von Defensor war und nie die nötige Begeisterung aufbrachte, mit uns ins Stadion von Rodó zu fahren. Der Lito-Platz lag aber ganz in der Nähe, und dort schaute er mit Vergnügen dem Gebolze der Mannschaften zu, die an sonnigen Sonntagvormittagen gegeneinander antraten.

Ich erinnere mich an einen kleinen Torwart, ein halbes Kind noch, der einen Tick hatte. Wenn die gegnerischen Stürmer den Ball mit voller Wucht auf sein Tor zirkelten, hechtete er und faustete ihn heraus, so daß die vierzig Zuschauer begeistert applaudierten. Kam aber ein Hochschuß, dann leistete er sich den Luxus, sein Trikot mit beiden Händen nach vorn zu ziehen und den Ball in das so improvisierte Sprungtuch plumpsen zu lassen. Diese Vorwitzigkeit war für ihn das Größte, da es den Gegner der Lächerlichkeit preisgab und die Zuschauer erheiterte. Einmal jedoch verließ ihn das Glück. Vielleicht war der Ball höher geflogen als sonst und traf ihn mit unverhoffter Wucht. Jedenfalls, als der Torwart wie immer sein Hemd strammzog, um den Ball hineinplumpsen zu lassen, durchschlug dieser das angeberisch hingehaltene Tuch mit Macht, rollte durch die Beine des Torhüters und kullerte seelenruhig über die Torlinie. Die Stürmer der gegnerischen Mannschaft feierten das Tor mit Luftsprüngen und lautem Gelächter. Einige hielten sich sogar den Bauch vor Lachen. Die Mannschaftskameraden des Torhüters schlichen beschämt zur Mittellinie. Keiner ging zu ihm, um ihn zu trösten. Sie ließen ihn allein auf der Torlinie stehen. Plötzlich faßte mein Vater mich am Arm und sagte: »Sieh mal«, wobei er auf das Tor deutete, in das der Ball gerollt war. Ich sah hin, und da stand der arme Junge bitterlich weinend an einen Pfosten gelehnt. Wir konnten nicht auf den Platz gehen, um ihn aufzumuntern. Außerdem ging das Spiel weiter. Er wischte sich mit der Faust die Tränen ab und stellt sich an seinen Platz. Aber sein ganzer Hochmut, sein Sinn für den Showeffekt waren dahin. An diesem Morgen traten sie ihm noch drei weitere Tore in den Kasten: einen Eckball, einen Strafstoß und einen unhaltbaren Schuß unter die Latte, nach einem spektakulären Dribbling des Linksaußen. Das war natürlich sein letztes Spiel. Sein Ersatzmann am nächsten Sonntag war zwar ein ziemlicher Stoffel, aber doch nicht so sehr, daß er nicht gemerkt hätte, daß es ihm strikt verboten war, den Ball mit seinem Trikot aufzufangen.

Ein eigener Raum

Von allen Häusern, in denen wir bisher gewohnt hatten, war das in Capurro das erste, das für mich *eine Welt* darstellte, einen eigenen Raum. Bis dahin hatte ich nämlich noch nie ein eigenes Zimmer gehabt. Es war nicht gerade eine Dachkammer, aber doch mehrere Stufen höher als die übrigen Zimmer, und es hatte ein Fenster, das zur Rückfront der Nachbarwohnung hinausging (der von Norberto und seinen Eltern). Dort standen mehrere Bäume mit ihren dazugehörigen Vögeln. Am nächsten stand ein Feigenbaum, der mich im Sommer mit Schatten und auch mit Feigen versorgte, deren heimlicher Verzehr mir mehr als einen Durchfall bescherte. In Wirklichkeit stahl ich sie nicht, denn ich hatte Norbertos Erlaubnis (nicht die seiner Eltern, klar) zu unbegrenztem Pflücken. Der eigentliche Grund für soviel Großzügigkeit war vielleicht der, daß Feigen ihn zutiefst anekelten. Darüber hinaus war dieser große, gastfreundliche Feigenbaum unsere Brücke: Über seine einladenden Äste gelangte ich auf Norbertos Gelände, oder er kam über sie in mein Zimmer; abgesehen von all den Treffen, bei denen wir im Baum blieben. Dieser hatte zwei Astgabeln, die von unserem Herrgott (die Interpretation stammte von dem neubekehrten Norberto, nicht von mir) nach dem Maße unserer schmächtigen Hinterteile geschaffen worden waren. In diesen Astgabeln unterhielten wir uns über Gott und die Welt und ihre nächste Umgebung. Hauptsächlich über Fußball. Wir waren beide (sind es immer noch, und wie) Fans von Nacional, im Unterschied zu Daniel, der ein Peñarol-Fan war, und Fernando, der zu den Wanderers hielt, und von daher für uns anderen ein kaum ernstzunehmender Widersacher war.

Dennoch war Fußball, obwohl bevorzugt, nicht unser einziges Thema. Wir tauschten auch Eindrücke über unsere Eltern aus, für die wir eine Mischung aus Verehrung und Groll empfanden; letzteren aufgrund der (räumlichen, verbalen und stimmungsverderbenden) Beschränkungen, die sie uns auferlegten, obgleich wir diese Grenzen fast täglich vorsätzlich verletzten und daher, wenn wir ertappt wurden, die üblichen Ohrfeigen mütterlicherseits (die väterlichen trafen uns nur in besonders schlimmen Fällen) durchaus verdienten. In letzter Zeit kamen wir natürlich immer wieder auf Dandys Tod (nicht einmal unter uns beiden wagten wir ihn als »Mord« einzustufen) und das rätselhafte Verschwinden seiner Leiche zu sprechen. Diese sei in der Tat ein »corpus delicti«, sagte Norberto einmal in einem Anfall von Kühnheit, der mich offen gestanden überraschte. Bei anderen, viel selteneren Gelegenheiten sprachen wir über schulische Dinge, besonders solche, die uns unverständlich waren, wie zum Beispiel die Gleichungen dritten Grades oder die Parthenogenese bei der Baumlaus.

Ich muß hinzufügen, daß ich zu dieser Zeit schon nicht mehr von meiner geliebten Antonia Vico unterrichtet wurde, sondern von einem Herrn, der Humberto Fosco hieß, und dessen dünne, behaarte Beinchen (zu uns kam er immer in langen Hosen, aber in

Pocitos hatte ich ihn einmal in Bermudashorts gesehen) nie im Leben mit denen meiner Lehrerin hätten konkurrieren können, die mir in letzter Zeit wieder in meinen Träumen und Phantasien erschienen war, und zwar (ich muß das vermerken) nicht mehr nur mit ihren gesegneten Beinen. Antonia Vico war nicht entlassen worden. Das hätte ich gar nicht zugelassen, klar. Ihr war schlicht etwas Katastrophales zugestoßen: Sie hatte geheiratet. Ich hörte sie zu Mama sagen, ihr Bräutigam sei »ein ausgesprochen schmucker Junge«, doch ein paar Wochen darauf stellte Antonia ihn uns vor, und er sah mir, ehrlich gesagt, nur wie ein unscheinbares, dürres Kerlchen aus. Sie bemerkte, daß ich ihn nicht sehr wohlwollend ansah, und um die Stimmung zu heben, legte sie ihre Hand auf meine Schulter und sagte zu ihrem jetzigen Ehemann: »Und dies, Amílcar, war mein bester Schüler.« (Zu allem Überfluß hieß er auch noch Amílcar. Unerträglich!) Danach wurde Señor Fosco einberufen: Er sollte mich aufs Gymnasium vorbereiten.

Unser Haus hatte seine Landschaft, und es hatte auch eine eigene Art sich anzufühlen. Stromausfälle gab es damals zwar noch nicht so häufig wie in späteren Jahren, aber hin und wieder kam es vor, daß das ganze Viertel in Finsternis versank. Meine Eltern griffen dann zu ihren Taschenlampen, aber ich tastete mich lieber durchs Haus, geleitet nur von meinen Händen oder höchstens noch von meinen bloßen Füßen. Das Haus anzufassen, seine Wände zu berühren, seine Türen, seine Fenster, seine Klinken, seine Treppenstufen zu zählen, seine Schränke zu öffnen, all dies war meine

Art, es in Besitz zu nehmen. Für meine Eltern war es nur ein gemietetes Haus, aber für mich war die Grenze zwischen Miete und Eigentum nie so ganz klar, und so war für mich das Haus in Capurro *mein Haus*.

Es hatte auch einen eigenen Geruch. Ich meine nicht den Geruch aus der Küche, der sich natürlich mit den Suppen, Braten, Eintöpfen und Soßen, in denen meine Mutter Expertin war, veränderte. Nein, der Geruch, den ich meine, war der des Hauses selbst; der zum Beispiel von den schwarzen und weißen Fliesen im Innenhof ausging, oder von den Marmorstufen des Treppenhauses, oder von den Brettern des Parketts, oder von der Feuchtigkeit einer der Wände, oder des Feigenbaums, wenn ich mein Fenster offen ließ. All diese Gerüche bildeten eine Mischung, die der Duft unseres Hauses war. Wenn ich von draußen hereinkam, empfing mich das Haus, sobald ich die Tür öffnete, mit seinem Eigengeruch, und das war für mich, als hätte mich die Heimat wieder.

Dandy nicht mitgerechnet, war die wichtigste Persönlichkeit, die Claudio in Capurro kennenlernte, der blinde Mateo Recarte. Er war damals 23 Jahre alt, und man sprach im ganzen Viertel von ihm. Er galt als lerneifrig und intelligent und, trotz seiner Behinderung, als freundlich und humorvoll. Er hatte eine zwei oder drei Jahre jüngere Schwester, von der auch viel gesprochen wurde, wenn auch aus anderen Gründen.

María Eugenia war außergewöhnlich schön. Ihre Schönheit ähnelte aber in gar keiner Weise der von Filmstars oder berühmten Fotomodellen. Vier Jahre zuvor war sie zur Miss Soriano gekürt worden, doch danach wollte sie an diesen Schönheitswettbewerben nicht mehr teilnehmen, weil sie ihr zu leichtfertig waren. Alle waren der Meinung, wenn sie gewollt hätte, könnten längst solche Auszeichnungen wie Miss Uruguay, Miss World, Miss Universum und sogar Miss Galaxis, wenn es sie gäbe, auf ihrer Referenzliste stehen. Ihre Rundungen waren vollkommen, ihre Figur ideal, ihr Gesicht hätte von Filippo Lippi für eine seiner Madonnen erwählt werden können. Ihre leuchtende Schönheit war so einschüchternd, daß kein Junge aus dem Viertel sich traute, ihr den Hof zu machen, was nicht ausschloß, daß man sie Jahre später, als María Eugenia einen »Auswärtigen« heiratete (Montevideaner zwar, aber aus dem zentraler gelegenen Cordón), fast als Abtrünnige betrachtete.

Doch das war alles erst viel später. Als Claudio die Geschwister Recarte kennenlernte, war er zehn oder elf Jahre alt, und niemand dachte sich was dabei, daß María Eugenia ihm, wenn er sie besuchte, über seinen stets wirren Haarschopf strich oder, wie in Europa üblich, auf beide Wangen küßte, was später für Norberto, Fernando und Daniel Anlaß war, ihn, aus purem Neid, als den »Freund von Miss Soriano« zu verspotten. Er nahm es gelassen und antwortete ihnen nur: »Schön wär's«.

Aurora, Claudios Mutter, schickte den Recartes manchmal irgendeinen ausgefallenen Nachtisch oder einen Apfelkuchen, und ließ sie meist von Claudio überbringen, der nach dem üblichen Begrüßungslächeln und den Küssen von María Eugenia, sich zu Mateo setzte, um sich mit ihm zu unterhalten. Der Blinde übte auf Claudio eine ganz besondere Anziehungskraft aus. Er war fasziniert von der Vorstellung, wie Mateo es anstellen mochte, seine Umwelt wahrzunehmen. Er führte seine Nachforschungen mit solcher Unschuld durch, daß der Blinde Fragen akzeptierte, die er, hätte ein Erwachsener sie gestellt, als unverschämt oder beleidigend empfunden hätte.

Bei einem dieser Gespräche fragte ihn der Junge, ob er immer schon blind gewesen sei, und Mateo sagte, nein, erst seit seinem zehnten Lebensjahr, infolge einer irreversiblen Netzhautablösung.

»Dann hast du vorher also Farben gesehen«, stellte Claudio begeistert fest.

»Na klar«.

»Und hilft dir diese Erinnerung, dir deine Umgebung vorzustellen?«

»Ja und nein. Auch Erinnerungen verblassen. Manchmal erinnere ich mich an die Erinnerung einer Farbe, aber nicht an die Farbe selbst. Kannst du dich an alles erinnern was passierte, als du sechs warst? Ist es dir nicht schon mal so ergangen, daß du an etwas denkst, was geschehen ist, aber nicht als direkte Rückerinnerung, sondern weil der Vorfall im Lauf der Jahre immer wieder von deinem Vater oder deiner Mutter erzählt worden ist? Und du nimmst schließlich die dir zugeteilte Rolle in dieser erzählten Geschichte an, aber nicht aus dem Wesen dieser Rolle heraus, die du einmal gespielt hast.«

Diese Erklärung war zu hoch für Claudio. Sie erschien ihm rätselhaft, jedoch faszinierend. Als nächstes fragte er: »Und träumst du auch manchmal?«

»Ja, ich träume oft.«

»Und kannst du in den Träumen sehen?«

»Nun ja, ich weiß nicht, ob ich sehe oder ob ich zu sehen glaube.«

»Und träumst du in Farbe?«

»Nicht immer, aber manchmal schon. Weißt du, wenn ich aufwache, ist mir bewußt, daß ich in Farbe geträumt habe, aber ich könnte nicht sagen, was rot ist, was gelb oder grün. Meistens spielen in meinen Träumen die Sinne eine Rolle, die mir noch erhalten sind. Das heißt, ich träume, daß ich Dinge berühre, schmecke, höre oder rieche.«

Dann wieder fragte er ihn, wie er die Welt wahrnahm, nicht im Schlaf, sondern wenn er wach war.

»Das ist nicht viel anders«, antwortete Mateo geduldig, »auch dann ergänzen und unterstützen meine vier funktionierenden Sinne den anderen, der mir fehlt. Es ist, als würden sie ihre Leistung vervielfachen.«

Am liebsten hatte es der Blinde normalerweise, wenn Claudio ihm ausführlich von seinen Spielen berichtete und davon, wie es bei ihm zu Hause zuging. Der Junge wollte aber nicht begreifen, wie sein Freund sich für so alltägliche Dinge wie das ganz normale Leben eines Menschen interessieren konnte, der alles sah und sich folglich nichts vorstellen mußte, obwohl doch gerade darin der Reiz der intelligenten Blindheit lag. Das einzige, was ihm wirklich leid tat für Mateo, war, daß er nicht sehen konnte, wie schön seine Schwester war.

Claudio träumte fast jede Nacht. Doch nach dem merkwürdigen Gespräch mit Mateo fing er an, in Schwarzweiß zu träumen. Na ja, tröstete er sich, auch gutes Kino ist nicht immer in Technicolor.

Galarzas Männer

Das Haus in Capurro hatte auch seine Rätsel und Geheimnisse. Zum Beispiel fiel mir manchmal auf, meistens zur Zeit der Siesta, daß, wenn mein Vater sich an meine Mutter heranmachte und sie mit Zärtlichkeiten, Küssen und flüchtigen Umarmungen belagerte, sie ihn anlächelte und ihm wohl auch den einen oder anderen Kuß erwiderte, und sie beide dann für längere Zeit im Schlafzimmer verschwanden. Es kam aber auch vor, daß mein Vater mit seinem Geschmuse anfing und meine Mutter mit ernstem Gesicht nur zu ihm sagte: »Heute kann ich nicht, mein Lieber. Galarzas Männer sind gekommen.« Für mich war die Antwort mehr als rätselhaft, denn ich war den ganzen Vormittag zu Hause gewesen, und niemand war gekommen: weder Galarzas Männer noch überhaupt welche. Ich kannte auch gar keine Leute, die so hießen. Erst mehrere Jahre später erfuhr ich, daß Galarza der Name eines Anführers der Roten im Bürgerkrieg gewesen war, und die Legende besagte, wenn er mit seinen Männern durch ein Dorf geritten kam, sei es nie ohne Blutvergießen abgegangen. Mit anderen Worten, meine Mutter gab meinem Vater zu verstehen (aufgrund meiner indiskreten Anwesenheit natürlich verschlüsselt), daß sie ihre Regel hatte und für die Erotik nicht zur Verfügung stand.

Das andere Geheimnis war eine Art Falltür in einem der oberen Zimmer. Ich hatte meine Mutter mal sagen hören, dieses hölzerne Quadrat sei der Kellereingang. Mir war verboten, mich an ihm zu schaffen zu machen; ein Verbot, das sie sich hätten sparen können, denn Keller haben von jeher eine irrationale Angst in mir hervorgerufen, und ich versuchte nicht nur nie, sie zu öffnen, sondern vermied auch jedesmal, wenn ich das Zimmer betrat, einen Fuß auf dieses schreckliche Bretterquadrat zu setzen.

Zu den schönsten Erinnerungen aus der Zeit in Capurro gehört mein morgendliches Erwachen, um das sich normalerweise die Bewohner des Feigenbaums kümmerten. Wenn Mama aus der Küche heraufrief, ich solle aufstehen und frühstücken kommen, hatten die Vögel mich schon seit einer ganzen Weile munter gemacht. Einige hatte ihre Angst verloren, selbst ihre Vernunft, und kamen ins Zimmer, hüpften sogar bis an mein Bett, wohl wissend, daß ich stets ein kleines Frühstück von Essensresten für sie bereithielt. Und es gab noch einen Besucher, von dem ich meiner Mutter natürlich nie etwas sagte: Es war ein winziges Mäuschen, eine Zwergmaus, die beinah immer, wenn ich die Augen aufschlug, an meinem Bett saß und auf Käsestückchen wartete, die Reste der Portion, die zu der Spezialdiät gehörte, mit der mein Proteinmangel behoben werden sollte. Völlig klar, daß die Zwergmaus und ich in dieser Zeit ein nicht zu verachtendes Protein-Hoch verbuchten.

Aufgrund seiner besonderen Form im Plangefüge der Stadt war Capurro weniger ein Viertel als ein Stadtteilbeutel, mit einem Ende am Beginn der Straße, die ihm seinen Namen gibt, beziehungsweise der Avenida Agraciada (wo das Haus steht, in dem der Präsident und spätere Diktator Gabriel Terra gewohnt hat, und wo die Straßenbahnlinie 22 abbiegt), und dem anderen Ende im Park. Zwar reichte sein Einzugsgebiet noch darüber hinaus, beinahe bis zum Flüßchen Miguelete, doch das eigentliche Viertel endete an der Endstation der Straßenbahn. Das war damals ganz üblich. Im Unterschied zu den Buslinien bildeten Straßenbahnschienen die Grenze zwischen den Stadtvierteln. Der Bus konnte seine Route ändern, heute hierher fahren und morgen dorthin. Die Straßenbahn aber, mit den Installationen ihrer Schienenwege und Oberleitungen, hatte feste Haltestellen und vorgegebene Streckenverläufe. Für ein Kind war es auch immer bewundernswert zu sehen, wie der Fahrer dieses Ungetüm aus altem Eisen bremste oder beschleunigte, vor allem wenn er eine der Kurbeln gegenläufig herumsausen ließ, so als ob sie selbst ihre Bewegungen bestimmte. Die Sitze aus Strohgeflecht waren ziemlich hart, vermittelten einem andererseits aber ein Gefühl von Sicherheit. Und noch einen Vorteil hatten die Straßenbahnen: Sie stürzten nie um, wie das immer wieder bei Autos, Taxis, Lastwagen, Fuhrwerken und, wenn auch seltener, bei Omnibussen vorkam.

Ja, Capurro war ein geschlossener Stadtteil, fast eine kleine Republik. Aus irgendeinem Grund neigten seine Bewohner dazu, im Viertel zu bleiben, so wenig wie möglich abzuwandern aus jenem familiären Umfeld, in dem jede Straßenecke, jeder Laden und jede Kneipe wie die Zimmer eines Hauses waren.

Vielleicht lag es an diesem heimeligen, auf Erwachsene und Kinder gleichermaßen wirkenden Klima, daß Claudio und seine Freundesclique wie eingeschlossen in diesem Sack lebten. Ah, ab und zu kamen sie aber heraus, und das war wie eine Fahrt ins Ausland. Claudio unternahm diese Reise gewöhnlich mit seinem Vater, und dann verbrachten sie den ganzen Nachmittag in der Innenstadt.

Der Alte hielt sich am liebsten in den Cafés auf, wo er Freunde von früher und von ganz früher traf. Die von ganz früher waren in der Regel ärmer als die von früher. Doch bei den einen wie bei den anderen wurde sich auf die Schultern geklopft oder umarmt, Scherze gemacht und Geschichten erzählt, die Claudio noch nie gehört hatte.

Über den Selbstmord von Brum, beispielsweise, der erst vor kurzem passiert war, sprachen sie im Flüsterton, »weil man ja nie weiß, wer am Nebentisch sitzt«, und waren meist unterschiedlicher Meinung. Einige meinten, er habe falsch gehandelt; andere, er hätte keine Wahl gehabt.

»Der Arme glaubte, mit dieser Geste das Volk zum Aufstand bewegen zu können«, sagte Rosas, der in einer Gefrierfleischfabrik arbeitete.

»Von welchem Volk redest du?« hielt ihm ein skeptischer Menéndez, der Zollbeamter war, entgegen. »Dieses Volk ist durch nichts und niemanden zum Aufstand zu bewegen.«

»Aha«, sagte der andere eingeschnappt, »aber du willst einen Aufstand machen, was?«

»Red keinen Unsinn«, entgegnete Rosas, »für mich ist ein Aufstand überhaupt kein Thema. Darum sage ich's ja. Aus gutem Grund.«

Ein anderes Lieblingsthema war Fußball. Alvarez, der Älteste von ihnen, ein wirklich uralter Mann, war Augenzeuge von nichts Geringerem als dem Tor gewesen, das Piendibeni dem »göttlichen Zamora« reingeschossen hatte, und davon zehrte er bis ans Ende seiner Tage (deren Zahl allzu hoch nicht mehr sein konnte), so als habe er dem Sturm auf die Bastille beigewohnt oder der Erstürmung des Winterpalastes.

Andere bewunderten Petrone. »Aber das war doch gestern«, protestierte Alvarez in dem Bestreben, das erst so kurz zurückliegende Ereignis zu bagatellisieren. »Das Tor von Piendibeni dagegen ist Nationalgeschichte, mein Lieber, nur noch vergleichbar mit dem Sieg von Artigas in Las Piedras, wo die Spanier auch eins draufgekriegt haben, nicht?«

Der Bewunderer von Petrone gab sich nicht so leicht geschlagen: »In letzter Zeit tut er sich schwer mit Toren. Ich schwöre dir, ich habe ihn zwanzigmal in einem einzigen Spiel aufs Tor schießen sehen, achtzehn Bälle gingen in die Wolken, aber die beiden, die den Kasten getroffen haben, das waren Tore! Unhaltbar. Er hat immer noch einen granatenmäßigen Schuß. Nicht zu Unrecht heißt er der Bomber, oder?«

»Ja, der Bomber, klar, aber Piendibeni ...«, beharrte der fanatische Alte. »Du darfst auch seine Verdienste außerhalb des Fußballs nicht vergessen. Als 1924 zu Ehren des Thronfolgers Prinz Umberto von Savoyen, während seines Rio-de-la-Plata-Besuchs, ein Länderspiel Argentinien – Uruguay stattfand, hat Piendibeni sich zu spielen geweigert, weil seine republikanische Überzeugung es ihm verbot, einer Monarchie zu huldigen, auch wenn es die italienische war. Was sagst du dazu?«

»Was ich dazu sage? Daß mein Großvater überzeugter Republikaner war und nicht ein einziges Mal einen Ball getreten hat, das sage ich dazu. Jemand hat mir erzählt, Petrone solle ein sagenhaftes Händchen für *cannelloni alla Rossini* haben, aber das werde ich nicht als sportliche Tugend ins Feld führen. Mensch, wir wollen doch ernsthaft bleiben.«

Und so weiter und so weiter.

Später, jetzt ohne die Freunde, spazierten sie über die Dieciocho, gingen in Buchläden, wo der Vater stets ein paar Bücher kaufte. Lesen war sein Laster. Wenn er darüber hinaus noch Unterhosen oder Krawatten brauchte, oder für Claudio ein Unterhemd gekauft werden sollte, gingen sie ins *London Paris*. Seit er verheiratet war, kaufte sein Vater nur noch in diesem Laden, »weil es da einfach alles gibt.«

Claudio war überwältigt von der Menschenmenge in den Geschäften und auf den Straßen. Und die Kinder, die er in der Innenstadt sah, kamen ihm freier, ungebundener vor als die in Capurro. Es gab natürlich immer welche, die sich zu viele Freiheiten herausnahmen und dafür prompt eine Kopfnuß verpaßt bekamen. Claudio fühlte diese Züchtigung mit, als spürte er sie am eigenen Leib, und er verzog sogar schmerzhaft sein Gesicht, denn diese kleinen Quälereien kannte er selbst zur Genüge. Seine Mutter war Expertin im Piesacken von Kindern.

Außerdem gab es in den Straßen Hunde, viele Hunde, die bewundernswert gut erzogen waren, denn sie warteten brav auf das Zeichen des Schutzmanns, um die Straße zusammen mit den anderen Pflastertretern, den menschlichen, zu überqueren. Das einzige, worin sie den Hunden von Capurro glichen, war die Behandlung, die sie den Bäumen angedeihen ließen. Da Claudio aus dem Lexikon der Akademie gelernt hatte, daß der Hund »ein fleischfressendes Säugetier ist, ein Haustier von höchst unterschiedlicher Größe, Form und Fellstruktur, je nach Rasse, jedoch immer mit mehr oder weniger nach links eingerolltem Schwanz von geringerer Länge als die der Hinterläufe, von denen das Männchen beim Urinieren eines hebt«, vertrieb er sich die Zeit damit, die Männchen von den Weibchen mit Hilfe dieser angeborenen gymnastischen Übung zu unterschieden. Überflüssig zu sagen, daß er sich für einen Experten auf diesem Gebiet hielt. Katzen hingegen brachten ihn aus der Fassung, und da im Akademischen Lexikon kein Piep (das heißt Miau) über sie stand, hatte er davon Abstand genommen, Kater von Katzen unterscheiden zu wollen, zumal es ihm bisher nicht einmal gelungen war, männliches und weibliches Miauen auseinanderzuhalten.

Sie kehrten spät, aber noch rechtzeitig zum Essen zurück, und die Mutter bat sie um einen detaillierten Bericht über ihre Expedition. »Soll er erzählen«, sagte der Vater, vom Gehen erschöpft, und dann berichtete Claudio, frisch wie junges Gemüse, in allen Einzelheiten und so begeistert und eindringlich, als habe er Carlitos Solé vor Augen, wenn der die Spiele im Centenario-Fußballstadion kommentierte, das er zuvor in numerierte Quadrate eingeteilt hatte, so daß man das Spiel verfolgen konnte, als sehe man einer Partie von Capablanca gegen Aljechin zu.

Schlechte Nachrichten

Eines Nachmittags, als wir allein zu Hause waren, rief mein Vater mich in die Küche. Ohne Schulaufgaben und ohne Spiele war mir etwas langweilig, aber fünf Minuten später war mir die Langeweile vergangen. Wie jeden Nachmittag saß mein Vater in der Küche und trank seinen Mate. »Setz dich«, sagte er. Ich nahm den Platz auf der Küchenbank ein, den er mir gewiesen hatte, und fragte mich allmählich, was der Grund für sein feierliches Verhalten sein mochte. Was hatte ich angestellt, daß der Alte so ernst war?

»Claudio«, begann er, und das beunruhigte mich noch mehr, denn mein Vater rief mich so gut wie nie bei meinem Namen. Normalerweise sagte er immer *Kleiner* zu mir. »Ich habe eine schlechte Nachricht.«

Ich mußte schlucken, und mein rechtes Knie begann zu zucken.

»Du bist kein Kind mehr, und ich glaube, man muß dir die Dinge sagen, auch wenn sie sehr traurig sind.«

Es überraschte mich, daß mein Vater, kein geringerer als mein Vater, mich so umstandslos aus der Kindheit vertrieb. Jeder konnte sehen, daß ich noch ein Kind war, wobei es nicht so sehr darauf ankam, welches Geburtsdatum in meinem Ausweis stand.

Und dann platzte die Nachricht: »Es mag dir noch nicht aufgefallen sein, aber deine Mutter ist sehr krank.«

Noch bevor ich den Ernst der schlimmen Neuigkeit erfaßte, fiel mir unweigerlich eine andere auf: Normalerweise sagte er *Mama* und nicht *deine Mutter.* Mein rechtes Knie hörte jedenfalls auf zu zucken. Nach solchen Spielereien war ihm jetzt nicht mehr zumute.

Eine Zeitlang hielt ich die Luft an. Aber nicht als willentliche Übung; ich konnte einfach nicht mehr atmen. Ich hatte das Gefühl, die Lungen müßten mir platzen, aber ich bekam die Luft nicht heraus. Schließlich gelang es mir doch, und ich konnte fragen: »Muß sie sterben?«

Und mein Vater, mit leiser Stimme und die Augen plötzlich voller Tränen: »Ja, sie wird sterben«.

Ich nahm alle meine Kräfte zusammen und fragte, ob sie es wußte.

»Nein, sie weiß nur, daß sie sehr krank ist. Sie glaubt, daß sie wieder gesund werden kann. Das ist es auch, was der Arzt und ich ihr gesagt haben.«

Ich fühlte eine Kälte in mir, eine dumme und absurde Kälte, denn wir waren mitten im Herbst, der für uns die angenehmste Jahreszeit von allen ist, aber zumindest ließ sie mich deutlich spüren, wie mir die ersten heißen Tränen über die eiskalten Wangen rannen. Irgendwas mußte ich tun, also rutschte ich von der Bank und ging zu meinem Vater. Der stellte endlich seinen Mate auf den Tisch und drückte mich lange und fest an sich. Auch das war eine Erstmaligkeit, denn mein Alter neigte nicht zu Sentimentalitäten und hatte mich bisher nur selten in den Arm genommen.

Während der Umarmung spürte ich sein Schluchzen, aber ich erinnere mich, daß es nicht den gleichen Rhythmus hatte wie meines. Ich erinnere mich auch noch, daß sein Feuerzeug, das er in der Hemdtasche trug, mir in die Schulter drückte, aber natürlich sagte ich nichts. Als er sich abwandte, bemerkte ich ein blütenweißes Taschentuch in seiner Hand, wie nagelneu sah es aus, mit dem er sich die Augen trocknete und dann meine, und dann ließ er mich noch hineinschneuzen, so als wäre ich drei oder vier Jahre alt.

»Um eines bitte ich dich«, sagte er. »Laß sie nicht merken, daß du weißt, wie krank sie ist. Behandle sie wie immer, auch wenn es dir schwerfällt.«

Als Mama zwei Stunden später mit Elena, meiner kleinen Schwester, nach Hause kam, hatten wir unsere Unbekümmertheit wiedergefunden, besser gesagt, unsere Maske von Unbekümmertheit. Doch jetzt bemerkte ich zum erstenmal, vielleicht, weil ich die Wahrheit kannte, daß meine Mutter blaß und abgezehrt war und müde Augen hatte. Ich ging zu ihr und gab ihr einen Kuß.

»Wofür ist der?« fragte sie.

»Dafür, daß du wieder da bist«.

Sie lächelte kaum merklich, ungläubig. Ich hatte das Gefühl, ein schlechter Schauspieler zu sein.

Draußen im Hof sah ich, wie mein Vater sich in den Schatten setzte. In dem Moment, ich weiß nicht, warum, fiel mir auf, daß Mama schon seit Monaten nicht mehr zu ihm gesagt hatte, Galarzas Männer seien gekommen. Ich nahm an, daß sie verreist waren.

Das Mädchen vom Feigenbaum (1)

Sobald ich konnte, ging ich in mein Zimmer hinauf. Ich mußte allein sein, um über meine Situation nachzudenken. Eine ganze Weile saß ich fassungslos auf dem Bett und starrte (ohne was zu sehen) auf den Feigenbaum. Waise, dachte ich, ich werde eine Waise sein. Ein merkwürdiges Gefühl von Leid und Verlassenheit (es ist keine Kleinigkeit, mit zwölf Jahren seine Mutter zu verlieren), aber auch von Aufwertung und Besonderheit. Keiner meiner Freunde war Waise. Ich würde der erste sein. Meine Schwester würde auch Waise, aber sie war noch klein, und es würde ihr kaum bewußt werden. Ich weinte ein bißchen, doch hätte ich nicht zu sagen gewußt, ob wegen des angekündigten Verschwindens von Mama oder wegen meines baldigen Daseins als Waise.

Dann sagte jemand: »Was hast du? Warum weinst du?«, und ich fühlte mich beobachtet, in meiner Zurückgezogenheit verletzt. Aus dem Feigenbaum heraus schaute mich ein unbekanntes Mädchen an.

Ich fragte sie, wer sie sei, und sie sagte, sie sei Rita, eine Cousine von Norberto.

Sie war vielleicht ein oder zwei Jahre älter als ich. Langsam bewegte sie sich über die Äste heran, bis sie mein Fenster erreichte und in meinem Zimmer landete. Durch meine Tränen hindurch konnte ich sehen, daß sie recht hübsch war, sanfte Augen hatte und daß ihre Armbanduhr zehn nach drei zeigte.

Sie legte mir ihre Hand auf die Schulter und fragte noch einmal, was ich habe.

»Meine Mutter wird sterben«, sagte ich beklommener, als ich mich in Wirklichkeit fühlte.

»Wir sterben alle einmal«, stellte Rita fest.

»Aber sie wird schon bald sterben.« Und ich fügte hinzu: »Das ist ein Geheimnis. Niemand weiß es bisher. Du darfst Norberto nichts davon sagen, denn sonst weiß es bald das ganze Viertel, und der Priester zuerst.«

»Du kannst beruhigt sein. Ich werde es niemandem erzählen. Ich habe nicht einmal einen Beichtvater.«

Diese letzte Bemerkung flößte mir Vertrauen ein.

Sie setzte sich zu mir aufs Bett. »Du brauchst dich nicht zu schämen, weil du weinst. Das ist gut so. Es schwemmt die Giftstoffe fort. Darum leben wir Frauen auch länger als die Männer. Weil wir mehr weinen.«

Ihre Weisheit machte mich sprachlos. Trotzdem fing ich an zu denken: Mein Vater weinte fast nie, Mama aber wohl, und doch würde sie, trotz aller Giftstoffe, die sie fortgeschwemmt hatte, eher sterben als er. Von dieser Schlußfolgerung sagte ich Rita jedoch nichts, weil ich sie nicht entmutigen wollte.

Dann fuhr sie mit ihrer Hand (weich, mit schmalen, ein wenig kalten Fingern) über meine noch feuchte Wange, und danach zog sie mit dieser Hand meinen Kopf zu sich heran, bis er an ihrer Brust ruhte. Ich fühlte mich getröstet und geborgen. Eine seltsame Friedlichkeit (keine statische, sondern eine aktive) breitete sich in mir aus. Ihre besänftigende Hand streichelte meine Schläfen, meine Lippen, mein Kinn.

Zu diesem Zeitpunkt hatte ich die Niederungen des Leids längst verlassen und bewegte mich auf den Höhen der Glückseligkeit, begriff jedoch vage, daß mein Kummer letztlich eine ganz gute Investition gewesen war, so daß ich weiterhin Bedrückung walten ließ.

Rita schwang sich dann zu einer Geste auf, die meiner Kindheit, nun tatsächlich, eine Ende setzte: Sie gab mir einen Kuß. Auf die Wange, neben den Mundwinkel, und sie ließ ihn einen Moment dauern. Mir ist, als sei dies mein erstes undeutliches Glücksgefühl gewesen.

»Du gefällst mir, Claudio«, sagte sie. »Norberto erzählt nur Gutes von dir. Du bist sein bester Freund.«

»Willst du auch meine Freundin sein?«

»Klar, bin ich ja schon. Schade, daß ich morgen fortfahren muß.«

Mit anderen Worten, die Hölle nach dem Paradies.

»Wohin fährst du denn?«

»Nach Córdoba, in Argentinien. Da wohne ich.«

»Und kommst du nicht mal wieder?«

»Ich glaube kaum.«

Da küßte ich sie auch auf die Wange, neben den Mundwinkel, und sie lächelte höchst allerliebst. Ich glaube, es hat ihr gefallen.

Ich war aufs neue erschüttert und empfand eine fast heroische Euphorie. Es handelte sich, aus ersichtlichen Gründen, noch nicht um sexuelle Erregung, sondern, sagen wir, um eine prä-erotische Bewegtheit. Jedenfalls war sie bedeutend intensiver als jene, die ich früher bei Antonia empfunden hatte.

Rita stand auf, ging zum Fenster und kletterte mit schnellen Bewegungen an den Ästen des Feigenbaums hinab, bis sie bei Norberto im Hof stand. Von dort unten winkte sie mir zu. Ich schaute sie nur an und war untröstlich.

Lebewohl und Nie

Wer fortgeht, nimmt seine Erinnerung mit,
seine Art, Fluß zu sein und Luft,
Lebewohl zu sein und Nie

Rosario Castellanos

Mamas Endphase dauerte ein halbes Jahr, zwei Monate länger, als der Arzt vorausgesagt hatte. Ich habe nie erfahren, welche Krankheit sie hatte, und wollte es auch nicht wissen. Bei der Totenwache hörte ich, wie jemand von Metastasen sprach, aber darunter konnte ich mir nichts vorstellen. Tatsache ist, daß sie langsam verlosch. Anfangs machte sie noch ein bißchen leichte Hausarbeit, aber dann verbrachte sie lange Stunden im Bett, ohne zu lesen oder Radio zu hören. Meist hielt sie die Augen geschlossen, aber sie schlief nicht. Elenita näherte sich ihrem Bett auf Zehenspitzen, doch sie bemerkte ihre Gegenwart jedesmal und stellte ihr Fragen, die meine Schwester, von solcher Ruhe beeindruckt, nur einsilbig beantwortete. Danach sagte sie zur ihr: »Jetzt laß mich allein, Elenita, Mama ist sehr müde.«

Ich ging auch zu ihr, und sie schaute mich immer ganz traurig an, weinte aber nur selten. Sie sagte dann oft mehr oder weniger belanglose Dinge zu mir wie: »Du mußt deinem Vater zur Hand gehen. Es fällt ihm nicht leicht, das Haus in Ordnung zu halten. Hilf ihm, bis ich wieder gesund bin, eh?« Oder auch: »Du darfst nicht das Lernen vernachlässigen. Das ist das Allerwichtigste.« Das war ihre Art, uns glauben zu machen, sie wisse nicht um ihr nahes Ende. Während dieser letzten Monate spielten wir alle ein Spiel von Täuschung gegen Täuschung. Barmherziges Heucheln.

Mama bekam auch oft Besuch von Cousine Rosalba und Tante Joaquina, aber ihre Geschwätzigkeit und ihr Getratsche erschöpften sie so sehr, daß Vater mit ihnen und mit dem Rest der Verwandtschaft sprach und sie bat, nicht so lange zu bleiben, da Mama nach jedem Besuch völlig am Ende sei und der Arzt ihr Ruhe verordnet habe. Tante Joaquina nahm das als eine Beleidigung seitens meines Vaters (mit dem sie sich noch nie verstanden hatte), und sie und meine Cousine Rosalba stellten daraufhin ihre Besuche bei uns ein.

Auch Großvater Javier kam ab und zu (mein Vater traute sich nicht, ihm für die Besuche bei seiner Tochter eine Zeitgrenze zu setzen) und erzählte ihr in der ehrenwerten Absicht, sie aufzumuntern, einen Witz nach dem anderen (er hatte einen unerschöpflichen Vorrat davon), was aber nur bewirkte, daß die Kranke sich ein lustloses Lächeln abrang, als einen letzten Beweis ihrer töchterlichen Liebe.

Mama starb an einem Sonntag, nachmittags um zehn nach drei. Ungefähr eine Woche hatte sie schon nicht mehr gesprochen, und wenn sie die Augen aufschlug, wußte man nicht, ob sie etwas oder jemanden anschaute oder ob sie uns einfach nur mitteilen wollte, daß sie noch lebe.

Bevor sie starb, sprach sie keines dieser letzten Worte, die von den Nachkommen in Erinnerung behalten werden, und gab auch keinen schlußendlichen dringenden Rat. Sie hörte einfach nur auf zu atmen.

Sie war der zweite Leichnam in meinem Leben. Der erste war Dandy gewesen. Als Norberto, Daniel und Fernando zur Totenwache erschienen, fiel seltsamerweise dieser Name, den wir (das war unsere Art von Exorzismus) schon eine ganze Weile nicht mehr erwähnt hatten. Mamas Gesicht im Sarg hatte jedenfalls ganz und gar keine Ähnlichkeit mit dem von Dandy da draußen im Park. Ihr Gesicht zeigte einen ruhigen Ausdruck, wie von letztendlicher, willkommener Rast, während Dandys Gesicht zu einer Schreckensfratze erstarrt war. Mein Vater bat seinen Bruder, Onkel Edmundo, sich um Leichenbestatter, Totenwache und Begräbnis zu kümmern, dann zog er sich mit seinem Matetee in die Küche zurück. Er wollte keinen Menschen mehr sehen.

Elenita lief wie ein unerlöste Seele im ganzen Haus herum, so daß ich sie in meine Dachkammer mitnahm und mit ihr über ernste Dinge sprach, die allerdings nicht immer mit dem Tod zu tun hatten. Mit ihren acht Jahren war sie vollkommen verwirrt von dem Bild, wie Mama reglos, taub und stumm dagelegen hatte.

»Elenita«, sagte ich und streichelte sie dabei, »so ist der Tod: die totale Reglosigkeit, die totale Taubheit und die totale Stummheit. Kein Denken mehr, kein Träumen.«

»Und keinen Schmerz mehr fühlen?« fragte sie, wobei ihre Mundwinkel zuckten, daß es mich anrührte.

»Nein, auch keinen Schmerz mehr fühlen.«

Zuerst schien sie sich damit zufrieden geben zu wollen, doch dann fiel ihr Blick auf den Feigenbaum. »Siehst du, Claudio, der Feigenbaum bewegt sich nicht, hört nicht, spricht nicht, denkt nicht, träumt nicht, spürt keinen Schmerz, ist aber lebendig, nicht? Vielleicht geht es Mama ja so wie dem Feigenbaum.«

Ich bin immer schon ein schlechter Verlierer gewesen, und so sagte ich zu ihr: »Nein, Elenita, der Feigenbaum ist kein Mensch. Er gehorcht anderen Gesetzen.«

Das mit den anderen Gesetzen verstand sie zwar nicht, war zum Glück aber so davon beeindruckt, daß sie keine weiteren Fragen mehr stellte.

Juliska spricht Spanisch

Obwohl ich nie gewagt hätte, darin herumzublättern, wußte ich, daß mein Vater beinah täglich in irgendwelchen Heften schrieb, auf deren Umschlag immer das Wort *Notizen* stand. Was notierte er da? Ich habe es nie erfahren, aber nach Mutters Krankheit hörte er damit auf und hielt die Hefte unter Verschluß.

Erst einen Tag nach der Beerdigung hatte Vater seine Küchenfestung verlassen und wieder am Familienleben teilgenommen. Dazu gehörte seit etwa einem halben Jahr auch eine Jugoslawin in den Vierzigern, die Juliska hieß (ausgesprochen wird es Julischka) und die sich mit einer Unerschrockenheit, die höherer Bestimmung würdig gewesen wäre, um den Haushalt kümmerte. Zu Elenita und mir war sie ziemlich streng, und das in einem gebrochenen Spanisch, dessen Geschlechtsverwechslungen und Objekt-Subjekt-Chaos unfreiwillig komisch waren. Einer ihrer Kernsätze lautete zum Beispiel: »Was soll Mama von dich sagen, wenn sie dir in das schmutzige Hemd sieht?« Aber Mama von mich gab es nicht mehr.

Juliska gehörte zu einer Einwanderungswelle von slawischen Frauen, die, auf der Flucht vor Elend und anderen Geringfügigkeiten, in den dreißiger Jahren mit dem Schiff nach Montevideo kamen. Kaum an Land, setzten sie sich an die Straße, den Damen Montevideos zur Auswahl, die sie für die Hausarbeit in Dienst nahmen. Auf der Überfahrt lernten sie ein bruchstückhaftes Spanisch, eigentlich nicht mehr als einzelne Wörter, die sie später dann völlig chaotisch, doch ohne die geringste Spur von Unsicherheit, benutzten. Angesichts Mamas Krankheit hatte sich eine Nachbarin angeboten, zum Hafen zu gehen, und hatte dort Juliska ausgesucht, die sich letzten Endes als gute Wahl erwies. Sie sah aus wie eine gesunde, kräftige Bäuerin und kämmte sich das Haar zu einem Knoten, den sie hinterher (ich habe nie herausgefunden wie) im Nacken zusammensteckte.

In ihren letzten Wochen war Mama sehr lärmempfindlich geworden, so daß der Normalzustand im Haus die Stille war. Noch viele Wochen nach Mamas Tod hatte sich daran nichts geändert. Wir sprachen alle gedämpft, mit leiser Stimme. Es war eine dichte, undurchdringliche Stille. Eine Art mündlicher Trauer, die mir die Luft abschnürte. Manchmal ging Elenita mit mir hinauf auf mein Zimmer, wir schlossen die Tür hinter uns zu, und dann sprachen wir voller Erleichterung so wie früher.

Merkwürdig war, daß zwar niemand diese Stille befohlen hatte (außer Mama in ihren letzten Tagen), wir sie aber dennoch alle befolgten. Bis Vater an einem Nachmittag (bewölkt und kalt) von der Arbeit kam, uns alle in die Küche rief (die so etwas wie sein Büro war) und verkündete: »Ab jetzt ist Schluß mit dem Geflüster. Von heute an sprechen wir im Haus wieder wie normale Menschen.«

Juliska war die erste, die ihrer Freude über die neue Anweisung lautstarken Ausdruck verlieh: »Das ist ein guter Nachricht«, rief sie. »Ich hatte diesen Stille auch schon ganz satt.«

Im selben Augenblick verschoben sich die Wolken am Himmel, und die Sonne schien in den Hof.

In dem halben Jahr der mündlichen Trauer hatte ich meine Gymnasialprüfung abgelegt (wie zu erwarten gewesen, war nicht ich es, der beglückwünscht wurde, sondern Señor Fosco) und besuchte nun schon regelmäßig das Miranda-Gymnasium in der Calle Sierra. Ich war etwas älter (ein Jahr oder weniger) als meine Klassenkameraden, weil ich durch meine lange Rekonvaleszenzzeit ein ganzes Schuljahr verloren hatte. Der Unterschied fiel aber gar nicht auf, da ich zu jener Zeit recht klein war.

Trotzdem gehörte ich, mit bescheidenem Erfolg, der Basketballmannschaft unserer Schule an. Weitaus erfolgreicher war hingegen meine Teilnahme an den Eröffnungswettkämpfen im neuen Sportstadion, gegenüber der Kirche von Aguada. Den 400-Meter-Lauf gewann ich mit mehreren Metern Vorsprung vor *Hasenzahn* Alonso, der der beste Sportler des Gymnasiums und der Schwarm aller Mädchen war. Am Ende des Rennens kamen sie nicht, um mich zu beglückwünschen, sondern umringten ihn, um ihn zu trösten. Das war mein erstes Diplom in sozialer Ungerechtigkeit. *Hasenzahn* jedenfalls verzieh mir diese Schmach nicht, so daß ich ihn um des Weltfriedens willen im folgenden Jahr auf der 800-Meter-Strecke (aber nur mit einer halben Kopflänge Vorsprung, eh?) gewinnen ließ. Danach waren wir gute Freunde, und ein paarmal ließ ich ihn sogar bei Klassenarbeiten von mir abschreiben, besonders in Mathe.

Wenn ich Norberto traf (der aufs Gymnasium der Sagrada Familia ging) oder Daniel (der im Elbio Fernández eingeschrieben war) oder Fernando (Schüler im Französischen Institut), sprachen wir nicht über die Schule, sondern über Fußball. Ab und zu gingen wir ins Stadion, und das gab uns Gesprächsstoff für eine ganze Woche. Als Norberto jedoch einmal über den Feigenbaum in mein Zimmer geklettert kam, hielt ich den Augenblick für gekommen, ihn nach seiner Cousine zu fragen.

»Welche Cousine?«

»Rita.«

»Ich hab doch gar keine Cousine.«

»Was? Hast du keine Cousine, die Rita heißt und in Córdoba wohnt?«

»Ich sage dir doch, nein. Wie kommst du auf solchen Unsinn? Ich habe weder Cousinen noch Cousins, ich habe überhaupt nichts in der Richtung.«

Ich weiß nicht mehr, was ich antwortete, um meine Frage zu rechtfertigen, aber das Thema war damit abgehakt und blieb weiter ungeklärt, im Angesicht des Feigenbaums als Betroffenem und Zeugen. Doch wer wußte besser als ich, daß Rita ein Menschenkind aus Fleisch und Blut gewesen war? Ich hatte sie mir in meinem Dachkämmerlein ja nicht zusammengeträumt. Außerdem hatte sie mich geküßt, und Gespenster küssen nicht. Oder doch?

Freudenfest im Viertel

Was ich befürchtet hatte: Der Alte fing an, wieder von Umzug zu reden. Klar, unser Haus in Capurro war ohne Mama nicht mehr dasselbe. Aber alles in allem, es war doch *mein* Haus. Wo würde ich noch einmal ein Zimmer mit einem Feigenbaum vor dem Fenster finden? Capurro war *mein* Viertel. Da waren meine Freunde, der Park und der Fußballplatz des Lito-Clubs.

Juliska war die einzige, die mich unterstützte: »Für wo Umzug? Dieser Viertel ist doch schön. Wo finden Sie wieder solcher Haus wie dieser? Groß, billig, fünf Stockwerker.«

Aber Vater wollte raus. Er sagte, jeder Winkel des Hauses erinnere ihn an Mama, und er wolle einen Schlußstrich ziehen, diese krankhafte Trauer müsse ein Ende haben. Daß er krankhaft sagte, hat mich beeindruckt. Er wolle wieder leben, fügte er hinzu. »Außerdem will ich nicht nur aus dem Haus raus, sondern aus dem ganzen Viertel.«

Er hatte sich so in die Idee verrannt, daß ich ihn ohne große Hoffnung fragte: »Wirst du denn nicht die Küche und deinen Mate vermissen?«

»Den Mate habe ich bei mir, und Küchen gibt es überall.«

Erst, als ich einsah, daß es tatsächlich ernst wurde, begann ich mit meinen Abschieden. Vom Stadtteil, von der Straße, von meinen Freunden.

Als erstes ging ich am Samstag auf den Fußballplatz. Unsere Mannschaft spielte gegen Phönix, den Verein des Nachbarviertels. Eine schon klassische Begegnung. Dieselben Leute, die Abend für Abend in den Kneipen Karten spielten und Bier tranken, oder Grappa mit Limone, und unter fröhlichem Gelächter Flanken und Pässe kommentierten, hier auf dem Platz haßten sie sich mit Ausdauer und Leidenschaft und wurden auch wohl mal handgreiflich. Wie in solchen Fällen üblich, fehlte es nie an einem Schlichter, der zwar in der Regel auch eine Backpfeife abbekam, ihnen aber trotzdem ihre Gemeinsamkeiten in Erinnerung rief. Dann gaben die Gegner sich zähneknirschend die Hand, und Friede herrschte wieder bis zum nächsten Mal.

An diesem Nachmittag trug Lito, nach zwei ganz außergewöhnlichen Spielzügen, einen ebenso knappen wie verdienten Sieg über Phönix davon. Der erste war das »anthologische Tor« (so nannte es der Sportreporter von *El Diario,* dem einzigen Presseorgan, das sich etwas eingehender mit den niederen Sportklassen beschäftigte), das Ñato geschossen hatte, der sieben oder acht Gegenspieler austrickste und, nur noch den Torwart vor sich, mit einem unglaublichen Linksschuß die Latte traf, daß das Tor wackelte, und dann, der Torhüter war völlig fassungslos, den Ball ganz sanft (»mit Vaseline«, schrieb besagter Chronist) am linken Pfosten vorbei über die Linie schob. Nur eine Minute später erfolgte der Gegenangriff von Phönix, und Lobizón legte ihren Mittelstürmer mitten im Strafraum direkt vor der Nase des Schiedsrichters flach, dem nichts anderes übrigblieb, als mit voller Lunge in seine Trillerpfeife zu blasen und unverzüglich auf den Schicksalspunkt zu deuten. Der Bomber von Phönix, ein im Vollzug der Höchststrafe unfehlbarer Schütze, schickte den Ball makellos in die obere Ecke, doch der Lito-Hüter, ein aus der Kreisklasse aufgestiegenes Nachwuchstalent, stieg in die Luft, holte das tödliche Geschoß herunter und riß es sich an den Hals, während im Stadion der Jubel aufbrandete, der anzuheben pflegt, wenn die erste Schrecksekunde überwunden ist. Da nur noch knapp sieben Minuten zu spielen waren, stürmten die Lito-Fans schon auf den Platz, und so verging noch eine Viertelstunde, bis die kurze Restzeit abgespielt werden konnte. Zum Glück beherrschten die Lito-Spieler die große Kunst des Verzögerns, denn ihr neuer Held stand nach den gnadenlosen Herzlichkeitsbezeugungen der Fans jetzt fußlahm und mit einem blauen Auge im Tor, was für einen Schlußmann ja nicht der Idealzustand ist. Bei jedem normalen Spiel hätte der Trainer ihn gegen den Ersatztorwart ausgewechselt, doch an diesem Sonntag verfügte die Mannschaft weder über einen Trainer (seine Frau erwartete ihr erstes Kind) noch über einen Ersatzmann für das Tor (in Wirklichkeit war der Elfmeterheld selbst der Ersatzmann, da der eigentliche Torhüter die Röteln hatte; eine Krankheit, die damals sehr in Mode war). So konnten sie also nur versuchen, die aufgeheizten Phönix-Stürmer nicht ans Lito-Tor herankommen zu lassen. Und sie kamen nicht heran.

Bis in die frühen Morgenstunden herrschte frohe Ausgelassenheit im Viertel, und in den Kneipen der Calle Capurro und angrenzender Straßen war ein ungewöhnlich hoher Konsum von Zuckerrohrschnaps, Rotwein und sogar Sekt zu verzeichnen, was auf mehrere Lokalrunden zurückzuführen war, die ein betuchtes Gründungsmitglied des siegreichen Vereins geschmissen hatte.

Zur Krönung des Ganzen tauchte gegen Mitternacht, und schon erheblich angeheitert, der vaterfreudige Trainer auf, stellte sich mit ausgebreiteten Armen mitten auf die Straße und rief unter Lachen, Schluckauf und Rülpsen: »Ein Junge, Leute, es ist ein Junge!« Dem darauf einsetzenden Sturm von Glückwünschen konnte sich das betuchte Gründungsmitglied nur mit einer weiteren Lokalrunde anschließen, diesmal mit Champagner.

Angesichts der Tatsache, daß dies mein persönlicher Abschied vom Lito war, war die Veranstaltung gar nicht übel. Ich war diesmal ohne meinen Vater, der für neue Aufregungen noch nicht reif war, beim Spiel gewesen und kam entsprechend spät nach Hause. Seit einer Woche hatte ich einen eigenen Schlüssel, so daß ich unbemerkt ins Haus kommen und mich leise in meine Dachkammer schleichen konnte. Andererseits war mir der Champagner (von dem auch ich zwei Gläschen geleert hatte) so in den Kopf gestiegen, daß ich die Treppenstufen alle doppelt sah, und wenn ich beim Hinaufgehen nicht auf die Nase gefallen bin, so konnte das nur daran liegen, daß Gott und/oder der Lito-Club allmächtig sind.

Nur Juliska entdeckte am anderen Morgen, was mit mir los war: »Du spät spät gekommt letzter Nacht«, flüsterte sie mir zu, während sie das Frühstück bereitete.

Mein Vater, der schon bei seinem Mate saß, hörte es (Mama sagte immer, er habe »ein Gehör wie ein Blinder«) und ließ ein wohlwollendes Lächeln an seinem Materöhrchen hinunterrinnen. »Ich nehme an, Lito hat gewonnen. Unglaublich.«

Ich hatte zwar leichte Kopfschmerzen, berichtete ihm aber in Kurzfassung von den Höhepunkten des Spiels (dem Siegestor und dem abgewehrten Elfmeter) und der darauffolgenden Feier, mit Ausnahme meines Alkoholkonsums natürlich. Ich glaube, mein Bericht hat ihm gefallen. Er war zwar rational Anhänger von Defensor, aber sein Herz schlug nach wie vor für Lito.

Der Park war verlassen

Danach ging ich auf die Straße. Es war noch früh, und nach dem Besäufnis vom Vorabend schliefen die Leute zu Hause ihren Rausch aus. Außerdem war Sonntag. Ich wollte mich vom Park verabschieden. Draußen blies ein frischer Wind, der mich wach machte. Wenn ich an den Champagner dachte, überkam mich jedesmal ein Gefühl von Übelkeit, aber drei oder vier Häuserblocks weiter ging es mir schon besser.

Auch der Park lag verlassen da. Seit der »Episode« mit Dandy und meiner späteren Einmanninspektion war ich hier nicht mehr gewesen, aber ich mußte mich von ihm verabschieden. Und zwar allein verabschieden, ohne die anderen.

Der Park war, seit wir in Capurro wohnten, immer ein wichtiger Ort für mich gewesen. Wie viele Hetzjagden, wie viele Kämpfe. Unsere Verstecke von damals waren jetzt voll mit trockenem Laub, und an bemoosten Stellen sah man glitzernde Tröpfchen, die sowohl von Tau als auch von einem frühen Regenschauer herrühren konnten.

Plötzlich blinkte die Sonne durch die Baumkronen. In diesem Augenblick, und angesichts so unerwarteter Schönheit, spürte ich einen Knoten im Hals, der nicht auf die Wirkung des Champagners zurückzuführen war.

Mir wurde klar, daß etwas zu Ende ging, daß mit diesem Schlüssel, den mein Vater mir vor einigen Tagen anvertraut hatte, auch meine Kindheit abgeschlossen war.

Ich setzte mich auf einen kleinen grasbewachsenen Hügel. Er war feucht, und ein Gefühl von Kälte durchdrang meine noch kurzen Hosen, aber ich stand nicht auf. Mir wurde unerträglich sentimental zumute (so sehe ich es heute, doch an jenem Sonntag sah ich es so nicht), und ich fühlte deutlich, daß diese Feuchtigkeit oder die Tröpfchen im Moos wie Tränen des Parks waren, seine Art waren, von mir Abschied zu nehmen.

Der Park und meine Kindheit verschmolzen zu einem Bild, das auch Geschmack, Geruch, Gefühl und Geräusche war. Ein paar Spatzen hüpften über ihre Spatzenwege, die nicht immer dieselben waren, wie unsere von früher. Sie hielten inne, sahen mich an, kamen manchmal bis an meine grünen Turnschuhe heran und zeigten keinerlei Scheu. Es gab auch Bienen, aber bei denen war ich vorsichtig, da ich einmal von einigen gestochen worden war und mein Gesicht drei Tage lang wie ein Luftballon ausgesehen hatte. Mein einziger Schutz war, regungslos sitzen zu bleiben. Sie liefen über meinen Unterarm, auf dem sich die Haare hochstellten, doch nach einer ausgiebigen Untersuchung des Geländes machten sie sich davon und suchten sich ein passenderes. Erst dann bewegte ich mich wieder, und die Spatzen flogen erschreckt davon. Sicher hatten sie bis zu diesem Moment geglaubt, ich sei ein Baum, aber man lernt eben (auch in der Spatzenwelt) jeden Tag dazu.

Noch eine halbe Stunde beweinten wir, der Park und ich, gegenseitig unseren Abschied; er mit seinem

Tau, der allmählich verdunstete, und ich mit ein paar Tränen, die schnell wieder trockneten. Mit einem Mal wurde mir bewußt, daß ich mir vorkam wie eine Gestalt aus einem Roman von De Amicis, und da hörte der Zauber auf. Ich war keine Romangestalt von niemandem. Ich ging zur Straße zurück und war schon wieder ein anderer, das heißt, ich selbst.

Kurz vor unserem Haus traf ich Fernando. Ich erzählte ihm, daß mein Vater wegziehen wollte und wir das Viertel bald verlassen würden.

Seine Antwort überraschte mich: »Wir ziehen auch um. Wahrscheinlich gehen wir nach Melo zurück.«

»Und die Schule?«

»Keine Ahnung. Noch ist nichts entschieden. Vielleicht bleiben wir auch bei einem Onkel meiner Mutter.«

»Und was sagt Daniel dazu?«

»Daniel will am liebsten bleiben, genau wie ich, aber du weißt ja, wie das ist. Entscheiden tun immer die Alten.«

Vor unserem Haus tauchte Daniel auf, der mich schon gesucht hatte. Er, der immer soviel Sicherheit ausstrahlte mit seinem detektivischen Wissen, sah jetzt grau und niedergeschlagen aus. Für die beiden war Capurro ebenfalls so etwas wie ein erweiterter Schoß der Familie gewesen.

»Wie bleiben wir in Verbindung, wie treffen wir uns?« fragte Fernando.

»Da finden wir schon einen Weg«, sagte ich.

Aber wir fanden ihn nie. Als wir Capurro, den Park, den Fußballplatz und die »Episode« mit Dandy hinter uns ließen, ließen wir auch unsere Freundschaft hinter uns. Erst mehrere Jahre später begegnete ich Daniel wieder, und nichts war wie früher. Wir waren beide zwanzig Zentimeter größer, er trug eine Brille und ich einen Schnurrbart; er hatte sich mit Fernando zerstritten, und schon seit langem redeten sie nicht mehr miteinander. Ich hatte mein Studium abgebrochen, und er (der längst keine Kriminalromane mehr las) wollte nach wie vor Notar werden. Seine Eltern hatten sich scheiden lassen. Fernando war Fußballschiedsrichter geworden. Und das Merkwürdigste war, daß weder sie noch ich jemals wieder in Capurro gewesen waren, nicht einmal, um einen Hauch von Erinnerung zu schnuppern. So als hätten wir unsere Sehnsüchte eingefroren und trauten uns nicht, sie an unseren neuen Wirklichkeiten zu messen.

Doch das war alles erst später, viel später. An jenem Sonntagmorgen waren wir drei davon überzeugt, daß jene eigene Welt, die wir uns erschaffen und die wir genossen hatten, uns auch weiterhin beschirmen und miteinander verbinden würde. Ebenso wie mir waren auch Fernando und Daniel die Hausschlüssel anvertraut worden, die Schlüssel zu jenen Häusern eben, aus denen wir bald auszogen, deren Türen sich in Kürze hinter uns schließen würden, um uns der Gnade (oder Ungnade) des Schicksals zu überlassen.

Auf Wiedersehen

Der Abschied von Mateo fiel Claudio fast noch schwerer als der Abschied vom Park. Der Blinde sprach immer mit ihm, als sei er eigentlich fünf Jahre älter; vielleicht weil er sich nur an seiner Stimme orientieren konnte, an seinen begierigen Fragen, an seiner aufrührenden Neugier. Allein die Tatsache, daß diese Gespräche sich auf einer höheren Ebene bewegten als die Unterhaltungen zu Hause oder mit den Leuten aus seinem Viertel, führte dazu, daß Claudio seine Aufmerksamkeit noch verschärfte und, als unerwartete Körperreaktion, den Hals reckte, als würde diese Geste es ihm ermöglichen, noch mehr zu verstehen und besser zu begreifen, was der Blinde ihm erzählte.

Mateo verfügte zweifellos über ein für einen Jungen seines Alters ungewöhnliches Maß an Bildung und kulturellem Wissen. Seine Eltern lebten in relativ sorgenfreien Verhältnissen (sie besaßen Ländereien in Durazno, die von zwei sehr tatkräftigen Neffen geführt wurden und ihnen einen festen Pachtzins einbrachten) und waren in der Lage, ihn mit allen für die Bildung notwendigen Dingen und Gerätschaften zu versorgen, um die er sie bat. Er las in unglaublicher Geschwindigkeit Blindenschrift, besaß eine hervorragende Stereoanlage und ein Radio mit bemerkenswerter Kurzwellenleistung. Er sprach Englisch und Französisch, und um seine Kenntnisse zu festigen, hörte er sich gern die Nachrichtensendungen auf BBC und ORTF an.

»So, du willst uns also verlassen?« Der etwas wehmütige Ton in Mateos Stimme war nicht geheuchelt. Er hatte sich an die recht regelmäßigen Gespräche mit dem aufgeweckten und daher verletzlichen Jungen richtig gewöhnt. Gern hätte er ihm auch weiterhin Zweifel und Gewißheiten vermittelt, um ihn für die nächsten Jahre zu wappnen, deren Verlauf er nicht klar absehen (besser gesagt, sich nicht vorstellen) konnte.

»Und wo zieht ihr hin?«

»Nach Punta Carretas. Neben das Gefängnis.«

»Sieh dir das nur nicht allzu genau an, eh? Solche in sich geschlossenen und versperrten Welten pflegen eine beträchtliche Anziehungskraft auszuüben. In Punta Carretas gibt es aber einen Leuchtturm. Für den kannst du dir Zeit nehmen und mir irgendwann mal berichten, auf was sein Licht alles fällt und wie es darauf fällt. Da wir Blinden keine Mauern sehen (wir berühren sie höchstens mal), entdecken wir für uns, oder erfinden uns, eine andere Dimension von Freiheit; wir haben mehr Zeit als die Sehenden, um darüber nachzudenken. Unsere Sehnsüchte sind nicht materiell. Jetzt, zum Beispiel, wenn du mir von deinem neuen Stadtviertel erzählst, habe ich absolut keine Lust, mir die Mauern des Gefängnisses vorzustellen, aber liebend gern würde ich das zuckende Licht des Leuchtturms sehen (und es mir nicht nur vorstellen).«

Beim Sprechen gestikulierte Mateo mit den Händen und legte ab und zu die Fingerspitzen aneinander.

Claudio, ohne jedes Gespür für Ungelegenheit, fragte ihn, warum er seine Hände soviel bewege.

»María Eugenia fragt mich das auch öfter, und ich weiß nie so recht, was ich ihr darauf antworten soll. Manchmal tue ich es bewußt, manchmal auch nicht. Vielleicht ist es nur eine seltsame Art, mich in meine Umgebung einzufinden, mich in der Luft zu plazieren. Sieht es sehr lächerlich aus, wenn ich gestikuliere?«

»Nein, nein, darum habe ich das nicht gesagt«, beteuerte der Junge hastig, der rot geworden war wie eine Tomate. »Es ist mir nur einfach aufgefallen, weil ich es wie eine Sprache wahrgenommen habe, die ich nicht immer verstehe.«

»Siehst du, jetzt verrät mir dein Tonfall, daß dir das Blut in die Bäckchen gestiegen ist.«

Claudio wurde noch röter.

»Du brauchst dich für keine Frage zu schämen, wenn sie aufrichtig gemeint ist. Meistens haben Antworten mehr Anspruch darauf, beschämend zu sein, weil sie häufiger doppelzüngig sind: Du denkst etwas und sagst aber das Gegenteil. Das ist auch so einer unserer wenigen Vorteile: Ich glaube, wir Blinden bemerken Heuchelei eher. Ein scheinheiliger Mensch kann seine Unaufrichtigkeit mit einer Geste, einem Blick oder einem Augenzwinkern überspielen und sich so mit einer Aura falscher Aufrichtigkeit umgeben, der sich sein Gesprächspartner nicht entziehen kann. Bei uns Blinden kommt aber nur die Stimme des Heuchlers an, die ungeschminkte Stimme, so wie sie ist, und in der die Lüge offen zutage liegt.«

Claudio saß still, mit gesenktem Kopf und zu Fäusten geballten Händen. Nach einer Weile fragte er: »Hast du jemals gemerkt, daß ich dich angelogen oder dir nicht die ganze Wahrheit gesagt habe?«

Mateo mußte lachen. »Mach dir darüber keine Sorgen. Du bist ein aufrichtiger, sauberer Junge ohne Hintergedanken. Darum unterhalte ich mich auch so gern mit dir.«

Claudio sah auf und entkrampfte seine Fäuste, doch sein Freund fuhr fort: »Einmal hatte ich das Gefühl, nicht daß du mich angelogen, aber daß du mir nicht die ganze Wahrheit gesagt hast. Das war damals, als du mir davon erzähltest, wie ihr den Dandy im Park gefunden habt. Hat er da wirklich geschlafen?«

Claudios Stimme wurde heiser: »Nein. Er war tot. Wenn ich es dir nicht gesagt habe, dann nicht, weil ich dir mißtraut hätte, sondern weil wir vier uns geschworen hatten, mit keinem darüber zu reden.«

»Schon gut, aber warum hast du dann mit mir darüber gesprochen?«

»Weil ich wußte, daß du es nicht weitererzählen würdest.«

»Uff, ganz schön kompliziert. Und dennoch hast du mir nicht die ganze Wahrheit gesagt.«

»Nein, und ich weiß, daß es falsch war.«

»Vielleicht wäre es besser gewesen, mir gar nichts zu sagen. Halbe Wahrheiten sind vor allen Dingen halbe Lügen. Aber mach dir keine Sorgen. Es ist vergangen und vorbei. Und außerdem habe ich zu niemandem ein Wort gesagt.«

In diesem Augenblick veranstaltete das elektrische Licht sein rituelles Acht-Uhr-abends-Blinzeln.

»Es ist acht Uhr, nicht?« fragte Mateo, und Claudio beschloß, sich nicht zu wundern. Er sagte nur: »Ja, und darum muß ich jetzt auch gehen. Deshalb bin ich ja eigentlich gekommen, um mich von dir zu verabschieden. Es ist aber nur ein Abschied für jetzt. Ich sehe dich bestimmt noch öfter.«

»Na, dann auf Wiedersehen«, sagte Mateo, wie um sich selbst zum besten zu halten.

Unverträglichkeiten

Tatsache ist, daß ein Arbeitswechsel meines Vaters (er wurde Geschäftsführer eines guten Hotels in Pocitos) für unsere neue Adresse ausschlaggebend gewesen war. Wir zogen nach Punta Carretas in die Calle Ariosto, neben das Gefängnis. Es war diese wenig ruhmreiche Nachbarschaft, die die Miete erträglich hielt. Andererseits war es ein geräumiges Haus, so daß Vater, um seinen Etat auszugleichen, sich entschloß, ein Zimmer unterzuvermieten, das auf die Straße hinausging und sich für diesen Zweck eignete, weil es einen Balkon und ein eigenes Badezimmerchen hatte.

Nachdem mehrere Bewerber erschienen waren, mit denen mein Vater zu keiner Einigung kam, wurde eine Architekturstudentin in höherem Semester unsere Untermieterin. Sie hieß Natalia, war Chilenin und hatte einen Freund (»oder was man will so nennen«, ließ Juliskas Lästerzunge verlauten), ein Student derselben Fakultät, der fast jeden Tag mitkam, um mit ihr zu lernen.

Juliska und Natalia verstanden sich vom ersten Tag an nicht, und da die Jugoslawin keinen Zweifel daran gelassen hatte, daß sie weder Zimmer noch Bad der Chilenin putzen noch für sie kochen würde, zog sie sich, wenn Natalia in die Küche kam (was ihr gutes Recht war), um sich irgendwas zu essen zu bereiten, in ihr Dienstbotenzimmer zurück, wo sie so lange blieb, bis die andere das Feld geräumt hatte. Vater verhielt sich in diesem Konflikt neutral und tat, als merke er nichts, doch mich suchte Juliska mit hineinzuziehen und kam täglich mit neuem Klatsch über Natalia zu mir. »Die Mädchen ist nicht anständig. Ist Flitter. Ihren Freund ist nicht Freund, sondern Hengst. Wart ab, wird bestimmt bald schwangerig.« Juliskas Art zu sprechen, mit diesem unweigerlichen Chaos der Endungen und Geschlechter, war für meinen Vater, meine Schwester und mich so etwas wie ein ins Familienidiom aufgenommener Dialekt, doch Natalia bog sich vor Lachen, wenn sie es hörte, und nur in den seltensten Fällen konnte sie es vor ihr verbergen. Wenn später ihr Freund kam, Enrique, oder Quique, wie sie ihn nannte, imitierte Natalia die Jugoslawin, und sein Lachen schallte dann bis zum Gefängnis. Obwohl Juliska diese Ausbrüche von Fröhlichkeit nicht mit ihrer Sprache in Zusammenhang brachte (im Grunde hielt sie ihr Spanisch für lupenrein), war sie dennoch überhaupt nicht erfreut über dieses Gelächter, das nach ihren Worten »entartet war und zotig klang«.

Der gute Umgang

An der anderen Seite des Gefängnisses, genauer gesagt in der Calle Solano García, wohnten mein Großvater Javier und meine Großmutter Dolores, die Dauerkranke. Ihr recht bescheidenes Häuschen lag zwischen der Rückfront der Kirche (Unserer Lieben Frau vom Heiligen Herzen) und dem Gebäude, in dem sich die berühmte Kohlenhandlung *Der gute Umgang* befunden hatte, in der die Flucht von Rosigna, Moretti und anderen Gefangenen geplant und mit Hilfe eines von dort gegrabenen Tunnels auch bewerkstelligt worden war.

Die Besuche bei meinen Großeltern machten mir immer viel Spaß. An der Rückseite der Kirche gab es einen großen, umschlossenen Hof. Eine Backsteinmauer trennte ihn von der Straße, und ein hoher Drahtzaun vom Haus meiner Großeltern. Dort sah man die Priester sonntags nach der Elf-Uhr-Messe die Soutanen lüpfen und mit den Jugendlichen des Viertels Fußball spielen. Vorher ging die ganze Meute zur Beichte und zur Kommunion, aber natürlich weniger, um sich den Leib des Herrn einzuverleiben, als um Fußball mit ihren Beichtvätern und spirituellen Lehrmeistern zu spielen, denen außerdem (eine nicht zu unterschätzende Kleinigkeit) der Ball gehörte.

Wenn ich diesen Spielen zuschaute, hatte ich oft den Eindruck, die Beichtväter müßten hinterher selber zur Beichte gehen, da sie das Spiel mit gar nicht frommen Flüchen anheizten und selbst vor einem kräftigen Rippenstoß nicht zurückschreckten, wenn ein Gotteslästerer es wagte, den geistlichen Ansturm durch ein allzu rohes Foul zu stoppen.

Die Priester gewannen immer, so wie es sich gehörte, doch die Jungs hatten ihre Freude daran, sie so euphorisch und gar nicht fromm zu erleben. Es kam nämlich auch vor, daß ein besonders vorwitziger Junge zu dem Priester, der gerade in der Verteidigung stand, sagte: »Denken Sie daran, Vater, daß man auch die andere Wange hinhalten soll«, und der Priester, indem er sich den Schweiß abwischte, ihm antwortete: »Die andere Wange, ja, du Depp, aber nicht das andere Bein. Wenn du mich noch einmal trittst, stelle ich dich vom Platz und verdonnere dich zu zehn Vaterunser und zwanzig Gegrüßetseistdumaria.«

Am liebsten saß ich jedoch beim Großvater und hörte mir seine Version (die der meiner Großmutter hinzugefügt wurde) von der Flucht der Anarchisten an. »Deine Großmutter, die ein gutes Gehör hat und an Schlaflosigkeit leidet, hörte nachts immer komische Geräusche aus dem Nachbarhaus und sagte jedesmal zu mir: Das sind doch nie im Leben Kohlenhändler. Ich entgegnete ihr daraufhin: Ich habe selbst gesehen, daß dort Kohlen verkauft werden. Und sie: Meinetwegen können sie Salatköpfe verkaufen. Die Kerle haben ein Maschinchen und drucken damit nachts Geldscheine. Du wirst schon sehen. Sie war hartnäckig und ließ sich von ihrer Meinung nicht abbringen. Wenn ein Lastwagen hinten in der Straße hielt, und die vom *Guten Umgang* Säcke über Säcke einluden, sagte deine Großmutter: Meinst du nicht, daß das eine merkwürdige Kohlenhandlung ist? Anstatt Kohlen zu holen, bringen sie sie fort. Die Säcke da sind bestimmt voll mit Falschgeld, das sie nachts mit ihrem Maschinchen drucken und womit sie mich um meinen Schlaf bringen. Ich sagte ihr, nein, in diesen Säcken werden die Kohlen an die Haushalte geliefert. Und sie: Das wäre die erste Kohlenhandlung, die sonntags ihre Kohlen ausliefert. Ist dir nicht aufgefallen, daß der Lastwagen immer nur sonntags kommt? Na ja, hinterher hat sich dann alles geklärt. In den Säcken war kein falsches Geld, sondern richtige Erde, die sie aus dem Tunnel herausholten, den sie da gruben.«

Der Großvater hatte mir die Geschichte schon viele Male erzählt, natürlich jedesmal mit kleinen Veränderungen. Ich glaube, zum Schluß war es eine Mischung aus tatsächlichem Geschehen, der Version von Großmutter und dem, was seine eigene Phantasie hinzugedichtet hatte. Es stimmte allerdings, daß er sie am Tag der Flucht aus der Kohlenhandlung hatte kommen und in ein Auto steigen sehen, das in der Straße dahinter wartete, das heißt, in der Joaquín Núñez, nur ein kleines Stück von der Stelle entfernt, wo sonntags der Lastwagen immer hielt. Er hatte sich noch gewundert, daß die Männer rannten und keine Säcke trugen, aber die Flüchtenden hatten natürlich gute Gründe für ihre Eile.

Die Großmutter ließ von ihrer Falschgeldtheorie nicht ab. »Es mögen Häftlinge gewesen sein«, gab sie zu, »warum sollte ich das leugnen; aber sie sind mit dem Geld geflohen, das sie in all den Monaten da gefälscht haben. Sicher sind sie längst in Paris, lassen sich's im Folies-Bergère gutgehen und bezahlen alles mit dem Geld, das sie hier nebenan gedruckt haben.« Für die Großmutter waren Paris und das Folies-Bergère das Größte, der absolute Gipfel, so daß sie sich kein herrlicheres Schicksal für die Ex-Gefangenen vorstellen konnte, als in diesem Paradies auf Erden ein- und auszugehen. »Nach so langer Zeit im Kittchen kann ich mir gut vorstellen, wie diese Armen sich nach ein paar Frauenbeinen gesehnt haben. Und wenn es französische Frauenbeine waren, um so besser.« Und wenn ihre kurzsichtigen Augen sich mit Wehmut gefüllt hatten: »Als ich noch ein junges Ding war, hat meine Tante Clorinda, die etwas verrückt, aber sehr lebenslustig war, immer gesagt, ich hätte Beine wie eine Französin. Und nicht nur sie. Unser Spiegel hat dasselbe gesagt.«

Die Krankheit meiner Großmutter war eine ungewöhnliche und schmerzhafte Form von Rheumatismus, die aber offensichtlich ihre Zunge nicht beeinträchtigte, da sie ohne Unterbrechung redete. Das Thema der Kohlenhandlung gab ihrer Geschwätzigkeit wohl für fünf Jahre Nahrung. Als der Großvater ihr die Zeitung brachte, in der über die Flucht und die nachträgliche Konfrontation mit der Polizei berichtet wurde, flüchtete sie sich in Sarkasmus: »Javier, du hast mir doch immer gesagt, daß die Zeitungen lügen und verleumden und die Tatsachen verdrehen. Wie kannst du da so eine Meldung glauben? Das sagen sie doch nur, weil es ihnen zu peinlich ist, zugeben zu müssen, daß die Kerle jetzt in Paris sind, den Can Can genießen und mit Francs bezahlen, die genauso aussehen wie die echten französischen. Menschenskinder, wenn ich nicht so kreuzlahm wäre, würde ich mit ihnen gegangen sein. Diese Leute zeigen wenigstens Initiative, nicht wie du, der immer ein Stubenhocker gewesen ist und sein Schicksal nicht ein einziges Mal herausgefordert hat.« Mein Großvater schwieg besonnen, obwohl ich ihm anmerkte, was er dachte: Schließlich und endlich war es nicht mehr als verständlich, daß seine Frau, die nur den Weg vom Sofa zum Bett und umgekehrt gehen konnte, sich nach einem Nomadendasein sehnte.

Trotz allem, auf ihre Art mochten sie sich, da bin ich ganz sicher. Der Großvater hätte zehn Jahre seines Lebens gegeben, wenn sie gesund werden und sich vergnügen könnte, vielleicht nicht im Folies-Bergère, aber wenigstens auf dem Korso der Dieciocho de Julio.

Leute gehen vorbei

Von Punta Carretas aus hatte es Vater nicht allzuweit bis zu seiner neuen Arbeitsstelle, was man allerdings von mir und meinem Weg zum Miranda-Gymnasium nicht sagen konnte. Ich mußte zwei verschiedene Busse nehmen oder einen Bus und eine Straßenbahn, so daß ich es auf dem Rückweg vorzog, zu Fuß zu gehen, es sei denn, es regnete oder war besonders stürmisch. Die Strecke ging über Sierra, Jackson, Boulevard España, 21. September, Ellauri und dann zum Gefängnis, was (toi, toi, toi) meine Endstation war.

Bis dahin hatte ich mehr oder weniger eingeschlossen in Capurro gelebt, und vielleicht genoß ich deshalb besonders den langen Weg durch die Stadt, der auch nicht immer den gleichen Verlauf nahm, da ich an manchen Tagen ein Stück von der Avenida Dieciocho de Julio mit einbezog. Bei diesen Gelegenheiten blieb ich eine ganze Weile einfach an irgendeiner Straßenecke stehen und tat nichts anderes, als mir die Leute anzusehen, die dort vorübergingen. In ihrer Hast oder ihrer Behäbigkeit waren sie für mich was ganz Neues, eine Entdeckung. Während sie meine gut besuchte Einsamkeit flankierten, machte ich mir im Geiste Notizen über ihre Eigenarten und Manien. Die Frauen blieben gebannt vor den Schaufenstern stehen, betört von der neuesten Mode, deren Größen, Farben, Modelle und Preise sie bestimmt auswendig kannten. Nach einer Weile hasteten sie weiter, da sie ständig zu spät irgendwohin kamen. Wenn die Männer, die zielgerichteter gingen oder blinder für ihre Umgebung waren, irgendwo etwas kaufen wollten, traten sie ohne Umschweife in den Laden oder das Schreibwarengeschäft und brachten sich so um den Genuß der Schaufenster, für deren Angebot sie keine Zeit vertaten.

Es gab auch jede Menge Studenten, beiderlei Geschlechts, vor allem, wenn ich mich der Universität näherte. Meist gingen sie in Gruppen, wobei die Jungen sich an die Fersen der Mädchen hefteten, die Arm in Arm gingen, um sich stärker zu fühlen, und die kollektiven Komplimente wie auch individuelles Augenzwinkern mit ironischen Paraden und kicherndem Getuschel erwiderten. Die erwachsenen Fußgänger - von dieser Lektion wohltuender Leichtfertigkeit belästigt und jeder von ihnen solidarisch mit dem Ärger des anderen – warfen sich manchmal Blicke zu und vertrauten ansonsten wohl darauf, nicht plötzlich mit dem eigenen Sohn oder der Tochter in einem dieser lärmenden Trupps unangenehm gutgelaunter junger Leute konfrontiert zu werden.

Von meinem Aussichtspunkt an irgendeiner Straßenecke (meistens suchte ich mir die Dieciocho/Gaboto aus) lernte ich allmählich die Einzelheiten und Nuancen menschlicher Verhaltensweisen kennen, und diese panoramische Ausschau wurde für mich in meiner Unerfahrenheit zu einer leidenschaftlichen Betätigung. Zu jener Zeit las ich ziemlich viel, vor allem Romane. Über De Amicis, Verne und Salgari war ich schon eine ganze Weile hinaus, und was mich jetzt beschäftigte, war das Erkennen der elementarsten Unterschiede zwischen den Gestalten, die Victor Hugo, Dikkens oder Dostojewski gezeichnet hatten, und den grauen Gestalten Montevideos, die ich mit eigenen Augen sah.

Eine Zeitlang war ich von der Idee besessen, Vergleiche zwischen Bettlern in der Literatur und denen aus dem wirklichen Leben anzustellen, doch in Montevideo gab es kaum Bettler. Schließlich entdeckte ich einen, dem beide Beine fehlten, und ich stellte mich einen ganzen Nachmittag lang hin und rechnete mir aus, was er in diesen paar Stunden eingenommen haben mochte. Zuerst verdoppelte ich den Betrag, weil er ja auch vormittags bettelte, nahm ihn dann mal dreißig, um auf seinen Monatsverdienst zu kommen, und gelangte dabei zu dem überraschenden Ergebnis, daß er sehr viel mehr verdiente als mein Vater, der Geschäftsführer eines guten Hotels war. Am selben Abend noch teilte ich das meinem Vater mit, der zu meinem Erstaunen nicht vor Neid erblaßte. Er meinte nur: »Der grundlegende Unterschied zwischen deinem Bettler und mir liegt nicht in dem, was wir jeden Tag oder jeden Monat verdienen, sondern darin, daß ich zum Glück noch beide Beine habe; mit Krampfadern und Hühneraugen zwar, aber immerhin habe ich sie noch. Ist das vielleicht nichts?«

Doch, doch, das war schon was. Aber mein Bettler taugte noch nicht einmal zu einem Vergleich mit den Bettlern Victor Hugos. Wir waren offenbar eine so junge Nation, ein so unterentwickeltes Land, daß wir nicht einmal eine Lumpen- und Bettlergesellschaft hatten. Es ist aber anzunehmen, daß wir uns in absehbarer

Zeit weiterentwickeln werden, um so eine eigene Bettlerschaft erzeugen zu können.

An manchen Nachmittagen änderte ich meine Wegstrecke und ging über die Agraciada und Rondeau zur Plaza Cagancha, die für mich untrennbar mit einem einzigartigen Bild verbunden war, das ich stets in Erinnerung behalten habe. Während der Spiele von 1928 in Amsterdam, als Uruguay zum zweiten Mal olympischer Fußballmeister wurde, nahm das ganze Land Anteil an den jeweiligen Begegnungen. An dem Tag, als Uruguay gegen Italien spielte, nahm mein Vater mich mit zur Plaza Cagancha. Dort wurden die jeweils wichtigsten Neuigkeiten des Spielverlaufs an den Nachrichtentafeln der Tageszeitung *Imparcial* angeschrieben: »Vorstoß Uruguay«, »Eckstoß für Uruguay«, »Tor für Italien«, »Uruguay geht in die Offensive« und so weiter. Es regnete in Strömen, und Hunderte von Regenschirmen bildeten eine Art Dach über dem mit Menschen gefüllten Platz. Ich war damals noch ein Kind (von fünf oder sechs Jahren), aber ich weiß noch, daß ich mich wie ein Nichts fühlte unter jener seltsamen Bedachung und daß ich ständig darauf achtete, daß keine Regentropfen auf meine Schuhe fielen; eine vollkommen unsinnige Vorsichtsmaßnahme, da sie längst durchgeweicht waren. Am Ende hatte Uruguay 3:2 gewonnen. Ich hingegen hatte mir einen Schnupfen eingefangen, der sich achtundvierzig Stunden später zu einer Grippe auswuchs.

Aber das war 1928. Jetzt waren die Attraktionen der Straße weniger folkloristisch. Zum Beispiel die Frauen. Besonders wenn der Frühling kam. Mit den ersten warmen Tagen fingen sie an, Kleidungsstücke abzulegen, als wären es Schuppen: Zuerst die Mäntel und Regenjacken, dann die Jacketts und Pullover, danach vertauschten sie die langen Ärmel gegen kurze Ärmel, und schließlich trugen sie gar keine Ärmel und auch keine Strümpfe mehr (welch eine Lustbarkeit von Beinen!), und es gab sogar welche, die einen Teil ihrer entzückenden Rücken zeigten.

Das plötzliche Sichtbarwerden der Haut (frisch, ganz neu, sehr hell am Anfang, dunkler werdend, je weiter die Strandsaison voranschritt) bewegte mich zutiefst. Das Eigenartige war, daß mich, viel mehr als die mädchenhaften Studentinnen, die adretten Verkäuferinnen in ihren Uniformen reizten, die zur Mittagszeit für eine Stunde ihre Arbeitsplätze in den Geschäften der Avenida verließen und sich in ein Café oder auf eine der Bänke der Plaza de los Treinta y Tres setzten, wo sie ihre mitgebrachte Mittagsmahlzeit verzehrten und sich dabei auf das Angeregteste unterhielten. In ihrer Gestik und ihrem Getuschel unterschieden sie sich von dem Verhalten der Studenten, nicht zuletzt auch deshalb, weil sie keine gemischten Gruppen bildeten (in den Läden arbeiteten viel mehr Frauen als Männer).

Ich traute mich nie, sie anzusprechen oder irgendwas zu fragen (schließlich waren sie mindestens zehn Jahre älter als ich, und ich war alles andere als ein Draufgänger), aber ich genoß es, ihnen zuzusehen. Ich glaube, ich bewunderte sie auch, weil sie arbeiteten und Geld verdienten; zwei Errungenschaften, die in meinem eigenen Lebenslauf noch fehlten. Andererseits richtete sich mein Interesse auf keine bestimmte von ihnen, sie zogen mich eher als Gesamtheit an.

Ich habe den Eindruck, daß diese verbummelten Heimwege vom Gymnasium nach Hause für mich so etwas wie die Entdeckung der Freiheit waren. Eine bescheidene Entdeckung, eine magere Freiheit. Aber immerhin. Ich konnte zwei oder vier Stunden auf meine tägliche Exkursion verwenden. Niemand forderte von mir Rechenschaft für eventuelles Zuspätkommen, nicht einmal Juliska.

Mein Vater kam immer erst viel später nach Hause, und ich erwartete ihn, um mit ihm zu Abend zu essen. Juliska pflegte Gerichte ihrer Heimat für uns zu kochen, und wir hatten an dieser exotischen Küche Geschmack gefunden. Mein Vater fragte mich, aus Pflichtgefühl gewissermaßen, wie es in der Schule ging, und ich gab ihm, ebenfalls aus Pflichtgefühl, einen groben Überblick und vermied jede Bemerkung, die bei ihm nicht eigentlich väterliche Sorge, sondern die Pflicht zur väterlichen Sorge wachrufen konnte.

Weder Natalia noch Quique (der schon gar nicht) aßen je mit uns zusammen. An eine seltene Ausnahme erinnere ich mich: Silvester 1939 (Juliska war nicht im Haus, da sie zu ihren einzigen Verwandten nach Las Piedras gefahren war, um bei ihnen den Jahreswechsel zu feiern) bereitete Natalia uns ganz exquisite Gnocchi, brachte Quique Nachtisch und Wein mit, Vater stellte den unerläßlichen Champagner, und wir fünf verbrachten einen herrlichen Abend. Nur zum Schluß brachte Vater einen Trinkspruch zum Gedenken an Mama aus, und Elenita fing ein bißchen an zu weinen, bevor sie zu

Bett ging, um ihren ersten Traum des neuen Jahres zu träumen.

Den einen oder anderen Nachmittag schaute ich auch mal im Hotel herein, das mein Vater führte. Es lag zwei Häuserblocks von der Rambla entfernt und hatte einen Garten mit ziemlich altem Baumbestand. Vater war dort wie umgewandelt: gesprächig, zupackend, auf moderate Art autoritär, und er wußte mit den Gästen, meistens Leute aus Buenos Aires, umzugehen. Es war nicht zu übersehen, daß das Personal ihn respektierte, und man konnte sogar sagen, schätzte. Mir, als Sohn des Chefs, kam auch ein Teil dieses Wohlwollens zugute, und die Kellner, die Zimmermädchen und die Telefonistin behandelten mich mit der Zuneigung und der Gefälligkeit, die wohl meinen gerade erreichten fünfzehn Jahren zugute zu halten waren.

Manchmal blieb ich am Wochenende da, saß im Garten unter den Bäumen und las, meistens unter einer Araukarie, die mein Lieblingsbaum war. Die salzige Luft von der Küste, vermischt mit dem Duft der alten Pinien, gab mir ein seltsames Gefühl des Wohlbefindens. Wenn ich dort saß, atmete ich stets aus voller Lunge. Gelegentlich klappte ich das Buch auch zu und saß regungslos da, lauschte nur den Vögeln und den Autohupen, die drüben auf der Rambla Konversation machten.

Ich verstand mich gut mit dem jüngsten der Kellner, einem gewissen Rosendo, dessen Spezialität es war, den Hotelgästen komische Streiche zu spielen.

Es gab da zum Beispiel einen pensionierten argentinischen Offizier, der um die siebzig war und stocktaub.

Er pflegte früh aufzustehen und kam zum Frühstücken in den Speisesaal herunter. Rosendo eilte zu ihm, um sich nach seinen Wünschen zu erkundigen, und der General fragte regelmäßig, wie das Wetter sei.

»Einmal Schnitzel mit Pommes«, antwortete der Spaßvogel, und der Gast, ganz der gleichen Meinung, sagte: »Dann werde ich mir noch meinen Schal holen.«

Und wenn der taube General ihn bat: »Junger Mann, sagen Sie dem Zimmermädchen doch bitte, es möge mir noch ein zusätzliches Kissen ins Bett legen«, fragte Rosendo mit ernstester Miene: »Wie hätten Sie es denn gern, Herr General? Mit Zuckerrüben oder mit Spargel?«

»Egal. Hauptsache, es ist schön weich«, antwortete der andere dankbar und gab ihm ein anständiges Trinkgeld, das Rosendo ohne die geringsten Gewissensbisse einsteckte.

Selbstverständlich hatte mein Vater keine Ahnung von diesen Improvisationen. Ich war einige Male Zeuge dieser liederlichen Dialoge, und ich kann versichern, daß Rosendos schauspielerische Leistung wahrhaft professionell und perfekt war. Daher wunderte ich mich auch gar nicht, als ich ihn ein Jahr später im Ensemble eines Laientheaters wiedertraf.

Die Initialen

Im Hotelgarten entdeckte ich eines Tages die mit einem Dolch oder Taschenmesser in den Stamm einer Pinie geritzten Buchstaben A und A, umschlossen von einem klobigen Herzen, und ich ließ meine Phantasie um diese Initialen kreisen und um die fernen Liebenden, die sie meinten. Die Linien sahen sehr alt aus, als hätten zahllose Regengüsse sie wieder und wieder ausgewaschen.

Bevor es Hotel wurde, war das alte Gebäude ein sehr komfortables Anwesen wohlhabender Leute gewesen. Vielleicht stammten die Initialen aus jener Zeit. Ich stellte mir vor, das erste A gehöre zu einem Arsenio und das zweite zu einer Azucena. Ich beschloß, daß es eine verbotene Liebe sein sollte, oder zumindest eine unerwünschte, sagen wir zwischen Cousin und Cousine, vielleicht war Arsenio aber auch der jüngste Sohn der Familie und Azucena ein hübsches junges Dienstmädchen, welches zum guten Schluß schwanger geworden war und daraufhin entlassen wurde, trotz der haltlosen Verzweiflung Arsenios, der gewiß noch nicht wußte, was es mit gesellschaftlichen Unterschieden auf sich hatte. Es konnte auch sein, daß Arsenio der Chauffeur war und Azucena das Töchterchen des Hauses, aber in dieser Situation wäre sie natürlich nicht schwanger geworden, denn der Chauffeur hätte sehr wohl die gesellschaftlichen Unterschiede gekannt (und Verhütungsmethoden ebenfalls) und gewußt, welche Strafen ihn im Falle der vorausgesetzten Vergewaltigung einer Minderjährigen aus gutem Hause erwartet hätten.

Möglich wäre auch, daß dieses Doppelinitial den Höhepunkt der Einsamkeit versinnbildlichen sollte, eine Art blinden Spiegel, Arsenio plus Arsenio oder Azucena plus Azucena, das hieße, die Herzlinien eines Menschen, der nach einem anderen rief, aber nur sich selbst vorfand und sich deshalb ein Idyll wie im Liebesroman ersann, mit einer so hedonistischen und zugleich angstvollen Lust, wie sie einsamen Wonnen üblicherweise eigen ist. »A« war außerdem der Anfang des Alphabets, der Ursprung, die erste Identität. Die Verdopplung stellte ein Beharren dar, eine Besessenheit, oder vielleicht die Sehnsucht nach einem Nebenursprung, einer Parallelidentität von solchem Vertrauen, daß ihr ein Platz im selben Herzen eingeräumt wurde, eine elliptische Art der Bezeichnung einer einzigen Welt, einer einzigen Liebe vielleicht?

Wie man sieht, drückten mir meine romantischen Lektüren, aber auch der Symbolismus auf den Magen. Erstere waren auf mein buntes Gemisch an Romanen zurückzuführen und zweiterer auf meine Gespräche mit einem Klassenkameraden, einem gewissen Perico, der völlig von der Psychoanalyse durchdrungen war (sein Onkel war ein richtiges Tryptichon: Arzt, Psychoanalytiker und Psychiater) und sich nicht mit den mehr oder weniger von Freud und seinen Jüngern verbreiteten Symbolen zufriedengab, sondern ununterbrochen neue einführte, die auf seinem eigenen Mist gewachsen waren. Ich gestehe, daß mich seine Beharrlichkeit ein wenig langweilte, aber wahrscheinlich hatte sich doch etwas davon in mir abgelagert, und mir war nichts Besseres eingefallen, als es auf die ahnungslosen Initialen der alten Pinie anzuwenden.

Perico hatte zudem noch andere Fähigkeiten. Er konnte zum Beispiel aus der Hand lesen und Omen und Vorzeichen im Kaffeesatz erkennen. Eines Nachmittags waren wir uns im Tupí, gegenüber dem Solís, begegnet, und als er sah, daß ich meinen Kaffee ausgetrunken hatte, bat er mich um meine Tasse und kippte sie um, ganz wie es das Ritual verlangte. Er untersuchte aufmerksam den Bodensatz.

»Nimm bitte meine Kaffeesatzomanie nicht allzu ernst«, sagte er lächelnd. »Ich nehme sie selbst nicht ganz ernst. Es ist nur so, daß mich die Wahrsagerei alles Rätselhafte unwiderstehlich anzieht.« Er betrachtete noch eine Zeitlang das Häufchen, das für mich absolut keine Bedeutung hatte.

»Weißt du, was ich sehe?« sagte er dann. »Eine Frau und einen Baum.«

Ich nahm die Weissagung gelassen auf, denn nach meinem Verständnis konnte es sich um nichts anderes handeln, als um Rita und den Feigenbaum.

Mein zweiter Graf

Der Zweite Weltkrieg war seit wenigen Monaten im Gange, als im Atlantik eine Seeschlacht zwischen den drei britischen Schiffen *Ajax, Achilles, Exeter* und dem deutschen Panzerkreuzer *Graf Spee* stattfand, der danach mit zerschossener Panzerung in den Hafen von Montevideo einlief.

Die unvermutete Ankunft jenes gefürchteten Westentaschen-Panzerkreuzers riß die Stadt aus ihrem gewohnten Trott. Er brachte uns zum erstenmal direkt mit dem Krieg in Berührung. An diesem Nachmittag schlossen viele Büros und Geschäfte schon frühzeitig, und das nicht nur, damit das Personal neugierig im Hafen umherstreunen konnte, sondern auch, weil Inhaber und Geschäftsführer selbst jenen außergewöhnlichen Besuch nicht verpassen wollten. Zudem kamen viele in der Absicht, den verwundeten Unverwundbaren zu fotografieren.

»In der kommenden Literatur«, meinte der Lehrer dieses Fachs in unserer Schule, »wird man ausreichend Gelegenheit haben, ihn als erotischen Lockvogel darzustellen.«

»Erotisch?« fragten wir wie in einem gut eingestimmten Chor.

»Selbstverständlich. Ihr müßt noch viel lernen, Kinder. Ist denn – von Esproncedas berühmter Brigantine bis zu dieser schwimmenden Pulverkammer – niemandem die phallische Symbolik der *zehn Kanonen an jedem Bord* aufgefallen?«

An der Stelle kapitulierten wir und gingen alle los, um den Neuankömmling zu bestaunen. Im Hafen drängten sich die Leute. Eine Weile schauten wir zu, wie ein Schleppkahn Offiziere und Matrosen vom Schiff zum Festland und umgekehrt brachte. Seltsamerweise war er umgekehrt immer weniger voll.

Mit der Zeit, und bedingt vielleicht durch das Drängen und Schubsen der Menge, zerstreuten wir uns. Ich schaute mir noch über zwei Stunden dieses Umgefülle an und hätte gern ein Fernglas gehabt, um mir die Gesichter und Mienen dieser Jungs anzusehen, deren Leben ja gewissermaßen mit einer Niederlage begonnen hatte. Von fern hatte ich den Eindruck, daß einige erleichtert aussahen, aber ganz sicher war ich mir nicht.

In dem Gewühl und dem unablässigen Hin und Her war der reglos daliegende und gedemütigte, aber immer noch imposante Panzerkreuzer, der nicht mehr kreuzen konnte, von einer dramatischen Präsenz, eine tödliche Botschaft des fernen Krieges, der plötzlich bei uns war, hier vor unseren Augen.

»Und wenn sie auf den Gedanken kommen, unsere Stadt zu bombardieren?« fragte ein Optimist.

»Na, wozu glauben Sie, haben wir denn das Fort auf dem Hügel?« entgegnete ein Spaßvogel, dem keiner zuhörte.

Sie bombardierten uns aber nicht. Angesichts der Tatsache, daß es nun doch ein bißchen eintönig wurde, verliefen sich die Leute allmählich. In dieser Stadt wird alles rasch zur Gewohnheit. Selbst deutsche Panzerschiffe.

Ein dicker Mann mit Baskenmütze, den ich als Journalisten identifizieren konnte, ging, Bleistift und Notizblock in der Hand, auf einen professorenhaft aussehenden langen Lulatsch zu. »Doktor, dürfte ich Ihnen eine kleine Frage stellen? Wie würden Sie wohl diesen Taschenkreuzer poetisch definieren?«

Der Angesprochene ließ sich nicht aus der Fassung bringen. »Ich würde sagen, dies ist der einzige Moby Dick, den zu erschaffen die Deutschen imstande sind.«

Dem Journalisten verschlug es die Sprache, aber er wagte nicht nachzufragen, wer dieser Moby Dick denn war.

Während ich über die Rincón zur Plaza Matriz schlenderte, dachte ich daran, daß dies mein zweiter Graf war. Acht Jahre lagen zwischen Zeppelin und Spee, zwischen dem Grafen der Lüfte und dem Grafen des Wassers. Jetzt mußte ich nur noch einen Grafen des Feuers kennenlernen.

Ich ahnte ja nicht, daß sich Sekunden später der Graf des Wassers in einen Grafen des Feuers verwandeln sollte. Gerade als ich den Platz überquerte, dröhnte der Donnerschlag. Die gesamte Altstadt schien zu erbeben, und ich glaubte sogar zu sehen, wie der massige Bau des Hotels Nogaró ängstlich zusammenzuckte. Der deutsche Kommandant hatte sich entschlossen, das Schiff zu opfern, gewissermaßen als Vorwegnahme seiner eigenen Opferung einige Tage später, in einem Hotel in Buenos Aires, nachdem er sich zwar nicht gerade in die Fahne der Nazis, aber doch in die alte Reichskriegsflagge eingewickelt hatte.

Kurz darauf begruben die deutschen Matrosen ihre Toten, unheilvoller Rücklaß der Schlacht gegen die Engländer. Zuvor marschierten sie, zur Verwirrung der Einwohner, in einer Parade durch die Straßen von Montevideo und sangen »Ich hatte einen Kameraden«, das traditionelle Lied deutscher Soldaten für den gefallenen Freund. (Zum Erstaunen aller Anwesenden, ungeachtet ihrer politischen Couleur, nahm an der Beerdigung auf dem Nordfriedhof kein geringerer als der britische Geschäftsträger Eugene Millington Drake in hochfeierlicher Gala teil.)

Von einer Straßenecke aus sah ich sie vorbeimarschieren. Neben mir sagte ein junger Mann mit ausländischem Akzent: »Unglaublich. Sie sehen aus wie die Engel, aber ich kenne sie.« Er sagte mir, er sei Jude, seine Eltern seien in einem Konzentrationslager umgekommen, noch bevor der Krieg begonnen habe. Er selbst hätte sich mit Hilfe eines Priesters retten können, einem Freund seines Vaters.

»Hinter diesen blauen Augen und diesen reinen Wangen können sie maßlosen Haß verbergen.«

Ich sagte ihm, daß sicher nicht alle gleich seien; sie, die fast noch Kinder waren, könnten doch unmöglich potentielle Mörder sein.

»Niemand ist ein potentieller Mörder, ich weiß. Aber ein Verrückter, ein Wahnsinniger kann sie mit seinem Wahn, seiner Geistesverwirrung leicht anstecken. Der gefährlichste Zug an ihnen ist ihr latentes Gefühl, zur herrschenden Rasse berufen zu sein. Die Besseren unter ihnen werden sich dieser Empfindung (die sie alle haben) bewußt, legen sie ab, liquidieren sie, schneiden sie heraus wie einen Tumor. Die anderen aber, die im Grunde die Unfähigsten sind, die Dümmsten und Einfältigsten, nähren dieses Gefühl und sonnen sich in ihm, weil es ihnen Sicherheit verleiht.«

Die Jungs waren vorbeiparadiert. Der Mann, der sie so unnachsichtig beurteilt hatte, verabschiedete sich mit einer Handbewegung und ging über die Straße davon. Ich setzte mich in ein Café. Viel zu viel passiert für einen einzigen Nachmittag. Mein zweiter Graf war jedenfalls weit unheilvoller als der erste. Von jenem schon so fernen war nur Dandys Leiche geblieben; von diesem jetzigen aber ging eine Ahnung aus, massenhaft und makaber.

In diesen Stunden der Anspannung machte das Gerücht die Runde, die Deutschen hätten Waffen in die Särge getan. Jahre später erfuhr ich, daß noch in derselben Nacht mehrere junge Uruguayer auf den Friedhof eingedrungen waren und die frisch zugeschütteten Gräber buchstäblich geschändet hatten, um herauszufinden, ob Waffen in den Särgen waren. Sie fanden aber nur frische Leichen.

Der einzige, den ich von meiner Freundesgruppe aus Capurro noch ab und zu sah, war Norberto. Bei einer unserer letzten Begegnungen fragte ich ihn nach meinem geliebten Feigenbaum und ob er ihn immer noch als Brücke zu meinem ehemaligen Zimmer benutze.

»Bist du verrückt«, sagte er, »da wohnen jetzt ein paar unerträgliche alte Vetteln, drei Schwestern, ledig und/oder verwitwet, das macht keinen Unterschied, die deine Ex-Dachkammer mit wackligem, muffigem Gerümpel und Packen alter Zeitungen vollgestellt haben, und außerdem haben sie das Fenster mit zwei Vorhängeschlössern versperrt, als hätten sie Angst, ich könnte ihnen den Schrott klauen. Der arme Feigenbaum ist ganz untröstlich, und einer seiner Zweige reckt sich, so gut er kann, zu deinem ehemaligen Fenster hin, als ob er dich suche.«

Ich dankte Norberto für seine poetischen Ausführungen: Im Grunde gefiel mir der Gedanke, daß der Feigenbaum mich vermißte.

Wie Norberto sagte, hatte sich das Viertel mächtig verändert. Der Park litt unter einer unerklärlichen Vernachlässigung durch die Stadt, und in seiner Nähe waren Fabriken und Werkshallen errichtet worden, so daß sich die Wohnlandschaft gewandelt hatte und das vertraute Zusammenleben im Viertel der Vergangenheit angehörte. Auf dem Fußballplatz des Lito-Clubs wucherte das Gras, der reine Unkrautacker war das jetzt, allerdings hatten zwei oder drei neuen Kneipen aufgemacht, um der Nachfrage der kürzlich Zugezogenen gerecht zu werden.

Norberto gestand mir auch eine sehr persönliche Krise ein. Er hatte sich von Pater Ricardo distanziert, aus dem einfachen Grunde, weil dieser ihm »übel mitgespielt« hatte. Eines Samstagnachts war Norberto mit einigen seiner neuen Freunde in einem Bordell in Pantanoso gewesen, und dieses Erlebnis ließ in ihm einen schlechten Nachgeschmack zurück. Eine Woche später war er zu Pater Ricardo gegangen und hatte ihm alles gebeichtet. (Wie meine Großmutter Dolores zu sagen pflegt: Jedes Erbschen findet sein Kröpfchen.) Der Priester gab ihm daraufhin nicht nur eine gesalzene Buße in Form von haufenweisen Vaterunser und Gegrüßetseistdumarias auf (der arme Büßer saß zwei volle Stunden da und betete und betete), sondern erzählte auch noch alles seinem Vater, der zwei ebenso radikale wie unverzügliche Maßnahmen ergriff: Er nahm ihm den Hausschlüssel ab und gab ihm zwei so saftige Ohrfeigen, daß mehrere Stunden sein Kiefer ausgerenkt war. Außerdem erklärte er ihm, die erste Ohrfeige sei für das Bordell gewesen (»dafür ist es noch sehr früh«) und die zweite für seine Dämlichkeit, es ausgerechnet Pater Ricardo zu beichten, »der ein allseits bekanntes Tratschmaul ist und gerade solche pikanten Geschichten überall rumerzählt«.

Viel schlimmer jedoch als die väterliche Tracht Prügel war für Norberto die schmerzliche Erkenntnis gewesen, daß, zumindest für Pater Ricardo, das Beichtgeheimnis nur ein leeres Wort war. Dann faßte er einen

Entschluß. Am nächsten Sonntag ging er zur Kirche, stürmte in den Beichtstuhl und ließ, sobald er sicher war, daß auch tatsächlich sein Feind hinter den Gitterstäben saß, mehrere transzendentale Minuten lang eine saftige, mit Beschimpfungen gespickte Gardinenpredigt auf ihn niedergehen, die dem verdutzten Priester einen Vorgeschmack auf den Brandgeruch des nahen Höllenfeuers gaben. Die streitsüchtige Rede endete mit der stimmgewaltigen Aufforderung: »Und jetzt, du rückgratloser, hinterhältiger Pfaffe, kannst du zu meinem Alten gehen und ihm sagen, daß ich dich ein für allemal zum Teufel gewünscht habe!«

Pater Ricardo blieb jedoch zerknirscht in seinem Beichtbau sitzen.

Heute Premiere!

Sonntags hatte Juliska frei und fuhr normalerweise nach Las Piedras zu ihren Verwandten. Wir haben sie nie kennengelernt und, angesichts der Sprachschwierigkeiten der Jugoslawin, auch nie mit Sicherheit sagen können, ob es sich um Cousins oder Cousinen, Neffen oder Nichten handelte. Vater, für seinen Teil, nahm an Sonntagen Elenita mit ins Hotel, wo sie sich mit einem Mädchen ihres Alters angefreundet hatte (die Tochter des Maître), mit der sie jetzt ein Herz und eine Seele war. Was Natalia und Quique anging, so verbrachten sie, wenn das Wetter entsprechend war, den ganzen Tag an irgendeinem Strand. Im Sommer gehörte das Haus an den Sonntagen also mir ganz allein, was nichts besonderes bedeutete, außer, daß es für mich eine weitere Variante der Freiheit war, eine ganz andere natürlich als die der Straße.

An diesem Sonntag war ich auf der Wochenkirmes in der Calle Tristán Narvaja gewesen. Ich kaufte zwar nie was (die Wahrheit ist, daß ich dafür kein Geld hatte), aber ich schob mich gern durch das Gedränge, hörte erbitterten oder pittoresken Wortwechseln zu und blätterte in Büchern aus zweiter (oder zwanzigster) Hand.

Gegen Mittag ging ich nach Hause , um allein mein Mittagessen zu mir zu nehmen. Wenn Juliska fortging, stellte sie uns immer irgendein leckeres Gericht in den Kühlschrank.

Ich ging gleich in die Küche, und dort erwartete mich eine Überraschung. Natalia stand am Gasherd und rührte mit einem langen Holzlöffel, langsam, mit kreisenden Bewegungen, in einem Topf, der auf der Flamme stand. Sie trug ein kurzes Nachthemd aus durchsichtigem Tüll, das heißt, man konnte alles sehen beziehungsweise erahnen. Außerdem war sie barfuß, was den Eindruck der Nacktheit noch verstärkte.

»Entschuldigung«, sagte ich bestürzt, »ich dachte, außer mir sei niemand zu Hause.«

»Macht nichts«, sagte sie, über meine Verwirrung amüsiert, »ich dachte auch, ich sei allein.« Dann machte sie eine einfache Handbewegung, aber ich ahnte, daß das der Beginn von etwas war: Sie drehte das Gas ab.

Ich stand immer noch regungslos in der Küchentür.

Sie kam zu mir, und ich hatte den Eindruck, sie komme mir zu Hilfe.

»Wir sind ganz allein, Claudito, ist dir das aufgefallen?«

Natürlich war mir das aufgefallen.

»Die Jugoschlawinerin (so sagten sie und Quique zu der Jugoslawin) hat heute ihren freien Tag, dein Vater und Elenita kommen erst gegen Abend zurück, und Quique mußte in irgendeiner Familienangelegenheit nach Paysandú.«

Ich nickte, überwältigt von soviel guten Neuigkeiten.

Sie nahm meinen Arm und führte mich in ihr Schlafzimmer. Sie zog die Vorhänge zu. Dann schaute sie mich ernst an: »Claudito, du warst noch nie mit einer

Frau zusammen, stimmt's?« (Ich war, wie ein ausgemachter Trottel, ganz von ihrem chilenischen Akzent in Bann geschlagen.)

»Zusammen?« stammelte ich.

»Stell dich nicht dumm, du weißt genau, was ich meine.«

»Nein, nie zusammen.«

»Soll ich es dir zeigen?«

Meine Schüchternheit hatte ihre Grenzen, und so sagte ich: »Ja.«

Sie knöpfte mir die beiden obersten Knöpfe meines Hemdes auf und schob ihre Hand darunter, streichelte meine Schulter und meinen Nacken, zog meinen Kopf zu sich heran und gab mir einen flüchtigen Kuß auf die Lippen. Dann trat sie zurück und zog ihr durchsichtiges Nachthemd aus.

Natalia war fünfundzwanzig Jahre alt, und mir war sie, aus meiner Sicht eines Sechzehnjährigen, bis dahin wie eine sympathische Erwachsene (alles ist relativ) vorgekommen. Doch wie sie jetzt nackt vor mir stand, mit ihren schlanken Beinen, wie von einer Ballettänzerin, ihren rötlichen Schamhaaren und den herausfordernden kleinen Brüsten, da war sie plötzlich alterslos: eine Sirene, eine Göttin der Jugend, eine Meerjungfrau ohne Schwanzflosse, was weiß ich. Natürlich kam mir diese ganze Bilderfolge erst viel später in den Sinn, denn an diesem entscheidenden Punkt meines Lebens hatte ich alles andere als antike Reminiszenzen im Kopf.

»Was ist? Willst du so stehenbleiben? Oder möchtest du, daß ich dir die Hose ausziehe? Es ist zehn nach drei. Wir wollen doch die Zeit nutzen, die uns bleibt, oder?«

Als ich schließlich splitternackt vor ihr stand (das Mühsamste war, mir die Schuhbänder aufzuknöpfen und die Socken auszuziehen), konnte sie meine Erektion nicht mehr übersehen, und ich glaube, sie lachte nur deswegen nicht, weil sie fürchtete, ich könnte verzagen oder meine Schüchternheit könnte wieder die Oberhand gewinnen, aber ihren Augen sah ich an, daß sie lachten.

Tatsache ist, daß mich in dieser Situation nichts mehr zum Verzagen gebracht hätte. Später, schon im Bett, begann sie dann, zärtlich und zaudernd, mit der Lektion Nummer eins. Ich glaube, daß ich ein gelehriger Schüler war und daß meine rasche Auffassungsgabe sie sehr zufriedenstellte.

»Fürs erste Mal, das kann ich dir versichern, warst du großartig, Claudito. Du wirst deine Frauen bestimmt glücklich machen.«

Aber im Augenblick war ich der Glückliche; und zwar so sehr, daß ich sie zehn Minuten später – meiner selbst nun schon sehr viel sicherer – bat, mir die zweite Lektion zu erteilen.

»Jetzt gleich?«

»Jetzt gleich.«

»Ich wußte nicht, daß du einen Intensivkurs wolltest. In Ordnung, aber das ist die letzte, eh? Vergiß nicht, daß ich zu Quique gehöre. Er ist mein Mann.«

»Und das, was wir getan haben?«

»Was wir getan haben, war vor allem ein Akt der Solidarität. Wir Chilenen und Chileninnen sind sehr solidarisch, mußt du wissen. Ich hatte schon seit einiger Zeit das Gefühl, daß du das brauchtest. Als Teil deiner Erziehung, verstehst du? Heute hatten wir die Gelegenheit dazu. Der liebe Gott ließ uns allein zu Hause. Er hat nichts dagegen, daß wir sündigen, vorausgesetzt, wir tun es mit Freude. So kann er uns mit Freuden vergeben. Außerdem unterscheiden wir zwischen schweren Sünden und sehr schönen Sünden. Unsere war eine sehr schöne Sünde, findest du nicht?«

Ich fragte sie, ob sie katholisch war.

»Natürlich, aber eine freie Katholikin, *free lance* sozusagen. Ich verständige mich direkt mit Gott, ohne daß ich die Priester dazwischenschalten muß, die ohnehin nur ihre Kommission in Form von Geldspenden und Avemarías von dir wollen.«

Die zweite Sünde war sogar noch phantastischer als die erste. Ich hatte schon mehr Praxis.

Hinterher saß ich da und schaute sie zärtlich an, da wurde sie ernst: »O nein, Claudito, du verliebst dich nicht in mich, verstanden? Das mußt du mir versprechen. Deine Freundin kann ich sein, mehr nicht.«

Ich fragte sie und versuchte, ihrem Blick standzuhalten: »Hat es dir nicht gefallen?«

»Natürlich hat es mir gefallen. Es hat mir gefallen, weil du mir gefällst. Sonst hätte ich es nicht getan. Aber vergiß nicht: Ich liebe Quique.«

»Und du gehst mit ihm ins Bett?«

»Klar gehe ich mit ihm ins Bett. Wenn zwei sich lieben und Gelegenheit dazu haben, gehen sie miteinander ins Bett. Und jetzt zieh dich an, und geh in dein Zimmer, denn wenn plötzlich die Jugoschlawinerin auftaucht (was ich nicht glaubte, dazu war es noch zu früh), denunziert sie mich bestimmt als Verführerin Minderjähriger.«

Als ich in meinem Bett lag, überkam mich, nach all der Erregung, eine plötzliche Schlaffheit, und bald darauf schlief ich ein. Mein letzter Gedanke war: Zum Glück habe ich, im Gegensatz zu Norberto, keinen Beichtvater, dem ich meinen Ausrutscher beichten muß. Apropos: Ob der arme Pater Ricardo ganz ohne Ausrutscher lebt?

Wenn ich es mir recht überlege, muß Natalia Quique von unserer Verbindung berichtet haben. Mehr noch, ich glaube sogar, daß sie das alles mit seinem Einverständnis getan hat. Ich denke das deswegen, weil Quique mich seit jenem für mich denkwürdigen Tag öfter mal mit einem Lächeln bedenkt, das eine seltsame Mischung aus augenzwinkerndem, geheimem Einverständnis und väterlichem Spott plus einer weiteren Zutat war, die soviel besagte wie: »Aber vergiß nicht, Kleiner, dieser süße Körper gehört immer noch mir.« Unglücklicherweise vergaß ich das auch nicht.

Nach und nach gewöhnte ich mich an die rein freundschaftliche Beziehung zu Natalia. Dennoch träumte ich häufig von ihr, und die Folgen, klar, die sah man in den Bettlaken. Juliska reagierte darauf unbarmherzig: »Du macht Laken schmutzig voll Schweinereien. Gute Rat: Du lieber geht auf Strich.«

Da beeilte ich mich doch, sie zu berichtigen. »Juliska, Juliska, du meinst wohl: lieber ins Bordell.«

»Du gut wissen.«

Ganz unrecht hatte Juliska zwar nicht. Aber zu den Huren zog es mich kein bißchen. Die Premiere mit

Natalia war so himmlisch gewesen, daß ich sie nicht durch irgendein Nachgeahme verwässern wollte. Außerdem reichte das Taschengeld, das mein Vater mir gab, für Exzesse nicht aus. Und schließlich und letztendlich: Minderjährige wurden in diesen »Stätten« nicht gern gesehen.

Hingewiesen werden sollte noch auf die Tatsache, daß Masturbation (bei Eltern, Ärzten, Priestern, Soziologen und so weiter) als ein Laster mit entsetzlichen Folgen galt: Es verursachte Tuberkulose, Impotenz, Anomalien, und sonst was alles. Doch was half's? Auch die Eltern, Ärzte, Priester und Psychologen, die diese Praktik hart verurteilten, hatten in ihrer lange zurückliegenden Jugend onaniert, ohne daß sie impotent oder schwindsüchtig geworden waren. Diese These wurde auch von Perico, meinem willfährigen Berater in Psychoanalyse und Symbolik, geteilt, obwohl er nicht hinzuzufügen vergaß: »Dennoch ziehe ich das Bordell vor. Es hat der einsamen Lustbefriedigung gegenüber einen offenkundigen Vorteil, und das ist der, daß man sich unterhalten und Freundschaften schließen kann. Ich kenne Huren, die sind wie Schwestern für mich, oder doch wie Tanten. Ich mache sogar den Analytiker für diese lebensverrückten Damen. Versteh mich richtig. Ich weiß daß sie Lebedamen heißen, und auch, daß sie verrückt sind; aber der Ausdruck lebensverrückte Damen (der vielleicht auf das Gewerbe zurückzuführen ist, das sie ausüben und das so alt ist wie das Leben), enthält ein zusätzliches Element der Freude, der Lust. Eines habe ich bei ihnen gelernt: Da ihr körperlicher Beruf leicht zur Routine wird, ist ihnen geistiger Genuß der liebste. Wenn sie über einen gelungenen Witz lachen oder einer kreativen Bissigkeit huldigen, oder wenn ihnen ein Zeichen selbstloser Freundschaft zuteil wird oder du sie mit einer originellen Schmeichelei umgarnst, dann siehst du in ihren Augen, daß dies der höchste Genuß für sie ist: der geistige Orgasmus, und dafür sind sie dir dankbar. Manchmal, wenn man schließlich zur Sache kommt, wollen sie nicht mal bezahlt werden. Aber ich bezahle sie immer, das fehlte noch.«

Ritterschlag

Der erste Streik meines Lebens hinterließ mir Narben. Im allgemeinen kümmerten mich Bildungskonflikte nicht besonders. Aber der Uruguayische Studentenverband hatte für zwei Tage den Streik ausgerufen, die Gymnasien schlossen sich an, und ich hatte nicht einmal nach dem Grund gefragt. Ich dachte mir nur, da ich ja nicht zur Schule ging, könnte ich die Gelegenheit nutzen und Perico einen Stoß Bücher zurückbringen, die er mir in den letzten Monaten geborgt hatte. Perico wohnte ein paar Häuserblocks vom Miranda entfernt, und so stopfte ich mehrere Freuds, Jungs und Adler in meine Schultasche, noch andere in einen Nylonbeutel, nahm einen Bus, später einen anderen, und stieg auf Höhe des Parlamentsgebäudes aus.

Langsam ging ich (Bücher sind schwer) in Richtung Calle Sierra. Von ferne sah ich die unverwechselbare Gestalt von Tomasito Robles, genannt der Champion (er hatte bei mehreren Jugend-Sportwettkämpfen die ersten Plätze belegt). Er winkte mir mit der Hand und kam auf mich zu. Der Champion war ein guter Sportler, doch ein schlechter Schüler. Er war zwei Jahre älter als ich, aber er wiederholte die vierte und war bei mir in der Klasse. Er galt als Kommunist und war ein fähiger Organisator von Streiks, Arbeitskämpfen, Protesten, Demonstrationen und so weiter.

Ich erwartete ihn, beladen mit meinen Büchern, doch als er bei mir war, schrie er mich an: »Du Schuft!

Du Streikbrecher!« und hieb mir ohne ein weiteres Wort seine Faust auf die rechte Wange, die sogleich aufglühte wie ein Leuchtfeuer.

Während ich mich bückte, um meine Bücherlasten abzulegen und mich vor ihm zu schützen, rief ich ihm zu: »He, Champion, was ist mit dir los? Bist du verrückt geworden? Ich bin doch kein Streikbrecher!«

»Ach, nein? Und wo willst du damit hin? Etwa nicht zur Schule?«

»Nein, Champion, ich will nur Perico die Bücher zurückbringen, die er mir geliehen hat, er wohnt doch hier in der Nähe.« Und ich zeigte ihm meine Taschen, damit er sehen konnte, daß darin keine Schulbücher waren.

Tomasito wurde knallrot. »Verzeih mir, Bohnenstange«, sagte er und mußte fast weinen. Er sagte noch einmal: »Verzeih mir, Bohnenstange. Wie konnte ich dir das nur antun, wo ich dich doch mag und du mir in der Klasse immer vorsagst? Verzeih mir, Bohnenstange. Wirklich, verzeih mir.«

Ich verzieh ihm, klar, obwohl meine rechte Wange immer noch brannte wie das Leuchtfeuer oben im Leuchtturm.

Er wollte mich unbedingt zu einem Imperial einladen, und so gingen wir in ein deutsches Bierlokal auf der Rückseite des Parlaments. Dort erzählte er mir, als Vertrauensbeweis, seine Geschichte. Sein Vater verprügelte jeden Tag die Mutter.

»Und sie, was macht sie?«

»Sie weint, das ist alles.«

»Und du?«

»Ich zerre den Alten am Ärmel und versuche, sie auseinanderzubringen, aber das Ende vom Lied ist, daß ich auch Prügel beziehe und er mich zu Boden schleudert.«

»Hör mal, Tomasito, bei deinem Kreuz, das der liebe Gott dir gegeben hat...«

»Der Alte ist noch viel größer als ich. Außerdem kann und will ich ihn nicht schlagen, ich versuche nur, ihn davon abzuhalten, daß er Mutter verdrischt.«

»Und warum schlägt er sie?«

»Er meint, Mutter hätte mal einen Geliebten gehabt (er sagt Liebhaber), vor zwanzig Jahren oder so, und manchmal überkommt ihn der Verdacht (das sagt er aber nur, wenn er betrunken ist), daß er nicht mein Vater ist. Der und nicht mein Vater! Wo wir uns ähneln wie, ich will nicht sagen zwei Wassertropfen, aber doch zwei Tropfen Grappa. Darum fällt mir das Lernen auch so schwer. Du wirst dir vorstellen können, daß ich mich in einer solchen Umgebung nicht konzentrieren kann.«

Er bezahlte die Biere und schlug vor (er hatte sich ja überzeugt, daß ich kein Streikbrecher war), zum Gymnasium zu gehen.

Vorher gingen wir bei Perico vorbei, und ich ließ ihm die Bücher da, wofür ich jetzt noch einen zusätzlichen Grund hatte: Ich wollte auf keinen Fall noch einmal unbegründeten Verdacht erwecken. Perico starrte entsetzt auf meine Wange, sagte aber nichts.

Vor dem Gymnasium hatten sich an die zweihundert Studenten versammelt, riefen Parolen und warfen auch den einen oder anderen Stein (einer durchschlug eine Scheibe, und ich dachte an die kalte Luft, die im

Winter dadurch hereinziehen würde). Der Straßenverkehr war blockiert, und man hörte ein gellendes Konzert für Hupe und Orchester.

In dem Augenblick tauchten die Kürassiere mit ihren Pferden und der heiligen Absicht auf, uns auseinanderzutreiben. Alle rannten wie die Gazellen in einem Walt-Disney-Film, nur ich muß mich wohl wie eine Schildkröte von Samaniego bewegt haben, denn ich fing mir auf der Flucht eine Säbelbreitseite über den Rücken und dazu ein zerrissenes Hemd ein. Perico und Tomasito verlor ich aus den Augen, und so beschloß ich, den Weg zu meinem *home, sweet home* anzutreten, wo ich wie ein jämmerlicher Weltkriegsveteran eintraf.

Zum Glück war Juliska allein zu Hause, und sie riß entsetzt die Augen auf, als sie meinen Zustand bemerkte.

»Aber, du biste ja ganz verhaut. Wart, ich Eis holen.«

Sie wickelte ein paar Eiswürfel in ein Taschentuch und legte sie mir auf die pochende Wange. Danach brachte sie mir ein sauberes Hemd und strich eine Salbe gegen Prellungen auf die Stelle, wo ich den so ganz und gar unakademischen Ritterschlag erhalten hatte.

Mein Vater kam erst nach Hause, als ich bereits im Bett lag. Am anderen Morgen jedoch, als wir beim Frühstück saßen, hob er einen Moment die Augen von seiner Zeitung und fragte mich: »Was ist mit deinem Gesicht passiert? Hat dich wieder eine Biene gestochen?«

»Ja, muß wohl eine Biene gewesen sein.«

»Na, ich weiß nicht. Nach der Schwellung zu urteilen, scheint es eher eine Wespe gewesen zu sein. Oder eine von diesen Riesenameisen.«

»Schon möglich«, antwortete ich mit der professionellen Überzeugung eines Entomologen.

Das Mädchen vom Feigenbaum (2)

Jeder hat so seine Manien. Meine war es, Zifferblätter zu zeichnen. Oft im Unterricht, wenn der Philosophielehrer sich über Hegels Phänomenologie des Geistes verbreitete und sich in der Quarta die Langeweile ausbreitete, zeichneten andere Hühner, Enten, fünf- oder sechszackige Sterne, vor allem jedoch nackte Frauen, ich aber zeichnete Zifferblätter, stets mit römischen Zahlen. Wenn ich die Zeiger zu setzen hatte, war meine bevorzugte Zeit 3.10 Uhr, eine Schlüsselkonstellation in meinem kurzen Leben. Um 3.10 Uhr hatten wir Dandys Leiche entdeckt, um 3.10 Uhr war meine Mutter gestorben, um 3.10 Uhr war Rita in mein Dachzimmer in Capurro geklettert, und um 3.10 Uhr hatte ich meine Premiere mit Natalia gehabt.

Ich war zwar nie abergläubisch, doch wurde ich jeden Tag um diese Zeit angespannt und wachsam, als könne mir etwas Unerwartetes zustoßen. Meistens passierte nichts oder etwas Unbedeutendes (von ferne hörte ich eine Autohupe, jemand klopfte an die Haustür, die Hunde im Viertel begannen zu bellen), das für mich eine zwanghafte Bedeutsamkeit erlangte. Hielt ich meine Siesta, schrak ich um diese Zeit aus dem Schlaf, oder sank sofort, wenn ich weiterschlief, in ein eigenartiges Traumgebilde oder einen schrecklichen Alptraum. Morgens früh hingegen hatte die Zeit 3.10 Uhr keinerlei Bedeutung: Entscheidend war immer die Zeit am Nachmittag.

Ich beendete das Gymnasium ohne größere Widrigkeiten. Mit keineswegs glänzenden Noten in den naturwissenschaftlichen Fächern (die Ausnahme war Mathematik, ein für mich von Anfang an verlockendes Fach) und überaus guten in Literatur, Geschichte und Zeichnen. Anstatt mich für ein Studium einzuschreiben, hatte ich vor, mich der Malerei zuzuwenden. »In Ordnung«, sagte mein Vater, »dann mußt du aber eine Arbeit finden. Ich glaube nämlich nicht, daß du als zukünftiger Maler deine Brötchen verdienen wirst.« Er sprach mit einigen Freunden, und wenig später trat ich als Stift in die Domino AG ein, die eine bekannte Werbeagentur war. Nach zwei Monaten durfte ich bei der fast mechanischen Wiedergabe von Fremdzeichnungen mithelfen und, ganz selten mal, eigene Entwürfe vorlegen, natürlich ganz bescheidene und keineswegs anspruchsvolle Arbeiten.

Das heißt, mit siebzehn Jahren verdiente ich mein eigenes Geld, das ich für Bücher, Kino, hin und wieder eine Tanzveranstaltung, vor allem aber für Zeichenpapier, Stifte, Wasserfarben und Pinsel ausgab, die meinen privaten Entwürfen dienten, in denen es, wie vorauszusehen, von Uhren nur so wimmelte.

Eines Nachmittags trank ich im Sportman einen Espresso mit Milch und holte meinen Block aus der Tasche, dazu mehrere Bleistifte. Während ich über einen Entwurf nachgrübelte, den ich bis Montag in der Agentur abliefern sollte, begann meine Hand mit dem Bleistift, beinah unabhängig von meinem Willen, ein Zifferblatt zu zeichnen. Ich hatte die zwölf römischen Ziffern schon skizziert, als eine Stimme neben mir »Claudio« sagte.

Noch bevor ich den Eigentümer der Stimme (besser gesagt die Eigentümerin) sah, wußte ich, daß es Rita war. Sie umfaßte mein Gesicht mit beiden Händen und küßte mich auf die Wange, neben den Mundwinkel. Ein Kuß, der aus der Vergangenheit kam. Ich konnte es nicht glauben. Die grünen Augen waren dunkler geworden, das braune Haar reichte ihr bis an die Schultern und auf ihren nackten Armen gab es eine Region voller Sommersprossen, ein Detail, das mir nahezu wunderbar vorkam. Sie war immer noch schlank, ihre Attraktivität jetzt aber ausgereift (sie war eine richtige Frau geworden), ohne den Hauch von Zerbrechlichkeit zu verlieren, den ich mit jener Rita verband, die vor vielen Jahren (wie viele waren es eigentlich?) von Norbertos Feigenbaum aus in mein Dachzimmerchen in Capurro geklettert war.

Zuerst überstürzten sich unsere Fragen. Ja, sie wohnte immer noch in Córdoba. Sie arbeitete als Stewardess bei einer Fluggesellschaft und war praktisch immer unterwegs, auf Inlandsflügen in Argentinien, aber auch auf Sonderflügen ins Ausland. Ihre Eltern lebten in Santa Fe, und sie wohnte bei einer älteren Schwester, verheiratet, Architektin, mit der sie sich gut verstand. Das waren einige der wenigen Dinge, die ich aus ihr herausbekam, denn sie bombardierte mich mit Fragen, daß ich kaum dazu kam, selber welche zu stellen. Doch dann gönnte sie sich, und mir, eine Atempause, und ich konnte ihr die Frage stellen, die mir auf den Nägeln brannte: »Hast du Norberto gesehen?«

»Norberto?«

»Ja, deinen Cousin, der in Capurro wohnt.«

Sie zögerte einen Augenblick, dann lachte sie laut auf. »Norberto ist gar nicht mein Cousin. Ich habe mich an dem Tag nur seines Namens bedient, um mich bei dir einzuführen und dein Vertrauen zu gewinnen.«

Ich war noch nicht überzeugt. »Und wie kamst du über Norbertos Feigenbaum in die Dachkammer?«

Sie seufzte und sah noch schöner aus. »Das ist eine ganz einfache und zugleich komplizierte Geschichte. Ich war für ein paar Tage zu Besuch bei Freunden meiner Schwester, die bei Norberto nebenan wohnten und voller Sorge über die Krankheit und den bevorstehenden Tod deiner Mutter sprachen und dabei auch von dir und deiner kleinen Schwester, und ich bekam ein ganz starkes Bedürfnis, nicht dich zu trösten, sondern bei dir zu sein, dich zu berühren, dir Zärtlichkeit zu vermitteln, weil man das in solchen Momenten am meisten braucht. Ich weiß nicht, ob du dich noch daran erinnerst, daß der Hof, in dem der Feigenbaum stand, sich an einer Stelle zu einem schmalen Gang verengte, der an das Nachbargrundstück stieß. Nun, aus der Mauer standen an dieser Stelle einige Steine hervor, so daß man leicht hinauf- oder hinunterklettern konnte. Und über diesen Weg bin ich auf den Feigenbaum gestiegen, und auf demselben Weg machte ich mich wieder davon.«

»Und wenn dich Norbertos Eltern überrascht hätten?«

»Ach, das war doch nur ein Kinderstreich. So was wird normalerweise akzeptiert, obschon man sich hin und wieder eine Ohrfeige einfängt. Heute würde mir wahrscheinlich nicht mehr so leicht eine Ausrede einfallen. Jedenfalls hat mich niemand gesehen. Nur du.«

Im Grunde wollte ich überzeugt sein, und so atmete ich erleichtert auf, als hätte ich all die Jahre hindurch die Luft angehalten.

»Bist du über den Tod deiner Mutter hinweggekommen?«

»Ja, sicher, was bleibt einem übrig?«

»Der Tod ist nicht so schlimm, Claudio.«

»Wie stellst du dir den Tod vor?«

»Ich stelle ihn mir wie einen sich wiederholenden Traum vor, der sich aber nicht im Kreis dreht, sondern sich spiralenförmig wiederholt. Jedesmal, wenn du eine bestimmte Episode durchlebst, siehst du sie aus größerer Entfernung, und dadurch verstehst du sie immer besser.«

Diese Interpretation überstieg mein Verständnis, und so wechselte ich das Thema. »Wo wohnst du jetzt eigentlich?«

»In der Innenstadt, Ecke Mercedes und Ejido.«

»Kann ich dich da besuchen?«

Sie überlegte einen Moment, die Lippen zusammengepreßt und den Blick in die Ferne gerichtet. Dann sagte sie: »Komm morgen. Da bin ich allein. Hier, ich schreibe dir die Adresse auf: Calle Mercedes 1352.«

»Ist das ein Appartement?«

»Nein, ein Haus. Sehr schön, du wirst sehen.«

Sie sah auf mein gezeichnetes Zifferblatt, dem noch die Zeiger fehlten. »Darf ich es zu Ende zeichnen?« fragte sie. Sie stellte ein Buch vor den Block, damit ich nicht sehen konnte, was sie tat. Danach klappte sie ihn zu und gab ihn mir. »Komm morgen um die Zeit, die ich hier eingezeichnet habe. Aber jetzt stecke ihn ein. Du kannst es dir später ansehen.«

Wir verließen das Café, gingen einen Häuserblock weit, kamen aber nicht mehr dazu, die Dieciocho de Julio zu überqueren. Meine Emotionen schlugen so hoch, daß ich nicht bemerkt hatte, wie der Himmel sich bezog, so daß ich vollkommen überrascht war, als es plötzlich zu regnen begann, und das immer heftiger. Wir rannten einige Schritte, aber das war ein richtiger Wolkenbruch. Zum Café konnten wir nicht mehr zurück, also stellten wir uns in den Eingang eines Appartementhauses, in dem es noch dunkler war als auf der Straße. Da der Regen auch dort hineinprasselte, drängten wir uns ganz in die hinterste Ecke.

Wir waren allein. Sie nahm meine Hand, führte sie an ihre regennassen Lippen und küßte sie mehrmals. Die Dunkelheit dort drinnen und das rauhe Wetter draußen schirmten uns von der Welt ab, und so schloß ich sie in meine Arme, behutsam und zart, wie nur jemand es tun kann, der eine Abwesenheit jahrelang gehegt und gepflegt hat.

Wir küßten und streichelten uns und streichelten und küßten uns. Ich fühlte mich wie im siebten Himmel und mußte unweigerlich an den nächsten Tag denken, an das Haus in der Calle Mercedes. Uns kümmerte nicht, ob es noch regnete oder ob der Himmel sich aufgeklärt hatte. Wir nahmen die Welt um uns herum erst wieder wahr, als in meinem Nacken jemand mit trockener und vor Ärger verhaltener Stimme sagte: »Kann man mal vorbei?«, weil wir den Weg zu den Fahrstühlen blockierten. Wir stammelten eine Entschuldigung, und erst da sahen wir, daß auf der Straße die Sonne schien.

Rita schaute auf ihre Armbanduhr und schrie beinah auf: »So spät schon. Ich muß mich beeilen.«

»Wo mußt du hin?« fragte ich ängstlich und verstört.

»Ich muß mich beeilen«, wiederholte sie. »Wir sehen uns morgen. Vergiß es nicht. Ciao.«

Sie gab mir einen letzten flüchtigen Kuß, bevor sie über die Dieciocho in Richtung Plaza verschwand.

Ich ging zu Fuß nach Hause. Ich wollte mir die ganze Begegnung allein und ungestört noch einmal durch den Kopf gehen lassen. Rita gab es also noch. Und wenn ich nach Córdoba ginge? Warum nicht? Oder hatte sie da einen Freund, einen Ehemann oder so was? Warum hatte ich sie nicht danach gefragt?

Als ich nach Hause kam, grüßte ich Elenita und Juliska im Vorübergehen und verschwand in meinem Zimmer, das leider keinen Feigenbaum vor dem Fenster, ja, nicht einmal ein Fenster hatte.

Behutsam zog ich den Block mit dem gezeichneten Zifferblatt aus der Mappe. Die von Rita gezeichneten Zeiger zeigten (wie konnte es anders sein) auf 3.10 Uhr. Da war aber noch ein zusätzliches Detail: Der Minutenzeiger, der auf die römische II zeigte, stellte ein nacktes Männlein dar, während der auf die römische III zeigende Stundenzeiger ein, ebenfalls nacktes, Weiblein war. Das Minutenmännlein stand im Begriff, sich über das Stundenweiblein zu schieben. »Unsere morgige Verabredung!« rief ich mit strahlenden Augen, voll minutenzeigerlicher Begeisterung.

Am nächsten Tag war ich schon vor 3.10 Uhr an der Ecke Mercedes/Ejido. Je näher ich kam, desto unruhiger wurde ich, und am Ende geriet ich fast in Panik. Mein Argwohn bestätigte sich gleich darauf: Die Hausnummer 1352 existierte nicht.

Einen ganzen Monat lang ging ich täglich um dieselbe Zeit ins Sportman, wie an jenem Tag, als der Wolkenbruch niederging, doch Rita ließ sich nicht sehen. Ein halbes Jahr später kaufte ich mir eine neue Schachtel Pastellfarben und malte ein Bild: Es war ein Zifferblatt mit römischen Zahlen sowie dem Minutenmännlein und dem Stundenweiblein, die die Zeit 3.10 Uhr anzeigten. Ich nannte es *Zeit der Liebe* und schrieb darunter: »Hommage an Rita«. Ich bekam dafür den dritten Preis bei der Ersten Ausstellung für Pastellmalerei, doch die so Verehrte ließ meinen Aufruf reinster Liebe unbeantwortet.

In der Agentur beglückwünschten sie mich, und mein Chef, der stolz darauf war, »einen preisgekrönten Künstler in der Belegschaft zu haben« (sic), gab mir eine Gehaltserhöhung und betraute mich mit kreativeren und verantwortungsvolleren Aufgaben.

Willkommen Sonia

Als Mutter starb, war mein Vater siebenunddreißig; als er wieder heiratete, dreiundvierzig. Ich hatte immer damit gerechnet, daß er das tun würde: Mein Vater ist dafür geschaffen, verheiratet zu sein. Einige Monate nach Mamas Tod, als wir noch in Capurro wohnten und er beschloß, nicht nur auszuziehen, sondern in ein ganz anderes Stadtviertel zu ziehen, hatte er uns gesagt, er wolle die Trauer ein für allemal hinter sich lassen; er wolle »wieder leben«.

Ich weiß nicht, ob er Sonia gewählt hat oder ob Sonia ihn gewählt hat. Vater hat immer einen sehr eigenen Charakter gehabt, und sein Geschmack in puncto Frauen entfaltete sich auf einem schmalen, anspruchsvollen Niveau. Meine zukünftige Stiefmutter lernte er an seinem Arbeitsplatz kennen: dem Hotel in Pocitos. Während der letzten beiden Jahre hatten sie sich aus beruflichen Gründen häufig gesehen. Sonia arbeitete in einem Reisebüro und kam oft ins Hotel, um mit meinem Vater Einzelheiten über die bevorstehenden Ausflüge von argentinischen oder brasilianischen Gästen zu besprechen, die einige Tage in Montevideo verbrachten und später nach Piriápolis oder Punta del Este weiterfuhren. Solange die Touristen im Hotel untergebracht waren, kam Sonia täglich, um nachzusehen, ob alles in Ordnung war oder ob es, im Gegenteil, Beschwerden gab. Zudem betätigte sie sich auch als Reiseführerin beim *Sightseeing* zu den Stränden und

Casinos oder, was nicht so häufig vorkam, zu den wenigen Museen.

Sie war etwa zehn Jahre jünger als mein Vater, und es scheint mir, daß er sie mehr durch seine Professionalität und sein Geschick im Umgang mit Menschen erobert hat als durch den Charme seiner reifen Männlichkeit. Ich muß sagen, daß Sonia eine eigenartige Anziehungskraft besaß: Sie hatte ein kantiges Gesicht mit ausgeprägten Wangenknochen und einem großen Mund, der gern lachte, sehr dunkle Augen, einen schlanken Hals, wohlgeformte Beine und eine vorzeitig graue Strähne im Haar. Sie war auf eine stille, zurückhaltende Weise sympathisch, die einem erst nach der vierten oder fünften Begegnung bewußt wurde.

Seit dem Morgen, als Vater, der immer dazu neigte, seine wichtigen Mitteilungen in der Küche kundzutun, mir sagte, daß er heiraten wolle, stellte ich fest, daß sich eine Veränderung in ihm vollzog. Er las beim Frühstück nicht mehr Zeitung, er wirkte beschwingter, zeigte sich an Einzelheiten meiner Arbeit interessiert und scherzte mit Juliska.

Er fragte mich, was ich davon hielt.

Ich kannte Sonia, und wir mochten einander. »Ich freue mich«, sagte ich. »Ich wünsche dir Glück.«

Er fühlte sich verpflichtet, mir Erklärungen abzugeben. »Es ist nicht dasselbe wie mit deiner Mutter. Wir haben sehr jung geheiratet, so was läßt sich nicht wiederholen. Aber wenn ich jetzt noch einmal heirate, heißt das doch, daß es mir beim ersten Mal nicht schlecht ergangen ist, oder?«

Elenitas Vertrauen war weitaus gedämpfter. Sie war dem Kindesalter gerade entwachsen und fühlte sich noch sehr der Erinnerung an Mutter verbunden, die sie jeden Tag mehr idealisierte. An diesem Abend unterhielt ich mich lange mit ihr, um ihr klarzumachen, daß Vater »immer noch ein junger Mann war«.

»Jung?« fragte sie entgeistert. »Jung mit dreiundvierzig Jahren?«

Ich fügte hinzu, daß es gut sei, wenn eine Frau wie Sonia in die Familie käme.

»Juliska ist doch schon da«, sagte sie, obwohl sie genau wußte, daß dies kein Argument war. Wenigstens versprach sie mir, sie wolle sich bemühen, zu Sonia freundlich zu sein.

»Denke daran, daß diese Veränderung für Vater sehr wichtig ist.«

»Ist gut«, gab sie nach, »aber ich sage nicht Mama zu ihr.«

Die neue Situation brachte Veränderungen in der räumlichen Verteilung des Hauses mit sich. Da Natalia und Quique ihr Staatsexamen abgelegt und beide zu arbeiten begonnen hatten, zogen sie in ein Appartement, und Natalia verließ uns. Juliska freute sich darüber, als habe man es mit dem Abzug der türkischen Truppen zu tun, nachdem Fürst Nikolaus I. ihnen einen Großteil des Sandschak Novi Pazar abgetrotzt hatte. (Bei den mitreißenden Lektionen, die Juliska mir beim Kochen gab, wußte ich bald mehr von Montenegro als von Paysandú.)

An Natalias letztem Tag bei uns im Haus ging ich in einen Blumenladen und brachte ihr einen Strauß roter

Rosen als Erinnerung an vergangene Wonnen mit. Sie war ganz gerührt ob dieser Geste und gab mir, ebenfalls als Erinnerung an diese Wonnen, einen Kuß auf den Mund.

Vater kaufte eine neue Schlafzimmergarnitur und zog mit Sonia in das vordere Zimmer, ich zog in sein früheres Zimmer um und Elenita in meines. Nur Juliska hielt ihre nach hinten hinaus gelegene Bastion. Sie hatte die neue Hausherrin mit montenegrinischer Gelassenheit akzeptiert. Eigentlich weiß ich gar nicht, ob Montenegriner gelassen sind; sie jedenfalls (die mir beigebracht hatte, daß Montenegro auf serbokroatisch Crna Gora heißt), war in den Ebenen von Zeta geboren, und einmal hatte sie mir eine vergilbte Fotografie gezeigt, auf der ein kleines Juliskamädchen am Ufer des Skadarsees zu sehen war. Ihre Zustimmung konkretisierte sich manchmal in einer Anspielung von der Art: »Herr Papa ganz richtig tun mit neue Heirate. Einer Mann brauche ein Frau.«

Zur Hochzeit (nur amtlich und im kleinsten Kreis, aber mit einem Cocktail in einer Confiserie in Cordón) kamen nur Onkel Edmundo, die Großeltern aus Buenos Aires, zwei oder drei von Vaters alten Freunden (einer davon der Fan von Piendibeni), Sonias Eltern, die von Tacuarembó herunterkamen, mein ehemaliger Nachbar Norberto (Vater hatte auch Daniel und Fernando auf die Gästeliste gesetzt, aber ich lud sie nicht ein, weil sie miteinander im Streit lagen und ich sie nicht kompromittieren wollte) sowie Natalia und Quique. Auch Juliska, die ein sehr folkloristisches Gewand ihrer Heimat angelegt hatte, nahm teil und war dank ihrer spanischen Grundkenntnisse der Star des Abends.

Vater war persönlich zu Großvater Javier gegangen, um ihn von der Hochzeit zu informieren und ihn einzuladen, doch er entschuldigte sich (»ich muß Dolores pflegen, die sehr schwächlich ist, seit die Kohlenhandlung zugemacht hat«). Kaum aber hatte die Großmutter davon erfahren, wurde sie ganz lebendig, und zwei Tage später sagte sie zu mir: »Nicht, daß Javier das hört, aber dein Vater ist immer ein alter Hurenbock gewesen, und es macht ihm anscheinend nichts aus, das Andenken unserer Tochter zu beschmutzen. Ich rate dir nur, kein Wort mit diesem Flittchen (Sonia heißt sie, nicht?) zu wechseln. Das ist das Wenigste, was du zu Ehren deiner guten Mutter tun kannst.«

Großvater Javier dagegen (natürlich hinter dem Rücken seiner Frau) stimmte Vaters Entscheidung begeistert zu. Er sagte mir, wenngleich in wohlgesetzter Grammatik, das gleiche wie Juliska: »Ein Mann braucht eine Frau.«

Großmutter, in ihrer hartnäckigen Ablehnung, ließ sich zur Simulierung einer schweren gesundheitlichen Krise verführen, in der vergeblichen Hoffnung, die verhaßte Hochzeit möge sich deswegen verzögern, doch Großvater, der sie in- und auswendig kannte, benachrichtigte uns nicht einmal davon und rief auch keinen Arzt. Er gab ihr eine Aspirin, und sie, sich in das Unvermeidliche fügend, genas innerhalb von vierundzwanzig Stunden.

Mit Sonias Eintritt in das Haus in der Calle Ariosto veränderte sich unser Lebensstil und -rhythmus von

Grund auf. Da sie eine gute Köchin war, zeigte sie Juliska vorzügliche neue Gerichte (spanische, französische und italienische) und lernte – im Zuge einer geschickten Strategie, um sich der bedingungslosen Unterstützung der Jugoslawin zu versichern – ohne große Umstände die Zubereitung von Juliska bisherigen Speisen. So kamen wir also in den Genuß einer wahrhaft internationalen Küche. Als direkte Folge dieser Verbesserung nahm ich in nur drei Monaten nicht weniger als fünf Kilo zu, die mir gewiß nicht schlecht anstanden, da ich viel zu mager war.

An manchen Tagen nahm ich mir die Arbeit aus der Agentur mit nach Hause, anstatt sie im Büro zu erledigen, und Sonia kam manchmal früher als gewöhnlich heim. Bei solchen Gelegenheiten unterhielt sie sich mit mir. Ihre Nachforschungen behandelten stets das gleiche Thema: »Erzähle mir, wie deine Mutter war. Um Sergio zu verstehen und um ihm helfen zu können, muß ich wissen, was für ein Mensch sie war.« Dann erzählte ich ihr Anekdoten, beschrieb ihr Wesenszüge und Angewohnheiten von Mama, und sie sog alles in sich auf. Wie ein Schwamm. Ich hätte Daten oder Eindrücke verfälschen und Episoden erfinden können, doch das schien mir, obwohl ich die Versuchung spürte, eine Gemeinheit zu sein, so daß ich mich an tatsächliche Charakterzüge und Begebenheiten hielt. Seltsamerweise führten Sonias Fragen, ohne daß sie es beabsichtigt hätte, dazu, daß ich für mich selbst das Bild meiner Mutter erneuerte, und ich glaube, ich verstand sie besser, liebte sie im nachhinein noch mehr.

3.10 Uhr

Unterdessen setzte ich meine Malerei fort. Neben meinen traditionellen Uhren hatte ich begonnen, Porträts, die alles andere als realistisch waren, von Natalia (bevor sie uns verließ), Juliska, Elenita und Sonia zu malen. Von Mutter hatte ich's noch nicht gewagt (ich mochte nicht nach Fotografien malen), und auch von Rita nicht, obwohl ich mir in diesem Fall über die Gründe nicht sehr im klaren war. Am liebsten malte ich Juliska, obgleich mir das Gelegenheitsmodell kategorisch erklärt hatte: »Ich nicht seiner. Ich vieler schöne.«

Es gelang mir schließlich, eine Galerie in der Innenstadt dazu zu bewegen, meine Öl- und Pastellgemälde auszustellen, und zwar im Rahmen einer Reihe mit dem Titel »Junge darstellende Künstler aus Uruguay«. Die Ausstellung nannte sich *Uhren und Frauen,* und das zentrale Gemälde war eine neue Version, diesmal in Öl, von *Zeit der Liebe – Hommage an Rita.*

Mit dem ursprünglichen, in Pastellfarben gemalten Bild war ein Unfall passiert. Der Nagel hatte sich gelokkert, das Bild war heruntergefallen und hart auf dem Boden aufgeschlagen. Ich hatte kein Fixativ aufgetragen, damit die Farben nicht verblaßten, und so wurde die Uhr zu einem bunten Pulverhäufchen zwischen Glas und Rahmen. Einzig unversehrt blieben der Stundenzeiger und die Zahl IX.

An der in Öl gemalten Version hatte ich einige Veränderungen vorgenommen. So ließ das Minutenmännlein jetzt ein gut sichtbares und zu allem bereites Geschlechtsteil erkennen, während das Stundenweiblein deutlich erkennbare Brüste vorwies, inspiriert vielleicht von den unvergeßlichen Brüsten Natalias. Mit diesen Einverleibungen hatte die Uhr an erotischer Anziehung gewonnen, aber das war alles. Trotzdem hängte ich ein Kärtchen mit der Aufschrift *Verkauft* an das Bild. Ich wollte nicht, daß dieser mehr oder weniger verzweifelte Aufschrei an einen anonymen Käufer ging.

Es gab wohlwollende Kritiken, die »die Jugend und die Ursprünglichkeit des Malers« hervorhoben, obwohl ein sehr skeptischer Herr auch schrieb, daß in seinem Alter und bei dem heutigen Stand der Kunst diese »Uhrenerotik« bei ihm eher Mitleid als Bewunderung hervorrufe. Vermutlich haben nicht alle seine wohlmeinende Schmähschrift gelesen, denn nach zwei Wochen Ausstellungsdauer hatte ich zwei Frauen und vier Uhren verkauft, und das ungeachtet der Tatsache, daß jede dieser Frauen ihr eigenes Ührchen trug. Und obwohl meine Uhren, ob groß oder klein, die unterschiedlichsten Zeiten anzeigten, interessierte sich das Publikum hauptsächlich für jene, deren Zeiger die 3.10 Uhr markierten.

Ich hatte mein einundzwanzigstes Lebensjahr vollendet, als ich eine feste Beziehung mit einem wundervollen Mädchen einging. Ich weiß nicht, ob wir Verlobte waren »oder was man will so nennen«, wie Juliska das bezeichnete, was sie irreguläre Verbindungen nannte. Wir trafen uns so gut wie nie zu Hause, weil Mariana, die Tiermedizin studierte, in der Aguada ein Appartement mit Ofelia teilte, einer Kommilitonin, die jedes Wochenende nach Maldonado zu ihrer Familie fuhr, so daß wir die Wohnung zu unserer alleinigen Verfügung hatten.

Ich lernte Mariana auf einem Ball im Club der Handelsbank kennen. Wir tanzten die ganze Nacht. Unsere erste Gemeinsamkeit war unser beider Vorliebe für Tangos, was bei jungen Leuten eher selten ist, und da zwischen einem Tango und dem nächsten oft eine Viertelstunde verging, setzten wir uns in der Zeit, tranken etwas und erzählten einander unsere Lebensgeschichten, die, zugegebenermaßen, nicht die aufregendsten waren. Ich weiß natürlich nicht, mit welchen Dingen sie hinter dem Berg hielt, ich jedenfalls verschwieg ihr die Begebenheit mit Dandy, meine Initiation mit Natalia und meine Begegnungen mit Rita.

Ein anderes Gebiet gegenseitiger Erkundung war viel wichtiger. Es ist schlechterdings unmöglich, daß sich zwei Körper nach mehreren zusammen getanzten Tangos nicht ziemlich genau kennengelernt haben. In dieser Disziplin, in dieser Fortentwicklung körperlichen Kontakts, unterscheidet sich der Tango von anderen Tänzen, die die Tanzenden auseinanderhalten oder nur flüchtige Berührungen zulassen, die der Rede nicht wert sind. Die Umarmung des Tango ist vor allem Kommunikation, und wenn ich ein Adjektiv dafür finden müßte, würde ich sie als erotische Kommunikation bezeichnen, als Prolog zum *corps à corps,* das danach dann kommt, oder auch nicht, das den Tanzenden jedenfalls als Möglichkeit stets präsent ist. Und je vollkommener ein Paar miteinander tanzt, je perfekter sich ein Körper an den anderen schmiegt und je besser die Rippe des einen sich mit dem zarten Fleisch der anderen versteht, desto offenkundiger wird der erotische Charakter eines Tanzes, der zuerst von den Dirnen und ihren *Louies* um 1900 getanzt wurde und der heute immer noch von dem *Louie* und der Dirne getanzt wird, die bei dem einen oder der anderen im tiefsten Winkel ihrer Seelen schlummern und freudig erregt zu neuem Leben erwachen, sobald die ersten Akkorde von *El Choclo* oder *Rodríguez Peña* erklingen.

So also erlaubten uns die Tangos jener Nacht, die nicht magisch war, sondern sehr irdisch, daß mein Körper und Marianas Körper sich kennen- und begehren lernten, sich ergänzten und einander brauchten. Als wir uns drei Tage später aller Kleider entledigten und uns sahen, wie wir waren, brachte die gänzliche Nacktheit uns keine großen Neuigkeiten. Nach dem fünften Tango kannten wir uns auswendig. Diese oder jene neue Einzelheit (ein Muttermal hier, sieben Sommersprossen da oder die Farbe der Schambehaarung) war höchstens von untergeordneter Bedeutung und änderte nichts an dem ersten Eindruck, dem wesentlichen, den die sinnliche Disposition jedes Körpers an die Archive der Vorstellungskraft übermittelt hatte.

Das Körpergedächtnis hält sich nie bei Nebensächlichkeiten auf. Jeder Körper behält vom anderen das, was ihm Lust bereitet hat, und nichts von dem, was die Lust schmälert. Es ist eine tief empfundene Erinnerung, die viel, sehr viel reichhaltiger ist als das schon abgenutzte Tastempfinden der von täglicher Routine ramponierten Hände. Dieses ganze köstliche Geflecht von Berührungen, obwohl es durch Seide, Kaschmir, Baumwolle oder durch gröberen Stoff und Faden hindurch zustande kommt, die Brust, die Brüste berührt, die Taille, die die Taille spürt, einander streifende Geschlechter, sie machen sich rasch und unbeirrbar die Geographie des anderen Territoriums zu eigen, das einmal geliebt sein will, oder auch nicht, das in jedem Fall aber erst einmal heiß begehrt ist. Schließlich hat das Saatkorn der Liebe eine hoffnungsvollere Zukunft, wenn es in die Furche des Verlangens gesät wird (die in diesem Fall die Tonspur ist).

Wo habe ich denn das gelesen? Möglicherweise ist es ja von mir. Ich werde es mir als Titel für ein Bild (ohne Uhren) merken: *Auf der Tonspur des Verlangens*. Vielleicht klingt es zu literarisch. Doch nein. Es muß ein Pärchen zeigen, das den Tango tanzt. Nur das. *Auf der Tonspur des Verlangens*. Sonst nichts. Soll der Betrachter seine Phantasie spielen lassen.

Wie gesagt: Die erste Allianz zwischen Mariana und mir war die der Körper. Der ihre war zweifellos eines der sieben Wunder meiner Welt. Der meine zumindest ein Bündel von ganz neuen Empfindungen. Wir erforschten sie, genossen sie, holten uns Handbreit für Handbreit die Bestätigung für das, was der Tango uns über sie mitgeteilt hatte.

Während der ersten Begegnungen waren wir ganz fasziniert von diesem Austausch. Es gab keine Frage eines Körpers, die der andere nicht hätte beantworten können oder wollen. Wie wenig wir sprachen! Ich glaube, wir hatten Angst, daß das Wort, wenn es in unser Hoheitsgebiet eindränge, Zank, Brüche und Zweifel mit sich brächte. Und das Schweigen war so köstlich, das Tasten so herrlich!

Bis die Worte, andere Worte, Worte aus der Ferne eindrangen. Eines Abends kam ich nach Hause, und Juliska erwartete mich mit einem cremefarbenen Briefumschlag in der Hand. »Ist Brief mitte mächtig viel Parfüme ankommen«, bemerkte die Jugoslawin und lachte über ihr ganzes Bäuerinnengesicht.

Auf dem Umschlag waren brasilianische Briefmarken und keine Absenderangabe. Ich wartete, bis ich in meinem Zimmer war, und dort öffnete ich ihn. Er enthielt eine Ansichtskarte aus Bahía: »Herzlichen Glückwunsch zur Ausstellung. Dein Beitrag zu meinen 3.10 Uhr-Zeigern hat mir gefallen. Ich werde dich nicht als Plagiator verklagen. Hast Du schon mal an eine andere Variante dieser Uhrzeit gedacht? Bei der sie der Minuten- und er der Stundenzeiger ist? Wäre doch mal was Neues. Ich schenke Dir diese Idee. Oder besser, ich tausche sie gegen ein Porträt. Ja, male mich mit einer kleinen Armbanduhr am Handgelenk, die 3.10 Uhr zeigt.

Ach, und vielen Dank noch für die Widmung. Küsse und nochmals Küsse von meinen schwachen Lippen auf Deinen starken Mund, alle von Deiner *Rita.*«

Marianas unbeweglicher Nacken, wenige Zentimeter vor meinen schlaflosen Augen, umgab ein Hauch von heiterer Gelassenheit, die mir ob meiner geringen Erfahrung mit schlafenden Frauen noch unbekannt war. Lichtenberg (meine neueste Lektüre) hat geschrieben: »Unsere Geschichte ist nicht mehr als die Geschichte des wachen Menschen; an eine Geschichte des schlafenden Menschen hat bisher niemand gedacht.« Ich werde über die Geschichte der schlafenden Frau nachdenken.

Wir hatten uns mit neuer und erneuernder Gier einer Liebe hingegeben, die nicht allein körperlich war; unsere Liebe hatte eine Gefühlsdimension erreicht, die sich von der durch den Zauber und der Faszination des Tango hervorgerufenen unterschied. Es war, als hätten wir eine andere Region der Lust betreten, die vielleicht weniger stürmisch, dafür aber dauerhafter war. Ich fühlte mich mit einem Male ganz unbefangen als Mann. Nicht als Antonym der Frau, sondern als Synonym des Menschen.

Ich streckte meinen Arm aus und berührte ihren Arm, fuhr von oben nach unten langsam an ihm entlang, damit ich ihn nicht vergaß. Sie bewegte sich unmerklich und raunte meinen Namen, sagte in Wirklichkeit aber nicht Claudio mit allen dazugehörigen Buchstaben, sondern nur die Vokale, so als seien die Konsonanten im Geflecht ihres Traums hängengeblieben.

Das verlieh mir eine gewisse Sicherheit, da ja doch immer die Möglichkeit besteht, daß eine Frau im Schlaf einen anderen Namen ausspricht, mag er auch der Vergangenheit angehören. Kommt er noch in ihren Träumen vor, bedeutet das selbstverständlich, daß er auch in ihr Wachsein zurückkehren kann.

Da Mariana glücklicherweise meinen Namen aussprach, fühlte meine Hand sich berechtigt, zu ihrer linken Brust vorzudringen, die mein Lieblingszwischenaufenthalt war. Dort blieb sie, wie der verlorene Sohn in seinem Haus, in dem er nach langer Zeit wieder aufgenommen worden ist. Marianas Lippen küßten die warme Luft. Noch im Schlaf, schlang sie ihre Arme um mich und hielt mich fest, und als sie schließlich aufzuwachen beschloß, sah sie sich vor der Neuigkeit, mich bereits in sich zu finden.

Tatsächlich hatte diese neue Phase eine Woche nach Erhalt von Ritas Postkarte aus Bahía begonnen. Ich war mehrere Tage mit mir selbst im Unreinen, wagte es nicht, mich mit Mariana zu treffen, rief sie nicht einmal an. Zuerst mußte ich für mich selber klarsehen.

Rita war also in Montevideo gewesen, hatte die Ausstellung besucht und sich trotzdem nicht mit mir in Verbindung gesetzt? Sie kannte meine Anschrift, meine Telefonnummer, wußte, in welchem Café ich meistens saß und wo ich arbeitete, aber sie hatte nichts unternommen, um mich zu sehen. Die Erinnerung an sie erregte mich noch immer, aber konnte ich mich zu ihrem Sklaven machen, obwohl ich wußte, daß Rita, so wie es vorher gewesen war und heute war und gewiß auch in Zukunft sein würde, eine höchst unbeständige Erscheinung war, ein unerreichbares Ziel gewissermaßen? Ich wollte mich nicht selbst aufheben und in unstillbarer Sehnsucht verkümmern. Ich wollte mich verwirklichen, sowohl in meinem Liebesleben insbesondere als auch im Leben allgemein.

Zwar schimmerten meine Kindheit und Jugend hier und da noch durch, aber ich war jetzt ein erwachsener Mensch, einer der, da er nicht mehr ans Jenseits glaubte, seine Wurzeln im Diesseits verankern mußte, in ihm zu lieben und zu leiden und des Schicksals Rechnung in bar zu begleichen hatte, und nicht auf Raten, wie einer, der sein Leben versichert. Die Gegenwart nahm mich immer mehr für sich ein. Die Vergangenheit war eine Kollektion abgeschlossener Gegenwart; die Zukunft eine Abfolge von Gegenwart, die es erst hervorzubringen galt. Die ganze Menschheitsgeschichte war eine endlos lange Gegenwart. Und so war es auch mit meiner eigenen Geschichte. Der Rest war zweifellos ungewiß, war Leere. Wo war Mutter? Wo war Dandy? Wo war meine Großmutter Dolores, die erst vor zwei Monaten gestorben war und nicht aufgehört hatte, nach den Anarchisten der Kohlenhandlung zu fragen, und wissen wollte, ob sie nicht heimlich aus Paris zurückgekommen waren, um weitere französische Francs zu drucken, da sie die erste Auflage komplett im Folies-Bergère verjubelt hatten. Bestimmt hatten sie sich alle in Luft aufgelöst, sich auf ewig eingerichtet im Nichts. Das Nichts, das war der Tod und nicht dieser spiralenförmig sich wiederholende Traum, wie Rita vorgeschlagen hatte. Das Diesseits hingegen, das war Mariana; und zwischen einer Rita, die zwischen Verflüchtigung und Erscheinen schwankte, und einer Mariana, die an meiner Seite blieb und mich glücklich machte, entschied ich mich natürlich für Mariana, wohl wissend, daß Rita mir an jedem meiner kommenden Tage und in jeder meiner Nächte auflauern konnte und mich beobachten würde.

Nachdem ich diese Wahl getroffen hatte, änderte sich meine Beziehung zu Mariana. Wie der Zufall es wollte, hatte sie in den Tagen meiner Abwesenheit über sich nachgedacht, war mit sich selbst und mir ins Gericht gegangen. Und sie hatte sich dafür entschieden, auf unsere Karte zu setzen. Zwei Verflossene waren dabei auf der Strecke geblieben. Das sagte sie mir ohne Tränen und mit hellwachen schwarzen Augen. Als ich dann zu ihr ging und ihr ebenfalls berichtete, wie sehr Rita zu meiner Unschlüssigkeit beigetragen hatte (bis dahin hatte ich sie nie erwähnt), und ihr sagte, daß ich mich für sie entschieden hatte, da wurde aus der Tatsache, daß sie mich und ich sie, daß jeder für sich und vollkommen frei den anderen erwählt hatte, ein spontaner Pakt ohne Amt und ohne Zeugen, und als wir uns schließlich in den Armen lagen, zum ersten Mal ganz im Diesseits und jenseits des Tangos, der uns zusammengebracht hatte, da wußten wir, daß dies von Dauer war, das heißt, von all der Dauer, die die Vergänglichkeit erlaubt.

Wozu sprechen?

(Fragment aus Vaters *Notizen)*

Warum werde ich so schweigsam? Je mehr um mich herum geredet wird, desto weniger Lust habe ich, etwas zu sagen. Vielleicht ist das der Sinn dieser *Notizen,* die ich nach sechs Jahren wieder aufgenommen habe. Etwas sagen. Ich weiß nicht, mit wem ich über Aurora sprechen soll. Manchmal denke ich, daß Claudio Verständnis hätte; aber der Junge hat andere Dinge im Kopf.

Sonia ist in Ordnung. Sie bemüht sich, mir eine gute Gefährtin zu sein, und ich will sie nicht kränken. Gewiß, ich spreche nicht viel mit ihr. Mein Körper, ja, mein Körper spricht mit ihrem, und möglicherweise reicht das ja aus. Tut es das? Ich muß zugeben, sie hält mich lebendig, sie entlangweilt meine Langeweile. Ich habe ihr noch nicht einmal gesagt, daß ihr Bauch eine wahre Wonne ist. Ich werde es ihr sagen. Das schwöre ich mir. Sie selbst ist auch nicht sehr gesprächig. Na ja, wozu sprechen, wenn wir uns lieben?

Mit Aurora, das war ein anderes Fest. In erster Linie war es ein Fest. Sie hat es nicht nur genossen, es hat ihr auch Spaß gemacht. Unser Liebesakt war fröhlich. Es ist nichts Schlimmes dabei, mitten im Orgasmus loszulachen. Das Fest vermisse ich. Darin liegt das Geheimnis. Aurora war nicht schweigsam, und ich war es zu Auroras Zeiten auch nicht. Sie lockte mich mit Fragen aus der Reserve. Sie brachte mich zum Nachdenken. Hingegen, wenn Sonia was sagt, liefert sie die Antworten schon mit. Antworten auf Fragen, die ich gar nicht gestellt habe. Aurora war unsicher. Sonia ist selbstsicher. Ich bin sicher, daß ich unsicher bin. Da soll sich einer zurechtfinden.

Heute habe ich mal eine Sexualbilanz aufgemacht. Ehrlich gesagt, habe ich mit recht wenigen Frauen geschlafen. Aus Treue? Aus Trägheit? Ich weiß es nicht. Ich habe nur acht gezählt. Mit fast fünfzig ist das nicht gerade eine Zahl fürs Guinness. Fünf von ihnen, das heißt, die Inoffiziellen, waren nur kurze Intermezzi. Sie haben keine Spuren hinterlassen. Wohl aber jene Rosario. Vielleicht habe ich sie nicht zu halten gewußt. Von den anderen habe ich Erinnerungen an ihre Brüste, ihr Geschlecht oder ihre Beine. Von Rosario, an ihre Augen. Mehr noch als ihre Augen, war es ihr Blick. Sie schaute mich an, als ob sie etwas sagen wollte und es dann doch nicht sagte. Ich habe sie nie weinen sehen. Manchmal sagte ich harte, beinah kränkende Dinge zu ihr, um sie zum Weinen zu bringen. Aber sie hat mich nur angesehen, mit einem tiefen, doch tränenlosen Blick.

War ich je glücklich? Vor Aurora habe ich Rosario verloren. Die arme Aurora ist von alleine verlöscht. Und jetzt ist Sonia da, die eine gute Gefährtin ist. Die Frage lautet, ob wir ein Paar sind. Ich glaube wohl, aber ich sollte nicht zweifeln. Denke ich.

Warum bin ich immerzu umgezogen? Ich habe mehr Wohnungen gehabt als Frauen. Diese *Notizen* schreibe und verwahre ich hier, im Hotel. Sie sind für niemanden gedacht, nicht einmal für mich selbst. Sie sind nicht unerläßlich für mich. Ich könnte auch leben, ohne sie zu schreiben. Eigentlich ist dies ja kein Schreiben. Ich sage etwas auf Papier, mehr nicht.

Das Hotel. Es ist die beste Arbeit, die ich je gehabt habe. Allein wegen des Privilegs, von meinem Bürofenster aus die Pinien sehen zu können, allein dafür lohnte sich die Mühe. Außerdem verstehe ich mich mit den Leuten hier gut: den Angestellten, den Touristen. Insgesamt habe ich mich immer besser mit den Menschen meiner weiteren Umgebung als mit denen meiner näheren Umgebung verstanden.

Der mir Nächststehende ist jedenfalls immer noch Claudio. Ich weiß nicht, ob er als Maler was taugt. Was er malt, gefällt mir, ehrlich gesagt, nicht besonders. Ich finde, er übertreibt's etwas mit seinen erotischen Uhren. Besser, er ist ein guter Mensch (ist er) als ein guter Maler.

Die höchste der Pinien wiegt ihre Krone. Sehr elegant. Sie ist mir eine gute Gefährtin, wie Sonia. In der Ferne kräht ein Hahn, kurz darauf ein anderer, etwas näher. Ich habe oft große Lust, ihnen zu antworten. Aber mir kommt nur menschliches Gekrächze aus dem Hals, kein Tangohahnengekrähe.

Wie früher, als meine Großmutter Dolores noch lebte, gehören meine Sonntagvormittage (Ausnahme ist, wenn ich mal über die Wochenkirmes gehe) weiterhin meinem Großvater Javier. Doch diesmal habe ich Mariana mitgenommen. Ich hatte so das Gefühl, sie könnten dieselbe Wellenlänge haben.

Und sie hatten sie. Javier bekam leuchtende Augen, obwohl sie meist halb geschlossen und die Lider herabgesunken sind. Er fuhr ihr mit einer Hand über die Wange, als wolle er sich durch den Tastsinn bestätigen, was seine kurzsichtigen Augen ihm unzureichend übermittelten.

»Wunderschön«, sagte er frohlockend. »Herrlich, wenn man jung ist und sich liebt. Ich habe schon vergessen, wie es ist jung zu sein, aber nicht, wie ich geliebt habe und geliebt worden bin.«

»Dolores?« fragte ich vorwitzig.

»Dolores und Eugenia, Pastora, Isabel, alle.«

»Caramba, Großvater, das ist ja ein ganzer Harem«, sagte Mariana.

»Darüber solltest du dich nicht wundern, mein schönes Kind, und es sollte dich auch nicht überraschen, wenn dieser Enkel hier eines Tages die eine oder andere noch liebte. Es ist gut, ein großes Herz zu haben, in dem mehr als nur eine Liebe Platz hat.«

»Und ich, Großvater, bin ich auch befugt, mein Herz zu erweitern?«

»Oh, nein, Kindchen, auf dem Gebiet mache ich keine Zugeständnisse. Ich bin ein kompromißloser Anhänger des Machismo.«

Er hielt nachdenklich inne. »Ah, ich habe vergessen, daß ich auch eine Rita geliebt habe.«

»Und was ist passiert?« fragte ich überrascht und fast rückwirkend eifersüchtig. »Passiert ist schlicht und einfach, daß sie sich in Nichts aufgelöst hat. Schön und verführerisch war sie. Die Wahrheit ist allerdings, daß sie sich mir nicht hingegeben hat. Sie verschwand nur. Und ich glaube nicht, daß ich sie schlecht behandelt habe. Im großen und ganzen hat sich nie eine über mich beklagt. Eines Tages, oder eines Nachts wohl eher, war der Zauber vorbei; aber wir sind immer Freunde geblieben. Es gab sogar eine, Pastora, die sich schließlich mit Dolores befreundet hat.«

»Es scheint so, als ob die Ritas recht schlüpfriger Natur sind«, ließ Mariana nicht locker, sah mich jedoch nicht dabei an.

Wie zu erwarten, nahm der Großvater die Gelegenheit wahr, Mariana in allen Einzelheiten die Geschichte von der berühmten Flucht zu erzählen und dazu noch die Theorie von Großmutter Dolores. In seiner neuesten, überarbeiteten und erweiterten Fassung erzählte Javier, daß die Fliehenden, bevor sie ihr Auto bestiegen, die Internationale gesungen hätten.

»Aber wie denn?«, fragte ich. »Waren das nicht Anarchisten?«

»Du hast recht. Dann werden sie die Hymne gesungen haben, oder irgendeinen Bolero. Aber gesungen haben sie.«

Mariana lachte, weil sie das hübsch fand, und da Großvater zum Glück nicht dumm war, lachte er selber auch über sein Geflunker.

Der Hinterhof der Kirche lag verwaist. »Die Priester spielen nicht mehr Fußball«, erklärte uns Javier, »und wie vorherzusehen war, ist die jugendliche Sonntagsgemeinde seitdem merklich geschrumpft. Meine Theorie ist, daß die Priester allmählich zu alt wurden und am Ende des Spiels Asthma und Herzjagen hatten und kreuzlahm waren.«

Er fragte mich nach meinem Vater. »Sag Sergio, er soll mich mal besuchen und Sonia mitbringen, damit ich sie kennenlerne. Jetzt ist Dolores, die sie grundlos gehaßt hat, nicht mehr da, und er kann ganz ungezwungen hier verkehren. Dolores hat immer ein Thema gesucht (und was schlimmer war: gefunden), von dem sie schier besessen war: die Kohlenhandlung, Sonia, und viele andere noch. Und glaubt nur nicht, daß das ein Charakterzug dieser letzten Jahre war. Früher hatte sie sich auf Präsident Batlle fixiert. Wenn sie in der Zeitung nur ein Foto von Don Pepe fand, zerriß sie es in Stücke. Stellt euch vor, ein so angesehener Politiker. Sie zählte sich selbst zu den Weißen, aber Herrera gefiel ihr auch nicht. Nur über Saravia war sie des Lobes voll, der war ihr Gott und ihr Prophet. Ach, aber ich muß zugeben, als wir jung waren, ging es uns richtig gut. Aber wem geht es nicht gut, wenn er jung ist? Man merkt es in jener Zeit nicht (man stellt es erst viele Jahre später fest, wenn die Zipperlein kommen und man anfängt, wunderlich zu werden), aber die Jugend ist eine herrliche Zeit. Ich hoffe, ihr zwei wartet nicht, bis ihr alt seid, um das zu bemerken, eh? Das Wunderbare ist das, was ihr jetzt habt, nicht das, woran ihr später zurückdenkt, durch den Nebel einer weinerlichen Erinnerung hindurch. Ihr seht ja, vorhin habe ich euch von den Frauen meines Lebens erzählt, und obwohl ich ihre Namen noch weiß, erinnere ich mich nicht an ihre Gesichter.«

Und mit einem letzten schelmischen Blick fügte er hinzu: »Was sich mir erhalten hat, sind Teile von Erinnerungen. Zum Beispiel Erinnerungen an die Brüste von Eugenia oder das Geschlecht von Isabel.«

»Und von Rita?« fragte Mariana.

»Von Rita? Nur den Lichtschweif, den sie bei ihrem Verschwinden hinterließ.«

Füße in rosa Wolken

In Wirklichkeit hieß Claudio nicht nur Claudio, sondern Claudio Alberto Dionysio Fermín Nepomuk Umberto (ohne H am Anfang). Dieser Güterzug von Namen kam aus der Familie, aus einer Tradition, deren Wurzeln wahrscheinlich in Mittelitalien lagen, sagen wir in Umbrien oder der Toscana, weil sein Vater Sergio Virgilio Mauricio Rómulo Vittorio Umberto hieß und sein Großvater, der mit dem Laden in Buenos Aires, Vincenzo Carlo Mario Umberto Leonel Giovanni. Und so nicht weiter, sondern wieder zurück. Wie man beobachten kann, ist Umberto der einzige Name, der sich wiederholt, die durchgehende Identität, so etwas wie der Herstellernachweis.

Für Claudio war dieser Schwanz von Namen ein Alptraum, der ihm schon mehrfach Verdruß bereitet hatte, vor allem, wenn er bei einer Behörde irgendein Dokument beantragen mußte. Besonders der Gedanke an eine dieser demütigenden Prozeduren beschämte ihn.

Monate vor seinem achtzehnten Geburtstag war er in einem Büro des Wahlregisters gewesen, um einen Antrag auf Bestätigung seiner Wahlfähigkeit zu stellen, damit er im nächsten November zum erstenmal zur Wahl gehen konnte (auf Drängen seines Vaters würde er für die Batlleisten stimmen). Jedem Antragsteller war eine Nummer zugeteilt worden, und er hatte die 21 bekommen. Als die Reihe schließlich an ihn kam und er einem müde wirkenden älteren Angestellten mit grauen Ärmelschonern gegenüberstand, der für jeden Antragsteller über zwanzig Formulare mit den entsprechenden Daten ausfüllen mußte, reichte er ihm die Geburtsurkunde, auf der ganz eng aneinandergeschrieben sein Namenssextett zu lesen war. Der angegraute Experte für Routineangelegenheiten las aufmerksam die Zeile, in der Claudio Alberto Dionysio Fermín Nepomuk Umberto stand. Er fragte in sachlichem Ton, ob Umberto sich wirklich ohne H schrieb, und als seine Frage bejaht wurde, und ohne daß die geringste Unbeherrschtheit hätte erkennen lassen, durch welche Hölle er innerlich ging, sagte er laut: »Die Antragsteller mit den Nummern 22, 23 und 24 werden heute nicht mehr abgefertigt und haben am kommenden Montag hier zu erscheinen.« Es gab Gemurmel und sogar einen schüchternen Ansatz zu Protest, nach dessen Ersterben der Angestellte mit den grauen Ärmelschonern anfing, das erste der dreiundzwanzig Formulare auszufüllen.

Eines Nachts, als Mariana und Claudio nach der Liebe nackt auf ihrem Bett lagen, erzählten sie sich, wie sie es häufig taten, noch dieses oder jenes (sie fanden immer ein Abenteuer, das bisher nicht zur Sprache gekommen war), und er verriet ihr, als höchsten Vertrauensbeweis, seine Prozession von Vornamen. Mariana, die leicht und gerne lachte, verzog zuerst erstaunt das Gesicht und brach dann in nicht enden wollendes Gelächter aus. Claudio nahm ihr die merkwürdige Aufnahme seiner ellenlangen Identität nicht übel, sondern gab sich ganz einem unerwarteten Genuß hin, der darin bestand, bewundernd zuzusehen, wie sich der herrliche nackte Leib des Mädchens vor Lachen schüttelte und bog. Am lustigsten fand sie den Namen Nepomuk, und wenn sie von diesem Tag an aus irgendeinem bedeutenden oder unbedeutenden Grund miteinander stritten, sagte sie unvermittelt »Nepomuk«, und dieser Codename gab ihnen sogleich die Freude darüber zurück, beisammen zu sein.

»Und du, wie heißt du? Mariana, und dann?«

»Mariana, punktum«, antwortete sie.

Und so entgegnete er, jedesmal, wenn sie ihn Nepomuk nannte, »Mariana punktum«.

Claudio malte weiterhin. Mariana saß stundenlang Modell für ihn, nahm aber vor jeder Sitzung ihre Armbanduhr vom Handgelenk. Claudio war klar, daß diese Geste ein Anti-Rita-Ritual war. Da sie vereinbart hatten, daß Mariana das Bild erst sehen durfte, wenn der letzte Pinselstrich getan war, sah Claudio sich der Versuchung ausgesetzt, dem Ölbild die Armbanduhr hinzuzufügen, die das Modell selbst ihm vorenthielt, doch fürchtete er sich vor den Konsequenzen und gab die Idee auf.

Als Mariana schließlich die Genehmigung erhielt, das Bild anzuschauen, und sehr stolz darauf war, sagte sie: »Wie gut, daß du keine Armbanduhr hineingemalt hast, Nepomuk. Das hätte ich nicht ertragen.«

Claudio erwähnte nicht, welcher Verlockung er widerstanden hatte. Er sagte nur: »Mariana punktum, ich könnte mir vorstellen, daß der bescheidene Künstler eine Prämie verdient hat.«

Eine halbe Stunde später, nachdem er die Prämie in Naturalien einkassiert hatte, fragte er: »Darf ich dich das nächste Mal nackt malen, oder möchtest du lieber, daß ich mir dafür ein anderes Modell suche?«

»Aber Claudio!« rief sie, der Nepomuk war für diesmal vergessen, und zog die rosa Bettdecke ans Kinn. (Claudio haßte die Farbe, sah aber ein, daß Bett und Bettzeug ihr gehörten und nicht ihm.) Die Bewegung war so hastig gewesen, daß die Füße – sehr weiß und sehr zierlich – das einzige waren, was von ihrer Nacktheit unter dem rosafarbenen Laken hervorschaute. Erst jetzt wurde ihm bewußt, wie hübsch sie waren, und in just demselben Augenblick war ihm der Titel seines nächsten Bildes eingefallen: *Füße in rosa Wolken.*

»Ich habe auch aufgehört zu studieren«, sagte Norberto. »Ich arbeite im Finanzministerium, und da geht es mir nicht schlecht. Vor einem Monat habe ich eine Gehaltserhöhung bekommen. Ich habe, vor einem Jahr schon, Maruja geheiratet, vielleicht erinnerst du dich an sie, sie kommt auch aus Capurro.«

Ich erinnerte mich nur sehr vage, denn sie war zwei oder drei Jahre jünger als wir, und das ist bei Kindern viel Zeit.

Ich hatte ihn an einem Montagnachmittag vor der Agentur getroffen. Wir hatten uns ungefähr zwei Jahre nicht mehr gesehen, und so beschlossen wir gleich, zusammen zu Mittag zu essen.

Da wir mitten in der Altstadt waren, gingen wir ins *La Bolsa,* das nur wenige Schritte entfernt lag, das heißt, in der Piedras, zwischen Zabala und Misiones. Das Lokal war weniger ein Restaurant als eine sympathische Kantine, die von Galliziern geführt wurde (die ganze Familie arbeitete mit), nette Leute, immer lustig und sehr fleißig. Wenn ich von der Agentur kam, aß ich dort oft zu Mittag, und einige von ihnen, wie zum Beispiel Manolo, der als Kellner arbeitete, und Inma, die Kassiererin (erst nach einer ganzen Weile hatte ich erfahren, daß dieser fast unaussprechliche Name eine Abkürzung von Inmaculada war), behandelten mich fast so vertraut, als gehörte ich zur Familie. Sie hatten eine Art, mit Sprache umzugehen, die mich bezauberte. Wenn zum Beispiel zwei Gäste beim Nachtisch angekommen waren und jeder von ihnen »zwei Kugeln Eis« bestellte, gab Manolo die Order mit »Zwei Jeder-Eis!« weiter, und mir klang es im Ohr wie zwei Edelweiß. Einmal hatte ich Suppe bestellt, und als ich den ersten Löffel voll nehmen wollte, stellte ich fest, daß er ein großes Loch hatte, durch das die Suppe auf den Teller zurückrann, von dem sie gerade gekommen war. Ich rief Manolo herbei und zeigte ihm das Malheur. Er hob den Löffel vor seine Augen, und als er durch das von mir beanstandete Loch hindurchschauen konnte, rief er zutiefst konsterniert: »Mein Koch, was'n Loch!«

Nun, dorthin ging ich mit Norberto, der sich wunderte, wie freundlich Manolo mich empfing und wie fröhlich Inma mir von der Kasse her zuwinkte. Die Auswahl war nicht sehr groß und so bestellten wir Schinken mit Melone und panierte Schnitzel mit Salat. Bei Schinken und Melone erzählte mir Norberto von Maruja und ihrem doch lobenswerten Vorschlag, in einer relativ absehbaren Zeit Kinder (mindestens zwei) zu haben. »So Gott will«, fügte er zögernd hinzu. »Dann haben wir es hinter uns, und die Kinder können miteinander spielen. Ich war nie gern Einzelkind. Weder der Vorteile noch der Nachteile wegen.«

Maruja hatte offenbar die gleiche Einstellung: Auch sie war ein Einzelkind gewesen und hatte darunter gelitten. »Du hattest Glück. Du hast eine Schwester. Elenita heißt sie, nicht?«

Ja, Elenita. Ich erzählte ihm, daß sie schon aufs Gymnasium ging und sogar schon einen Freund hatte. Sie hatte es mir als Geheimnis anvertraut, weil sie nicht wagte, es Vater zu sagen, und schon gar nicht Sonia, mit der sie sich zwar besser verstand, aber längst noch nicht gut. Außerdem, hatte sie hinzugefügt, kommt er aus Paraguay, und ich weiß nicht, wie Papa reagiert, wenn er hört, daß ich mit einem Ausländer zusammen bin.

Einer aus Paraguay ist kein Ausländer, hatte ich sie aufgemuntert, denk nur daran, daß kein Geringerer als Artigas dieses Land zu seinem Exil auserkoren hat. Die historische Referenz hob ihre Stimmung so sehr, daß sie es zwei Tage später Vater sagte. Und was hat er gesagt, fragte ich sie. Was er gesagt hat? Er hat mich gefragt, ob die uruguayischen Jungs so häßlich seien, daß ich mir einen Papagei hätte wählen müssen. Das Schlimmste war, daß er ihn Papagei genannte hatte. Sie hatte ihm zur Antwort gegeben: Damit du Bescheid weißt, Papa, ich habe nicht ihn gewählt, sondern er hat mich gewählt. Da mußte Vater dann doch zugeben, daß der Papagei einen guten Geschmack hatte.

Norberto mußte über die Geschichte lachen, ließ aber nicht locker: »Siehst du, was für ein Vorteil das ist, kein Einzelkind zu sein? Deine Schwester macht dich zu ihrem Vertrauten und sucht deine Hilfe. Ich hatte nie jemanden, dem ich helfen konnte, und schon gar keinen, der mit geholfen hätte.«

Als wir schon beim panierten Schnitzel mit Salat waren, informierte er mich über sein neuestes Hobby: Er war Amateurfunker. Ein Onkel von ihm war es auch, und darüber hinaus war er noch reich. Er hatte ihm ein Funkgerät mit beträchtlicher Leistung geschenkt, und so saß er in letzter Zeit stundenlang mit einem Kopfhörer auf den Ohren und tauschte Neuigkeiten mit Typen aus Venezuela, Puerto Rico oder Teneriffa aus. Er war so begeistert, daß er angefangen hatte, Englischunterricht zu nehmen, und obwohl er noch nicht gut sprach, reichte es, um mit Liverpool, Ottawa oder Boston in Verbindung zu treten.

»Du kannst dir vorstellen, daß auf Kurzwelle nicht gerade das Spanisch von Cervantes gesprochen wird, und genauso wenig ist das Englisch das von Shakespeare. Wenn du sagen kannst, *Hello – What's the weather like – It looks like rain – What a pity,* das reicht allemal. Du weiß ja auch, daß ich (trotz Pater Ricardo) immer religiöse Ambitionen hatte, und so hoffe ich darauf, eines Tages den Zeiger über die Sucherskala zu drehen und plötzlich eine dunkle, salbungsvolle Stimme zu vernehmen, die sagt (auf Spanisch natürlich, denn Englisch spricht Gott nur mit Protestanten): Gott an Norberto. Over. Das Problem ist, was antworte ich ihm?« schloß Norberto und tat äußerst zerknirscht, obwohl offensichtlich war, daß er über sich selbst und seine frühere Frömmigkeit spöttelte.

Nachdem wir »zwei Kugeln Eis« bestellt und verzehrt hatten, nahm Norberto mir das Versprechen ab, ihn einmal zu besuchen. »Aus zwei Gründen. Erstens, um Maruja kennenzulernen (oder wiederzuerkennen). Zweitens, um meine Funkanlage anzusehen. Mariana bringst du natürlich mit.«

In der Woche darauf ging ich mit Mariana hin. Zwar erkannte ich Maruja nicht wieder, aber dafür erkannte Mariana sie, denn zu Norbertos und meiner Überraschung stellte sich heraus, daß sie in ich weiß nicht welcher Nonnenschule in einer Klasse gewesen waren. »Dieses Montevideo ist ein Dorf«, sagten wir alle vier; und das so einstimmig, als interpretierten wir das Vokalquartett aus *Rigoletto*.

Während die Frauen ihre Erinnerungen aus der Nonnenschule durchgingen, führte Norberto mich in sein Allerheiligstes. Die Apparatur war beeindruckend. Er setzte seine Kopfhörer auf und gab mit ein zweites Paar. Dann begann er den Hertzanzeiger zu verschieben. Von Strich zu Strich auf der Skala hörte man fremde Stimmen und unmögliche Sprachen, aber auch einen Mann aus Tucumán, der eine Frau aus Lima rief, und einen Brasilianer, der eine schlechte Nachricht für einen aus Bogotá zu haben bekanntgab. Sie riefen einander mit verschlüsselten Zahlen und Buchstaben, zum Beispiel CX1BT (was sie gleich mit Cx1 Beta-Terra übersetzten). Das war ungeheuerlich. Da hörte man die Stimmen des Universums. Ich wunderte mich nicht, daß Norberto die Hoffnung hegte, einmal die Stimme des Herrn zu vernehmen, schien doch sein Apparat eine unbegrenzte Reichweite zu haben. Es gab Stimmen, die kamen ohne jeden Zweifel aus den Galaxien, von dort, wo vermutlich der liebe Gott sich jeden Sonntag erholte (eine Angewohnheit, die von der Schöpfung herrührte), so wie wir das in Portezuelo oder La Paloma tun.

Norberto stand auf und machte mir Zeichen, daß er die Frauen holen wollte, damit auch sie in den Genuß dieses Stimmengewirrs kamen, das immer wieder von einem seltsamen Pfeifen unterbrochen wurde, wie man es von Erdnußverkäufern auf der Straße hört, aber auch von einem dröhnenden Geknatter, das ebensogut Donner wie Maschinengewehrfeuer sein konnte, oder schlicht das Lachen eines Mandinga.

Ich saß da und lauschte, mittlerweile fasziniert von der Bandbreite der Stimmen aus dem Universum. Eine schrille, jedoch sehr kastilisch anmutende Stimme aus Bogotá hatte zwischen »over« und »over« Kontakt zu einer anderen mit unverwechselbar karibischem Akzent, vielleicht Maracaibo, hergestellt und führte einen Intervalldialog über die Baseballergebnisse der vergangenen Spielzeit. Da mich das äußerst langweilte, drehte ich am Senderknopf. Und dann tönte es aus meinen Kopfhörern: »Rita ruft Claudio. Over.« Ich konnte es nicht glauben. Doch nach zwei Minuten wiederholte sich der Ruf: »Rita ruft Claudio. Over.«

Ich spürte, wie Norberto mir den Kopfhörer abnahm. Er war mit Maruja und Mariana ins Zimmer gekommen, und ich hatte es nicht bemerkt.

Norberto fragte, was ich habe.

»Du bist ganz blaß«, sagte Mariana.

»Ich weiß nicht, vielleicht ist mir übel geworden von dem ganzen Stimmengewirr.«

»Du siehst aus, als seist du ohnmächtig gewesen«, sagte Maruja.

»Möglich«, antwortetete ich, »ob schwindelig oder ohnmächtig oder eingeschlafen, überall nur Stimmen und nochmals Stimmen und Nachricht über Nachricht...«

»Ich glaube nicht, daß du ohnmächtig warst«, sagte Norberto. »Du hattest die Augen weit offen.«

Mariana lachte: »Als hättest du ein Gespenst gesehen.«

Ich habe jetzt den Papagei kennengelernt. Er ist so schüchtern, daß ich mich neben ihm wie Richard Löwenherz fühlte. Er hat aber einen offenen Blick und ein spontanes, ansteckendes Lachen. Wie alle Paraguayer, die ich kenne, hat er einen indianischen Teint, und außer Spanisch spricht (und vor allem singt) er Guaraní. Man muß ihn schon sehr drängen, damit er singt, und vor mehr als drei oder vier Zuhörern tut er es gar nicht. Er hat eine angenehme Stimme, und außerdem scheint das Guaraní eine Sprache zu sein, die geradezu dafür geschaffen ist, gesungen zu werden. Elenita hat ihn natürlich angeschmachtet.

Ab und zu gehen sie beide zum Hotel; ich glaube, um Vater an die Gegenwart des Jungen zu gewöhnen. Vater war zwar nie puritanisch, aber er traut sich wohl nicht, seiner Tochter gewisse Belehrungen mit auf den Weg zu geben. Er weiß auch zu Genüge, daß zwischen Elenita und Sonia nicht genügend Vertrauen besteht, so daß er mich gebeten hat, Elenita die elementarsten Regeln im Bereich Sexualität nahezubringen. In Wahrheit bereitete ihm allein der Gedanke, daß der Papagei sie schwängern könnte, Grausen. So blieb mir also nichts übrig, als mit ihr über das heikle Thema zu sprechen.

Große Überraschung. Der Papagei mag schüchtern sein, aber dumm ist er nicht. Er weiß sich vorzusehen. »Ganz ruhig, Claudio«, sagte mir Elenita, noch bevor ich zum eigentlichen Thema vorgedrungen war. »Und sag Papa, daß er sich keine Sorgen zu machen braucht. Er wird vorerst noch keine Enkel bekommen.«

Das Gespräch führte mich zu einem tiefsinnigen Gedanken: Wie ändern sich die Zeiten! Dieses geflügelte Wort sprach ich unter den Pinien aus, aber ganz leise und etwas beschämt. Ich kam mir so lächerlich vor wie Tante Joaquina.

Nach diesem schlagenden Beweis von Frühreife beschloß ich, den Papagei künftig nicht mehr mit diesem Spitznamen zu bedenken (auch nicht in Gedanken), sondern bei seinem richtigen Vornamen zu nennen, der zu meiner Schande kurz und einzig war: José.

Als ich José und Elenita engumschlungen durch den Hotelgarten gehen sah, fragte ich mich, wo sie wohl ihre Sünden begingen. Der Schüchterne wohnte mit ein paar Landsleuten in einer Studentenpension, und dort wurden keine heimlichen Besuche geduldet, schon gar nicht von Minderjährigen. Na ja, sie würden sich schon zu helfen wissen.

Im Vorübergehen stellte ich fest, daß weitere Initialen in die Bäume geritzt worden waren, nur daß jetzt die mutmaßlichen Liebenden auf das altbekannte Herz verzichtet hatten. Unter den neuen Buchstabengespannen gab es eines, das, aus erklärlichen Gründen, mein Augenmerk wachrief: C + R. Mit einer brüsken Handbewegung verscheuchte ich jene Möglichkeit wie einen Schwarm lästiger Mücken. Außerdem, dachte ich, wenn Rita die Buchstaben eingeritzt hätte, hätte sie niemals C + R, sondern R + C eingraviert, da bin ich mir sicher.

Ich hatte mich seit langem nicht mehr allein unter diesen einladenden Pinien aufgehalten. Meine Einsamkeit währte jedoch nur kurz. Sonia kam zu mir und setzte sich auf eine der ehrwürdigen Parkbänke, die Vater auf einer Auktion erstanden hatte und die zweifellos gut in diese Umgebung paßten.

»Sag mal«, begann Sonia, »ich wollte dich schon seit längerem etwas fragen. Wenn du dich mit Mariana so gut verstehst, wie es aussieht, warum heiratet ihr dann nicht?« Ich weiß nicht genau warum, aber die Frage ärgerte mich, und ich stand im Begriff, ihr zu sagen, sie solle sich nicht in mein Leben einmischen, sie sei nicht meine Mutter und so weiter.

Sie merkte, daß ich an einer Antwort kaute und stammelte: »Verzeih«.

Also schluckte ich meine aufgestauten Vorwürfe runter. Ich habe es nicht bereut, denn Sonia ist kein schlechter Mensch, und außerdem ist sie gut zu meinem Vater.

Wie sie mit der Liebe umgehen (ich verwerfe die Möglichkeit, daß es das bei ihnen nicht mehr gibt), ist mir allerdings ein Rätsel. Ich habe sie nie Zärtlichkeiten austauschen und schon gar nicht sich in der Öffentlichkeit küssen sehen, nicht einmal zu Hause; aber ich glaube, diese Diskretion ist nicht so sehr auf die Spitze getriebenes Schamgefühl, als eher eine Haltung. Ansonsten gehen sie liebenswürdig miteinander um, und ich würde sagen (obwohl ich mich nie unterstehen würde, diese Worte vor einem anderen auszusprechen), daß sie sich gut miteinander arrangiert haben.

Schon wieder komme ich mir so lächerlich vor wie Tante Joaquina.

»Wir haben die Möglichkeit bisher noch gar nicht erwogen«, sagte ich schließlich zu Sonia. »Letzten Endes ist Heiraten doch nur ein behördlicher Vorgang, der für ein Paar, das zusammenlebt, kaum von Bedeutung ist, meinst du nicht?«

Sonia hob den Kopf. Ich weiß nicht, ob sie in die Ferne schaute oder in sich hinein. Dann sagte sie: »So ist es nicht immer«.

Noch einmal Mateo

Seit er bei Norberto und Maruja gewesen war und sie gemeinsam ihre Erinnerungen an Capurro durchgegangen waren, hatte Claudio mehrmals von dem Stadtviertel seiner Kindheit geträumt und da insbesondere von einer Person: dem blinden Mateo. Er wachte mit Schuldgefühlen auf. Er wußte, daß einige Zeit, nachdem er sich mit seinem »auf Wiedersehen für diesmal« verabschiedet hatte, Mateo aus Capurro fortgezogen war. Ja, er hatte sogar geheiratet. Mehrfach hatte er versucht, seine derzeitige Anschrift herauszufinden, doch vergebens, und jetzt warf er sich vor, nicht ausdauernder gewesen zu sein. Es war unmöglich, daß jemand, der Montevideo nicht verlassen hatte, spurlos verschwunden war.

Er rief Norberto an, und dieser, obwohl er mit der Familie Recarte nie etwas zu tun gehabt hatte, besorgte ihm die Telefonnummer von Maria-Eugenia.

Claudio rief sie also an, und sie schien sehr zufrieden darüber, daß er sie nicht vergessen hatte, und natürlich gab sie ihm die Adresse und Telefonnummer ihres Bruders. »Am besten rufst du vorher gar nicht an. Geh einfach hin, das ist die schönste Überraschung. Wie wäre es mit Sonntagnachmittag?«

Er ging am Sonntagnachmittag. Mateo wohnte in einem nicht luxuriösen, aber sehr schönen zweistöckigen Haus in Punta Gorda, direkt am Strand.

Eine junge, anmutige und sympathische Frau öffnete die Tür. »Sie sind Claudio, stimmt's? Ich bin Luisa,

Mateos Frau. Meine Schwägerin hat Sie schon angekündigt. Aber Mateo weiß von nichts. Kommen Sie.«

Er folgte ihr, als führte sie ihn in die Vergangenheit hinein. Er war voller Erwartung, aber auch ein wenig unruhig. Er dachte daran, daß er nun kein Kind mehr war und Mateo an die dreiunddreißig sein müßte. Wie würde diese neue Beziehung, von Erwachsenem zu Erwachsenem, sein?

Luisa öffnete eine Tür, und sie traten in einen lichterfüllten Raum mit einem großen Fenster, das zum Meer hinausging. Mit dem Rücken zur Landschaft draußen saß Mateo in einem Schaukelstuhl und hörte Radio. Claudio hatte nicht den Eindruck, daß er sich sehr verändert hatte, obwohl ihm auf den ersten Blick auffiel, daß er ein paar Haare weniger und ein paar Kilo, nicht viele, mehr als früher hatte.

»Stell das Radio ab«, sagte Luisa, »ich bringe dir wichtigen Besuch. Mal sehen, ob du errätst, wer es ist.«

Mateo lachte erfreut. »Komm, Claudio, laß dich umarmen.«

Luisa und Claudio sahen sich bestürzt an. Da kam Mateo zu ihm und schloß ihn kräftig und liebevoll in die Arme.

»Tut mir einen Gefallen, und schreibt dieses unerwartete Wiedererkennen nicht meiner berühmten Blindenintuition zu, eh? Mein Schwesterlein, diese Plaudertasche aus dem guten alten Capurro, konnte nicht an sich halten und hat mich vor einer halben Stunde angerufen. Ich bin ihr aber ganz dankbar dafür, denn so konnte ich mich auf den Besuch einer so hervorragenden Persönlichkeit richtig einstimmen.«

»Ah, diese Verräterin«, sagte Luisa. »Kein Verlaß auf meine kleine Schwägerin.«

Mateo war offensichtlich hochzufrieden. Als Claudio zu erzählen begann, unterbrach er ihn: »Deine Stimme ist unglaublich jetzt. Sie klingt, als würde ich eine Melodie, die ich früher auf der Violine gehört habe, jetzt auf einem Violoncello hören. Doch alles hat seine Grenzen. Noch kann ich mir nicht vorstellen, wie du als erwachsener Mann aussiehst.«

Luisa sah dem Wiedersehen vergnügt zu. Sie ging für kurze Zeit hinaus und kam mit Gläsern, Getränken und einer Schale Eiswürfel zurück.

»Was sagst du zu meiner Heirat? Sind dir die überaus sympathischen Kaninchenzähne meiner Frau aufgefallen? Darum sage ich so oft zu ihr: Mit diesen Tierchen verbindet dich nicht nur das Augenlicht, sondern auch die Zähnchen im Gesicht. – Und du? Studierst du noch? Hast du eine Freundin? Wie geht es deinem Vater? Jemand hat mir erzählt, er leitet jetzt ein Hotel und hat wieder geheiratet. Und dein Schwesterchen?«

Von Fragen durchlöchert, gab Claudio die Antworten scheibchenweise, da sie natürlich weitere Fragen nach sich zogen. Sein Freund strahlte, doch war Claudio nicht so selbstgewiß, es allein seiner Anwesenheit zuzuschreiben. Mateo war einfach glücklich.

Dennoch fiel es ihm nicht leicht, ihn in dieser Euphorie ganz wiederzuerkennen. In einem Winkel seiner Erinnerung vermißte er die alte Ernsthaftigkeit, die intelligente Gelassenheit des anderen Mateo Recarte aus Capurro.

Als Luisa sie allein ließ, verstummte der Blinde einen Moment und sagte dann: »Ich nehme an, du wunderst dich, mich so gesprächig und beinah aufgekratzt zu sehen. Ich kenne mich selbst manchmal nicht wieder. Und weißt du, woher das kommt? Seit ich Luisa begegnet bin, ist alles anders geworden. In meinem etwas beschränkten Blindendasein früher habe ich nie gewagt, mir ein Leben vorzustellen, wie ich es jetzt führe. Wer würde schon einen Blinden als Ehemann auf sich nehmen? Eine andere Blinde? Möglicherweise, aber ich bin ihr nie begegnet. Einmal hat sich eine an mich herangemacht, sie hieß Rita, doch dann stellte sich heraus, daß sie gar nicht blind war, und ich habe diese Täuschung gar nicht gemocht. Luisa und ich, wir haben uns über die Philosophie, die Mathematik, die Literatur, über die Kultur ganz allgemein ineinander verliebt. Du wirst einwenden, daß die ganze Bildungslast nicht ausreicht, um sich zu lieben. Da hast du vermutlich recht. Aber ohne diese Last hätten wir uns nicht kennen- und anerkennen gelernt, hätten wir uns nicht mit dem Kopf zuerst in die Liebe gestürzt. Meine Eltern und meine Schwester sagen mir, daß Luisa eine hübsche Frau ist, aber diese Bestätigung brauche ich gar nicht. Ich weiß es. Einen merkwürdigen Weg sind wir gegangen, findest du nicht? Von den Abstraktionen der Mathematik zur konkreten Liebe der Körper. Ich schwöre dir, ich liebe sie mit all meinen vier Sinnen, und den fünften vermisse ich gar nicht. Unser fünfter Sinn ist immer noch die gute Laune. Was wollen wir also mehr? Meine Hände sind ja nicht blind. Die kennen sie sehr gut.«

»Ein schönes Haus hast du«, sagte Claudio.

»Ja, es gefällt mir so nah am Meer. Ich sehe zwar nicht deinen Leuchtturm, aber ich höre die Brandung. Manchmal sitze ich lange am Fenster. Es ist wunderschön, den Wellen zu lauschen. Sie scheinen alle gleich zu sein, und doch bringt jede einen anderen Ton hervor und sicher auch eine eigene Botschaft. Wenn man bedenkt, daß ich drei Sprachen spreche und nicht die Wellen verstehe! Uns fehlt noch eine Menge, bis wir alphabetisiert sind! Ich schicke mich dann darein, indem ich mir sage, daß das ja doch nicht so wichtig ist. Der Klang des Meeres ist Musik, und wer kommt schon auf die Idee, die musikalische Sprache von Brahms, Bach oder Schönberg verstehen zu wollen? Sie haben nicht komponiert, damit wir sie verstehen, sondern damit wir uns an ihr erfreuen. Die Wellen sind meine *Verklärte Nacht.«*

Claudio blieb zwei Stunden. Luisa bat ihn, zum Abendessen zu bleiben, aber er hatte sich mit Mariana zum Kino verabredet. »Du mußt sie mal mitbringen«, sagte Luisa, die sich spontan entschlossen hatte, ihn zu duzen. Mit einer weiteren Umarmung verabschiedete er sich von Mateo, und Luisa begleitete ihn zur Tür.

Er sah sie bewundernd an und sagte: »Du glaubst nicht, wie ich mich freue, daß es Mateo so gut geht und er so zufrieden ist.«

»Ja«, bestätigte sie lächelnd. »Uns geht es sehr gut, und wir sind sehr zufrieden.«

Claudio erhaschte den Plural, bevor er in der salzigen Luft verflog.

Ein Wunder

An dem Tag unseres Besuches bei ihm, und als wir schon gehen wollten, hatte Norberto mich zur Seite genommen und mir ein gefaltetes Blatt Papier zugesteckt. »Lies es später. Es ist eine Kurzgeschichte. Ich weiß nicht, ob sie was taugt. Wahrscheinlich ist sie eine Frucht meiner religiösen Reibungen und Verwirrungen.«

Ich las sie nicht an jenem Abend bei mir zu Hause, sondern eine ganze Zeit später bei Mariana. Sie heißt: »Ein Wunder«:

Ein wundertätiger Heiliger. Das war er. Die Betschwestern des Ortes schworen, ihn bluten, schwitzen und weinen gesehen zu haben. Eine Reiseagentur in der Hauptstadt organisierte Tagesausflüge zur Besichtigung des Heiligen. Für die einen war er Sankt Michael, für andere Sankt Dominik oder Sankt Bartolomé, und einer behauptete sogar, es handle sich um einen Sankt Sebastián, was um so verwunderlicher war, als er gar keine Pfeile hatte. Und da nicht einmal die Kirche sich zu einer Meinung durchringen konnte, beschloß man in der Gemeinde, ihn einfach den Heiligen zu nennen, und sonst nichts. Der Pfarrer war jedenfalls entzückt von dem Spendenregen, der auf ihn niederging.

Marcela kam nicht mit dem Touristenbus. Sie wohnte mit ihren Eltern schon immer in dem Dorf, das heißt, sie kannte den Heiligen schon als Kind. Sein Bild war ihr seit den ersten Kinderträumen gegenwärtig. Jetzt war sie siebzehn und das schönste Mädchen im Umkreis von vielen Kilometern.

Der Heilige war auch ein schmucker Mann, und wenn Marcela in die Kirche ging und vor dem Seitenaltar niederkniete, wo der Heilige wohnte, durchwehte ihre Andacht ein leiser Hauch von menschlicher Liebe.

An einem Montagmorgen, als das Gotteshaus so gut wie leer war, ging sie zu dem Heiligen, schaute ihn lange an und stieß diesmal einen wirklich tiefen Seufzer aus. Dann rückte sie nah an ihn heran und küßte inniglich seine geschundenen Füße aus Gips. Etwas später begleitete sie ihre Küsse mit zärtlichem Streicheln der abgeschälten Beine.

Plötzlich spürte sie etwas Feuchtes auf ihrem Arm. Zuerst wollte sie es nicht glauben, doch es war so. Ein nie dagewesenes Wunder, das mußte man schon sagen. Denn das war keine Träne, kein Blut und kein Schweiß gewesen. Sondern etwas anderes.

»Was hältst du davon?« fragte ich Mariana.

»Ich weiß nicht. Es hat mich etwas verwirrt. Ich habe den Eindruck, es bewegt sich auf einer Grenze. Einer Grenze allerdings, die in der Literatur nicht eben häufig vorkommt: die Grenze zwischen Religion und Erotik.«

Mit einem Heben der Augenbrauen forderte sie mich auf, auch meine Meinung zu sagen.

»Mir gefällt es vielleicht gerade deswegen, weil es an dieser Grenze spielt. Der Heilige wird menschlich. In dieser letzten Zeile ist er nicht mehr aus Gips, sondern wird zu Fleisch.«

»Und was wirst du Norberto sagen?«

»Nun, genau das.«

Kapital ist etwas ganz anderes

Damals ließ ich mich öfter mal bei Onkel Edmundo sehen, dem Bruder meines Vaters. Ich mochte ihn immer schon ganz gern, aber wir kannten uns kaum. Er kam nur zu Beerdigungen (als Mama starb) und Hochzeiten (der von Vater und Sonia) zu uns. Er verstand sich aber ganz gut mit seinem Bruder, und sie telefonierten häufig miteinander. Edmundo ging nur nicht gern auf Besuch. Seine Frau, Tante Adela, die früher, als ich noch ein Kind war und wir in der Constitución/Goes wohnten, immer sehr liebevoll zu mir gewesen war, war infolge eines ärztlichen Irrtums gestorben, möglicherweise aber schlicht aufgrund einer falschen Information: Eine etwas unerfahrene Schwester hatte ihr eine Injektion mit Ich-weiß-nicht-Was gesetzt, und dann stellte sich heraus, daß Tante Adela auf das Ich-weiß-nicht-Was allergisch war. Für den Onkel war das ein ganz unerwarteter Schlag. Sie waren beide noch recht jung, obwohl sie mir wie alte Leute vorkamen. Und Onkel Edmundo fühlte sich plötzlich wie ein Langstreckenläufer, dem auf halbem Weg die Puste ausgegangen ist.

Er brauchte Jahre, um sich von diesem Verlust zu erholen, und vielleicht war das der Grund dafür, daß er sich ganz und gar der Gewerkschaftsarbeit verschrieb (er war Bankangestellter), wie besessen las und sich eine umfassende politische Bildung aneignete und über den Tod seiner Frau schließlich hinwegkam.

Als ich unschlüssig war, ob ich mein Studium fortsetzen sollte oder nicht, sagte er mir als alter Autodidakt, daß man sich nicht nur in der Universität »entblöden«, sondern sich auch aus eigenem Antrieb bilden kann, aus einer Berufung heraus, und »dann wirst du erleben, daß das Aneignen von Bildung – ganz gleich, ob du damit Geld verdienen kannst oder nicht – keine Quälerei mehr ist, sondern ein Genuß«.

Schließlich beschloß ich, mich nicht mehr zu immatrikulieren und widmete mich ganz der Malerei. Desgleichen begann ich (anfangs, um es Onkel Edmundo gleichzutun, später aus eigenem Antrieb) mit großer Lust zu lesen, aber disziplinierter als früher. Er beriet mich auf dem Gebiet der Politik, doch ich las auch Romane, Gedichte und Erzählungen, und ich hatte das Gefühl, daß mir das auch für die Malerei nutzte. Onkel Edmundos politisches Engagement beschränkte sich strikt auf die Gewerkschaftsarbeit, er kannte sich jedoch überall aus. Ohne festes Schema, und so, wie ihm der Schnabel gewachsen war, bereicherte er mich mit seinen Kenntnissen.

Einmal fragte ich ihn, warum er bei seinem Engagement nicht einer Partei beitrete, und er antwortete mir, daß er daran schon oft gedacht habe, er sich bei der Gewerkschaftsarbeit aber am wohlsten fühle. Er war ein Mann aus der Mittelschicht, mit all den Vorurteilen und Konditionierungen, die das mit sich brachte, doch durch seine Tätigkeit in der Gewerkschaft der Banken, wo er eine besondere Vertrauensstellung innehatte, kam er oft mit Arbeitern in Kontakt, und für ihn war das eine Bereicherung nicht nur in politischer oder sozialer Hinsicht, sondern vor allem in menschlicher.

»Das sind umwerfende Typen«, sagte er zu mir, »vielleicht ursprünglicher und grobschlächtiger als viele von uns, aber bei den Problemen, bei welchen wir meist Zweifel haben, haben sie ganz klare Vorstellungen, und in der Regel irren sie sich nicht.

Dabei lachte er sein offenes, sympathisches Lachen und fügte hinzu: »Weißt du, die Arbeiterklasse macht mir keine Minderwertigkeitskomplexe; ich glaube vielmehr, daß wir einerseits zwar viel von den Arbeitern lernen, aber sie auch von uns ein bißchen, wenn auch weniger. Die körperliche Arbeit gibt dir ein Wissen vom Wesen der Dinge, was vermutlich daher kommt, daß man die Realität mit den Händen anfaßt, während man beim Umgang mit Zahlen und Listen in einer Höhle von Abstraktionen gefangen ist. Selbst der Reichtum, der, der auf den großen Privatkonten erscheint, vor allem in ausländischer Währung, ist abstrakt. Ein Saldo von neun oder zehn Zahlen nimmt nicht mehr als eine Linie in Anspruch, genausoviel wie der Saldo (von drei oder vier Zahlen in diesem Fall) auf dem Sparkonto des kleinen Mannes. In einer Bank drückt Reichtum sich nicht in Tausenden von Hektar Land aus und auch nicht in Stückzahlen von Rindern, in großen Villen in Punta del Este oder finsteren Barracken in der Calle Paraguay. In einer Bank wird Reichtum mit Zahlen gleichgesetzt, und die sind in der Regel mager, manche, wie die Eins oder die Sieben, sogar ausgesprochen dürr, aber selbst dickbauchige Beleibtheit, wie bei der Sechs oder Acht, kann von ganz unterschiedlicher Bedeutung sein, je nachdem, ob sie sich vor oder hinter dem Komma findet.«

Und so redete er und verhedderte sich im Gewirr seiner eigenen Buchungsmetaphern, bis er zum Schluß ausrief: »So was Verrücktes! Hör nicht auf diesen Unsinn. Kapital ist etwas ganz anderes.«

Juliska ist traurig

Noch nie hatte ich Juliska weinen sehen. Die Jugoslawin war immer außergewöhnlich vital, von unerschöpflicher Energie und hatte eine sonderbare Fähigkeit, ihre Arbeit zu genießen, was bei den Montevideanern (die diese Art von Hedonismus im allgemeinen nicht praktizieren) Staunen und Verblüffung auslöste, wenn sie sie innerhalb und außerhalb des Hauses herumwirbeln sahen.

Doch diesmal traf ich sie weinend im Innenhof an, und sie war so in ihre Trübsal vertieft, daß sie nicht bemerkt hatte, daß ich ins Haus gekommen war, in dem sich normalerweise um diese Tageszeit niemand aufhielt. Ich legte ihr eine Hand auf die Schulter, und die Ärmste zuckte schrecklich zusammen, überrascht und vor allem beschämt, weil jemand so unerwartet in ihre Intimsphäre eingedrungen war.

»Was ist passiert, Juliska? Tut dir was weh?«

Juliska schluchzte nur noch untröstlicher.

Plötzlich hielt sie inne und schaute mich mit einem mitleiderregenden Blick an. » Gebe mich wohl einmal Erlaubnis, dir umzuarmen?«

»Aber Juliska, bitte sehr.«

Ich umarmte sie, und diese Geste löste einen neuen Tränenstrom aus.

Ich fragte sie noch einmal, ob etwas passiert sei, ob sie was schmerze.

»Der Seel tut schmerzen! Der ist mir so weh!«

In diesem Augenblick fand ich ihren unfreiwilligen Humor seltsamerweise gar nicht lustig. Angesichts dieser haltlosen Betrübnis konnte man unmöglich lachen.

»Hast du irgendeine schlechte Nachricht aus deiner Heimat bekommen?«

Juliska schüttelte den Kopf. »Das ist alle so seltsam. Nie hat ich solcher Trübsinn habt!«

Ich brachte ihr einen Stuhl, ließ sie sich setzen und reichte ihr ein Glas Wasser. Danach wußte ich nicht weiter. Ich merkte, daß ich dringend eine Lösung für dieses Problem finden mußte, ansonsten ich selber gleich heulen müßte, und das würde mein Ansehen bei Juliska ruinieren, denn eines ihrer Dogmen hatte immer geheißen: »Männer gießen keine Träne aus.«

Zum Glück setzte ihr Zutrauen früher ein als meine Tränenflut. Sie sagte, sie sei ganz durcheinander. Ich solle nur nicht denken, sie fühle sich nicht wohl bei uns. »Ihr sein wie meiner Familie«, wiederholte sie wie in einer Litanei. Doch plötzlich (am Nachmittag, sie wußte nicht, warum) hatte sie eine schreckliche Sehnsucht nach ihrem Land befallen. Sie wollte sich an den Geschmack der wilden Früchte erinnern, an den Geruch des Landes in der Abenddämmerung, an das Gesicht ihrer Mutter, den Gesang der Nachtigall, die blaugrünen Wellen des Skadarsees und an das Dach des nächtlichen Himmels.

Ein klassischer Fall von Schwermut, diagnostizierte ich. »Aber hier gibt es doch auch einen Himmel«, fühlte ich mich genötigt, ihr zu erklären.

»Wohl, ja«, stammelte sie, »aber viele zu viel Sternen. Ist nicht wie Dach. Ist wie Theater.«

Ich fragte sie, ob sie in ihr Land zurückkehren wollte.

»Zurück? In keiner Falle. Wenn zurück, ich vermißte Uruguay ganz viele, ihr all so gut mit mich, und ich vermißte Strand ans Meer und meinen Familie in Las Piedras.«

»Was ist es dann?«

»Nur nicht Sorge, und nur nicht sagen Herr Papa und Frau Sonia und Kindchen Elenita. Ich nur so ein bißchen verrückt, du versteht? Morgen wieder allerbest in Ordnung. Ich kennt mein Anfälle von schwere Mut. Sehnt mich nach Crna Gora, klar, dafür aber nicht nach Crna Gora fahre, weil sonst in Crna Gora sehnt mich nach Montevideo. Du versteht?«

Ich versteht, klar, aber mehr auch nicht. Mit Erstaunen stellte ich jedenfalls fest, daß sich ihr Spanisch allmählich besserte. Offenbar hatte die Trübsal in ihrem Fall belehrende Wirkung.

Und plötzlich ging mir ein Licht auf. Ich fragte Juliska, wie alt sie war.

Sie nahm meine Hand und malte mit dem Zeigefinger eine 52 in die Handfläche.

Da fühlte ich mich sehr erleichtert. Welch ein Glück. Wir würden sie also nicht verlieren. Ich kostete die Erkenntnis innerlich aus. Juliska war nicht verrückt geworden, sondern in die Wechseljahre gekommen. Aber klar, möglicherweise, nehme ich an, sind die Wechseljahre im Exil bedrückender als die zu Hause.

Präteritum imperfekt

Und im Leben ist schon Tod.
Fernando Pessoa

Es mag sich unglaublich anhören, aber Juliskas fast professionell zu nennender Kummer ließ mich für mehrere Tage in Trübsal verfallen. Sie hingegen erholte sich in weniger als vierundzwanzig Stunden. Am Morgen nach ihrer tiefen Niedergeschlagenheit machte sie Frühstück und sang dabei, und zwar nicht ein Liedchen aus ihrer fernen Heimat, wie nach soviel Wehmut zu erwarten gewesen wäre, sondern einen Tango (nach der Melodie erriet ich, daß es *Viejo rincón* war), den einer ihrer Verwandten aus Las Piedras ihr ins Serbokroatische übersetzt hatte. Eine unstillbare Neugier überfiel mich: Wie mochte in jener fernen Sprache wohl das altbekannte »trübe Gasse finsterer Luden / Herren des Bandoneon« klingen? Ich hielt mich jedoch zurück und lobte nur ihren Milchkaffee und das getoastete Brot.

Trotz allem konnte ich mich einer dumpfen, dunklen Trübsal nicht erwehren. Seit einigen Tagen schon war es kalt und regnerisch, und es wehte dieser abscheuliche Wind, der uns im Winter vergessen läßt, welch anheimelnde und wohlige Stadt Montevideo zu jeder anderen Jahreszeit sein kann.

Hinzu kam, daß Mariana mit Ofelia nach Maldonado gefahren war. Nicht einmal zum Malen hatte ich

Lust. In der Agentur arbeitete ich nur das Nötigste, hatte keine originellen Ideen. Selbst meine erotischen Uhren von früher ödeten mich an.

Wenn ich ins Hotel ging, konnte ich mich bei der Kälte und den häufigen Regenschauern auch nicht im Garten aufhalten, wo die Nähe der großväterlichen Bäume stets eine beruhigende und zugleich belebende Wirkung auf mich ausübte. An einem Nachmittag ging ich in eines der unbelegten Zimmer (wer kam bei diesem Scheißwinterwetter schon nach Montevideo?) im zweiten Stock. Im Zimmer stand ein Schaukelstuhl, den ich ans Fenster stellte und in dem ich ungefähr zwei Stunden sitzenblieb. Allein. Schweigend.

Ohne es mir besonders vorgenommen zu haben und durch einen unerwarteten Schlenker meines inneres Chaos, begann ich in meinem Präteritum imperfekt, das heißt, meiner gar nicht perfekten, verzerrten, verwundbaren, zerbrechlichen, fahrlässigen, et cetera Vergangenheit zu stöbern. Was hatte ich bisher gemacht? Die Welt verzehrte und zerstörte sich in einem stumpfsinnigen Krieg. Millionen von Toten, und ich, was tat ich? Was tat ich in diesem Schaukelstuhl, aus meiner eigenen Trostlosigkeit in die Trostlosigkeit des Winters starrend?

Ich war so etwas wie ein Gefangener meiner Kindheit in Capurro, und dennoch war ich nie dahin zurückgekehrt. Ich war ein Exilierter aus Capurro. Nun gut, dieser Stadtteilsack: bestand er für mich hauptsächlich aus dem Park, dem Fußballplatz des Lito-Clubs und dem Feigenbaum vor meinem Fenster, oder in viel höherem Maße aus den Leuten, mit denen ich dort zusammen war, an die ich mich erinnere, oder viel mehr eventuell noch aus denen, die ich vergessen hatte? Capurro, waren das die bimmelnde Glocke der Straßenbahn der Linie 22 und die akrobatischen Handmanöver des *motorman* oder das Warten am Bahnübergang nahe der Uruguayana, oder waren es meine Gespräche mit Mateo und vor allem die beschützenden Arme meiner Mutter, die mir immer mal wieder einen Hauch von Zärtlichkeit zukommen ließen, der mir jetzt fehlt? Wer war oder war gewesen oder war immer noch das Mädchen aus dem Feigenbaum, jene Rita, die zu mir ins Zimmer geschlüpft war und ins Café Sportman und in den düsteren Hauseingang auf der Dieciocho und die mich stets bebend und frustriert zurückgelassen hatte?

Eines war sicher: Von Rita wollte ich nichts mehr wissen; die Frage war nur, ob Rita auch nichts mehr von mir wissen wollte. Hoffentlich, dachte ich, während ich in meinem Schaukelstuhl und meiner Ungewißheit hin und her schwang. Meine Liebe zu Mariana war nicht in Frage gestellt, sie hatte sich im Gegenteil noch gefestigt, sowohl in mir als in ihr. Ich fühlte jedoch, daß sie gefährdet war. Nun war das nicht gerade eine Neuentdeckung. Wer oder was war hier und in dieser Zeit nicht gefährdet? Es war nicht einmal eine Frage von Ort oder Zeit. Das ganze Leben ist gefährdet, ist es immer gewesen. Im Leben ist schon Tod, hat jemand gesagt. Ich habe nie verstehen können, daß Norberto wie ein Papagei die ausgeleierten Sprüche von Pater Ricardo nachplapperte (jetzt zum Glück ja nicht mehr), der ihm immer nur von der Hölle erzählte und ihm

Schauer des Entsetzens über den Rücken jagte. (Damit nicht genug, hat er ihm vom Paradies nie ein Wort gesagt, dieser Kretin.) Ich denke mir, daß letzten Endes das Gewissen unser Himmel und gleichzeitig unsere Hölle ist. Das berühmte Jüngste Gericht tragen wir hier drinnen, in unserer Brust. Jede Nacht treten wir, ohne daß wir uns dessen bewußt sind, vor das Jüngste Gericht. Und je nach dem Urteilsspruch, den es fällt, können wir ruhig schlafen oder wälzen uns in Alpträumen. Kein Salomon und kein Psychoanalytiker. Wir sind Richter und Partei, Ankläger und Verteidiger, da hilft alles nichts. Wenn wir selbst nicht wissen, ob wir zu verurteilen oder freizusprechen sind, wer dann? Wer hat so viele und so geheime Richtwerte über uns zur Verfügung wie wir selbst? Wissen wir etwa nicht von Anbeginn an und ohne das geringste Zögern, wann wir schuldig und wann wir unschuldig sind?

Ich dachte an Vater, an Großvater Javier, an Sonia, an Elenita, an José, an Onkel Edmundo und natürlich an Mariana. Aber Mariana kannte ich in- und auswendig, hatte ein fast millimetrisches Wissen von ihr. Von allen anderen hingegen kaum eines. Die Zeit verging, und mir ging es verloren, uns allen ging es verloren. Wie konnten wir uns näherkommen? Wie die Wälle der Teilnahmslosigkeit überwinden? Ich will nicht bis zur Beerdigung warten, um die Menschen, die mir nahe sind, wertzuschätzen. Es stimmt: Der Tod ist im Leben schon enthalten. Aber wir können ihn doch in Urlaub schicken, oder? Er arbeitet so viel, daß er sich das mehr als verdient hat. Vermissen werden wir ihn kaum. Er kommt in jedem Fall zurück. Und wenn er kommt, klopft er uns auf die Schulter.

Der modernste altmodische Mensch

Die glücklichen, dankbaren Leiber lagen regungslos nach der wiederholten, tiefen Vereinigung. Die gleichmäßige Atmung verriet ein doppeltes Empfinden von Erfüllung. Nur die Hände suchten sich. Sie suchten nicht mehr nach erogenen Zonen, die ihnen so viel Lust bereitet hatten. Dies war der Augenblick des Ruhens, des Entspannens.

Mariana sagte: »Ich muß altmodisch sein.« Claudios Hand bewegte sich fragend. »Ja, ich muß altmodisch sein, denn beim Sex mag ich keine Experimente, keine Fortschrittlichkeiten, keine außergewöhnlichen Stellungen, Extravaganzen und Abnormitäten. Für mich gibt es nichts Schöneres, als dich in mir zu haben, und da arbeitest du, da bewegst du dich und ergießt du dich. Ich muß doch altmodisch sein, findest du nicht?«

Claudio war noch in die Betrachtung eines feuchten Flecks vertieft, wie er ihn immer wieder faszinierte, doch er versicherte ihr: »Ich mag die Altmodischen.«

»Im Plural?« fragte sie.

»Nein, im Singular. Ich mag Mariana, den modernsten altmodischen Menschen, den ich kenne.«

»Und Rita, ist die altmodisch?«

»Ich weiß nicht mit letzter Gewißheit, was Rita ist, aber ich bin sicher, daß sie nicht altmodisch ist.«

»Und du, was bist du?«

»Ich bin ein alter Nichtsnutz.«

Von der Straße scholl die Sirene eines Krankenwagens herauf. Sie schwiegen, bis das Jaulen in der Ferne verklang.

»Weißt du, was Sonia mich vor einiger Zeit gefragt hat? Warum, wenn wir uns doch offenbar so gut verständen, wir nicht heirateten?«

»Ein bißchen vorwitzig, die Dame, nicht?«

»Das habe ich auch gedacht, aber ich habe ihr das natürlich nicht gesagt. Sie hat gemerkt, daß mir die Frage nicht behagte, und hat schnell einen Rückzieher gemacht. Aber sie hat mich darüber nachdenken lassen.«

»Darüber nachdenken? Erzähl mir nicht, daß du heiraten willst.«

»Ich habe nur gesagt, daß sie mich zum Nachdenken gebracht hat.«

»Ah.«

»Wie denkst du denn darüber?«

»Ich denke gar nicht darüber. Der Gedanke ist mir noch nie gekommen. Aber sag mir: Geht es uns nicht gut so?«

»Doch, geht es.«

»Und?«

»Um die Wahrheit zu sagen, seit Sonias kleine Frage in meinen Schädel eingedrungen ist, habe ich mir manchmal vorgestellt, wie unser Alltag aussähe, wenn wir eine Wohnung ganz für uns hätten und nicht nur an den Wochenenden, wenn Ofelia nach Maldonado fährt.«

»Wenn wir Geld hätten, um sie zu bezahlen, könnten wir eine Wohnung haben, ohne deswegen zum Standesamt gehen zu müssen.«

Von der Straße hörte man jetzt schrille Frauenstimmen.

»Das sind die Weiber von gegenüber. Abends keifen sie sich regelmäßig an. Ich stelle immer meine Uhr danach.«

Beide lachten und wurden gelöster.

»Und wenn wir es dem Zufall überlassen?« fragte Claudio.

»Du meinst, Kopf oder Zahl?«

»Nein, so einfach nicht. Etwas unterhaltsamer soll es schon sein. Eine Wohnung mieten, ein paar Möbel kaufen, das alles kostet Geld, nicht? Mein Vorschlag ist, einmal, ein einziges Mal und mit nur wenig Geld ins Casino gehen. Verlieren wir dies bißchen, machen wir weiter wie bisher. Gewinnen wir genug, Hals-über-Kopf-Heirat und neue Wohnung.«

»In Ordnung, aber du gehst allein, eh? Glücksspiel und ich, das verträgt sich nicht. Ich habe es dir ja gesagt, ich muß altmodisch sein.«

Erstes Untergeschoß

(Fragment aus Vaters *Notizen*)

Warum schreibe ich diese *Notizen?* Wenn die Jahre sich häufen, bekommt man allmählich das Gefühl, die Zeit laufe einem davon, und vielleicht frönt man aus diesem Grund der Selbsttäuschung, das Schreiben über alltägliche Dinge könne eine Form sein – wie primitiv auch immer –, diesen widrigen Lauf zu bremsen. Er läßt sich natürlich nicht bremsen. Nichts und niemand ist in der Lage, die Zeit festzuhalten.

Trotzdem sind da so viele Ereignisse und Bilder, die vor unseren Augen dahinziehen (Landschaften, Neuigkeiten, Jubiläen, Gesichter, Lektüren, Überraschungen, Unglücke, Risiken, Chroniken, Menschenmengen) und unser Leben, sei es nur um Tausendstel, von der vorgefaßten Route abbringen. Tage oder Monate oder Jahre später beklagen wir vielleicht, von diesen Begebenheiten und Wechselfällen keine Notiz genommen zu haben.

Von Tagebüchern habe ich, ehrlich gesagt, nie etwas gehalten. Ich glaube, daß man nur in ganz seltenen Fällen die eigene Tiefe ausloten kann; in ganz kurzen Momenten nur, die entweder großartig oder schaurig sind. Aber so was passiert vielleicht drei- oder viermal im Laufe eines Lebens. Da kann man also nicht so tun, als ob man täglich diese Tiefen erreicht, wenn man bestenfalls gerade bis zum ersten Untergeschoß vordringt.

Schließlich ist es keine Kleinigkeit, bei der Weitergabe dessen, was man sieht, berührt, schmeckt, riecht und hört, möglichst aufrichtig zu sein. Ich möchte, daß diese *Notizen* so etwas wie ein Logbuch sind, ein Logbuch der Sinne, in dem aber auch etwaige Gedanken artikuliert werden sollen, wie sie solche im Vorzimmer der Intimität angestellten Überlegungen und Erwägungen nun mal hervorbringen.

Heute, im Hotel, habe ich zwei irgendwie beunruhigende Gespräche geführt. Das erste mit einem Nordamerikaner aus Iowa. Ich hielt ihn für den zweiten Geschäftsführer oder dritten Vizepräsidenten eines Unternehmens mittlerer Größe. Hätte er eine hohe Stellung innegehabt, wäre er nicht in diesem Hotel abgestiegen. Er fragte mich jedenfalls, ob ich ihm Callgirls besorgen könne, und ich sagte nein, diesen Service gäbe es nur in den Vier- oder Fünf-Sterne-Hotels. Er sagte, schade, denn er habe für unser Land wirklich viel übrig. Ich fragte ihn, warum, und er antwortete, weil es bei uns keine Neger gebe und er daher sicher sein könne, daß jedes Callgirl hier garantiert weiß sei. Ich klärte ihn darüber auf, daß ungefähr zwei Prozent der Einwohner unseres Landes Schwarze seien. Er mußte laut lachen, als er diese Zahl hörte, denn »zwei Prozent ist doch nichts, die kann man jederzeit plattmachen«. Ich fragte ihn nach seinem Beruf. Zu meiner Überraschung war er nicht zweiter Geschäftsführer oder dritter Vizepräsident eines Unternehmens mittlerer Größe, sondern Lehrer für Hispanistik und hatte gerade ein Buch über »Das Thema der Nachtigall in der spanischen Romanze« veröffentlicht. Er meinte, er schwärme für die klassische spanische Literatur (er spricht tatsächlich sehr gut Spanisch) und besonders für Spanien, unter anderem deswegen, weil es auch dort keine Neger gab. Während seines Sabbatjahres besuchte er mehrere lateinamerikanische Hauptstädte, um Material für sein *work in progress* zu sammeln, das die Vielfalt der erotischen und pornografischen Terminologie vom Río Grande bis Patagonien behandeln würde. Als er mich fragte, wo er auf der Suche nach den reinsten uruguayischen Varianten besagten Themas fündig werden könne, empfahl ich ihm Cerro und Punta del Este, was er sich gewissenhaft in einem riesigen Terminkalender notierte.

Die andere Begegnung hatte ich mit einem uruguayischen Offizier niederen Ranges (vermutlich Oberleutnant), der gekommen war, um einen argentinischen Kollegen im gleichen Rang abzuholen. Da der Gast ausgegangen war, entschloß er sich, zu warten, und ich bat ihn so lange in mein Büro. Ich fragte ihn, ob er den Argentinier kenne. »Klar«, sagte er, »wir haben uns schon oft getroffen. Ich unterhalte mich gern mit ihm, weil ich jedesmal etwas dazulerne. Die Argentinier sehen die Dinge klarer als wir. Und damit meine ich alle, von den Generälen bis zu den Unteroffizieren. Bei uns nicht. Unsere hohen Offiziere sind mit dem Virus der Bürokratie infiziert, der sich zu einem Anpassungstumor auswachsen und sogar zu einem unkontrollierten und irreversiblen Anwachsen demokratischer Zellen führen kann. Unser Land befindet sich in einem Zersetzungsprozeß und muß mit Pulver und Blei wieder in Schuß gebracht werden, bevor es zu spät ist. Der Marxismus ist eine ansteckende Krankheit, wußten Sie das?«

Einen Moment lang dachte ich, der Oberleutnant könnte mir gut als Verbindungsmann für eine vielversprechende Klientel dienen, aber dann antwortete ich ihm doch, nein, das wisse ich nicht.

Nichts geht mehr

Seine Befangenheit und Neugier, als er das Parkhotel betrat, waren nur mit der von David Livingstone zu vergleichen, als er auf Einladung von König Makolo zum Sambesi kam. Diese Anhäufung von grünen Filzen, Glücksrädern, Chipstürmen, Croupiers mit Baritonstimme, dto. mit Mezzosopran, reichen Damen, Ex-Millionären, Edelleuten in Lumpen, zukünftigen Ministern, fingerfertigen Zauberern, frohlockenden Glückskindern und potentiellen Selbstmördern, all das war für Claudio, der noch nie das Parkett eines Casinos betreten hatte, ein erstaunlicher und aufschlußreicher Dschungel.

Am Eingang hatte er eine bescheidene Sammlung von Chips erworben, die der Hälfte des Einsatzes entsprach, den er sich als Grenze gesetzt hatte. Er ließ sich jedoch Zeit mit dem Spielen. Er lungerte an mehreren Roulettetischen herum und schaute beim *Black Jack* zu, merkte aber sogleich, daß man für dieses Spiel ein Gespür, eine Befähigung und eine Virtuosität brauchte, die er nicht besaß.

Er kam zu dem Schluß, daß das Roulette (mit dem er dank zahlreicher Filme über Las Vegas und Monte Carlo hinlänglich vertraut war) am ehesten seinen Möglichkeiten entsprach, und das nicht nur aufgrund der leicht zu behaltenden Regeln, sondern auch wegen seiner Struktur des reinen Glücksspiels, zu dem jeder Spieler unter den gleichen Voraussetzungen antrat.

Beim Roulette gab es weder Tricks noch Privilegien. Er gelangte rasch zu der Überzeugung, daß es das demokratischste aller Spiele war.

Er näherte sich einem Tisch, und über die Schulter eines Spielers hinweg machte er sich im Geiste Notizen von den verschiedenen Möglichkeiten und lernte auch, seine eigenen Vorlieben zu erkennen. Hier und dort gab es Typen, die sich ebenfalls Notizen machten, aber nicht im Geiste, sondern in zerfledderten Heftchen, in die sie die Zahlen aufschrieben, die angesagt wurden, um so ihre Häufigkeit kalkulieren und in die Zyklen vordringen zu können, die das unwägbare Glücksrad kreierte. Claudio stellte fest, daß die Zahlenschreiber sämtlich Männer waren. Die Frauen machten keine Notizen; sie spielten nur, und sie spielten hoch.

Unter denen, die sich Notizen machten, stand, genau in der Mitte zwischen zwei Spieltischen, ein älterer Mensch in einem Anzug, der in seinen besten Zeiten sicher erstklassig gewesen war, jetzt jedoch an den Ellenbogen und Knien glänzende Verschleißerscheinungen zeigte. Außerdem sah man, daß eine der Jackentaschen nicht sehr säuberlich geflickt war. Graue Haarsträhnen flatterten um seine schimmernde Glatze, und durch eine Brille, die schon seit langem nach optischer Korrektur verlangte, blinzelten und blätterten seine kurzsichtigen Augen in einem Heft mit kariertem Papier und einem grauen Einband, der einmal weiß gewesen war. Er notierte nicht nur die Zahlen dieser beiden Tische, sondern auch noch die von mehreren anderen. Wenn er, da er hinkte, nicht rechtzeitig an einen Tisch kam, um zu sehen, wo die Elfenbeinkugel gelandet war, oder um den Ruf des Croupiers zu vernehmen, dann fragte er einen der Spieler am Tisch, von denen die meisten ihn wohlwollend und wie einen alten Bekannten behandelten.

Schließlich entschloß Claudio sich zu einem Einsatz. Die letzte verkündete Zahl war die 5 gewesen. Er beschloß, ganz dem Zufall zu vertrauen und sich jedem Tendenzgeraune zu verschließen. Sein erstes Spiel (das erste Spiel seines Lebens) begann er vorsichtig im Mittelfeld. *Schwarz, die 15.* Voller Optimismus schob er seine Jetons in die letzte Reihe. *Rot, die 35.* Er setzte mehrere Jetons auf die Linie zwischen 8 und 11. *Schwarz, die 8.*

Der Onkel hatte Recht gehabt. Als er ihm von seinem Plan berichtet hatte, hatte Onkel Edmundo ihn ermutigt: »Sehr gut. Wenn du nur ein einziges Mal spielst, gewinnst du bestimmt. Der blinde Zufall läßt den Anfänger stets gewinnen, um ihn dann, wenn er einmal geködert ist, in aller Ruhe ausnehmen zu können. Also sieh dich vor.«

Er nahm die gewonnenen Jetons an sich und wollte sie auf die 11 legen, wollte zum ersten Mal einen Einsatz auf Zahl riskieren, als jemand über seine Schulter sagte: »Hallo, Claudio. Du scheinst Glück zu haben.«

Während er sich umwandte, um zu sehen, wer sich da so unpassend in sein Spiel gemischt hatte, sagte die Stimme des blinden Zufalls *Nichts geht mehr,* und ein junger Mann auf der anderen Tischseite parodierte: *Rien ne va plus,* womit er sich einen tödlichen Blick des Croupiers einhandelte. In dem Moment stellte Claudio fest, daß er seine Chips noch in der Hand hielt. *Schwarz, die 11,* sprach die Stimme.

Noch immer stumm vor sich hinfluchend, erkannte er den anderen schließlich. Auf den ersten Blick hätte er nicht zu sagen vermocht, wer er war, doch dann verrieten ihm ein Zucken des Mundwinkels und ein Glimmen in den Augen, daß dieser Dicke da sein Cousin Fernando war, den er seit ewigen Zeiten und seit Capurro nicht mehr gesehen hatte. Er war wie aufgequollen, seine Nase war groß und dunkel geworden, die Augenbrauen waren ein paar vereinzelte Härchen, und er hatte sich seit drei oder vier Tagen nicht rasiert.

Claudio beschloß, den Tisch zu verlassen (schließlich hatte er noch gewonnen), da er überzeugt war, mit dem Auftauchen seines Cousins sei seine Glückssträhne unterbrochen. Erst eine Stunde im Casino, und schon war er abergläubisch.

Sie entschieden, das Wiedersehen müsse mit einem Gläschen an der Bar gefeiert werden. Und so, jeder mit seinem Whisky in der Hand, fühlten sie sich schon viel behaglicher, beinahe wie in einem Café an der Ecke Capurro/Dragones.

Nach den üblichen ersten Fragen (Wie lange haben wir uns nicht gesehen? Erinnerst du dich an den Lito? Wohnst du noch in Montevideo, oder bist du nach Melo gezogen? Hast du geheiratet? Und du?) fragte Claudio ihn, ob er noch als Schiedsrichter arbeite.

»Bist du verrückt! Wer hat dir das denn gesagt? Daniel? Der posaunt es herum, um mich lächerlich zu machen. Ich habe nur zweimal als Schiedsrichter auf dem Platz gestanden, und das war bei der Universitätsmannschaft.«

»Na, na, Schiedsrichter ist doch kein unehrenhafter Beruf.»

»Weiß ich, weiß ich, aber Daniel erzählt es herum, um mich zu ärgern. Weißt du, daß wir zerstritten sind? Seit Jahren haben wir kein Wort mehr miteinander gesprochen. Und das unter Brüdern, unglaublich, was?«

Er fragte ihn, ob er wüßte, wo Daniel sich aufhielt. »Ich glaube, er ist in Kanada. Er reist in der Welt herum. Hat er dir keine Ansichtskarten geschickt? Er schickt jedem Ansichtskarten, außer mir natürlich.«

»Aber du bist doch auch in der Welt herumgereist.«

»Herumgereist, ja. Aber zum Schluß habe ich mich fast zu Tode gelangweilt. Total zu Tode gelangweilt sogar, verstehst du. Ich konnte mir wirklich vergnüglichere Sachen vorstellen. Das Ganze war kein bißchen lustvoll. Hast du mal im Zoo von Villa Dolores gesehen, wie Schimpansen vögeln? Das ist lustvoll. Nein, ich habe mich da gelangweilt. Und das noch im Vorkriegseuropa, eh? Aber all die dicken Rubensfrauen und die mageren von El Greco, die Odalisken und die Obeliske, Eiffelturm und Turm von Pisa, das hat nur noch genervt. So viel Kultur ist nichts für mich. Davon kriege ich Blähungen. Ich gehöre noch zu der Generation, die ihren Mate, ihren Grappa und ihr paniertes Schnitzel braucht.«

Fernando starrte einen Augenblick gedankenverloren vor sich hin. Dann fragte er mit gesenkter Stimme: »Weißt du, warum ich mit Daniel zerstritten bin? Wir waren ja unzertrennlich. Haben jeden Scheiß zusammen gemacht. Aber wie sagte schon mein alter Französischlehrer: Cherchélafam. Da war diese Kleine, ein ziemlicher Vamp schon, die so mit dem Hintern wakkelte (der, nebenbei gesagt, eine Wucht war), wenn sie an uns vorbeiging, daß wir uns im Duett in sie verknallten. Schmalziger Irrtum, sagte das Fleisch in der Dose. Jeder von uns glaubte, er sei ihr Favorit. Daniel und ich fingen an, uns zu hassen. Und jedes Mal, wenn sie uns über den Weg lief, wobei sie die Poebene immer nach Hinterzarten verlegte, haßten wir uns mehr. Nun, eines Nachmittags im Februar, als so richtig die Säfte hochsteigen, da kommt die Kleine wieder vorbei, wie üblich ihr Gedicht von Hintern schwingend, nur daß sie diesmal am Arm von so einem Kerl hängt, dessen einziges Plus eine alte Blechbüchse von Renault war, in dem die beiden es vermutlich so kainsmäßig getrieben haben (obwohl der Brudermörder ja wohl kaum ein Auto hatte), daß sie hinterher völlig erschlagen waren. Ich weiß noch, daß wir uns angesichts dieses vorgezogenen Doppelehebruchs mit offenen Mündern anstarrten. Die Erkenntnis kam leider zu spät: Wir konnten nicht mehr anders, als uns zu hassen. Und so geht das bis heute.«

Da Fernando in diesem Moment innehielt, weil er Luft holen mußte, fragte Claudio ihn, was er jetzt arbeite.

»Ich mache Journalismus. Das ist das richtige für mich, weißt du? Ich mache die aktuelle Berichterstattung, aber das, was mir richtig Spaß macht, sind Bluttaten. Der Direx kennt meine Vorliebe, und sobald irgendwo Blut fließt, schickt er mich hin. Ich weiß das zu würdigen. Du solltest mal lesen, wie ich so einen Abgemurksten aufbereite, obwohl mir eine Abgemurkste lieber ist, vor allem, wenn sie nackt abgemurkst wurde. Natürlich steht das nicht in diesen Worten da, sondern da heißt es ganz korrekt: Das unglückliche Opfer weiblichen Geschlechts wurde in gänzlich unbekleidetem Zustand aufgefunden. Der Direx meint, mein Stil sei für Blut und Verbrechen wie geschaffen, und da muß ich ihm in aller Bescheidenheit beipflichten.«

Fernandos Geschwätz, dachte Claudio, war eine Karikatur des Vokabulars, dessen sich Daniel früher in Capurro befleißigt hatte, als er noch von Sir Arthur Conan Doyle zehrte.

Plötzlich schaute Fernando auf seine Uhr und sagte, er sei spät dran und müsse jetzt gehen.

»Du gehst, ohne zu spielen?« fragte Claudio.

»Nein, ich habe schon gespielt. In der letzten Zeit habe ich nicht viel Glück. Heute habe ich mein halbes Gehalt verspielt.«

»Bekommst du Provision auf die Bluttaten?«

»Leider nicht. Ich kriege mein Gehalt, ganz gleich, ob ich über einen Doppelmord aus Leidenschaft berichte oder von einem Seminar über Trichinose. Aber jetzt muß ich mich beeilen, ich muß den Mordfall der Friseuse rekonstruieren. Hier hast du meine Karte. Ruf mich mal an und erzähl mir, was du so machst, denn heute hast du mich wie einen Papagei plappern lassen und bist selber stumm geblieben wie ein Fisch.«

Von Fernando befreit, ging Claudio zur Bar und fragte den Barmann, ob er türkischen Kaffee habe, was dieser bejahte. Als er ihm gebracht wurde, schlürfte er ihn langsam. Er hatte noch nie türkischen Kaffee probiert, aber er erinnerte sich, daß sein Chef in der Agentur jeden Vormittag ein Täßchen zu trinken pflegte. Er fand zwar, daß er scheußlich schmeckte, aber er trank die Schweinerei heroisch, nur um sich nicht vor dem Barmann zu blamieren, der schwer beeindruckt gewesen war, daß er ein so mondänes Getränk bestellte.

Als er sah, daß Claudio ausgetrunken hatte, kam er lächelnd zu ihm und fragte, ob er ihm den Kaffeesatz lesen dürfe. »Türkischer Kaffee eignet sich am besten dazu, obwohl die Griechen behaupten, ihrer sei noch geeigneter, weil er dickflüssiger ist und seine Kaffeebohnen größer sind.«

»Lesen Sie ruhig«, sagte Claudio.

Der Mann kippte die Tasse um und schien überwältigt von dem, was er sah. »Da ist ein Baum«, sagte er, »und auch eine Frau.«

»Danke«, antwortete Claudio lustlos, ließ ihm aber doch ein großzügiges Trinkgeld da.

Wieder Herr seiner Zeit, setzte sich Claudio an denselben Tisch, an dem er zuvor gespielt hatte. Wie vorher begann er auch diesmal im Mittelfeld, es kam jedoch eine Zahl aus dem letzten Drittel. Er setzte Chips auf die Linie zwischen 28 und 31, und es kam die 27. Er ging weitere Jetons kaufen (die zweite Hälfte der nach seinem eigenen Plan genehmigten), als der alte Mann, den er zuvor schon gesehen hatte, der mit dem schäbigen Anzug, zu ihm trat, ihn am Arm berührte und fragte: »Möchten Sie den Rat eines Experten hören?«

Claudio zögerte, er wollte nicht in fremde Angelegenheiten hineingezogen werden und fürchtete außerdem, der Alte könne ihn um Geld angehen oder so was in der Art.

»Ich bitte um nichts. Der Rat ist kostenlos.«

Claudio gab noch immer keine Antwort.

»Spielen Sie die 3 und die 10.«

Die Zahlen hämmerten in seiner Brust. Es war, als würden alle seine erotischen Uhren gleichzeitig schlagen. Er konnte gerade noch stammeln, daß er lieber die schwarzen Paare spielte.

»Tun Sie, was Sie nicht lassen können, Claudio. Sie sind Ihres Glückes eigener Schmied. Außerdem muß ich jetzt gehen. Aber denken Sie an die Zahlen: 3 und 10. Eines Tages werden Sie es mir zu danken wissen.«

»Woher kennen Sie meinen Namen, wer sind Sie?«

»Sagen wir, ich bin ein Stammgast im Sportman, aber darauf kommt es nicht an.«

Er gab ihm nicht die Hand. Er nickte nur kurz und humpelte davon.

Claudio war so verwirrt, daß er sich in einen der Sessel setzen mußte, die an der Wand aufgereiht waren. Plötzlich hörte er sich selbst sagen: »Und warum nicht?« Er ging zur Kasse, kaufte von dem Rest seines Geldes Jetons und setzte sich wieder an seinen Tisch. Er plazierte mehrere Jetons auf die 3 und einige andere auf die 10. *Rot, die 3.* Der ganze Gewinn ging auf die 10. *Schwarz, die 10.* Er ließ alles auf dieser Zahl liegen, und wieder kam 10. Dann schob er den ganzen Gewinn auf die 3. *Rot, die 3.* Er nahm seine ganzen Jetons und verließ den Tisch, entfernte sich aber nicht so weit, daß er nicht hören konnte, welche Zahlen der Croupier aufrief. Es kamen die 4, die 0, die 36, die 18, die 27, die 9 und die 31. Keine 3 und keine 10.

Er nahm erneut an seinem Glückstisch Platz. Er ging mit einem hohen Einsatz auf die 10. *Schwarz, die 10.* Unter den Spielern entstand Gemurmel. Er ließ

Einsatz und Gewinn liegen. Wieder die 10. Einige hörten auf zu spielen und verfolgten nur noch seine Glückssträhne. Wenn er nicht setzte, rief die Stimme andere Zahlen. Wenn er auf die 3 und die 10 setzte, gewann er.

Er wußte, daß er sein Ziel mehr als erreicht hatte. Als letzte Geste, zum Abschied sozusagen, und obwohl er wußte, daß seine Glückssträhne zu Ende war, setzte er noch einmal auf die 3 und die 10. Die Stimme sagte 17. Er gab dem Croupier ein gutes Trinkgeld, wechselte eine Wagenladung Jetons an der Kasse, stopfte sich die Taschen mit Geldscheinen voll, ging ohne Hast hinaus, stieg ins nächste Taxi (heute konnte er sich diesen Luxus erlauben) und gab dem Fahrer Marianas Adresse.

Den ganzen Zaster

Als Claudio eintraf, war Mariana außer Rand und Band, weil sie und Ofelia ein Examen bestanden hatten, das wie ein Alptraum auf ihnen gelastet hatte. Die Mädchen lagen sich in den Armen und umhalsten Claudio.

Ofelia ging in die Küche und kam mit einer Flasche Rosé und einem Tablett mit Brötchen zurück.

»Wir haben auf dich gewartet, um es zu feiern«, sagte Mariana. »Gut, daß du jetzt gekommen bist, denn Ofelia fährt gleich nach Maldonado, um ihren Eltern die gute Nachricht zu überbringen.« Sofort danach fügte sie hinzu: »Und ihrem Freund. Hast du gewußt, daß sie einen Freund hat?«

Weitere Umarmungen und Glückwünsche.

»Erzähl, erzähl«, rief Claudio.

Ofelias Erzählung war sehr kurz: »Ein Junge vom Land, aber immerhin ein fester Freund.«

»Mach ihn nicht schlecht«, sagte Mariana. Und Claudio erklärte sie: »Sohn eines Großgrundbesitzers, wie findest du das?«

»Ja, aber dissident«, sagte Ofelia.

»Wie geht das?« fragte Claudio, halbtot vor Lachen. »Ich habe gar nicht gewußt, daß es dissidente Großgrundbesitzer gibt. Ich stelle mir vor, daß sie eine Gewerkschaft gegründet haben.«

»Ja, er vertritt die Interessen der Arbeiter, die ganz verstört sind ob der unvorhersehbaren Folgen, die das für sie haben kann.«

Plötzlich erinnerte sich Mariana an Claudios Mission und fragte ihn, wie es ihm ergangen war.

»Relativ gut.«

»Gott sei dank«, sagte sie, doch Ofelia unterbrach sie.

»Ich muß los, wir sehen uns Montag.«

Als sie allein waren, fragte Mariana: »Was heißt relativ gut?«

Da begann Claudio alles auf den Tisch zu packen: den Inhalt der Brieftasche, der Geldbörse, der zahllosen Taschen. Der Geldhaufen war gewaltig.

Mariana stockte der Atem, und sie konnte mit einer seltsamen Stimme, die viel höher war als normal, nur ausrufen: »Wen hast du ausgeraubt? Claudio Alberto Dionysio Fermín Nepomuk Umberto ohne H! Wen hast du ausgeraubt? Vergiß nicht, daß ich altmodisch bin. Ich erliege nicht dem Charme von Ganoven. Nicht einmal dem eines Robin Hood.«

Claudio lachte aus vollem Halse, und sie wurde ganz blaß. Schließlich bekam er Angst, ihr könne was passieren, so daß er sie an den Armen nahm, sie sanft schüttelte und sagte, beinah schrie: »Sei nicht närrisch! Begreifst du denn nicht, daß ich das beim Roulette gewonnen habe?«

Da sank die Ärmste ganz in sich zusammen, hauchte die Frage: »Den ganzen Zaster?«, und wurde ohnmächtig.

Claudio erschrak, er gab ihr einen Klaps auf jede Wange (viel zu zärtlich), lief zum Arzneischrank und gab ihr Ammoniak zu riechen. Als sie schließlich die Augen aufschlug, antwortete er lachend: »Ja, den ganzen Zaster.«

Mariana ging ins Badezimmer und spritzte sich Wasser ins Gesicht. Als sie zu Claudio zurückkam, hatte sich ihr Schreck in glückstrahlende Freude verwandelt. »Welch ein Tag! Zuerst das Examen und dann diese Ungeheuerlichkeit.« Sie betrachtete das Geld und konnte es nicht glauben. »Und wieviel ist das?« fragte sie kleinmütig.

»Keine Ahnung«, sagte Claudio. »Ich habe noch keine Zeit gehabt, es zu zählen. Aber ich glaube, das reicht nicht nur für einen Umzug, sondern sogar für eine ganz schöne Anzahlung zum Kauf einer Wohnung. Den Rest zahlen wir in Raten.«

»Ich sehe dich schon als Immobilionär«, sagte Mariana.

Dann brach ihr aus tiefstem Innern ein gewaltiger Seufzer hervor, und sie schaute Claudio an. »Ich sehe schon, wir heiraten. Sonia wird also beruhigt schlafen können.«

»Vergiß Sonia. Wir heiraten nur, wenn du es willst.«

»Warte«, sagte sie, »ich übe nur mal meine Antwort vor dem Standesbeamten: Ja, ich will.«

Sie ordneten die Geldscheine, steckten sie in Umschläge, die Mariana irgendwo auftrieb und legten sie dann einfach in ein Regal des Wandschranks, als handle es sich bei ihm um einen uneinnehmbaren Safe.

»Im Taxi vom Parkhotel«, sagte Claudio, »kam mir der Gedanke, daß wir das alles am besten morgen auf ein Konto auf deinen Namen einzahlen. Auf deinen Namen, weil ich für die Agentur, das habe ich dir ja schon gesagt, in ein paar Tagen nach Quito fahren muß und nicht weiß, wie lange ich fortbleibe. Du kannst dir in der Zeit Wohnungen ansehen, und wenn du eine findest, die für uns in Frage kommt und die unseren neuen finanziellen Möglichkeiten angemessen ist, zahlst du einen Betrag an, und wenn ich zurückkomme, machen wir die Sache perfekt. In Ordnung?«

»Oje, an deine Reise habe ich gar nicht mehr gedacht. Zu dumm!«

Sie waren so überwältigt, beunruhigt und sogar erschreckt, daß sie an diesem Abend nichts aßen und sich nicht liebten. Sie hielten sich im Schlaf umschlungen wie zwei schutzbedürftige Kinder, niedergestreckt von der Last ihres Glücks.

Das bißchen Gleichgewicht

Am 9. August 1945, das heißt, an dem Tag, an dem das Glück (in Gestalt jenes heruntergekommenen alten Herrn, der mir im Casino den Rat gab) seine Arme über uns gebreitet und uns gnädig erlaubt hatte, über ein eigenes Dach nachzudenken, an eben diesem Tag warfen die Amerikaner über Nagasaki ihre zweite große Atombombe ab, die Zehn- oder sogar Hunderttausenden von Menschen das Leben kostete und ihre Häuser zerstörte.

Mariana und ich erfuhren es erst am nächsten Tag. Ich weiß nicht, warum die Bombe von Nagasaki mir mehr zu schaffen machte als die von Hiroshima. Vielleicht, weil sie nicht nur den Schrecken darstellte, sondern die Fortsetzung des Schreckens war. In den Nachrichten hieß es, die Sprengkraft der Bombe habe 12,5 Kilotonnen betragen, wobei hinzugefügt wurde, daß eine Kilotonne tausend Tonnen TNT entsprach. Ich hatte keine Vorstellung davon, wieviel diese maßlose Zerstörungskraft ausmachte, doch nach den inbrünstigen Superlativen der Nachrichtensprecher zu urteilen mußte sie beträchtlich sein.

Da jedoch diejenigen, die die Bombe abgeworfen hatten, keine Deutschen, Franzosen oder Russen, sondern Nordamerikaner waren, feierten die Kommentatoren das Ereignis und jubelten den ganzen Tag lang über den grandiosen Entwicklungsstand der Kriegstechnik bei den Streitkräften der demokratischen Welt.

Die Hunderttausende von Toten waren andererseits keine Weißen, sondern Gelbe, so daß man sich auch deswegen nicht übermäßig grämen mußte.

Für mich war das Ganze ein Horror. Ich konnte nicht begreifen, daß die Menschen so verantwortungslos zwischen Jubel und Empörung schwankten. Man sagte voraus, daß damit der Krieg beendet werde, und man sagte es so jubilierend, als seien bis gestern wir es gewesen, die täglich bombardiert wurden. Ich hege keine spezielle Sympathie für Japaner, aber es erschien mir unmenschlich, daß Tausende von Zivilisten in einer Glutwelle starben. Mit beachtlicher Geschwindigkeit hatten die Nordamerikaner von den Nazis das System der Verbrennungsöfen übernommen. Von Auschwitz nach Hiroshima, direkt, ohne Zwischenstopp.

Ich ließ Mariana mit ihren eigenen Ängsten zurück und ging, ohne überhaupt in der Calle Ariosto vorbeizuschauen, zu Onkel Edmundo. Er war der einzige, der mir diesen Wahnsinn erklären konnte. Ich rannte beinah zu seinem Haus und stieß die Tür auf. Sie wurde nur nachts abgeschlossen. Er saß im Patio und trank seinen Mate, genoß die Strahlen der Elfuhrsonne eines außergewöhnlich warmen Tages. Mir kam der Gedanke (ich bereute meine Leichtfertigkeit jedoch sogleich), daß die Bombe mit ihrer gewaltigen Feuerglut uns aus der Ferne hier den Winter erwärmt hatte.

»Setz dich«, sagte er, und deutete auf einen Korbstuhl. Er wußte, weswegen ich gekommen war. »Ich habe keine Erklärung dafür«, sagte er. »Wer kann eine solche Unmenschlichkeit erklären? Die einzige Interpretation ist einfach die, daß der Mensch unendlich unmenschlich zu seinesgleichen sein kann. Er kann unmenschlich sein, ohne seinen Mitmenschen zu kennen, ohne ihm ins Gesicht geschaut und seinem Blick standgehalten zu haben. Er kann unmenschlich sein aufgrund seiner eigenen, selbtsbestimmten, freien Entscheidung. Als sei dieser Mitmensch nicht ein Spiegel. Wenn er den Spiegel zertrümmert, zerstört er sich selbst. Die Entscheidung, diese beiden Bomben abzuwerfen, war eine mörderische, aber auch eine selbstmörderische Entscheidung. Es ist noch zu früh. Bisher ist nur das groteske Zerrbild eines Atompilzes bei uns angekommen. Eines Tages aber wird man die unmenschlichen Menschenbilder dieser Wahnsinnstat sehen. Möglich, daß Präsident Truman ein harter, unbeugsamer und unbarmherziger Mann ist, aber ich möchte die Prophezeiung riskieren, daß er bis zum Tage seines Todes nie mehr ruhig schlafen wird. Und erst die Piloten dieses Unternehmens; wie lange werden sie der drängenden Versuchung des Selbstmordes widerstehen?«

Er nahm einen letzten Schluck von seinem Mate und stellte ihn auf ein Bänkchen, neben die Thermoskanne.

»Und wir hier?« fragte ich.

Onkel Edmundo lächelte schwach. »Nichts. Wir können nichts tun. Nichts, als unsere Vernunft zu bewahren. Das ist schon einiges.«

Dann erzählte ich ihm von meinem Abenteuer im Parkhotel. Er bekam glänzende Augen. »Endlich mal eine gute Nachricht!«

Ich sagte, mit dem Haufen Geld gedächten Mariana

und ich uns ein Appartement zu kaufen und vielleicht zu heiraten, aber die Nachrichten im Radio hätten mich so verstört, daß ich nicht mehr wisse, was ich tun solle. »Vor drei Tagen war das mit Hiroshima, und ich weiß nicht warum, vielleicht, weil ich da noch keinen Céntimo in der Tasche hatte, aber das hat mich sehr viel weniger mitgenommen als das heute. Kann ich das viele Geld nicht menschlicher verwenden, solidarischer, als damit ein persönliches und damit egoistisches Projekt wie den Kauf einer Wohnung zu finanzieren? Und nicht irgendeiner Wohnung, sondern einer Wohnung für *mich*. Ich weiß nicht, ob man das schlechtes Gewissen nennen kann, schließlich hat Truman mich nicht gefragt, ob er die Bomben abwerfen soll, jedenfalls fühle ich mich höchst unwohl in meiner Haut. Andererseits will ich nicht, daß es zu Marianas Lasten geht. Ich bin völlig ratlos.«

»Sieh mal, Claudio, eine Sache ist, ein schlechtes Gewissen zu haben, und eine andere, sich ein schlechtes Gewissen zu machen. Ich finde es richtig, daß du dir diese Gedanken machst, aber was willst du tun? Willst du mit deinem Geld ein Kommando finanzieren, das Truman umbringt? Oder willst du ein Krankenhaus für die Opfer von Hiroshima und Nagasaki bauen? Da du nie Geld gehabt hast, kommt dir das, was dir da in die Hände gefallen ist, wie ein Vermögen vor. Aber du weißt selbst, das allein reicht nicht einmal für den Kauf einer Wohnung, obwohl es natürlich eine wesentliche Hilfe auf dem Weg dahin ist. Daß du an eine eigene Wohnung denkst, ist kein Zeichen von Egoismus, sondern eine ganz natürliche, menschliche Regung. Es ist schon lange her, daß Adela und ich dieses alte, aber schöne Haus mit seinem Innenhof und seiner Weinlaube gekauft haben, aber deswegen habe ich mich nie wie ein Potentat gefühlt. Monat für Monat haben wir das Darlehen bei der Bank abbezahlt. Das ist einer der positiven Züge dieses Landes, bis jetzt noch. Viele kleine Angestellte und Arbeiter haben ihr eigenes Häuschen, das sie Meter für Meter und Monatslohn für Monatslohn abbezahlt haben. Wir hatten gedacht, es gemeinsam genießen zu können, aber jetzt, da alle Schulden getilgt sind, ist Adela nicht mehr da. Ein Haus ist nicht nur eine Immobilie, es ist auch eine Art geistiger Ankerplatz. Du wirst es schon sehen, wenn du sie erst hast; jeden Abend in deine Wohnung heimzukehren, das gibt dir ein Stück Vertrauen, nicht sehr viel, aber doch ein bißchen in dieser wenig vertrauenerwekkenden Welt.«

»Und Nagasaki?«

»Tja, Nagasaki. Ich weiß noch, als ich so alt war wie du, etwas jünger vielleicht, da erschoß der Student Princip in Sarajewo Erzherzog Franz Ferdinand von Österreich und seine Frau und löste so mit zwei Schüssen den Ersten Weltkrieg aus. Als ich davon erfuhr, fühlte ich mich wie ausgehöhlt, wie gar nicht anwesend, weit entfernt. Von der Welt, von der Geschichte, von der Zukunft. Ich hatte das Gefühl, die Entscheidungen, die wirklich etwas bewirkten, träfen immer die anderen, ich sei immer nur Betrachter, und mir bliebe nichts anderes übrig (du weißt, daß ich damals Sportler war), als in der Spur zu laufen, die mir von anderen zugewiesen wurde. Doch die Jahre vergehen, und man lernt, daß die Dinge so unabänderlich nicht sind, daß immer ein kleiner Entscheidungsspielraum bleibt, für den man verantwortlich ist und aus dem man sich nicht so einfach davonstehlen kann. Wenn du dann schließlich erkennst, daß *die Welt* zwar groß, aber *deine Welt* nur klein ist, dann findest du allmählich dein Gleichgewicht wieder, das heißt, das bißchen Gleichgewicht, das uns zugeteilt worden ist und mit dem wir nicht verschwenderisch umgehen dürfen.«

Mein Nagasaki

Bevor ich nach Quito fuhr, hatte ich mir vorgenommen, wollte ich mein Nagasaki malen. Ich war durch die Nachricht zu sehr aufgewühlt worden, um zulassen zu können, daß sie sich durch Vergeßlichkeit in Nichts auflöste. Andererseits, je mehr Zeit verging, desto mehr Einzelheiten des Schreckens drangen auf uns ein, belagerten uns. Es war, als ob jemand zu uns sprach, auch ihr könnt sterben, streng genommen seid ihr bereits am Sterben, nur daß es andere Bomben sind, die euch verbrennen.

Eine so massive und programmierte Aktion des Hasses, wie sie am 6. und 9. August durchgeführt worden war, bedrückte mich zutiefst. Ich nährte in mir einen solchen Widerwillen gegen den Haß, daß ich beinah schon der Nebensünde erlag, den Haß zu hassen. Wenn ich die Nachrichtensprecher im Radio hörte oder die Zeitungen las, die jene Massaker verherrlichten, »weil durch sie Millionen anderer Tote verhindert worden waren«, hatte ich den Eindruck, eine neue Doktrin, die der wissenschaftlich-technischen Scheinheiligkeit, werde aus der Taufe gehoben.

Ich saß tagelang über Skizzen gebeugt, fand aber nicht zu den passenden Bildern, nur zu Leibern und Gesichtern, die nichts anderes waren als Reproduktionen der Fotodokumente, mit denen wir täglich überhäuft wurden. Dann wollte ich die Katastrophe abstrakt darstellen, allein durch Farben, Linien, Licht und Schatten, ohne Anwesenheit noch Abwesenheit von Menschen, nur als einen schrecklichen Gemütszustand, so als wäre die menschliche Seele und nicht diese armen Städte der Apokalypse zum Opfer gefallen. Pinsel und Spatel gehorchten mir jedoch nicht, und jede einzelne Farbe schien mir naiv, ausdruckslos und viel zu verzagt.

Eines Tages schaute Norberto bei mir herein und wollte mich zu einer Rundfahrt mit seinem neuen Kleinbus einladen. Er war so stolz auf seine Neuerwerbung, daß er sie mir unbedingt zeigen mußte und mir anbot, mich hinzufahren, wohin ich wollte. Mir stand aber nicht der Sinn nach Spazierfahrten. Ich erzählte ihm, daß ich von dem Thema Nagasaki besessen war.

»Ach, die andere Bombe«, sagte Norberto, denn für ihn wie für die meisten gab es nur eine Bombe mit Namen, die von Hiroshima. Die von Nagasaki war einfach »die andere Bombe«, die Nummer Zwei auf der Kandidatenliste.

Ich erzählte ihm von meinen Schwierigkeiten, einen dem ganzen Elend angemessenen künstlerischen Ausdruck zu finden.

»Elend, sagst du? Dann habe ich die Lösung für dein Problem.«

Wir fuhren los. Praktisch von einem Ende der Stadt zum anderen. Ich war so in Gedanken versunken, daß ich nicht recht mitbekam, wohin wir fuhren.

Plötzlich bremste Norberto. Wir standen vor einer riesigen, widerwärtigen Müllhalde. Der Gestank war unerträglich. Zerlumpte, schmutzige Kerle, ausgezehrte Frauen, Kinder und Jugendliche mit zerrissenen

Fetzen am Leib wühlten in Dreck und Unrat, zwischen Abfall und Schrott, suchend, ich wußte nicht, was. Als sie unsere Anwesenheit bemerkten, hoben sie für einen Moment die Köpfe und sahen uns an, unbefangen, ohne Haß. Ohne überhaupt etwas in ihrem Blick. Gleich darauf wandten sie sich wieder ihrem Abfall zu, ihrem Gestank, ihrem Dreck, ihrer Arbeit.

»Hier hast du dein Nagasaki«, sagte Norberto.

Norberto hatte wahrscheinlich recht: Dies war mein Nagasaki, mein bescheidenes, unbedeutendes, bruchstückhaftes Nagasaki. Aber auch das brachte ich nicht auf die Leinwand. Meine Vision des Schreckens war noch nicht reif für ein Bildnis in Öl. Ich fühlte mich nur äußerlich (nicht von innen heraus) mit dem Thema verbunden. Das unerwartete Hervortreten jener einheimischen Bettlergesellschaft (ich erinnerte mich, sie vor Jahren erfolglos gesucht zu haben, um sie mit keiner geringeren als der von Victor Hugo zu vergleichen) führte jedoch dazu, daß ich mir dumm und anmaßend vorkam. Ich begriff jetzt, daß in meinem Kummer, mit dem ich vor Onkel Edmundo herausgeplatzt war, ein gewisses Unmaß und eine Großmäuligkeit gelegen hatte, als hätte ich unbewußt eine angesichts der fernen Katastrophe nachvollziehbare Sorge aufblasen wollen, um daraus ein persönliches Drama zu machen.

In meiner derzeitigen instabilen Gemütsverfassung kam mir die bevorstehende Reise ganz gelegen. In Quito sollte ein internationales Seminar über Grafik und Werbedesign stattfinden, und in der Chefetage der Agentur war man wohl der Meinung, daß ich der geeignete Typ sei, um all die neuen Ideen in mich aufzunehmen, die dort diskutiert würden: »Du bist jung, hast eine noch in den Anfängen steckende, aber schon recht fruchtbringende Karriere als bildender Künstler, und ein bißchen in der Welt herumzukommen, kann dir nur guttun.«

Obwohl sehr großzügig, was die beruflichen Perspektiven des Personals anging, zeigte man sich in praktischen Kleinigkeiten seltsamerweise eher knauserig, was sich darin äußerte, daß mein Ticket nicht bei einer der regulären Fluglinien gekauft wurde, sondern bei einer windigen Chartergesellschaft, die ab und zu Sonderflüge von Buenos Aires nach Quito anbot.

Da der Abflug für Montag vorgesehen war, flog ich schon am Freitag nach Buenos Aires, so daß ich noch ein paar Tage bei den italienischen Großeltern verbringen konnte. Mariana kam nicht mit nach Carrasco, weil, wie sie sagte, Abschiede, Hochzeiten und Militärparaden sie unweigerlich zum Weinen brachten (bei Hochzeiten und Abschieden konnte ich das verstehen, doch daß man bei Militärparaden weinen mußte, überschritt meine Verständnismöglichkeit), so daß nur Vater, Sonia, Elenita und José, aber auch Juliska – die abfliegenden Flugzeugen eine fast kindliche Neugier entgegenbrachte – am Flughafen waren.

Ich konnte mich über Juliska allerdings kaum lustig machen, denn ich selbst war nicht nur nie mit einem Flugzeug geflogen, sondern noch nicht einmal über die Grenzen meines Landes hinausgekommen (und Juliska kannte immerhin Crna Gora). So wurde mein Ausflug nach Quito also zu meiner ganz privaten, persönlichen und unübertragbaren Version einer meiner frühen Jules-Verne-Lektüren: *Fünf Wochen im Ballon.*

Als ich mit den anderen Fluggästen zur Pluna-Maschine ging, erscholl oben von der Besucherterrasse die unverwechselbare Stimme unserer Jugoslawin: »Gute Reise!« An den überwältigenden Fortschritten in ihrer Adoptivsprache konnte kein Zweifel mehr bestehen.

Großvater Vincenzo (eigentlich Vincenzo Carlo Mario Umberto Leonel Giovanni), jener, der den Schiffbruch überlebt hatte, weil ihm der Dampfer vor der Nase weggefahren war, und Großmutter Rossana empfingen mich wie einen verlorenen Sohn. Ihre zutiefst empfundene Herzlichkeit drückten sie in dem aus, was sie am besten herzustellen wußten: *Minestrone, Fegato alla saliva, Frittatine ai quattro sapori, Peperoni alla carmen, Crostini arlecchino, Tagliatelle alla genovese.* Hätte Juliska mich vor dieser so wenig serbokroatischen Geschmäckerfolge die Lippen lecken sehen, wäre das die größte Enttäuschung ihres Lebens geworden. Doch um die Wahrheit zu sagen, es schmeckte köstlich. Ich nahm mir das Versprechen ab, meinen ecuadorianischen Speiseplan möglichst genügsam zu gestalten, doch bis dahin verschlang ich alles – wie sagte der Dichter (welcher überhaupt?) – langsam, aber gründlich.

Zwischen den Gängen mußte ich, so gut ich konnte, den detaillierten Fragenkatalog meiner Großmutter Rossana über ihre neue Schwiegertochter beantworten (sie hatten Sonia auf der Hochzeit nur sehr oberflächlich kennengelernt), wie sie sich mit ihrem Sohn Sergio verstand, über Elenitas paraguayischen Freund, über Mariana, ob wir heiraten wollten und wann (natürlich würden sie zur Hochzeit kommen). Sie fragten auch nach ihrem anderen Sohn, meinem Onkel Edmundo, das jedoch mit leisem Kummer in der Stimme, da er ihnen nie schrieb.

»Er ist etwas sonderbar«, murmelte die Großmutter. »Seit Adelas Tod hat er sich ziemlich verändert.«

»Er hat sie sehr geliebt, das ist wohl der Grund«, versuchte Großvater ihn zu entschuldigen.

Zu mir war er keineswegs sonderbar, sondern sehr gesprächig, aber das sagte ich ihnen nicht, um sie nicht zu kränken.

Ich erinnerte mich, daß ich Onkel Edmundo einmal gefragt hatte, wie er sich mit seinen Eltern verstand, und er hatte mir gesagt: »Ich liebe sie, klar, ich habe sie immer geliebt, aber wir haben uns nie verstanden. Sergio kann besser mit ihnen.«

Tatsache war, daß die Großeltern für ein Wochenende toll waren, aber immer mit ihnen zusammenzusein, war sicher nicht leicht. Ihre (andererseits nicht zu leugnende) Zuneigung war einfach zu vereinnahmend.

Am Sonntag rief ich Mariana an. Noch bevor ich ein Wort gesagt hatte, hörte ich durch den Hörer ihr jubelndes: »Nepomuk!« Ich muß gestehen, daß soviel Intuition mich rührte. »Unser Bett sehnt sich nach dir, ich sehne mich nach dir, alle vermissen dich. Außerdem habe ich mir gestern Wohnungen angeschaut, und ich glaube, ich habe eine gefunden. Sie entspricht genau dem Rahmen unserer roulettären Möglichkeiten. Ich glaube, ich mache gleich morgen eine Anzahlung. Ich muß dir sagen, der Gedanke, zu heiraten, gefällt mir immer besser. Außerdem kann ich arbeiten. Ich habe mich praktisch schon dazu entschlossen, denn bis ich als Tierärztin mein Abschlußexamen gemacht habe, wird kein Hund, kein Pferd und kein Mensch mehr in diesem Land sein. Uh, ich habe so viel mit dir zu besprechen. Und nimm dich bitte vor den Quito-Mädchen in acht, die haben Indio- und Erobererblut in ihren Adern, ein schrecklich aufregendes Gemisch. Also, fang nicht an, ihnen Tango tanzen beibringen zu wollen, ich kenne dich, eh?«

Soweit ich mich erinnern konnte, war sie noch nie so gesprächig gewesen. Mich überkam eine wahnsinnige Lust, sie in meine Arme zu schließen, sie zu küssen, sie bei mir zu haben. Warum hatte ich überhaupt in die Reise nach Quito eingewilligt? Das Telefonat kostete mich ein Vermögen, denn als sie zu Ende geredet hatte, wurde ich regelrecht kindisch und verraspelte meinen ganzen Vorrat an Süßholz, was bei meiner sprichwörtlichen Besonnenheit in Sachen Liebe absolut befremdlich war.

Der Kaffeesatz

Zum Flughafen begleitete ihn nur Großvater Vincenzo, da Montag war und Großmutter Rossana im Laden von Caballito bleiben mußte. Vincenzo war der Meinung, es sei sehr viel besser, per Schiff zu reisen und vor allem – fügte er lachend hinzu – zu spät zum Hafen zu kommen und das Schiff zu verpassen, das zum Untergang mitten auf dem Atlantik bestimmt ist.

»Ja, klar«, stimmte Claudio zu, »aber du mußt zugeben, daß mit dem Schiff von Buenos Aires nach Quito zu fahren, eine recht aussichtslose Unternehmung ist.«

Der Schalter für die Passagiere seines Fluges war nicht leicht zu finden. Sie fragten an der Information, aber nicht einmal dort kannte man den Namen Aleph Airlines. Als Claudio schon langsam nervös wurde, entdeckten sie auf einem Schalter schließlich ein mit unbeholfener Handschrift gemaltes Schild aus Pappe: Aleph (Sonderflug nach Quito). Obwohl bis zu der auf dem Ticket angegebenen Abflugzeit nicht mehr viel fehlte, gab es keine Warteschlange. Trotzdem gingen sie hin, und die Angestellte, die sie bediente, sagte ihnen, an diesem Schalter seien sie in der Tat richtig. »Der Flug ist nur um eine Stunde verschoben«, erklärte sie, »aber Ihr Gepäck können Sie trotzdem schon aufgeben.« Claudio hatte nicht viel Gepäck dabei, da das Seminar in Quito vermutlich kaum länger als eine Woche dauern würde.

Da sie noch eine Stunde warten mußten, setzten sie sich in die Cafetería und bestellten zwei Cappuccino und zwei Hörnchen. Großvater Vincenzo war tief beeindruckt, daß Claudio ein internationales Seminar besuchte. »Du wirst dort wichtige Leute kennenlernen.« Er riet ihm, Verbindungen zu knüpfen, da ihm diese in Zukunft sicher von großem Nutzen sein könnten. »Wer in der Welt von heute keine Verbindungen hat, für den gibt es kein Fortkommen. Sieh mich an. Ich habe mein Lädchen, das du kennst, aber weiter bin ich nie gekommen, und alles, weil ich keine Verbindungen hatte und habe. *Sono tròppo bizzoso,* um nutzbringende Verbindungen zu knüpfen.«

Noch waren keine zwanzig Minuten vergangen, als aus den Lautsprechern der baldige Start des Sonderflugs 9131 der Aleph Airlines bekanntgegeben wurde, und nur drei Minuten später hieß es, dies sei der letzte Aufruf für den Flug. Sie rannten fast zum Ausgang 7, und dort fanden sie wieder ein Pappschild mit dem handschriftlich hingekrakelten Namen der Fluglinie. Insgesamt warteten dort zehn oder zwölf Passagiere. »Na, da hast du ja eine angenehme Reise vor dir«, sagte der Großvater und umarmte Claudio.

Die Maschine machte einen komfortablen Eindruck. Er verstaute sein Handgepäck und schnallte den Sicherheitsgurt fest. Der Start verlief ruhig. Claudio verspürte eine aufgestaute Müdigkeit in sich. Die Reisevorbereitungen in Montevideo, seine letzte Nacht mit Mariana, der Abschied in Carrasco, das leckere Essen bei den Großeltern, die endlosen Fragen Rossanas, das Telefongespräch mit Mariana und schließlich die Probleme mit dem Auffinden der Fluggesellschaft, all das hatte sich angesammelt, und jetzt, da er endlich in der Luft war, fielen ihm die Augen zu. Nagasaki ruhte, in einen Aschehaufen verwandelt, in einem Winkel ferner Vergangenheit.

Als er die Augen aufschlug, fühlte er eine Hand auf seinem Arm ruhen. Ich kenne diese Hand, dachte er, bevor er nach links schaute.

Es war Rita, klar.

»Claudio«, sagte sie, »so eine Überraschung, dich auf meinem Flug zu sehen.«

Erst da fiel ihm auf, daß sie eine Stewardessenuniform trug.

»Weißt du nicht mehr, daß ich dir sagte, damals im Sportman, ich arbeite als Stewardess bei einer Fluggesellschaft? Nun, es ist diese.«

Claudio schwieg.

Rita ließ ihre Hand auf seine Hand hinabgleiten, hob sie an ihre Lippen und küßte sie, genau wie früher.

Da sagte er zu ihr: »Die Zeiten haben sich geändert, Rita. Ich bin nicht mehr der, der ich war.«

»Bist du sicher?« Ritas Hand bewegte sich drängender, intimer. »Wir sind hier fast ganz allein, Claudio. Die anderen Passagiere, es sind nur ein paar, sitzen im hinteren Teil der Maschine.«

Rita stellte die Armlehne auf, die eine minimale Grenze zwischen den beiden Sitzen bildete, und drängte sich an Claudio. Mit der anderen Hand hob sie sein Kinn, kam näher heran und küßte ihn auf die Mundwinkel. Das war ihr Erkennungszeichen. Danach küßte sie ihn lange auf den Mund.

Claudio hatte schon eine unerträgliche Erektion; ein körperlicher Reflex, der aber ganz und gar unerwünscht war. Der Körper folgt jedoch seinen eigenen Gesetzen.

Aus den Bordlautsprechern hörte man nun die Stimme des Piloten: »Hier spricht Ihr Pilot, Kommandant Iginio Mendoza. Ich heiße Sie herzlich willkommen an Bord des Sonderflugs 9131 der Aleph Airlines. Nach einer Flugzeit von drei Stunden und zehn Minuten werden wir auf dem Flughafen von Mictlán landen. Während dieses Fluges wird Ihnen ein Imbiß serviert werden.«

Kaum hatte Claudio die Nachricht vernommen, war seine Erektion dahin. Mit brüsker Bewegung schob er Ritas wandernde Hand beiseite, löste »seinen starken Mund von ihren schwachen Lippen« und fragte laut: »Auf welchem Flughafen hat er gesagt?«

Rita brachte ihr Haar in Ordnung und lächelte verhalten, bevor sie antwortete: »Mictlán.«

»Aber wir wollten doch nach Quito.«

»Wollten wir, ja, aber jetzt fliegen wir nach Mictlán.«

Er spannte sich an. »Und wo ist das? In welchem Land?«

Ritas Hand, die jetzt auf seinem Arm lag, fühlte sich unerträglich kalt an. »Das wirst du schon sehen, Claudio, das wirst du schon sehen.«

»Darf ich dir eine Frage stellen?« fragte Claudio.

»Ja, sicher. Ich bin keine Sphinx. Ich antworte.«

»Du hast den Dandy gekannt, nicht wahr?«

»Ja, ich habe ihn kennengelernt. In deinem geliebten Park von Capurro. Ein Ehrenmann vom Scheitel bis zur Sohle. Recht heruntergekommen allerdings.«

Claudio stellte fest, daß sein Mund trocken war.

Rita fragte: »Sonst noch was?«

Claudio schloß die Augen, und ihre letzte Frage tönte in seinem Kopf, als käme sie von einer beschädigten Schallplatte. Noch immer hallte jenes drängende »Sonst noch was? Sonst noch was?« in ihm nach, als er dunkel erkannte, daß er eingeschlafen war. Schlafend und alles, fiel sein Blick aus dem Fenster, und er hatte den Eindruck, daß das Flugzeug eine Spirale flog beziehungsweise immer wieder dieselbe Gegend überflog, diese jedoch jedesmal weiter entfernt war, weiter entfernt war. Aus einem violetten Dunst heraus vernahm er Ritas Stimme im Café Sportman, die zu ihm sagte, sie sehe den Tod wie einen sich wiederholenden Traum, aber nicht kreisförmig sich wiederholend, sondern in einer Spirale. Jedesmal, wenn du an einer Episode vorbeikommst, sagte sie, siehst du sie aus größerer Entfernung und kannst sie dadurch besser verstehen. Doch das Flugzeug, und er in ihm, überflog immer wieder dieselben Episoden, und er verstand sie keineswegs besser. Dort unten sah er den Dandy, halb verdeckt von der silbernen Wurst der *Graf Zeppelin,* und seinen Vater, der ihm in der Küche die traurige Mitteilung machte, das Antlitz seiner Mutter im Sarg, den freundlichen Feigenbaum voller Vögel, den blinden Mateo, der mit seinem weißen Stock durch die Calle Capurro tappte, und den Baum im Garten des Hotels mit seinen eingeritzten Initialen, Natalias bebende Brüste und Sonia, die ihn fragte, warum er nicht heirate, und Onkel Edmundo mit seinem Mate, seinem Innenhof und seiner Weinlaube und Juliska, die herzzerreißend weinte. Und als die Maschine sein Leben zum zigsten Mal überflog, da gab es in seiner Brust und in seinem Kopf ein Knistern oder Krachen oder Donnern, und er sah sich plötzlich vor einem Spiegel mit seinem eigenen Gesicht darin. Er sah, daß es zu einer bleichen, ängstlich bebenden Maske geworden war. Dann entfernte sich der Spiegel langsam, und er sah seine ganze Gestalt in ihm, und auf seiner rechten Schulter lag eine schmale, beinah knöcherne Hand, die aber Rita gehörte. Er konnte dieses Bild nicht mehr ertragen, und er zerschlug den Spiegel, ohne zu zögern, mit seiner Stirn. Glücklicherweise fand er auf der anderen Seite Marianas nackten Körper, und er legte seine Hände auf jene herrlichen, ihm nahen, warmen Hüften, und er näherte seine Augen jenem einzigartigen Bauchnabel, jenem Tango- und Wonnenabel, dem Nabel der Arbeit und der Muße, des Spiels und des Trotzes, des Trostes und der Liebe, und er schaute durch ihn hindurch wie durch ein Schlüsselloch. Und durch dieses fleischliche, wundervolle Loch konnte er endlich die Welt betrachten, die Straßen und Wiesen der Welt, eine Welt mit Nagasaki, doch ohne Rita, was schon ein Anfang war. Und als das Schlüsselloch wieder Marianas Bauchnabel wurde, drückte er seinen Kopf dagegen und murmelte mit kaum hörbarer Stimme: »Mariana punktum.«

Er erwachte, als ihn erneut jemand am Arm berührte. Eine Stewardess. Aber es war nicht Rita.

»Möchten Sie einen Imbiß?«

Er nickte, und sie klappte das Tischchen herab und stellte ein Tablett mit Kaffee, Sandwiches und einem Glas Orangensaft darauf ab.

»Sie haben sich an der Stirn verletzt«, sagte die Stewardess besorgt. »Ich werde Ihnen ein Pflaster bringen.«

Er hatte einen Schluck Orangensaft getrunken, als eine Lautsprecherstimme sagte: »Hier spricht Ihr Pilot, Arnaldo Peralta. Wir werden in fünfundvierzig Minuten auf dem Flughafen von Quito landen.«

Als die Stewardess mit dem Pflaster zurückkam, fragte er sie, ob sie ihre Kollegin rufen könne. »Sie heißt Rita«, fügte er hinzu.

Die junge Frau schaute ihn verwundert an und sagte: »Entschuldigen Sie, aber hier gibt es keine Stewardess mit diesem Namen. Ich habe nur eine Kollegin auf diesem Flug, die kleine Dicke dort drüben, aber ihr Name ist Teresa.«

Er sagte, er habe da offenbar etwas verwechselt. Mit beinah jugendlichem Heißhunger verschlang er seine zwei Sandwiches. Ein Zweifel war ihm noch geblieben: Wann hatte er wohl angefangen zu träumen? Aber auch eine Gewißheit: Ab jetzt fände niemand mehr eine Spur von Rita im Kaffeesatz.